Dalekie podróże

R.A. Monroe

Dalekie podróże

Przekład:
Maja Błaszczyszyn
i Bogdan Krowicki

GALAKTYKA

Tytuł oryginalny:
Far Journeys

Zdjęcie na okładce: © *Mopic - Fotolia.com*

WYDANIE POLSKIE

90-644 Łódź, ul. Żeligowskiego 35/37
tel. +42 639 50 18, 639 50 19, tel./fax +42 639 50 17
e-mail: info@galaktyka.com.pl; sekretariat@galaktyka.com.pl
www.galaktyka.com.pl

ISBN: 978-83-7579-377-2
Wydanie I, dodruk 2020

Redaktor prowadzący: Marek Janiak
Redakcja techniczna: Marta Sobczak
Korekta: Małgorzata Gołąb
Projekt okładki: Artur Nowakowski
Skład: Garamond, Łódź
Druk i oprawa: READ ME

Dedykuję:

Nancy Penn Monroe,
znacznie więcej niż żonie,
której trwała i niezmienna miłość,
wsparcie, uczestnictwo i zrozumienie
były niezbędnymi elementami
w przygotowaniu
i realizacji tego zapisu.

Oraz setkom innych osób, które
przez ponad piętnaście lat przejawiały
zainteresowanie, poświęcały
swój czas i energię,
bez których
tak niewiele byśmy osiągnęli.

SPIS TREŚCI

PRZEDMOWA

Czytelnik niebawem otrzyma książkę niezwykłą. Nie jest to fantastyka naukowa, nie jest to fantazja. Pierwsza część książki to w większości relacje z eksperymentów przeprowadzanych w Instytucie Monroe'a w Stanach Zjednoczonych. Niektóre z eksperymentów polegają na tym, że pozwalają osobie eksperymentującej wyjść z fizycznego ciała i odbyć podróż w „drugim ciele". W czasie takiej podróży możliwy jest kontakt z istotami z innych systemów rzeczywistości, z innych światów. Niektóre z owych istot, będąc na bardzo wysokim stopniu rozwoju, przekazały nam swą głęboką wiedzę. Między innymi i o nas, ludziach, o naszej Ziemi, jej rozwoju, jej przeznaczeniu. O celu naszego ziemskiego życia, o tym, jak można ten cel najlepiej realizować, i oczywiście o tym, co czeka nas po śmierci fizycznego ciała – jakie wówczas otwierają się przed nami możliwości.

W drugiej części książki Czytelnik wraz z autorem odbywa pełną emocji podróż w inne rejony wszechświata, poznaje istotę z odległej planety KT-95, a także dowiaduje się, jak będzie wyglądała Ziemia i jej mieszkańcy w 3000 roku. Będzie to zatem podróż w przestrzeni i w czasie.

Autor tej książki, Robert Monroe – inżynier, muzyk, biznesmen, właściciel sieci stacji radiowych i telewizyjnych, założyciel koncernu instalującego telewizję kablową – w 1958 roku zaczął doznawać pewnych stanów, które w istotny sposób wpłynęły na jego życie. Nieoczekiwanie i wbrew swej woli zaczął „wychodzić" ze swego fizycznego ciała, zachowując w pełni świadomość i działając w „drugim ciele". Za pomocą tego „drugiego ciała" odkrywał sfery niedające się objąć pojęciami konwencjonalnymi związanymi z czasem i przestrzenią. Zdarzenia te opisał w swej pierwszej książce pt. *Joumeys Out of the Body* (Double day, 1971). W polskim przekładzie książka ta ukazała się w 1986 roku pt. *Eksterioryzacja*[1].

Obecnie R. Monroe jest dyrektorem założonego przez siebie Instytutu, położonego na wzgórzach u stóp Blue Ridge Mountains w Wirginii. Jako muzyk i inżynier elektronik zajmuje się badaniem wpływu dźwięków na mózg człowieka. Badania te doprowadziły go między innymi do odkrycia częstotliwości dźwiękowych, które powodują stan głębokiego relaksu i sen. Odkrycie to pozwoliło opracować metodę wprowadzania człowieka w stan snu na dowolnie długi czas. Metodę tę Monroe opatentował w 1975 roku.

W latach siedemdziesiątych w Instytucie Monroe'a opracowano wiele technik pozwalających człowiekowi wpływać na swoje ciało i psychikę. Wśród nich są metody, dzięki którym – przy pomocy dźwięków – można zmniejszać lub zwiększać ciśnienie krwi, regulować potencjał seksualny, zwiększać odporność immunologiczną organizmu, zasypiać w dowolnej chwili, wprowadzać się w stan głębokiego relaksu, skupiać uwagę, a także opuszczać swe ciało fizyczne i przeprowadzać badania w „drugim ciele".

Przez cały rok w Instytucie Monroe'a odbywają się kursy i seminaria. Oto relacja jednego z uczestników, amerykańskiego dziennikarza Jamesa Bryce'a: „We wrześniu 1980 roku uczęszczałem na ośmiodniowe seminarium na temat badania umysłu w Instytucie Monroe'a. Przeżycia, jakich tam doznałem, domagają się opisu... Zaczyna się pierwsze ćwiczenie, leżę

[1] *Podróże poza ciałem*, Galaktyka, Łódź 2013 (przyp. red.).

w specjalnie izolowanej kabinie, w której ma się do dyspozycji zestaw słuchawek i sprzęt ze sprzężeniem zwrotnym. Znajduję się w zupełnej ciemności. Słuchawki spoczywają wygodnie na moich uszach, zapewniając niezwykłą ciszę. Moje oczy są szeroko otwarte, ale wpatrują się tylko w czerń. Dmuchany materac, na którym leżę, zdaje się zabezpieczać i podtrzymywać mnie, ale nie jestem świadomy mego ciała. Jestem świadomy tylko swej izolacji. Nagle słuchawki ożywają. Słyszę głos: „Możemy zaczynać. Odliczaj od tyłu: sześć, pięć, cztery, trzy, dwa – odjeżdżamy". Dźwięk przypominający rozpędzoną wodę rozbijającą się o skalisty brzeg lub wystrzeliwanie rakiety wypełnia mi głowę, przepływa tam i z powrotem przez mój mózg. Zaczynam swą podróż do przestrzeni wewnętrznej. Jestem całkowicie świadomy uczucia, że moje ciało oddziela się od umysłu, uczucia, które nasi instruktorzy nazywają stanem „uśpionego ciała, obudzonego umysłu". Czuję się, jakbym był częścią jakiejś wielkiej fali, porywany, a jednak wolny i jednocześnie unoszący się. Dźwięki potęgują się. Z nowymi odczuciami, z nowymi wibracjami przenoszę się na wyższy poziom świadomości. Dźwięki wirują, jakby przelewając się wokół mnie. Czuję, jak moja twarz, cała głowa wydłuża się, kiedy zdaję się wznosić poprzez wir energii. Czy jestem przestraszony? Nie, ani trochę. Przejęty – tak, ale tylko przez moment, ponieważ już pokonałem nową barierę i oto doświadczam całkowicie nowej świadomości, unosząc się swobodnie w przestrzeni wewnętrznej. Będę ją badać, będę dotykać i odczuwać, będę uczyć się w ten sposób.

Poczucie wolności i imponującej energii pozostają we mnie przez długie godziny po opuszczeniu kabiny. Są one w moim wnętrzu i mogą przynieść mi korzyści, mogą podnieść wartość mego życia. Zdaję sobie sprawę, że przy odrobinie praktyki będę mógł w jednej chwili usunąć napięcie i natychmiast odzyskać straconą energię. Będę mógł pracować nad przywróceniem zdrowia tym częściom mego ciała, które wymagają przywrócenia żywotności. Jakiś czas później jasno zdam sobie sprawę, że o wiele lepiej radzę sobie teraz ze stresem, co znajduje odbicie w moim podejściu do pracy, do siebie samego. Cały twórczy proces życia nabrał nowych wymiarów. Wiem także, że niektóre z dźwięków, które słyszałem, są obecnie używane, aby pomóc dzieciom autystycznym. Wiem także, że panowanie nad bólem, a nawet proces leczenia (na przykład pooperacyjnego) można usprawnić przy pomocy niektórych programów nagrywanych na taśmach przez Instytut. Cieszę się z nowych uczuć oraz nowych postaw. Jest to dla mnie wyjątkowe objawienie: wiedzieć, że mogę dostać się na różne poziomy świadomości i gromadzić nieskończone zasoby wiedzy o sobie. Jeszcze wspanialszą rzeczą jest świadomość, że każdy może zrobić to samo".

Opisy przeżyć doświadczanych w „drugim ciele" są we współczesnej literaturze coraz częstsze. Polski czytelnik zetknął się z nimi w książkach Moody'ego i Iana Wilsona, a także w niedawno wydanej pracy doc. dra R. Bugaja pt. *Eksterioryzacja – istnienie poza ciałem.* Książka *Dalekie podróże,* którą oddajemy polskiemu czytelnikowi, jest niewątpliwie jedną z najlepszych i najciekawszych publikacji opisujących fenomen istnienia poza ciałem.

Bogdan Krowicki

PROLOG

Wydaje się, że są dwa sposoby zrobienia tej samej rzeczy: łatwy i trudny. Gdy mamy możliwość wyboru, zawsze wybieramy ten łatwy sposób, gdyż umożliwia on większą wydajność, oszczędza czas i energię. Jeżeli jednak coś przychodzi nam zbyt łatwo, niektórym z nas wydaje się, że na to nie zasłużyli. Gdy nie zdobywamy danej rzeczy w trudzie, pracowicie krocząc drogą prób i błędów, często mamy wrażenie jakiegoś niedosytu. No bo jeśli osiąga się coś tak łatwo, z pewnością nie jest to wartościowe. A może nawet robienie tego jest grzechem?

Jednak po pewnym czasie ten łatwiejszy sposób staje się sposobem powszechnie stosowanym – i zapominamy o starych metodach. Jeśli mieszkasz w jakiejś okolicy od dawna i pamiętasz czasy, gdy nie było tam autostrad oraz dróg szybkiego ruchu, to jadąc pewnego dnia do miasta, wybierz starą, dobrze ci znaną szosę. Zobaczysz, że będziesz miał jej dość już po tym jednym razie. Hamowanie na skrzyżowaniach, zupełny chaos, wzrastające zdenerwowanie – wszystko to znacznie przyćmi sentyment, jakim darzyłeś tę starą drogę. Masz jej dosyć od samego początku i z uczuciem ulgi wjedziesz na autostradę.

A teraz rozważmy taki problem: przypuśćmy, że spotkałeś kogoś, kto nigdy nie jechał autostradą – człowiek ten przez całe życie korzystał wyłącznie z dróg lokalnych. Jednakże wie o nowoczesnych autostradach. Być może widział z daleka jedną z nich, słyszał ryk pędzących po niej pojazdów lub nawet doleciał do niego zapach spalin. Jest gotów podać wiele powodów, dla których nie jeździ i nie zamierza jeździć autostradą: nie jest mu to potrzebne, jest zadowolony z dróg lokalnych; po autostradzie jeździ się zbyt szybko, a więc nie jest tam bezpiecznie; gdy znajdziesz się na autostradzie, nie możesz jechać tak jak chcesz, musisz się dostosować do innych; wokół sami nieznajomi jadący z różnych stron, nie spotkasz tam nikogo, komu mógłbyś zaufać; twój samochód nie jest w najlepszym stanie, może się zepsuć – utkniesz w jakimś odludnym miejscu, którego nazwy nawet nie znasz, i nikt nie udzieli ci pomocy. Może kiedyś, w przyszłości, pojedziesz autostradą, ale nie teraz.

Przypuśćmy, że zobaczyłeś zarządzenie Biura Budowy Dróg dotyczące likwidacji pewnej starej szosy. Jej dotychczasowi użytkownicy chcąc nie chcąc będą musieli zacząć korzystać z autostrady. Co wówczas zrobisz? Co byś wówczas zrobił? Nic? Załóżmy, że jednym z „opornych”, którzy nie lubią zmian, jest twój stary, dobry przyjaciel. Co wtedy? Zna on wprawdzie to zarządzenie, ale nie chce przyjąć go do wiadomości. Widzi, że przyjechali już robotnicy i przygotowują się do pracy, lecz ignoruje ich obecność. Domyślasz się więc, jakiego dozna wstrząsu, gdy stara droga przestanie istnieć i gdy wniosą go wrzeszczącego i wierzgającego na autostradę.

Postanawiasz coś zrobić, cokolwiek. Podjąłeś już decyzję, lecz mijają tygodnie, miesiące, lata i nie robisz nic. Winna temu jest twoja inercja. Znasz jej powód: nie wiesz, jak to zrobić. Nie wiesz, jak opisać autostradę, używając terminów odnoszących się do ruchu lokalnego. A twój przyjaciel zna tylko drogi lokalne. W końcu ktoś inny powie mu to, co ty powinieneś był mu wyjaśnić.

Po jakimś czasie zaczynasz rozumieć. Okazuje się to dziecinnie proste. Zarówno ty, jak i twój przyjaciel cierpicie na tę samą chorobę, chociaż w każdym przypadku jej przyczyna jest inna. Ta choroba to inercja.

W czasach kolei żelaznej i parowozów lokomotywa mogła ciągnąć tylko cztery do pięciu wagonów, bo gdy doczepiono ich więcej, koła napędowe lokomotywy ślizgały się, nie pozwalając jej ruszyć. Inercja. Wówczas pewien inteligentny młody człowiek wynalazł sprzęgacz ślizgowy, dzięki któremu lokomotywa ruszając nie musi od razu ciągnąć wszystkich doczepionych wagonów, lecz pokonuje bezwładność każdego z nich z osobna. Spytajcie konduktora pociągu towarowego liczącego sto wagonów, jak by się jechało w kabinie hamulcowego, znajdującej się na końcu składu pociągu, gdyby maszynista był pijany. Prędkość zmieniałaby się skokami od 0 do 45 km/godz. W przypadku samochodów sytuacja jest podobna. Aby łatwiej było pokonać bezwładność, stosuje się w nich przekładnię – dużą przy małych obrotach. Po osiągnięciu prędkości podróżnej napęd potrzebny jest już tylko po to, by równoważyć opór powietrza i tarcie kół o podłoże – wielkości stosunkowo niewielkie. Przykładem innego rozwiązania jest katapulta zainstalowana na lotniskowcu. Pokonuje ona siłę bezwładności szybko, lecz niezbyt łagodnie. Karabin jest urządzeniem pokonującym bezwładność pocisku.

Nasuwa się jednak wątpliwość, czy odpowiednio zmodyfikowana metoda katapultowania lub wystrzeliwania pojazdu do pełnej prędkości obowiązującej na autostradzie nie będzie bulwersowała i budziła sprzeciwu, nawet gdyby odpowiadała standardom przyjętym w ruchu lokalnym. Za ilustrację niech posłuży poniższy przykład. ...ach, nie mogę sobie z tym poradzić! Ale musi być jakiś sposób, żeby to zrobić.

(Emocja, złość, nad którą nie panujesz, pochłania bardzo dużo twej energii. Jest to typowo ludzka reakcja.)

Znaleźć na to jakiś sposób... no bo nie można winić rzeczy za to, że jest taka a nie inna. Kopnąłeś kamień, który leżał na drodze, i zraniłeś się w palec. Dlaczego złościsz się na kamień? Nie należy złościć się na kamień za to, że znalazł się akurat na twej drodze, ani za to, że jest twardszy od twojego palca. No a teraz zobacz, czy potrafisz to zastosować w praktyce.

(Skupienie uwagi, świadomości, bez zmiany kierunku, bez odchylenia – jako człowiek nie dysponujesz równie potężną energią, którą mógłbyś się posłużyć. Użyj swej świadomości tak, jak posługujesz się soczewką, która skupia i kieruje energię zwaną przez ciebie światłem.)

Za każdym razem, gdy słyszę podobne słowa, uświadamiam sobie, jak daleka jest jeszcze przede mną droga.

(Bardzo dobrze pan sobie radzi, panie Monroe. Świadczy o tym zrozumienie przez pana wagi tego przekazu.)

No, nareszcie, udało się! Jest pod główną linią ...ach, ale nie mogę utrzymać się na tym zębie piły, jest na nim jeszcze jedna, mniejsza fala, nie mogę dać sobie z nią rady, nie mogę się jej pozbyć.

(Jest to – używając twoich słów – inny rodzaj roty. Skorzystaj z niej, jeśli chcesz. Może cię to zainteresuje.)

Ależ oczywiście, czemu nie!

KLIK!

Aby móc wjechać z drogi lokalnej na autostradę i włączyć się w sznur pędzących samochodów, niezbędny jest wjazd lub pas wjazdowy, na którym pojazd zwiększa szybkość, by dostosować ją do prędkości samochodów na autostradzie. Jeżeli do tego schematu potrafisz zastosować narzędzie odnoszące się do ruchu lokalnego i zbudujesz pomost – tym lepiej. Powinieneś pamiętać przede wszystkim o czynniku, jakim jest inercja – gdy lokomotywa rusza, podciągnięty zostaje zwis i najpierw zostaje pokonana bezwładność pierwszego wagonu, a następnie – po kolei – każdego z dalszych; zapalasz silnik i żeby nie zgasł wskutek przeciążenia, najpierw włączasz pierwszy bieg, a następnie płynnie zmieniasz go na kolejne; przekładnia automatyczna robi to sama, bez twego udziału.

Jeżeli plan i jego wykonanie okażą się dobre, twój przyjaciel będzie jeździł autostradą na długo przed likwidacją starej szosy.

Uczyń wszystko, co w tej sytuacji można zrobić, i zrób to najlepiej jak potrafisz.

Robert A. Monroe
Faber, Virginia 1985

CZĘŚĆ 1

BLISKIE PODRÓŻE

1

STARA DROGA

Skoro od czegoś trzeba zacząć, to przede wszystkim chciałbym powiedzieć, że nadal żyję, mimo iż od dwudziestu pięciu lat praktykuję wychodzenie z ciała. Czas wprawdzie zrobił swoje, lecz wciąż jestem bardziej lub mniej sprawny.

Chwilami jednak nie byłem tego taki pewien. Lekarze, do których zwracałem się z moimi dolegliwościami, mieli na ich temat różne poglądy. Niektóre autorytety w dziedzinie medycyny zapewniały mnie, że moje choroby stanowią naturalną konsekwencję życia w cywilizowanym świecie, że są spowodowane warunkami, w jakich żyje społeczeństwo amerykańskie drugiej połowy dwudziestego wieku. Natomiast inni lekarze uważają, że fakt, iż wciąż jeszcze żyję, zawdzięczam wieloletnim podróżom poza ciało. Sami zdecydujcie, który z powyższych sądów jest trafny.

A więc okazuje się, że regularne wychodzenie z ciała nie zagraża życiu. Co więcej, nie wpływa też ujemnie na psychikę. Mówię to na podstawie własnego doświadczenia, gdyż co jakiś czas byłem badany przez specjalistów, a wyniki testów wykazywały, że pod względem psychicznym jestem zupełnie normalny, choć świat, w którym przyszło mi żyć, całkiem normalny nie jest. Wiele osób robi różne dziwne rzeczy i uchodzi im to bezkarnie. W ubiegłym wieku taką osobliwą działalnością mogła być na przykład przeprawa w beczce przez wodospady Niagary.

A zatem – na czym polega zjawisko nazywane doświadczeniem poza ciałem? Tym, którzy jeszcze nic na ten temat nie słyszeli, wyjaśniam, że jest to stan, w którym człowiek, znajdując się na zewnątrz ciała fizycznego, zachowuje pełną świadomość, mogąc postrzegać i działać w taki sam sposób, w jaki to robi przebywając w ciele fizycznym – z nielicznymi wyjątkami. Przebywając poza ciałem możesz poruszać się w przestrzeni (i czasie?) powoli lub z szybkością znacznie przekraczającą prędkość światła. Możesz obserwować otoczenie, uczestniczyć w zdarzeniach, których jesteś świadkiem, możesz dzięki poczynionym przez siebie obserwacjom podejmować świadome decyzje. Możesz przenikać przez materię fizyczną, taką jak ściany, stalowe płyty, beton, ziemię, oceany, powietrze, a nawet przez strefę promieniowania radioaktywnego – bez trudu i jakiegokolwiek uszczerbku dla zdrowia.

Możesz wejść do sąsiedniego pokoju, nie zadawszy sobie trudu otwierania drzwi. Możesz odwiedzić przyjaciela oddalonego o tysiące kilometrów. Możesz, o ile cię to interesuje, badać Księżyc, system słoneczny, galaktykę. Możesz także odbywać podróże do innych systemów rzeczywistości, na temat których nasza ograniczona przez czasoprzestrzeń świadomość czyni mgliste domniemania, zaledwie zdając sobie sprawę z istnienia tych innych światów.

Zjawisko, o którym mówimy, nie jest wcale czymś nowym. Ostatnie badania wykazały, że około 25 procent naszej populacji pamięta przynajmniej jedno doświadczenie tego typu. Historia ludzkości pełna jest relacji o takich przypadkach. W dawnej literaturze poruszanie się poza ciałem fizycznym nazywano „projekcją astralną"[1]. Zrezygnowałem z posługiwania się tym terminem, gdyż jako kojarzący się z okultyzmem, nie spełnia

[1] Ang.: *astral projection* (przyp. tłum.).

on dzisiejszych kryteriów naukowych. W latach sześćdziesiątych współpracujący ze mną psycholog, Charles Tart, popularyzował określenie „poza ciałem"[2]. Na przestrzeni minionego dwudziestolecia ten ogólny termin, oznaczający specyficzne stany istnienia, przyjął się w krajach Zachodu.

W moim przypadku wszystko zaczęło się od tego, że pod koniec 1958 roku, bez widocznego dla mnie powodu, zacząłem „wychodzić" z ciała. Ze względu na późniejsze wydarzenia o znaczeniu historycznym[3] muszę zaznaczyć, że nie przyczyniły się do tego ani narkotyki, ani alkohol. Narkotyków nie używałem nigdy, zaś alkohol piję rzadko.

Przed kilku laty brałem udział w konferencji odbywającej się niedaleko naszego dawnego domu w Westchester County, w stanie Nowy Jork – miejsca, w którym po raz pierwszy doświadczyłem OOBE. Kiedy przejeżdżaliśmy blisko domu, powiedziałem do siedzącego obok mnie psychologa, że do dziś nie znam powodu swoich eksterioryzacji.

Znajomy rzucił okiem na budynek i odwrócił się do mnie z uśmiechem. – To proste. Powodem był ten dom. Przyjrzyj mu się dokładnie.

Zatrzymałem samochód. Dom wyglądał jak niegdyś. Miał kamienne ściany i zielony dach. Nowy właściciel utrzymywał go w dobrym stanie. Odwróciłem się do znajomego. – Nic się tu nie zmieniło.

– Spójrz na dach. – Wskazał palcem w górę. – Jest to klasyczna piramida, a w dodatku pokryta miedzią. Tak właśnie wyglądały wierzchołki wielkich piramid w Egipcie, dopóki miedzi nie zdarli grabieżcy.

Patrzyłem oniemiały.

---

[2] Ang.: *out of the body experience* – OOBE (przyp. tłum.).

[3] Autor ma na myśli ruch hippisów (przyp. tłum.).

– Energia piramid, Robercie – ciągnął. – Czytałeś o tym. Mieszkałeś w piramidzie. To było powodem!

Energia piramid? No cóż, możliwe. Istnieją przecież książki i inne publikacje mówiące o występowaniu dziwnych energii wewnątrz tych budowli.

Gdybym powiedział, że pierwsza podróż poza ciałem tylko mnie przestraszyła, byłoby to z pewnością eufemizmem. Kiedy jednak zjawisko zaczęło się powtarzać, wpadłem wręcz w panikę – prześladowały mnie wizje guza mózgu i zbliżającej się choroby umysłowej. Wobec tego poddałem się licznym badaniom lekarskim, lecz ich wyniki całkowicie wykluczyły moje podejrzenia. Stwierdzono tylko „niewielkie zaburzenia halucynacyjne" i zalecono psychoterapię. Diagnozę tę uznałem za błędną i nie rozpocząłem leczenia. W tym okresie miałem wielu przyjaciół wśród psychiatrów i psychologów – oni również borykali się ze swoimi problemami, choć z pewnością były one bardziej „konwencjonalne" od moich.

Zamiast tego zacząłem obserwować i analizować samo zjawisko, aż strach i panika ustąpiły miejsca narastającej ciekawości. Poszukiwania zawiodły mnie do ludzi związanych z nauką (całkowite odrzucenie), religią („To dzieło szatana"), parapsychologią („Ciekawe, szkoda, że nie dysponujemy danymi na ten temat"), a także do osób zajmujących się wiedzą Wschodu („Zapraszamy na dziesięć lat do naszego aszramu w północnych Indiach"), Wszystko to opisałem w mojej pierwszej książce *Podróże poza ciałem*[4].

Jedno jest pewne – cel, który sobie postawiłem przy jej pisaniu, zrealizowałem z nawiązką. Książka spowodowała nadejście

---

[4] Tytuł oryg. *Journeys Out of the Body*. W polskim przekładzie książka ta ukazała się w 1986 roku pod tytułem *Eksterioryzacja* i została wydana przez Towarzystwo Psychotroniczne w Warszawie (przyp. tłum.).

tysięcy listów z różnych stron świata. Setki z nich zawierały podziękowania od osób, które dzięki niej odzyskały spokój, upewniwszy się, że nie są chore psychicznie. Ludzie ci pisali, iż teraz, po przeczytaniu książki, nie czują się już tak osamotnieni posiadając „intymną" tajemnicę, której do tej pory nie potrafili sobie wytłumaczyć, a co najważniejsze – wiedzą, że nie czeka ich wizyta w gabinecie psychiatry ani łóżko w szpitalu dla umysłowo chorych. I takie właśnie było założenie mojej pierwszej książki: pomóc choćby jednej osobie uniknąć niepotrzebnego umieszczenia w zakładzie zamkniętym.

Jeżeli o mnie chodzi, to jestem wprost oszołomiony zmianami, jakie zaszły podczas tych dwudziestu pięciu lat. W sferach akademickich i większości środowisk naukowych mówi się już dziś otwarcie o zjawisku OOBE. Mimo to jestem przekonany, że przeważająca liczba osób z naszego kręgu kulturowego nie uświadamia sobie istnienia tego rodzaju zjawisk we własnym życiu. Ja sam jeszcze w 1959 lub 1960 roku z pewnością nie uwierzyłbym, że kiedyś na ten temat wygłoszę odczyt w Smithsonian Institution, ani w to, że na konferencji Amerykańskiego Towarzystwa Psychiatrycznego zostanie zaprezentowany referat z tej dziedziny. A jednak oba te wydarzenia miały miejsce.

To, co dziś najczęściej słyszę, bardzo mi przypomina stary i wypróbowany trick stosowany w przemyśle rozrywkowym. Otóż kiedy producent rozmawia z szukającym pracy aktorem, to najpierw wysłuchuje rzeczy dobrze już sobie znanych. A więc, że aktor rozpoczął karierę zawodową w 1922 roku w *The Great One*, w 1938 grał w *Who Goes There?*, zdobył Nagrodę Krytyki za główną rolę w *Nose to Nose*, a w 1949 grał rolę Williego w *What Makes Willie Weep*. W pewnym momencie producent przerywa i zadaje bardzo proste pytanie: „No dobrze, a co pan robił ostatnio?".

Ano właśnie. Co robiłem (poza ciałem) od czasu ukazania się pierwszej książki? Na to pytanie zazwyczaj udzielam następującej odpowiedzi. Początek lat siedemdziesiątych to okres pierwszych frustracji i ograniczenia podróży poza ciałem. A teraz powiem coś, w co, jak sądzę, wielu osobom trudno będzie uwierzyć – podróże te zaczęły mnie nudzić. Po jakimś czasie przestałem się nimi fascynować. Uczestniczenie w testach wymagało wysiłku, a ponieważ wiązało się z wysiłkiem, zacząłem sobie uświadamiać, że udowodnienie czegokolwiek w tej dziedzinie nie jest dla mnie możliwe, gdyż działam w sposób tylko sobie właściwy. Gdy jednak nie byłem krępowany ograniczeniami, jakie niosły ze sobą testy, to wydawało się, że nie pozostaje już nic ciekawego do zrobienia.

Straciłem również zainteresowanie dla wcześniej wypracowanych technik wychodzenia z ciała, gdyż znalazłem łatwiejszy sposób osiągania tego stanu. Zwykle budziłem się po dwóch lub trzech cyklach snu, czyli po około trzech, czterech godzinach, całkowicie rozbudzony, odprężony fizycznie i wypoczęty. „Oderwanie się" od ciała i swobodne płynięcie przychodziło wówczas z dziecinną łatwością. Był tylko jeden problem – nie wiedziałem, co mam dalej robić. O trzeciej lub wpół do piątej rano wszyscy jeszcze spali, więc moje ewentualne podróże nie miały żadnego sensu. Wobec tego kręciłem się trochę po okolicy bez szczególnego celu i zainteresowania, po czym „wślizgiwałem się" do ciała, zapalałem światło i czytałem dopóty, dopóki nie zachciało mi się ponownie spać. I tak to wyglądało.

Zwiększało się tylko moje zniechęcenie, a przymus wciąż pozostawał. Musiało więc istnieć jakieś dodatkowe wytłumaczenie powodów i celu funkcjonowania poza ciałem, którego do tej pory nie dostrzegł mój świadomy umysł (ani umysł innego człowieka).

Wiosną 1972 roku zrozumiałem, w czym rzecz. To właśnie mój świadomy umysł stanowił czynnik ograniczający. A więc jeśli – jak dotąd – pozostawię mu kierowanie eksterioryzacjami, nic się nie zmieni. Ma on nade mną zbyt dużą władzę. W takim razie, czy nie byłoby lepiej tę kierowniczą funkcję powierzyć mojemu całkowitemu „ja" (duszy?), mającemu w działalności poza ciałem dużą wprawę?

Będąc przekonany o trafności tego spostrzeżenia, postanowiłem urzeczywistnić swój zamysł.

Następnego wieczoru położyłem się spać, a obudziwszy się po około trzech godzinach (dwóch cyklach snu), przypomniałem sobie o powziętej decyzji. Odłączyłem się od ciała fizycznego i swobodnie uniosłem. Powiedziałem w swoim świadomym umyśle, że prowadzenie mnie podczas eksterioryzacji powierzam całkowitemu „ja". Po chwili (trwało to chyba zaledwie kilka sekund), znajdując się w tej dobrze mi znanej „przestrzennej" ciemności, poczułem ruch i potężny przypływ energii – tak oto rozpoczął się całkowicie nowy etap moich niefizycznych doświadczeń. Począwszy od tamtej nocy prawie zawsze używam powyższej procedury przy wychodzeniu z ciała.

Rezultaty OOBE tak bardzo różniły się od wszystkiego, co świadomy umysł mógłby sobie na ten temat wyobrazić, że powstał nowy problem. Doświadczenia te trudno opisać. I chociaż moim eksperymentom zawsze towarzyszy świadomość fizycznego „tu i teraz", to jednak ponad dziewięćdziesięciu procent tych wydarzeń nie jestem w stanie przełożyć na język używany w świecie czasu i przestrzeni. Zachodzi tu przypadek podobny do tego, gdy chcąc opisać słowami wrażenia towarzyszące nam podczas słuchania muzyki (np. wykonywanej przez orkiestrę symfoniczną z chórem), nie posłużymy się fachową terminologią. Można wprawdzie zamiast technicznych określeń, takich jak: notacja, instrumenty, interwały, tonalność etc., używać wyrażeń: „subtelna”, „zniewalająca”, „przerażająca”, „napawająca nabożną czcią”, „gorąca”, „rozkoszna”, „cudowna” – a jednak jest to bardzo odległe od wiernego opisu.

Jeśli coś robisz, rób to najlepiej, jak umiesz. Moim zdaniem, gdy tylko podejmiesz wysiłek, osiągniesz właściwy rezultat. Jestem pewien, że łatwiej byłoby zrelacjonować przeprawę w beczce przez wodospady Niagary, niż opisać niektóre przeżycia poza ciałem.

Z moją działalnością „tu i teraz” wiązał się jeszcze jeden problem. Opracowane przeze mnie ćwiczenia i techniki, które udostępniłem innym, zupełnie nie skutkowały w moim własnym przypadku. Znajomi psychologowie podają wiele powodów takiego stanu rzeczy. Najprostszy z nich sprowadza się do tego, że nie umiem wyłączyć działania lewej półkuli mózgowej. Tak bardzo angażuję się w proces opracowywania ćwiczenia, że moje krytyczno-analityczne uzdolnienia nie pozwalają mi później uwolnić się od oceniania jego treści. Poza tym, aby nadać tym ćwiczeniom formę dźwiękową, musiałem przysłuchiwać się z wyjątkowym skupieniem nagrywaniu i miksowaniu różnych używanych przez nas dźwięków. Oczywiście takie nastawienie niweczy efekt, jaki te dźwięki mają wywrzeć na słuchającym. Nawet wtedy, gdy słyszę prosty dźwięk o jednej częstotliwości, nawyk zmusza mnie do jej analizowania, by móc stwierdzić, czy jest ona stała.

Być może ja też odnoszę jakieś korzyści z opracowanych przez siebie ćwiczeń, tylko nie zdaję sobie z tego sprawy. Niemniej jednak czuję się dość dziwnie w roli człowieka spoglądającego spoza ogrodzenia na założony i wypielęgnowany przez siebie ogród, w którym inni tak miło spędzają czas.

Ostatnie wydarzenia z tej sfery mego życia, którą nazywam „tu i teraz”, nie były zbyt skomplikowane. Na przykład boleśnie (dosłownie!) odczułem to, że mój organizm zaczął odrzucać wszelkie chemikalia. Nie przyjmuje on zarówno alkoholu, jak środków farmakologicznych i kofeiny oraz najwyraźniej tego wszystkiego, co uważa za nienaturalne dla swego funkcjonowania. Objawem takiego odrzucenia czy też reakcji alergicznej jest obfity pot, wymioty, a także gwałtowne skurcze brzucha. Mogłoby to być konstruktywne, gdyby nie miało również stron ujemnych. Nigdy nie piłem nałogowo, a tymczasem już jedna lampka wina wywołuje wspomnianą reakcję organizmu.

Szczególnie trudno poradzić sobie z tym problemem podczas operacji. Mój organizm zaczął odrzucać narkozę i budziłem się (ku zdziwieniu anestezjologa) na stole operacyjnym, czując, jak chirurg zszywa moje ciało. Kiedy w czasie rekonwalescencji odczuwam silny ból, zaaplikowany demerol wywołuje jedynie wymioty. Możecie więc sobie wyobrazić, jak jestem sfrustrowany, gdy inni z powodzeniem stosują opracowaną przez nas metodę pozwalającą w okresie pooperacyjnym wspaniale opanować ból bez używania leków. Podczas pobytów w szpitalu w ciągu ostatnich dziesięciu lat raz osobiście przekonałem się o jej skuteczności. Byłem więc bardzo rozczarowany, gdy nie poskutkowała ostatnim razem. Wprost trudno było mi w to uwierzyć, ale nie działała. I wiedziałem, że jeśli świadomie opuszczę ciało, to nie będę miał odwagi powrócić do tego oceanu palącego bólu.

Wiele lat temu pewien zaprzyjaźniony ze mną psycholog nie dowierzał memu uczuleniu na lekarstwa. Później postanowił sprawdzić, jak mój organizm zareaguje na środki zwane obecnie halucynogenami. Wypróbowaliśmy „laboratoryjną" meskalinę i LSD. Nie było żadnego efektu.

A oto inne wydarzenie. Kiedyś spytałem niefizycznego przyjaciela o swoje poprzednie wcielenie. Otrzymałem wówczas jedną z niewielu czysto werbalnych odpowiedzi. Brzmiała ona: „W swoim ostatnim wcieleniu byłeś mnichem w klasztorze Coshocton w stanie Pensylwania".

Spojrzałem na mapę Pensylwanii, ale nie było na niej Coshocton. Wiedziałem, że jest Coshocton w Ohio, gdyż mieszkałem w tym stanie. Spytałem więc jeszcze raz, chcąc upewnić się, że podano mi właściwą nazwę stanu. Okazało się, że jednak chodziło o Pensylwanię. Nie zaprzątałem sobie tym głowy, ponieważ niespecjalnie interesuje mnie, kim poprzednio byłem, o ile w ogóle kimś byłem. O wydarzeniu tym wspomniałem znajomemu księdzu katolickiemu. Zaofiarował się zajrzeć do swych ksiąg. Po kilku tygodniach zadzwonił i powiedział, że istotnie w miejscowości zwanej Coshocton w Pensylwanii był swego czasu klasztor. Sądził, że należałoby tam pojechać podczas któregoś weekendu i zobaczyć, czy odezwą się we mnie jakieś wspomnienia. Może, kiedyś...

Następna historia: pieniądze w kieszeni spodni. Przez całe lata wydarzenie to zachowywałem w ścisłej tajemnicy, gdyż nikt by w to nie uwierzył. Nawet moja żona, Nancy, której pokazywałem spodnie, odnosi się do tej sprawy ze sceptycyzmem. Chodzi o to, że w kieszeni pewnej pary spodni, które wieszam do szafy w sypialni, pojawiają się pieniądze. Prawdziwe banknoty, nie nowe i szeleszczące, lecz przeważnie stare i dość już podniszczone. Kwota bywa niewielka – tylko dwa, trzy lub cztery dolary. Jedenaście dolarów stanowiło maksimum tego, co znalazłem. Czas nie odgrywa tu roli. Mogę nie zaglądać do kieszeni nawet przez tydzień i znajdę w niej, powiedzmy trzy dolary. Mogę nie podchodzić do szafy przez trzy miesiące i prawdopodobnie będzie tam tylko sześć dolarów. Wygląda na to, że czynniki zewnętrzne nie mają wpływu ani na pojawianie się pieniędzy, ani na ich ilość. Pieniądze znajduję również w spodniach odebranych z pralni i powieszonych do szafy w zaklejonej plastikowej torbie. Podejrzewaliśmy, że jestem lunatykiem i spacerując podczas snu, wkładam je do kieszeni, ale nierozpieczętowana torba rozwiała nasze przypuszczenia. Nasuwa mi się tylko jedno sensowne wytłumaczenie tego zjawiska. Moim zdaniem, jego przyczyn należy doszukiwać się w okresie wczesnej młodości. Gdy byłem nastolatkiem i pilnie potrzebowałem kilku dolarów, przydarzyło mi się coś dziwnego, coś co może mieć związek z tym, o czym piszę[5]. Widocznie część mojej jaźni nadal pamięta o tej naglącej potrzebie i próbuje ją zaspokoić. Jaka szkoda, że kiedy człowiek dorasta, pięć, sześć czy nawet jedenaście dolarów na niewiele się zda. Na ogół ludzie nie wierzą w tę historię, ale nie mam im tego za złe. Pewnie i ja bym w coś takiego nie uwierzył, gdybym nie doświadczył tego osobiście.

A teraz inne wydarzenie. W naszym domu w Whistlefield Farm za salonem była weranda. Aby się na nią dostać, należało przejść przez dwie pary dwuskrzydłowych drzwi i zejść po kamiennych schodkach (weranda znajdowała się na niższym poziomie). Schodki były strome, a różnica poziomów wynosiła około półtora metra.

Pewnego ranka, mając w rękach pełno książek i czasopism, przechodziłem przez drzwi prowadzące na werandę. Gdy je mijałem, potknąłem się. Lewa stopa zawadziła o prawą i runąłem głową naprzód w kierunku kamiennej posadzki. Padając, nie byłem w stanie wyciągnąć rąk przed siebie. Pamiętam, jak wówczas pomyślałem: „Nie ma co, skończy się to pęknięciem czaszki i złamaniem karku".

Około piętnastu centymetrów od podłogi mój upadek został raptownie zatrzymany i wylądowałem bardzo miękko. Najpierw kamiennej posadzki dotknęła moja głowa i ramiona, a za nimi lekko jak piórko opadła reszta ciała. Leżałem tak przez chwilę,

[5] W swej pierwszej książce Monroe opisuje takie wydarzenie. Będąc piętnastoletnim chłopcem w żaden sposób nie mógł zdobyć dwóch dolarów, koniecznych do opłacenia wejścia na zabawę. W noc poprzedzającą planowaną imprezę przyśniły mu się dwa dolary leżące pod starą deską na trawniku obok domu. Rzeczywistość potwierdziła tę wizję – pod deską, w miejscu pełnym liści, kory i różnych brudów, leżały dwa nowe i suche banknoty jednodolarowe. Zob. *Podróże poza ciałem* (przyp. tłum.).

zdumiony tym, co się wydarzyło. Obmacałem głowę i ramiona – nie poczułem bólu, nie zauważyłem najmniejszych oznak stłuczenia, żadnego śladu. Wstałem, pozbierałem książki i czasopisma, spojrzałem na miejsce, z którego spadłem, próbując znaleźć jakieś wytłumaczenie. Coś zamortyzowało mój upadek, lecz nie miałem pojęcia, co to było.

Kilka miesięcy później, w środku zimy, wydarzyło się coś podobnego. Gdy schodziłem frontowymi schodami oczyszczonymi ze śniegu, pośliznąłem się i zacząłem spadać. Ale tym razem nie byłem tak bardzo zdziwiony, gdy wylądowałem łagodnie. Tylko dwa razy przytrafiło mi się coś takiego i sądzę, że raczej nie będę eksperymentował w tej dziedzinie. Opisany tu wypadek należy do serii na razie nie wyjaśnionych.

Jedna z bardziej zagadkowych historii, jakie mi się przydarzyły, stanowiła rezultat bezpośredniego kontaktu z innymi istotami – a przynajmniej tak się wydawało. Pewnego dnia w połowie lat siedemdziesiątych, o bardzo wczesnej porze (jeśli chodzi o ścisłość – o trzeciej nad ranem), wyszedłem z ciała, używając jak zwykle metody dla „leniwych", czyli oddzielenia przez rotację[6]. Niemal natychmiast podeszła do mnie niewyraźna postać, która wydała mi bardzo szczegółowe polecenie: „Panie Monroe, czwartego lipca o siódmej rano proszę udać się do Eaglehill". Zdziwiony, poprosiłem o powtórzenie instrukcji. Była identyczna: „Panie Monroe, czwartego lipca o siódmej rano proszę udać się do Eaglehill".

Nie zdążyłem nawet zapytać, po co mam tam pojechać i o co tu właściwie chodzi, gdy sylwetka zbladła i rozpłynęła się. Wobec tego „wtoczyłem się" do ciała, usiadłem i dokładnie zapisałem to, co mi powiedziano.

---

[6] Dokładny opis tej metody znajdzie czytelnik w pierwszej książce R. Monroe'a *Podróże poza ciałem* (przyp. tłum.).

Następnej nocy, prawie natychmiast po opuszczeniu przeze mnie ciała, pojawiła się ta sama istota, przekazując mi dokładnie takie samo polecenie. Było bardzo stanowcze, brzmiało niemal jak rozkaz – i znów postać znikła, zanim udało mi się dowiedzieć czegoś więcej. Trzeciej nocy sytuacja już się nie powtórzyła. Najbardziej zadziwiające było to, że polecenie sformułowano bardzo wyraźnie, oraz że zostało dokładnie powtórzone następnej nocy. I najważniejsze: „oni" zwrócili się do mnie używając mego nazwiska.

Opowiedziałem o tym rodzinie i kilku znajomym. Zainteresowali się tak samo jak ja. Snuliśmy różne przypuszczenia, lecz nie umieliśmy odpowiedzieć na podstawowe pytanie: gdzie jest Eaglehill? Polecenie przekazano mi mniej więcej w kwietniu, było więc jeszcze dużo czasu, by dowiedzieć się, co ono oznacza. Jednak pomimo wszelkich usiłowań nie mogliśmy znaleźć miejscowości o nazwie Eaglehill. Minęło kilka tygodni i prawie zapomniałem o całej sprawie.

Sytuacja uległa zmianie dzięki następującemu wydarzeniu. Pojechaliśmy w odwiedziny do przyjaciół mieszkających kilkaset kilometrów od nas. Siedzieliśmy na patio, jedząc obiad i gawędząc. Gospodarz miał radio z automatycznym wybieraniem różnych zakresów fal, między innymi tych, na których nadaje policja, straż pożarna, itd. Nagle moją uwagę przyciągnął głos dobiegający z radia: „Eaglehill". Podniecony, zapytałem, na jaki zakres nastawione jest radio. Był to kanał FAA[7], który służy do utrzymywania łączności radiowej z samolotami. W napięciu czekałem na dalsze wiadomości. Widząc to, nasz gospodarz zapytał z zaciekawieniem, o co chodzi. Nie trzeba dodawać, że nie uważałem za celowe opowiadać mu o całym zdarzeniu. Po paru minutach radio ożyło. Ktoś mówił głośno i wyraźnie: „Tu

[7] *Federal Aviation Administration* – Zarząd Lotnictwa Krajowego (przyp. tłum.).

jednostka 351. Jestem nad Eaglehill na wysokości dwunastu tysięcy stóp".

Następnego dnia, po długiej jeździe powrotnej, poszedłem do oddziału FAA na naszym miejscowym lotnisku i zapytałem jednego z pracowników, gdzie znajduje się Eaglehill. Odpowiedział natychmiast, że jest to punkt oczekiwania[8] w sąsiednim stanie, miejsce, gdzie została zainstalowana radiolatarnia lokacyjna. Pokazał mi je na mapie tras lotniczych. I rzeczywiście, widniała tam nazwa małej wioski – Eaglehill, choć miejscowości tej nie uwzględniała żadna z posiadanych przez nas map samochodowych.

To stwarzało całkiem nowe możliwości wykonania polecenia. Zatem trzeciego lipca po południu wyruszyłem w długą podróż do Eaglehill. Dojechałem do małego miasteczka w pobliżu domniemanego miejsca, zatrzymałem się w motelu, zjadłem obiad i wcześnie poszedłem spać.

Na drugi dzień, punktualnie o siódmej rano zjawiłem się w Eaglehill. Było to małe, wiejskie skrzyżowanie, wokół którego stały dwa czy trzy domy, warsztat samochodowy i sklep. Słowem – miejsce nie sprawiające na przybyszu wielkiego wrażenia. Wyglądało tak, jak gdyby nie zmieniło się przez ostatnie trzydzieści czy czterdzieści lat. Zjechałem na pobocze i zatrzymałem samochód. Kilku okolicznych mieszkańców siedzących przed warsztatem przyglądało mi się z zaciekawieniem.

Czekałem już ponad godzinę, ale nic się nie wydarzyło. Nikt do mnie nie podszedł. Podniecenie, które początkowo odczuwałem, przerodziło się w rozczarowanie. Wreszcie, gdzieś po ósmej, pod obstrzałem ciekawych spojrzeń, uruchomiłem samochód, przejechałem przez Eaglehill i wjechałem w rozciągającą się za

---

[8] Obszar, w którym samolot czeka na otrzymanie pozwolenia na lądowanie (przyp. tłum.).

nim okolicę. Ujechałem ze trzy kilometry, lecz nie zauważyłem niczego poza farmami. Wobec tego wróciłem do skrzyżowania i pojechałem na zachód. Znowu nic, żadnego znaku, żadnej zmiany, nic tylko wieś i farmy. Cofnąłem samochód i udałem się na wschód. Było identycznie. Wróciłem na mój posterunek na skrzyżowaniu i siedząc w samochodzie czekałem. Kiedy zbliżała się dwunasta, doszedłem do wniosku, że cała ta sprawa jest po prostu przywidzeniem. Pojechałem do motelu, uregulowałem rachunek i zjadłem lunch. Prawdopodobnie albo trafiłem do niewłaściwego Eaglehill, albo źle zrozumiałem polecenie. A może po prostu zakpiono ze mnie lub też był to tylko sen.

Po dłuższych przemyśleniach zrozumiałem, jaki błąd popełniłem. Zaproszenie czy też wezwanie nie dotyczyło mego przybycia do Eaglehill w ciele fizycznym, lecz w drugim ciele. Nie uwzględniono tylko tego, że eksterioryzując, łatwo mogę odnaleźć osobę, natomiast trudno jest mi dotrzeć do wskazanego miejsca.

Na marginesie dodam, że po latach, poznawszy pewnego urzędnika państwowego, spytałem go o to osobliwe miejsce, nie wspominając, dlaczego się nim interesuję. Powiedział, że znajdują się tam specjalne stanowe urządzenia badawcze. Ich zainstalowanie zbiegło się mniej więcej w czasie z moim pobytem w Eaglehill. Widocznie fakt ten nie dotarł jeszcze do świadomości ogółu albo też uszedł mojej uwagi. Dlatego miejsce, o którym mowa w moim opowiadaniu, nie zostało przeze mnie prawidłowo zlokalizowane. Jeszcze teraz lubię snuć domysły, co mogłoby się wydarzyć, gdybym stawił się na wyznaczone spotkanie w drugim ciele.

Jeszcze inna historia. Moje przedsiębiorstwo otrzymało koncesję na założenie telewizji kablowej w Charlottesville w stanie Wirginia i potrzebne nam było miejsce na wzgórzu za miastem do zainstalowania anteny odbiorczej. Właścicielem tego wzgórza był Roy, niewysoki, łysiejący, energiczny mężczyzna o jasnoniebieskich oczach, obdarzony ciętym i wyrafinowanym dowcipem. Miał ogorzałą i pokrytą zmarszczkami twarz, gdyż przez wiele lat nadzorował pracę w sadzie liczącym ponad dwieście jabłoni, położonym na szczycie wzgórza. Ponieważ był prawdziwym Szkotem, pertraktacje prowadził z wyszukaną obojętnością, ale zakończyły się one zawarciem rozsądnej i uczciwej transakcji. My zaś zostaliśmy przyjaciółmi.

W pewien piątek, po lunchu, Roy mrugnął do mnie porozumiewawczo i zapytał: – Lubisz grać w karty?

Poczułem przypływ dawnego, dobrze mi znanego uczucia. – A w co?

– Niektórzy mówią – zaczął – że nie jest to poker, bo rozgrywamy wiele dowolnych partii, ale zabawa jest wspaniała. Stawka wynosi tylko dziesięć lub dwadzieścia centów, więc nie spodziewaj się wygrania dużych pieniędzy. Spotykamy się co piątek, za każdym razem u innego z graczy. Obowiązuje nas jedna reguła – nie pijemy alkoholu podczas gry. Jest to najstarszy rodzaj pokera, jaki zachował się w Charlottesville. Ma już chyba z siedemdziesiąt lat, a to szmat czasu. Jeżeli chciałbyś dziś zagrać, powiedz, gdzie będziesz, a wpadnę po ciebie koło wpół do ósmej. Zobaczysz, będziesz się dobrze bawił na próbie chóru.

Spojrzałem na niego, nie rozumiejąc. – Na próbie chóru?

Uśmiechnął się. – Tak się tu u nas w Wirginii mówi. Niektórzy nie mają pewności, czy jest to legalna gra, a doszły nas słuchy o obławach robionych przez policję na graczy podejrzanych o hazard. Oczywiście, nie uprawiamy żadnego hazardu.

Uśmiechnąłem się. – Jasne, że nie. A więc do zobaczenia o wpół do ósmej na próbie chóru.

Zacząłem regularnie chodzić na spotkania, wprawdzie nie w każdy piątek, ale przynajmniej dwa razy w miesiącu. Swoją drogą była to miła odskocznia od mojej codziennej pracy w telewizji kablowej. W spotkaniach brali udział miejscowi biznesmeni. Większość z nich spędziła w Charlottesville całe życie i nie zdawali sobie sprawy z niecodziennych badań, jakie prowadziłem. Nie wiedzieli o opublikowaniu mojej pierwszej książki, a ja nawet o niej nie wspomniałem. Po dziś dzień może tylko jeden lub dwaj z nich mają słabe pojęcie o tym, czym się teraz zajmuję.

Po jakichś dwóch latach, gdy graliśmy kiedyś w pokera, w którym rozdaje się po siedem kart, przydarzyło się coś niezwykłego. W grze brało udział sześć osób. Rozdanie odbyło się normalnie. Między niepokazywanymi kartami miałem trójkę i czwórkę trefl, a wśród odkrytych – piątkę i siódemkę. Licytowano wysoko; na stole widać było dużo par, w tym parę asów Roya. Po licytacji, kiedy próbowałem dokupić szóstkę trefl, by skompletować sekwens, choć statystycznie biorąc nie miałem na to dużych szans, rozdano po siódmej karcie, figurą w dół. Nie zdążyłem jeszcze odkryć swojej karty, gdy przyszła mi do głowy myśl, że jest nią szóstka trefl – nie miałem co do tego wątpliwości. Było to bardzo dziwne: po prostu „wiedziałem", że tak jest.

– Roy – rzekłem, wskazując nietkniętą kartę. – To jest szóstka trefl. Dzięki niej będę miał sekwens, który pobije twojego fulla z asów.

Roy popatrzył na zakrytą kartę, a potem spojrzał na mnie skrzywiwszy się lekko. Odkrył już swoją ostatnią kartę i wiedział, że ma fulla. – Stawiam pięć, że nie masz takiej karty. To nie jest szóstka trefl.

Sięgnąłem po stos żetonów i powiedziałem: – Mam. To jest szóstka trefl, Roy.

Uśmiechnął się i dokładając do puli swoje żetony, wyrównał stawkę. – Dobra, pokaż.

Odwróciłem kartę i była to szóstka trefl.

Roy uśmiechnął się. – Ale i tak nie jesteś lepszy od mojego fulla. – I wyłożył swoje karty: jego fuli z asów był najsilniejszym układem na stole. – Stawiam następną piątkę, że wśród zakrytych kart nie masz trójki i czwórki trefl.

Uśmiechnąłem się. – Nie chcę twoich pieniędzy, Roy.

– Tylko sekwens złożony z pięciu kart w jednym kolorze może być silniejszy od mojego fulla z asów. – Pchnął przez stół następną stertę żetonów. – Nie sądzę, abyś miał taki sekwens. Dowiedziałeś się skądś, że jest tutaj szóstka trefl, a skoro masz przewagę, to powinieneś się wycofać.

Powiedziałem, uśmiechając się: – Nie chcę twojej następnej piątki, Roy. – Po czym odkryłem trójkę i czwórkę trefl, dzięki którym miałem sekwens w treflach.

Roy tylko spojrzał i powiedział: – Coś takiego!

Podczas następnej partii, gdy rozdającym był Roy, wciąż towarzyszyło mi to samo uczucie, to samo silne „przeświadczenie". Między czterema odkrytymi kartami miałem piątkę i siódemkę kier. Nawet nie spojrzałem na swoje zakryte karty, gdyż wiedziałem. To wszystko, co mogę na ten temat powiedzieć – po prostu wiedziałem.

– Roy, widzisz tę piątkę i siódemkę kier? – Skinął głową. Tym razem nie miał asów. – A teraz dasz mi ostatnią kartę – szóstkę kier. Dzięki niej będę miał sekwens w kierach. Jak widzisz, jeszcze nie obejrzałem swoich zakrytych kart, zauważyłeś?

Pokiwał głową, przytakując. Śledził uważnie, co się działo. Był rozdającym. Pozostałe osoby bacznie nam się przyglądały. Roy uchodził za wyjątkowo dobrego gracza, więc spodziewano się mojej przegranej.

Roy rozdał ostatnią kartę i zanim zdołałem ją podnieść, powiedział: – Stawiam następną piątkę, że to nie jest szóstka kier. Nie, właściwie to stawiam dziesięć. – I cisnął przed siebie stos żetonów.

– Nie mam zamiaru wyciągać od ciebie pieniędzy – powiedziałem z uśmiechem.

– Nie wyciągniesz ich ode mnie, bo ci ich nie dam – odrzekł. – Weź kartę i odwróć ją – zażądał.

Zrobiłem, jak kazał. Odkryta karta okazała się szóstką kier. Patrzył na mnie ze zdumieniem. Ponieważ on rozdawał karty, oszustwo było zupełnie wykluczone.

– Poza tym – stwierdziłem – te dwie zakryte karty, których jeszcze nie widziałem, to trójka i czwórka kier.

Spojrzał na mnie. – Stawiam dwadzieścia, że to nieprawda.

Powiedziałem z największą obojętnością: – Nie chcę twoich pieniędzy, Roy – i odwróciłem obydwie karty. Były to trójka i czwórka kier.

Roy popatrzył na sekwens – taki sam jak poprzedni, tyle że tym razem w kierach. – Chwilami wydaje mi się, że jesteś największym szczęściarzem, jakiego spotkałem.

Pozostali gracze przytaknęli.

O tej niezwykle szczęśliwej passie rozprawiano jeszcze przez kilka miesięcy. Szansa na uzyskanie dwu kolejnych identycznych sekwensów przez tę samą osobę podczas rozgrywki, w której bierze udział sześciu graczy, wynosi mniej więcej 5 780 000 do jednego. Jak to się stało? Nie mam pojęcia. Skąd wiedziałem? To bardzo proste, dzięki „przeświadczeniu". Przypuszczam, że wielu świetnych graczy zdobyło w podobny sposób duże pieniądze. I straciło je, gdy „przeświadczenie" okazało się zwodnicze.

2

HEMI-SYNC

Po opublikowaniu *Podróży poza ciałem* zaczęły do nas napływać zaskakujące informacje i zapytania oraz propozycje współpracy z wielu źródeł, których nie podejrzewaliśmy o zainteresowanie takimi sprawami. Książka przeznaczona dla szerokiego kręgu czytelników przyciągnęła uwagę sfer naukowych i akademickich. Nasze laboratorium w stanie Wirginia, położone na zachód od Charlottesville, powstało na zasadach całkowitego woluntaryzmu. Jego pierwotną nazwę „Laboratoria Badawcze w Whistlefield" przekształciliśmy z czasem na „Instytut Nauk Stosowanych Monroe"[1]. Nazwiska Monroe nie użyliśmy ze względów osobistych, lecz dlatego, że dzięki niemu najszybciej można było wyjaśnić, co ta nazwa oznacza. Zwrot „nauki stosowane" miał ściśle określone znaczenie. Sądziliśmy bowiem, że zrozumienie i wyjaśnienie zjawiska OOBE może iść w parze z zachodnią nauką. Ponadto uważaliśmy, że naszym podstawowym obowiązkiem winno być stosowanie dokonanych przez nas odkryć i zdobytej wiedzy.

Laboratorium mieściło się w specjalnie przeznaczonym na ten cel parterowym budynku. Składało się z dwóch pokoi biurowych, hallu i skrzydła, w którym znajdowały się po-

[1] Ang.: *Monroe Institut of Applied Sciences*.

mieszczenia przeznaczone do prac badawczych. W tej części gmachu znajdował się pokój pomiarów czy też pomieszczenie kontrolne, trzy kabiny izolujące, a także sala, w której sumowano wyniki doświadczeń. Każda z kabin miała swoje własne, oddzielne połączenie z pokojem kontrolnym. Umożliwiało to zarówno kontrolowanie stanu fizjologicznego osoby znajdującej się w kabinie, jak i doprowadzanie różnorodnych sygnałów dźwiękowych i elektromagnetycznych, wywołujących u tej osoby odpowiednie reakcje.

Wyposażenie zaciemnionych kabin w ogrzewane łóżka wodne oraz zapewnienie regulacji powietrza, temperatury i odpowiedniej akustyki, zapewniało ćwiczącym komfortowe warunki. Osobę przebywającą w kabinie podłączano do odpowiedniej aparatury. Dzięki temu w pomieszczeniu kontrolnym można było rejestrować sygnały emitowane przez jej ciało, takie jak: elektryczne przebiegi fal mózgowych (umożliwiał to ośmiokanałowy elektroencefalograf), napięcie mięśni, tętno i potencjał elektryczny ciała. Po pewnym czasie potrafiliśmy ustalić większość potrzebnych nam danych wyłącznie na podstawie odczytu zmian potencjału elektrycznego ciała.

Poza osobami nie mieszkającymi w mieście, w eksperymentach uczestniczyła grupa miejscowych ochotników złożona z kilku lekarzy, fizyka, inżyniera elektronika, paru psychiatrów, pracowników opieki społecznej, a także wybranych przyjaciół i członków rodzin. Wszyscy pracowaliśmy zawodowo, więc większość prac badawczych prowadziliśmy wieczorami lub podczas weekendów. Patrząc z perspektywy czasu, widzę, że rozpoczęcie badań w tych zupełnie nowych warunkach stało się możliwe głównie dzięki bezinteresownej współpracy wspomnianej grupy – i za to będę im zawsze wdzięczny. Trzeba było bowiem wykazać dużo cierpliwości i poświęcenia, by leżąc godzinami w zaciemnionej kabinie z przyklejonymi do ciała elektrodami, poddawać się przeróżnym testom i relacjonować swe doznania. Odczucia badanych korelowano ze wskazaniami przyrządów znajdujących się w pomieszczeniu kontrolnym aż do uzyskania całkowitej zgodności.

Nasze początkowe eksperymenty stanowiły kontynuację badań nad snem, rozpoczętych w Nowym Jorku. Konieczność rozwiązania pewnego problemu doprowadziła do jednego z pierwszych ważnych odkryć. Ponieważ wiele z opisywanych przeżyć poza ciałem, w tym i moje własne, miało związek ze stanem snu, sądziliśmy, że rozpatrywanie tej właśnie dziedziny przyniesie nam sporo rozstrzygnięć. Większość osób biorących udział w eksperymentach przychodziła na zajęcia późnym wieczorem. Osoby te, leżąc znużone przez dłuższy czas w kabinie z przymocowanymi do ciała elektrodami, nie były w stanie zrelacjonować swych subiektywnych i trudno uchwytnych reakcji, gdyż albo zasypiały ze zmęczenia, albo nie potrafiły dostatecznie się zrelaksować na skutek zbytniego napięcia. Gdybyśmy jednak zaczęli używać leków lub narkotyków do wywoływania określonych stanów świadomości, cel nasz nie mógłby zostać osiągnięty. Zaczęliśmy więc poszukiwać odpowiedniej metody, wykorzystując dostępne nam środki.

Stare przysłowie mówi: Potrzeba jest matką wynalazku. Chcąc pomóc naszym eksperymentatorom uzyskać stan z pogranicza jawy i snu, próbowaliśmy stosować dźwięki. Przyniosło to odkrycie reakcji fal mózgowych na częstotliwość dźwięków (FFR)[2], co pozwalało nam utrzymywać eksperymentujących w tym stanie świadomości przez dłuższy czas. Zauważyliśmy, że doprowadzając pewien zespół dźwięków do czyjegoś ucha, powodowaliśmy powstawanie odpowiedniej reakcji elektrycznej

---

[2] Ang.: *Following Frequency Response* (przyp. tłum.); dziś używa się skrótu RFM (przyp. red.).

w falach mózgowych osoby poddanej działaniu tych dźwięków. Modyfikując odpowiednio częstotliwość fal mózgowych, pomagaliśmy danej osobie zrelaksować się, mogliśmy utrzymać ją w stanie czuwania lub we śnie. Jeden z naszych wolontariuszy, inżynier, zasugerował, aby opatentować ten niezwykły wynalazek. Patent na metodę i technikę jej stosowania otrzymaliśmy w 1975 roku.

Stwierdziwszy skuteczność oddziaływania różnych częstotliwości dźwięków, powoli zaczęliśmy komponować takie ich połączenia, które powodowały powstawanie FFR, prowadzących do uzyskania stanu OOBE oraz innych niezwykłych stanów świadomości. Szczególne znaczenie miało to, że dzięki tej metodzie można było uzyskać stan medytacji.

Nieprędko osiągnęliśmy to wszystko. Setki godzin upłynęły nam na zestawianiu różnych przebiegów dźwiękowych i sprawdzaniu, jak na ich powoli zmieniającą się wysokość reagują osoby cierpliwie leżące w kabinach. W tym samym czasie technik w pomieszczeniu kontrolnym obserwował zmiany wskazań przyrządów pomiarowych. Jak widać, te niezwykle czasochłonne badania można opisać używając niewielu słów.

Uczestnicy takich sesji uczyli się słownie wyrażać zmiany zachodzące w ich ciałach i umysłach. To postrzeganie i mówienie w warunkach zwykle powodujących „utratę świadomości" lub „zaśnięcie" stało się bardzo ważną umiejętnością.

Jednym z pierwszych stałych punktów rozpoznawczych był stan, który nazwaliśmy Stanem Skupienia 10 (Focus 10). Liczba „10" nie miała tu żadnego znaczenia i nie bardzo wiem, dlaczego akurat tę liczbę wybraliśmy, chcąc oznaczyć ów szczególny stan, by odróżnić go od innych form świadomości. Zaczęliśmy nazywać go po prostu DZIESIĘĆ. Potrafiliśmy bardzo dokładnie identyfikować ten stan i wraz z naszymi eksperymentatorami wciąż do niego powracać. Mówiąc najprościej Focus 10 to stan, w którym umysł jest obudzony, a ciało uśpione. Podczas Stanu Skupienia DZIESIĘĆ reakcje fizjologiczne organizmu są takie same jak w trakcie lekkiego lub głębokiego snu. Natomiast przebiegi fal mózgowych są inne. Elektroencefalogramy (EEG) wykazują połączenie fal występujących zazwyczaj podczas snu lekkiego i głębokiego oraz sygnałów beta (charakterystycznych dla stanu czuwania).

Stopniowo spośród eksperymentatorów wyłoniła się grupa mniej więcej ośmiu osób, które całkowicie opanowały Focus 10. Słowne porozumiewanie się przy użyciu mikrofonu i słuchawek z osobami znajdującymi się w tym stanie stało się tak normalne, jak rozmowa prowadzona w sali konferencyjnej, w której rozmówcy siedzą naprzeciw siebie. Odczytując wskazania przyrządów, z łatwością mogliśmy ustalić, czy dana osoba znajduje się w Focus 10 czy nie. A więc nie można było po prostu wyobrazić sobie lub udać, że się osiągnęło ten stan, nawet gdyby miało się chęć uczynić coś takiego. Częstokroć naszym wolontariuszom nie udawało się wejść w Focus 10 z powodu natłoku codziennych spraw i stresów, od których nie potrafili się uwolnić. W takich wypadkach mówili, że dziś im to „nie wyjdzie", bądź odwoływali umówione spotkanie. Oszczędzało to dużo czasu i wysiłku.

Częste wizyty różnych osób odwiedzających instytut pozwoliły nam się zorientować, że wiele z nich, nie mając odpowiedniego treningu, bez trudu osiągało stan Focus 10. Pokazywały to przyrządy, bo nauka słownego porozumiewania się trwałaby znacznie dłużej. Chcąc zorientować się, do jakiego stopnia można opanować Focus 10, nie mając żadnego przygotowania, taśmę, na której nagrany był złożony sygnał akustyczny, wysłaliśmy znajomemu psychiatrze do Kansas. Przeprowadził on eksperyment polegający na sprawdzeniu, jaki wpływ wywrze słuchanie tej taśmy na cztery niezorientowane w sprawie osoby.

Nie podano im żadnej sugestii co do spodziewanych wyników testu. Wkrótce psychiatra doniósł nam, że jedna z osób zrezygnowała z udziału w eksperymencie, ponieważ podczas słuchania taśmy twierdziła, iż znajduje się pod sufitem, patrząc z góry na swoje ciało fizyczne.

Następne zadanie, jakie sobie postawiliśmy, było bardzo interesujące. Chcieliśmy znaleźć takie częstotliwości dźwięków, dzięki którym można by, przy zmniejszonej lub wyłączonej aktywności zmysłów fizycznych (co ma miejsce podczas uśpienia ciała fizycznego), wzmocnić postrzeganie za pośrednictwem innych ośrodków niż zmysły fizyczne. Kiedy wzbogaciliśmy dotychczasowy zespół dźwięków o sygnały beta mające wyższą częstotliwość, nasi eksperymentatorzy zaczęli doświadczać czegoś znacznie więcej niż ciemności, którą widzieli dotychczas. Najpierw pojawiły się świetliste i barwne formy, które spostrzegano w zupełnie ciemnej kabinie, zarówno przy otwartych, jak zamkniętych oczach. Potem nastąpiły dźwięki słyszane wewnątrz głowy. Nie były to syntetyzowane dźwięki pochodzące z taśmy, lecz głosy, muzyka, czasem głośne wyładowania, które osobę uczestniczącą w sesji całkowicie wytrącały ze stanu Focus 10, a których naturę należy jeszcze wyjaśnić.

Stopniowo zjawiska te postrzegano w formie, która zapowiadała zmianę: przejście w stan przebywania poza ciałem. Odnotowano także poprzedzające OOBE reakcje fizjologiczne: spadek ciśnienia krwi, zwolnienie tętna, nieznaczne obniżenie temperatury ciała (0,3°), zanik napięcia mięśni. Badani informowali o ciężkości ciała fizycznego, czasem o jego odrętwieniu oraz o silnym uczuciu gorąca, po którym odczuwali chłód. Pewien zasadniczy element powtarzał się konsekwentnie, co ustalono podczas późniejszych badań nad wywoływaniem OOBE. Osoby uczestniczące w sesji, nie używając zmysłów fizycznych, zaczęły zauważać świetlny punkcik. Kiedy eksperymentator nauczył się „poruszać" w kierunku światła, stawało się ono coraz większe, a gdy przechodził przez nie, osiągał stan OOBE. „Posuwając się wolno, miało się wrażenie przechodzenia przez tunel przed dotarciem do światła" – oto klasyczne określenie sformułowane przez wiele osób, które wywołały OOBE mimowolnie lub znajdowały się w sytuacji blisko śmierci[3].

Pewne nowe odkrycie utorowało nam drogę do wielu spraw. Odkrycie to nazywamy teraz metodą Hemi-Sync.

Nauka wie od dawna, że mózg ludzki podzielony jest na dwie połowy bądź półkule, lecz dopiero w ostatnich latach odkryto, iż te dwie połówki pełnią całkowicie odmienne funkcje. Po dziś dzień nie ma zgodności co do szczegółów tej teorii. Przez większość czasu myślimy wyłącznie naszym „lewym mózgiem". „Prawego mózgu" używamy głównie po to, by wesprzeć działanie mózgu lewego. Poza tym dokładamy wszelkich starań, aby go ignorować. Sygnały nerwowe pochodzące z każdej półkuli mózgu działają naprzemiennie, krzyżując się: lewy mózg steruje prawą częścią ciała, a prawy – lewą. Zdominowani przez nasze lewe mózgi, jesteśmy właściwie cywilizacją praworęcznych. Dopiero w ciągu ostatnich pięćdziesięciu lat leworęczni zostali uznani za „równych" praworęcznym. Czy zdawałeś sobie sprawę z tego, że nożyczki to narzędzie dla osób praworęcznych?

Używamy lewego mózgu do mówienia i czytania, wykonywania działań matematycznych, wnioskowania dedukcyjnego, zapamiętywania szczegółów, mierzenia czasu. Jest to wieloaspektowe źródło logicznego, racjonalnego myślenia, przejawiające się w różny sposób. Poza tym „nie potrafi" niczego.

Dzięki prawemu mózgowi powstają pojęcia, orientacja przestrzenna, intuicja, muzyka, uczucia. Jest on prawdopodobnie czymś znacznie więcej niż to sobie obecnie uświadamiamy.

---

[3] Ang.: *near death situation*.

Prawa półkula mózgu nie zna czasu i wyraża się za pomocą swego własnego języka.

Najlepszym przykładem dla zilustrowania różnicy między pracą obu półkul mózgowych jest próba ustalenia zawartości rolki taśmy filmowej. W tym celu lewa półkula włoży taśmę do projektora, wyświetli film na ekranie i w ten sposób zdobędzie informacje. Prawy mózg podniesie rolkę filmu, potrzyma przez chwilę, po czym odłoży, mówiąc: „Aha, już wiem".

Absurd! Oto reakcja twojej lewej półkuli, której używasz do czytania powyższych słów. To, co zrobił prawy mózg, jest z jej punktu widzenia po prostu niemożliwe.

Zasadniczo stanowimy społeczeństwo półmózgowców. Właściwie wszystkim, co uznajemy za wartościowe, zarządza lub kieruje nasz dominujący lewy mózg. Przejmuje on i wykorzystuje do zastosowania nawet to, co powstało w prawym mózgu, np. pojęcia czy muzykę.

Jak doszło do tej przewagi? Nikt nie ma co do tego absolutnej pewności, ale jedna z bardziej prawdopodobnych hipotez stwierdza, że dominację lewej półkuli spowodowała podstawowa potrzeba przetrwania w świecie fizycznym. Przez tysiące lat nasi przodkowie wciąż wzmacniali działanie lewego mózgu, chcąc osiągnąć to, co zamierzali. Cały nasz system – książki, szkoły, uniwersytety, przemysł, struktury polityczne oraz kościoły – pochodzi w swojej istocie od lewej półkuli: w nauczaniu, zastosowaniu i działaniu. Na ogół odnosimy się do myślenia prawą półkulą z zabawną tolerancją, podejrzliwością, irytacją, niedowierzaniem i... lękiem.

Zresztą po co się niepokoić! Czy nie lepiej pozostać – tak jak do tej pory – półmózgowcem? No bo komu potrzebny jest prawy mózg?

Właśnie nam. Ostatnie badania wykazują, że prawego mózgu używamy w codziennym życiu na wiele różnych, subtelnych sposobów. Na przykład: lewy mózg zapamiętuje nazwisko, natomiast prawy pamięta twarz. (Ile to razy widzi się znajomą twarz, a nie można przypomnieć sobie nazwiska osoby, do której ona należy. Lewy mózgu, uwaga!) Studia nad przywódcami ludzkości na przestrzeni dziejów ujawniają, że wykorzystywali oni do myślenia coś więcej niż analityczny, intelektualny umysł. Wszystkie wielkie decyzje podejmowano używając lewego mózgu i jeszcze czegoś. Czyżby prawego mózgu? Na podstawie obecnej wiedzy można twierdzić, że tak. Ponadto przypuszcza się, że prawy mózg wpływa na wyniki głosowania podczas wyborów prezydenckich. Współczesna teoria głosi, iż przewaga każdej z półkul mózgowych zmienia się wielokrotnie podczas naszej codziennej działalności. Zmiana następuje błyskawicznie, w zależności od umysłowej lub fizycznej potrzeby w danej chwili. Ta naprzemienna praca obu półkul wydaje się jeszcze bardziej ograniczać i tak niepełne wykorzystanie potencjału naszego mózgu – umysłu. To, że w odległej przeszłości wykazaliśmy dość sprytu, by zejść z drzew i przetrwać jako gatunek, było albo czystym przypadkiem, albo cudem. A może jeszcze czymś innym?

Co zatem robimy, chcąc w większym stopniu wykorzystać potęgę naszego umysłu? W miarę jak dokonywała się ewolucja ludzkości próbowano wielu sposobów, ale właściwie wszystkie miały jakieś wady lub ograniczenia. Nowe możliwości stwarza tutaj metoda Hemi-Sync. Jest stosunkowo łatwa w użyciu, nie wymaga lat intensywnych ćwiczeń i nie ogranicza się do wąskiego zakresu zastosowania.

Hemi-Sync (skrót od: *hemispheric synchronization* – synchronizacja półkul) wykorzystuje przebiegi dźwiękowe w celu wywołania identycznych fal w obu półkulach mózgowych równocześnie. Oznacza to, że kiedy twoje ucho słyszy pewien sygnał dźwiękowy, mózg odpowiada nań czy też rezonuje z nim, wytwarzając sygnał elektryczny o podobnej częstotliwości. Wiedząc o tym, że odpowiedni zespół fal elektrycznych mózgu jest wskaźnikiem określonych stanów świadomości (jak czuwanie bądź sen), możesz słuchając pewnych przebiegów dźwiękowych, osiągnąć taki stan świadomości, jaki chcesz.

Metoda Hemi-Sync znacznie pogłębia ten stan. Jak już wspomniano, każde ucho przesyła powstający w nim impuls nerwowy do przeciwległej półkuli mózgowej. Kiedy drgania dźwiękowe doprowadzimy do każdego ucha oddzielnie (korzystając ze słuchawek izolujących jedno ucho od drugiego), połowy mózgu będą zmuszone do zgodnego działania, aby „usłyszeć" trzeci sygnał, stanowiący różnicę pomiędzy dwoma sygnałami doprowadzanymi do każdego ucha z osobna. Na przykład, jeśli słyszysz dźwięk o częstotliwości 100 Hz w jednym uchu, a w drugim dźwięk o częstotliwości 125 Hz, to sygnał, jaki „wytworzy" twój cały mózg, będzie miał częstotliwość 25 Hz. Nie jest to już rzeczywisty dźwięk, lecz sygnał elektryczny, który może powstać jedynie w przypadku współpracy obu półkul mózgowych. Taki sygnał ma wąskie pasmo częstotliwości, a amplitudę przeważnie dwukrotnie większą od natężenia przeciętnej fali mózgu rejestrowanej przez elektroencefalograf.

Skoro wspomniany powyżej sygnał „25" wytwarza pewien stan świadomości, to identyczny stan świadomości powstaje jednocześnie w całym mózgu, w obu jego półkulach. A co ważniejsze: stan ten można dowolnie zmieniać, modyfikując przebiegi fal dźwiękowych. Można go sobie również przyswoić i w razie potrzeby odtwarzać z pamięci.

Kiedy prowadzący badania lub lekarz klinicysta odkryje niektóre możliwości Hemi-Sync, to przede wszystkim pomyśli o zastosowaniu tej metody w dziedzinie, którą się zajmuje. Jedną z takich dziedzin jest psychiatria. Posłużenie się Hemi-

-Sync w psychoanalizie najwyraźniej otwiera przed pacjentem takie poziomy pamięci, do których dociera się całymi latami, jeśli używa się metod klasycznego wywiadu. Podczas innego eksperymentu używano dźwięków Hemi-Sync, by zmniejszyć napięcie wywołujące stres. Czasami zmiana jest tak subtelna, że pacjent nie zdaje sobie z niej sprawy. Jeden ze współpracujących z nami psychiatrów leczył oficera lotnictwa z problemów wynikających ze stresów. Po dwóch tygodniach terapii, w czasie której stosowano Hemi-Sync, pułkownik zamierzał zrezygnować z dalszego leczenia.

– To mi nic nie daje – oświadczył rozgniewany. – Wszystko jest jak przedtem. Nie czuję żadnej różnicy, nic a nic. – Zawahał się. – Aha, przed paroma dniami zabrałem żonę na obiad po raz pierwszy od sześciu miesięcy. I, ależ tak, w końcu pojechałem z synem na ryby podczas weekendu, co obiecywałem mu od dłuższego czasu. Ale to wszystko. Nic poza tym. Absolutnie nic.

Nasz znajomy psychiatra pokiwał tylko głową.

Dużo mówiło się o stosowaniu metody Hemi-Sync w tzw. przypadkach krańcowych. Jednak pomimo szerokiego zainteresowania, tylko nieliczni wykorzystali tę metodę w konkretnych sytuacjach. Takim wyjątkowo trudnym przypadkiem nie rokującym nadziei zajmował się inny współpracujący z nami psychiatra. Leczył on chorego od dwóch lat psychologa, który uzależnił się od leków przeciwbólowych. W tym wypadku problem był podwójny. Należało się liczyć z tym, że z racji swego zawodu pacjent będzie dobrze zorientowany w zagadnieniach związanych z chorobą, na którą cierpi, i stawi opór zwykle stosowanym metodom terapii, przy jednoczesnym uzależnieniu od leków. Nasz psychiatra rozpoczął stosowanie kuracji polegającej na codziennym poddawaniu pacjenta dźwiękom Hemi-Sync. W drugim tygodniu terapii, w środę, miało miejsce zwyczajne, lecz istotne wydarzenie. Po raz pierwszy od dwóch lat choremu udało się zasnąć bez zażycia jakiegokolwiek środka przeciwbólowego czy nasennego.

Pod koniec drugiego tygodnia wrócił do domu. Zmarł po kilku miesiącach, a żona poinformowała nas, że ostatni tydzień życia spędził w rodzinnym gronie, spokojnie i bez obaw, nie czując bólu i nie biorąc żadnych leków. Prowadzący go psychiatra uważa, że stało się to możliwe dzięki zastosowaniu podczas leczenia metody Hemi-Sync.

Jeszcze inny zaprzyjaźniony z nami psychiatra specjalizujący się w leczeniu schizofreników zauważył, że pewien pacjent pozbywa się wielu symptomów choroby pod wpływem określonych sygnałów dźwiękowych Hemi-Sync. Kiedy pozbawiono go działania tych dźwięków, psychotyczny stan powrócił. Tak było w przypadku tylko tej jednej osoby. Istnieje więc potrzeba prowadzenia dalszych badań, by ustalić, czy można nauczyć pacjenta odtwarzać (w normalnym stanie świadomości) stany wywołane dźwiękami Hemi-Sync. Pomocne byłyby tu zakodowane polecenia i formułki, które umożliwiłyby pacjentowi zapamiętanie tych stanów i stosowanie ich w codziennym życiu.

Z pewnością do bardziej udanych zastosowań metody Hemi-Sync należy seria taśm przeznaczonych do wykorzystania w sytuacjach krytycznych[4], w razie ciężkich chorób, obrażeń powypadkowych lub operacji. A oto przykład użycia tych taśm – jeden z wcześniejszych, jaki przychodzi mi na myśl.

Nasze laboratorium odwiedził pewien konsultant psychiatryczny, który dowiedział się o tym, co robimy. Podczas rozmowy wyszło na jaw, że jest drugim z kolei najstarszym człowiekiem mającym przeszczepioną nerkę. Na przestrzeni lat przeszedł piętnaście udanych zabiegów operacyjnych, korygujących konse-

[4] Ang.: *Emergency Treatment Series.*

kwencje zażywania leków. Leki te musiał zażywać, by nie dopuścić do odrzucenia przeszczepionej nerki. W następny czwartek czekała go szesnasta operacja. Zaproponowaliśmy mu skorzystanie z taśm „Emergency Treatment", na co chętnie się zgodził.

Był to ważny przypadek. Ponieważ pacjenta operowano już wielokrotnie, więc lekarz prowadzący miał bardzo dokładną historię jego choroby, zawierającą między innymi dane dotyczące ilości wymaganej przez chorego narkozy, rodzaju środków przeciwbólowych i czasu, w jakim operowany zazwyczaj powraca do zdrowia. Mając te wszystkie informacje na temat fizjologicznego stanu pacjenta podczas postępowania szpitalnego, lekarz zezwolił choremu na przesłuchanie serii taśm zawierających ćwiczenia przygotowawcze, a potem na użycie taśmy z Hemi-Sync w sali operacyjnej w trakcie przeprowadzania zabiegu, podczas odzyskiwania przytomności i później – w okresie rekonwalescencji.

W wyznaczony czwartek dokładnie o godzinie 11.00 zawieziono pacjenta na salę operacyjną. Jak podano w sprawozdaniu, chirurg o mało nie odwołał operacji, gdyż chory miał zbyt niskie ciśnienie krwi. Jednakże utrzymywało się ono na stałym poziomie, więc lekarz zadecydował, że nie stanowi poważniejszego ryzyka. O 16.00 nasz znajomy zatelefonował do mnie ze szpitala. Siedział na łóżku.

– Właśnie pomyślałem, że powinienem powiadomić pana o tym, jak poszło. – Głos miał silny. – Zanim zdążyłem zaprotestować, dostałem zastrzyk przeciwbólowy, chociaż nie było mi to już potrzebne. Jedyny problem polegał na tym, że zemdlałem, próbując wstać i pójść do łazienki. Lekarz powiedział, że wciąż mam niskie ciśnienie krwi. Czy tak powinno być?

– Proszę spróbować policzyć od dziesięciu do jednego – odrzekłem – a wtedy zorientuje się pan, czy ciśnienie ulegnie zmianie. Wygląda na to, że taśma przywracająca przytomność nie zadziałała wystarczająco silnie. Niech pan do mnie zadzwoni po ponownym zmierzeniu ciśnienia.

Zastosował się do moich rad i oświadczył, że ciśnienie wróciło do normy. Jak wynika z zapisu w karcie choroby, czas rekonwalescencji trwał tym razem o połowę krócej niż po każdej z dotychczasowych operacji. A co najważniejsze, chory mógł całkowicie opanować chroniczny ból nękający go od lat.

Zaraz po wyjściu ze szpitala zaczął propagować stosowanie metody Hemi-Sync w zwalczaniu bólu. Skontaktował się ze stanowym oddziałem do spraw rehabilitacji, ponieważ jednym z większych problemów w tym zakresie jest walka z bólem, który wielu ludziom nie pozwala normalnie żyć i pracować. Pracownicy „stanowej rehabilitacji" zainteresowali się tą nową dla nich metodą i zostaliśmy zaproszeni do Państwowego Centrum Rehabilitacji w Hot Springs w stanie Arkansas, by przeprowadzić pokaz. Po spotkaniu zwrócono się do nas z prośbą o sporządzenie kosztorysu przeszkolenia personelu ośrodków rehabilitacji we wszystkich pięćdziesięciu stanach w zakresie posługiwania się procedurą Hemi-Sync. Dostarczyliśmy kosztorys, ale już nie zwrócono się do nas z dalszymi zamówieniami. Widocznie nie można było pokryć kosztów tak niekonwencjonalnej działalności z budżetu państwa.

Taśmy „Emergency Treatment" stosowano podczas operacji z większym lub mniejszym powodzeniem, lecz nie zawodziły, jeżeli korzystano z nich we właściwy sposób. Pewien lekarz, specjalista w zakresie chirurgii naczyniowej, zastosował je u ponad trzydziestu pacjentów, a wciąż nie może namówić praktykujących kolegów do posługiwania się tą metodą. Prezes wielkiego koncernu zastosował „Emergency Treatment" w czasie operacji, dzięki czemu nie musiał zażywać środków nasennych i nie odczuwał bólu pooperacyjnego. Znużony jednostajnością życia szpitalnego, wypisał się ze szpitala w trzy dni po zabiegu. Pewna młoda kobieta przeszła poważną operację brzucha, a po upływie tygodnia skakała na spadochronie. Seria „Emergency Treatment" ma więc już swoją historię, i to godną uwagi. Największe trudności polegają na uzyskaniu zgody chirurga i personelu lekarskiego na stosowanie jej w specyficznych warunkach szpitalnych.

Hemi-Sync działa tak skutecznie jak środki nasenne, zapewniając dobry sen nocą. Osobom podróżującym samolotami na długich trasach pomaga przezwyciężyć dolegliwości spowodowane różnicą czasu, a jeszcze innym pozbyć się stresu lub... lepiej grać w golfa.

Stosując metodę Hemi-Sync podczas uczenia się, z łatwością osiągamy skupienie i koncentrację uwagi. Podczas specjalnego kursu przeprowadzonego w państwowej szkole zawodowej dzięki tej technice osiągnięto poprawę sprawności psychomotorycznych o 75 proc. Inny test wykazał, że osoby uczące się alfabetu Morse'a zwiększyły swe umiejętności o 30 proc. Uczniowie szkoły podstawowej w Takomie w ciągu czterech tygodni opanowali materiał, który zwykle przerabia się przez cały semestr.

Te oraz inne osiągnięcia skłoniły nas do prób zdefiniowania naszej działalności i określenia jej celu. Uświadomiło nam to, jak bardzo zmienił się kierunek naszych badań – okazało się, że to, co robiliśmy, znacznie wykraczało poza szukanie skutecznych sposobów wywoływania stanów OOBE. Doszliśmy więc do pewnej tezy.

Instytut opowiada się za następującą koncepcją:

1. Świadomość i jej koncentracja zawierają rozwiązanie wszystkich życiowych spraw, z którymi człowiek się styka lub których pragnie.

2. Tę świadomość można lepiej zrozumieć i ocenić, jeśli podejdzie się do niej w sposób interdyscyplinarny i kompleksowy.

3. Rezultaty wspomnianych badań będą miały znaczenie tylko wtedy, gdy zastosujemy je w praktyce, kiedy staną się „pewną wartością" dla współczesnej kultury czy też dzisiejszych czasów.

Wyciągnęliśmy stąd wniosek, że świadomość jest aktywną formą energii. Trzeba więc zacząć od postrzegania energii jako takiej, a niemała to sztuka posługiwać się samym sobą do odkrywania siebie. Z chwilą, gdy odczujemy energię w czystej postaci, będziemy mogli zrozumieć, jak działa ona w naturalny sposób. Taka percepcja pozwoli na szersze i bardziej przemyślane sterowanie polami owej energii. A stąd już tylko krok do zastosowania nowych i rozszerzonych jej form. Ogólnie mówiąc, jeśli jesteś w stanie odkryć to, co sprawia, że myślisz i istniejesz, możesz używać tego w sposób, jakiego dotąd nie stosowałeś.

3

OTWIERANIE WRÓT

W połowie lat siedemdziesiątych miało miejsce wydarzenie, które zasadniczo zmieniło kierunek naszej działalności. Widać to dopiero z perspektywy czasu.

Znany już wówczas ośrodek Esalen w Big Sur w Kalifornii zaproponował nam, abyśmy stosując opracowane przez nas metody i techniki, poprowadzili kurs weekendowy. Potraktowaliśmy to jako sposobność pozwalającą nam lepiej zorientować się w tym, co robimy. Esalen było kolebką wielu nowych teorii i metod psychologicznych, i do pewnego stopnia było inspiratorem intelektualnego podejścia do badań nad ludzkim umysłem.

Przyjęliśmy zaproszenie i ruszyliśmy w drogę, nie bardzo wiedząc, czego mamy się po tym wyjeździe spodziewać. Jak dotąd nie próbowaliśmy wprowadzić jednocześnie dwudziestu czterech osób w znane nam już stany świadomości. Jestem pewien, że i osoby mające wziąć udział w spotkaniu nie bardzo wiedziały, czego mogą po tej sesji oczekiwać. Poinformowano je tylko, że to, co będą robiły, ma mieć związek z wychodzeniem poza ciało. Opracowaliśmy całodobowy program, uwzględniając co jakiś czas przerwę na półtoragodzinny sen i posiłki. Ja i współpracujący ze mną inżynier, Bill Yost, byliśmy jedynymi osobami, które miały poprowadzić ten maraton.

Ponieważ zajmujemy się sprawami jeszcze niedokładnie poznanymi, więc przed rozpoczęciem ćwiczeń podaliśmy uczestnikom afirmację, którą mieli zapamiętać, by móc się nią później posłużyć.

Jestem czymś więcej niż ciałem fizycznym. Ponieważ jestem czymś więcej niż materią fizyczną, więc mogę postrzegać to, co jest większe niż świat fizyczny.

Dlatego gorąco pragnę rozwijać i doświadczać, poznawać i rozumieć, kierować i posługiwać się takimi wyższymi energiami i systemami energetycznymi, które mogą być konstruktywne i korzystne dla mnie i dla tych, którzy kroczą tą samą drogą.

Również gorąco pragnę pomocy i współdziałania, wsparcia i zrozumienia tych istot, których mądrość, rozwój i doświadczenie są równe moim lub większe od moich. Proszę ich o przewodnictwo oraz o ochronę przed jakimkolwiek wpływem lub siłą, które mogłyby mi przeszkodzić w realizacji wyrażonych przeze mnie życzeń.

Wyniki tego pierwszego kursu nie były może rewelacyjne, ale z pewnością sporo się dzięki tej sesji nauczyliśmy. Uzyskaliśmy znacznie szerszą podstawę do eksperymentalnych sprawdzianów. Jako element zasadniczy wprowadziliśmy wówczas stan Focus 10 oraz pokazaliśmy szereg prostych zastosowań tego szczególnego stanu świadomości. Nasze rozmowy z uczestnikami świadczyły o tym, że cel został osiągnięty. Doznawali oni stanu Focus 10 – ciało uśpione, umysł rozbudzony – i w razie potrzeby potrafili się weń wprowadzić. Do Wirginii wróciliśmy zadowoleni i przekonani, że nasza metoda jest praktyczna.

Wkrótce indywidualnie i zbiorowo zaczęto nadsyłać prośby o zorganizowanie większej ilości takich sesji. Po przejrzeniu wyników i zastanowieniu się doszliśmy do wniosku, że byłaby to jedyna okazja, by przeprowadzić eksperymenty na tak szeroką skalę. Zaczęliśmy więc organizować sesje weekendowe. Nasz program nazwaliśmy szumnie Programem M-5000, zakładając, że jeżeli ukończy go 5000 osób, to uzyskamy wspaniałą statystykę i dobrze opracowany, harmonijny system ćwiczeń. Doświadczenie i dane zebrane podczas jednego kursu pozwalałyby modyfikować i ulepszać każdą następną sesję i w ten sposób uzyskiwać coraz lepszy rezultat.

Wiązało się to również z wyszkoleniem osób, które prowadziłyby ćwiczenia – co wcale nie jest łatwym zadaniem – i z przekształceniem dotychczasowego sposobu przekazywania dźwięków w system słuchawkowy, pozwalający w pełni wykorzystać efekt Hemi-Sync. Po pierwszych kilku sesjach zdaliśmy sobie sprawę, że naiwnością było przypuszczać, iż kiedykolwiek zdołamy zaprezentować nasz program aż pięciu tysiącom osób. Zaczęliśmy również sobie uświadamiać, że przed uczestnikami otwieramy okno, drzwi, bramę, przez które można wejść w inne stany świadomości. W ten sposób nasz program zdobył nazwę: Doznawanie Otwarcia Wrót.

Nie reklamowaliśmy prowadzonych przez nas kursów. Ci, którzy brali w nich udział, zwykle dowiadywali się o sesjach od swoich poprzedników. Ponieważ kurs był eksperymentalny, więc każdy z jego uczestników podpisywał zgodę na udział w nim oraz zobowiązywał się, że po zakończeniu kursu przekaże swe spostrzeżenia organizatorom. Nie oznacza to, iż wszyscy się z tego wywiązali. Jednakże uzyskane przez nas dane były interesujące. Pierwsze kursy odbywały się podczas weekendów w motelach, ośrodkach konferencyjnych oraz domach o podobnym przeznaczeniu rozproszonych na terenie Stanów Zjednoczonych. Uczestnicy sesji zbierali się w pomieszczeniu, w którym zainstalowaliśmy system nagłaśniający, i słuchali taśm z nagranymi ćwiczeniami, używając słuchawek. Dziś, gdy wspominamy ten okres, dziwimy się, że osoby biorące udział w zajęciach w ogóle uzyskiwały pozytywne wyniki, gdyż najczęściej sala, w której odbywały się ćwiczenia, bezpośrednio łączyła się z hallem i barem, w którym wieczorem grała orkiestra. W Wirginii problem ten rozwiązaliśmy w ten sposób, że wynajęliśmy nieduży motel położony około 5 mil od naszego laboratorium. W budynku motelowym wszystkie pokoje były wyposażone w urządzenia umożliwiające dwustronny kontakt. Duże utrudnienie stwarzał jednak brak restauracji i konieczność dostarczania jedzenia z zewnątrz. Właśnie w tym motelu przeprowadziliśmy ciekawy eksperyment.

Opracowaliśmy ćwiczenie, które polegało na tym, że uczestnicy kursu w tym samym czasie mieli nadać swej mentalnej energii widzialną postać – światło, i umieścić je około 300 metrów ponad motelem. Próbę przeprowadziliśmy pod koniec sesji, późną nocą. Chcieliśmy sprawdzić, czy połączona energia dwudziestu czterech osób będzie mogła zamanifestować się jako coś, co można zobaczyć. Wyłączyliśmy wszystkie światła znajdujące się na zewnątrz motelu (motel był położony samotnie, z dala od innych budynków), a stoper miał nam wskazać chwilę, w której powinno pojawić się światło emitowane przez eksperymentujących.

Czterech spośród nas wyszło przed dom i spojrzało w górę. Mieliśmy sporo czasu, by oswoić oczy z ciemnością, toteż gdy nadeszła oznaczona chwila, wytężyliśmy wzrok, ale nikt z nas niczego nie dostrzegł.

Nagle nasz inżynier elektronik zawołał z przejęciem: „Spójrzcie wyżej, spójrzcie wyżej!"

Podnieśliśmy głowy. Większość z nas patrzyła niewiele powyżej dachu motelu. Teraz z zadartymi głowami zdumieni patrzyliśmy w górę. Wysoko na rozgwieżdżonym niebie widniały delikatne czerwone fale przypominające światło neonu. Były podobne do strumyczków wody falujących na nieboskłonie w linii prostej nad motelem. Właśnie w chwili, gdy w ćwiczeniu padło polecenie, by przestać wysyłać świecącą energię, fale znikły. W trzy minuty później ćwiczenie na taśmie zostało powtórzone i wijące się czerwone strumyczki pojawiły się znowu. Zniknęły, gdy ćwiczenie dobiegło końca. Cała nasza czwórka z ogromnym przejęciem obserwowała to niezwykłe zjawisko.

Później powtórzyliśmy to ćwiczenie w Kalifornii na ranczo położonym na północ od San Francisco. Tym razem był z nami inżynier, który wziął ze sobą aparat polaroid, by sfotografować ten fenomen, o ile się on powtórzy. Obiektyw skierowano w górę w odpowiednie miejsce. By wyeliminować ewentualne uprzednie naświetlenie filmu, zrobiono dwa zdjęcia. Wykonano je, zanim eksperymentujący przystąpili do ćwiczenia. Podczas ćwiczenia, w momencie, gdy energia powinna się była pojawić, zrobiono dwa następne zdjęcia. Kolejne dwa zdjęcia zrobiliśmy, gdy biorący udział w eksperymencie przestali już wysyłać energię.

Spośród pięciu czy sześciu obserwatorów nikt nie dostrzegł świetlanej poświaty. Gdy weszliśmy później do środka, by porozmawiać z uczestnikami eksperymentu, obejrzeliśmy zrobione zdjęcia. Te, które wykonano przed rozpoczęciem ćwiczenia, i dwa ostatnie, zrobione już po jego zakończeniu, nie wykazały niczego. Dwa zdjęcia zrobione w trakcie ćwiczenia przedstawiały kulę o połyskującej jak marmur powierzchni – przypominało to Ziemię oglądaną z dużej odległości. Kilku fizyków i fotografów zapytanych o to, dlaczego aparat zrobił zdjęcia czegoś, czego my nie dostrzegliśmy, wyjaśniło, że film jest w stanie „zobaczyć" częstotliwości świetlne niewidzialne dla oka. Wzięliśmy również pod uwagę interpretację, jaką zazwyczaj podaje się w takich przypadkach, a mianowicie, że pojawienie się na zdjęciach świecącej kuli było efektem prześwietlenia czy „zamglenia" filmu. Lecz „puste" zdjęcia, które zrobiono bezpośrednio przed ćwiczeniem i po jego zakończeniu, przeczyły takiej interpretacji i tym samym podnosiły wartość tych fotografii, które na filmie znalazły się pośrodku, czyli w miejscu, w którym prześwietlenie filmu było wręcz niemożliwe.

Co praktycznie może dać zainteresowanemu ukończenie kursu Otwarcia Wrót? Oferta jest tak bogata, że właściwie każdy uczestnik znajduje dla siebie coś innego. Oczywiście, wielu przychodzi po to, aby doświadczyć stanu przebywania poza ciałem. Niestety, podczas trwania kursu oczekiwanie to najczęściej nie zostaje spełnione. Badani uzyskują natomiast głęboki wgląd w cel swego istnienia i swych poczynań oraz zrozumienie tych spraw. Nie należą też do rzadkości doświadczenia, które stają się przełomowym momentem w życiu i zmieniają jego bieg, oraz chwile olśnienia, których nie przeżyli nigdy dotąd; nie trzeba ich już powtarzać, nawet nie jest to możliwe.

Sam program ma na celu zapoznanie badanych ze stanem Focus 10 (umysł obudzony, ciało uśpione), a także nauczenie przenoszenia się w stan zwany Focus 12. W stanie tym zostają odcięte wszelkie wrażenia płynące z ciała, a świadomość może wyjść poza dotychczasowe granice i zacząć postrzegać w sposób inny od tego, który umożliwiają fizyczne zmysły. Wszystko właściwie zaczyna dziać się w chwili, gdy następuje radykalna zmiana perspektywy i punktów widzenia. To właśnie wtedy eksperymentujący zaczyna pojmować, że jest „czymś więcej niż swym ciałem fizycznym".

W ten sposób program Otwarcia Wrót stał się jedynym w swoim rodzaju procesem zgłębiania i odkrywania samego siebie. Najpierw pokonuje się Barierę Strachu (lęku przed nieznanym, przed zmianą), która stanowi chyba największy kulturowy hamulec w rozwoju jednostki.

Wyobraź sobie teraz, że jesteś polaną w ciemnym lesie – stan ten nazwiemy świadomością P-1. A teraz przeniesiemy cię do takiego miejsca w lesie, z którego będziesz mógł „widzieć" tę znaną ci polanę. To miejsce to punkt rozpoznawczy (Focus 10). Jeśli przejdziesz odpowiednią ilość razy od punktu rozpoznawczego do polany, strach znika. Przebywając w punkcie rozpoznawczym Focus 10, wiesz, że jeżeli z jakiegoś powodu poczujesz się nieswojo, to zawsze będziesz mógł wrócić do polany.

Ustaliwszy punkt rozpoznawczy Focus 10, ustanawiamy inny punkt, który znajduje się głębiej w lesie i z którego prawdopodobnie „nie widać" już polany. Ten punkt nazwiemy Focus 12. Gdy przejdziesz wiele razy od punktu 10 do 12, ten drugi punkt również stanie się znajomy i w konsekwencji uwolnisz się od kolejnych lęków. Wiesz już, że jeżeli nawet nie będziesz mógł „dostrzec" polany P-1 z punktu Focus 12, to będziesz mógł „zobaczyć" Focus 10 – a z 10 znasz już drogę do P-1. I w ten sposób obieramy następne punkty rozpoznawcze, coraz to dalej i głębiej, wychodząc poza ustalone już granice.

Gdy zniknie już Bariera Strachu, w pełni widoczny staje się jeden z darów, jakie otrzymała ludzkość: ciekawość. Teraz, mając odpowiednie narzędzia, eksperymentator może robić to, czego pragnie. Zdaje sobie jednak sprawę ze znaczenia tego, co robi, i z odpowiedzialności, jaką na siebie przyjmuje.

Odtąd samorzutnie, bez niczyjej sugestii, a jedynie dzięki bezpośredniemu doświadczeniu, człowiek zaczyna rozumieć – nie jest to już wiara – że przeżyje swą fizyczną śmierć. I bez względu na to, w co wierzy i jak postępuje w życiu, nadal będzie istniał po śmierci swego fizycznego ciała.

Dlatego też dalsze istnienie, życie po fizycznej śmierci, przestaje być wiarą, a staje się zwykłym faktem, tak naturalnym jak to, że się rodzimy. Kurs Otwarcia Wrót nie odwołuje się do żadnego dogmatu; jedyną rzeczą, którą przed przystąpieniem do ćwiczeń powinniśmy z powagą uznać, to stwierdzenie, iż jesteśmy „czymś więcej niż ciałem fizycznym".

Nie ulega wątpliwości, że granice pomiędzy naszą rzeczywistością a innymi systemami energii są przekraczalne. Wielu badanych opisuje swe spotkania z „nieżyjącymi" przyjaciółmi i rodziną, a także wspomina o kontaktach z innymi formami inteligentnej energii, których istnienia dotychczas nie odkrył ani nie zaakceptował główny nurt myśli amerykańskiej.

Powtórzmy: jeżeli uświadomimy sobie, że Hemi-Sync otwiera przed nami równocześnie wiele poziomów świadomości, a więc ułatwia nam dostęp do czegoś, co jest zupełnie inne niż zwykła świadomość, którą przejawiamy w życiu codziennym, to zaczniemy zdawać sobie sprawę, jakie kryją się tu możliwości.

W ciągu ostatnich dziesięciu lat dzięki programowi Otwarcia Wrót mogliśmy przetestować około 3000 osób, co w przypadku minimum dwudziestu ćwiczeń testujących na osobę daje liczbę 60 000. Te 60 000 odpowiedzi wymownie świadczy o zastosowanej technice i skuteczności programu oraz stanowi dla nas cenną bazę danych. Najskromniej mówiąc, 60 000 razy udało nam się wprowadzić naszych ochotników w stan snu, a następnie obudzić ich. Liczby te stanowią bardzo dobrą statystykę świadczącą o wartości programu, a szczególnie o tym, że nie wpływa on szkodliwie na procesy fizjologiczne organizmu.

Najciekawszych wyników dostarczyła jednak analiza danych dotyczących samych uczestników sesji, czyli tych, którzy uczęszczali na kursy Otwarcia Wrót w ciągu ostatnich ośmiu lat. Po pierwsze, 41 proc. badanych to byli mężczyźni. Jest to liczba dwukrotnie wyższa od tej, jaką spotyka się na typowych kursach rozwoju świadomości. Większość naukowców wyraża przekonanie, że wynika to z faktu, iż metoda Hemi-Sync opiera się na naukowych założeniach, a nie wyrasta z ezoteryki. Po drugie, 29 proc. osób zgłaszających się na kursy stanowili ci, których określamy mianem profesjonalistów. Byli to psychologowie, psychiatrzy, pedagodzy, inżynierowie, naukowcy, itd. Na kurs zapisali się głównie po to, by uzyskane wyniki zastosować w dziedzinach, którymi się zajmują. Po trzecie, przeciętny wiek badanych wynosił 39 lat. A więc program Otwarcia Wrót przyciągnął ludzi należących do zupełnie innej kategorii wieku niż osoby będące w tzw. wieku przejściowym. I na koniec: 83 proc. osób przyszło na kurs z konkretnym oczekiwaniem, a ukończyło go, osiągając inny, o wiele bardziej wartościowy rezultat.

Najlepszym sposobem przedstawienia wartości programu Otwarcia Wrót będzie przytoczenie niektórych relacji osób uczestniczących w sesjach. Oto kilka z nich:

1.135-CM

Najsilniejsze wrażenie zrobiło na mnie odczucie narastających wibracji w stanie Focus 15. Czułem fale energii przepływającej przez moje ciało: wchodziły z jednej, a wychodziły z drugiej strony. Płynęły coraz szybciej, coraz szybciej. Miałem wrażenie, że staję się spiralą, później punktem. I jako punkt, jako skupiona, zwarta jednostka poszybowałem w górę, wysoko, coraz wyżej... Wtedy pomyślałem: przecież nie mogę wznieść się jeszcze wyżej, polecieć jeszcze dalej – i natychmiast w odpowiedzi „usłyszałem": ejże, stwarzasz sobie ograniczenia! Aha, rzeczywiście, wobec tego odrzuciłem swoje powątpiewanie, uznałem, że uwaga była słuszna, i płynąłem dalej. Czułem się jak sputnik wystrzelony w przestrzeń kosmiczną, między gwiazdy, jak ktoś odrębny, a jednocześnie złączony z całością wszechświata. Poczucie tej jedności było nieopisaną radością i szczęściem!

Największa wartość tego ćwiczenia polegała na tym, że doświadczyłem na sobie wszystkiego, o czym już wielokrotnie słyszałem i czytałem, a mianowicie, że jesteśmy tym, czym myślimy, że jesteśmy, że ograniczenia, którym podlegamy, wypływają z naszego umysłu. Tego wszystkiego zaznałem, przezwyciężając wątpliwości lub ograniczenia, za które jestem odpowiedzialny wyłącznie ja sam – i to było dla mnie niezwykłe.

1644-CM

Tego ranka, straciwszy zainteresowanie dla systemu słonecznego, który jest w zasięgu mej ręki (wprost nie mogę uwierzyć, że coś takiego właśnie powiedziałem!), postępowałem zgodnie z instrukcją zawartą na taśmie: będąc w stanie Focus 15, wyobraziłem sobie niebieskie „drzwi". Nic za nimi nie znalazłszy, przeszedłem przez kolejne „drzwi": czerwone, żółte, różowe, zielone, purpurowe i na koniec dotarłem do białych. Używając bieli jako „poziomu 21", posuwałem się dalej, aż osiągnąłem „poziom 26", gdzie (i skąd) otrzymałem komunikaty dla innych uczestników kursu. Następnie przeniosłem się na „poziom 27", na którym poprzednio odnalazłem swego ojca. Odniosłem wrażenie, że jest teraz zajęty, wobec czego postanowiłem zbadać nieznany (mi) teren.

Posługując się wymyślonym przez siebie mentalnym licznikiem cyfrowym, płynąłem w otaczającej mnie ciemności aż do chwili, gdy liczby wyświetlane przez licznik zaczęły zmieniać się tak szybko, że nie nadążałem z ich odczytywaniem. Gdzieś w pobliżu miejsca, w którym licznik pokazał liczbę 100 (98?), zatrzymałem się i zobaczyłem wielu krążących ludzi. Wyglądali jak hologramy, ale robili wrażenie „żywych". Niektórzy z nich nie zwrócili na mnie uwagi, inni oddalili się, lecz kilka osób podeszło do mnie z wyraźną radością. Instynktownie wyczułem, że ci ostatni zdawali sobie sprawę, że utknęli tutaj, i sądzili, iż przyszedłem, by poprowadzić ich z powrotem. Spytałem o ich współtowarzyszy. Powiedziano mi, że niektórzy z nich po prostu przeprowadzają badania i powrócą do swych ciał, kiedy zechcą, inni oczekują, aż ich ciała umrą i dzięki temu zostaną oswobodzeni. Natomiast ci, którzy ze mną rozmawiali, sądzili, że znaleźli się tu jakby przypadkiem i że nie są w stanie wrócić o własnych siłach.

W tym momencie, Bob, zabrzmiał twój ledwie słyszalny głos, który mówił: „A teraz powrócisz do stanu Focus 10". Wpadłem w panikę, czując, że potrzebny mi jest twój głos, by znaleźć drogę powrotną. Wracając, próbowałem wziąć „na barana" jednego z tych ludzi, by zabrać go ze sobą, ale mi się to nie udało. Do kabiny wróciłem – czułem to wyraźnie – w samą porę. Z ogromną ulgą i ze zdziwieniem zacząłem analizować przeżytą przygodę i w chwili, gdy piszę ten tekst, robię to już któryś raz z rzędu.

1. Jestem przekonany, że nie był to sen. Teraz, gdy spisuję tę relację na maszynie – w dwa tygodnie po zdarzeniu – wciąż jestem pod wrażeniem niezwykłej głębi owego doznania.

2. Nie wierzę w zbieg okoliczności. I choć nie wiem, co się kryje za tą historią, czuję, że nie bez przyczyny doświadczyłem czegoś, o czym dotychczas nigdy świadomie nie myślałem.

3. Faktem jest, że istnieją zakłady, w których przebywają ludzie znajdujący się w stanie katatonii czy śpiączki. Medycyna nie jest w stanie im pomóc: lekarze nie potrafią ich reanimować.

4659-CM

Teraz zastanawiam się, jakie konsekwencje wynikają z przyjętego przeze mnie założenia, że prawie wszystko, co stworzyliśmy w oparciu o pięć fizycznych zmysłów, język i ukierunkowaną myśl – jest złudzeniem. Tak żywo pamiętam niedawne doznania natury pozafizycznej, że mogę przystąpić do opisania tego, co obecnie uważam za ostateczną rzeczywistość.

Gdy staram się uchwycić tę ostateczną rzeczywistość (sądzę, że jest nią to, co zazwyczaj kojarzy się ze słowem „dom"), doświadczam pustki i szczęścia. Określam to doznanie mianem pustki nie dlatego, że jest tam pusto, lecz dlatego, że próbuję tego doświadczyć, posługując się umysłem, który bazuje na danych dostarczonych przez pięć fizycznych zmysłów i który z przyzwyczajenia ulega złudzeniu. A jednak próbuję posłużyć się moim biologicznym komputerem, który stwarza iluzję, by postrzegać to, co znajduje się poza „widocznymi" granicami złudzenia, choć wygląda to tak, jakbym usiłował powąchać kwiat uchem. Natomiast mówię, że doświadczam stanu szczęścia i błogości, ponieważ jedynym narzędziem percepcji, którego mogę użyć, by wykroczyć poza iluzję, jest przeżyta emocja. Jeżeli istnieją inne dostępne mi narzędzia postrzegania, to albo należy je dopiero uruchomić, albo reaktywować, gdyż prawdopodobnie zanikły z braku użycia.

2312-CF

...W trakcie jednego z ćwiczeń oddechowych, kiedy tworzyliśmy Balon Energii Rezonansowej, przeżyłam coś, co stało się początkiem dość intrygujących zdarzeń. Z zupełnie mi nie znanych powodów nagle znalazłam się w czarnej skrzyni – w próżni, w całkowitej ciemności. Było to jak przeniesienie się ze sfery, w której człowiek doświadcza pełni wrażeń, w sferę, gdzie nie doznaje już niczego. Czułam się dziwnie, gdyż okazało się, że z tej czarnej próżni niełatwo jest się wydostać. Podczas słuchania następnej taśmy znów znalazłam się w owej ciemności i wtedy zaczęłam się już niepokoić. Przy najbliższym posiłku wspomniałam o tym prowadzącej ćwiczenia instruktorce, mając nadzieję, że coś na to poradzi.

Naszą rozmowę słyszało kilku mężczyzn siedzących przy tym samym stole. Później jeden z nich odwołał mnie na bok. Wyjaśnił, że kilku mężczyzn z naszej grupy przyłapało się na myśleniu o mnie podczas słuchania taśm – teraz już wiedziałam, skąd pochodzą wibracje seksualnych pragnień, które do mnie docierały. Powiedział też, że każdy z nich, nie mogąc pozbyć się swych myśli związanych z moją osobą, przed wprowadzeniem się w odmienne stany świadomości włożył mnie do swej „skrzyni przemiany energii" (miejsca, w którym zostawiamy nasze problemy). Panowie ci poradzili sobie ze mną w ten sposób, że umieścili mnie w czarnej próżni po to, bym nie rozpraszała ich uwagi. Początkowo ogarnęła mnie złość. Jak mieli czelność ingerować w moje doświadczenia! Jak śmieli tak mną manipulować! Swoją drogą jestem wręcz zdumiona potęgą myśli: wystarczyło, że trzech mężczyzn pomyślało o mnie w tym samym czasie, by ich myśl wręcz mnie obezwładniła. Równocześnie zdałam sobie sprawę ze swej naiwności, z tego, że nie spostrzegłam tych oznak wcześniej. Jednakże podczas kursu zachodziły we mnie takie zmiany, iż całkowicie nimi pochłonięta, nie zwracałam uwagi na to, co robią czy myślą inni.

Ale to jeszcze nie koniec... Swoją złość spowodowaną faktem, że potraktowano mnie jak „przedmiot seksualnego pożądania" – nawet jeśli była to tylko projekcja świadomości kilku mężczyzn – przekształciłam w pozytywną energię i zaczęłam się zastanawiać nad tym, jaka nauka wypływa z tego doświadczenia i jak mogłoby ono posłużyć rozwojowi. Moje myśli pobiegły innym torem i nawet nie przeczuwałam, że zdarzenia, które wkrótce miały nastąpić, zmienią bieg mego życia.

A stało się to tylko dzięki temu, że z całą szczerością, na jaką było mnie stać, poprosiłam boskie siły o przeżycie czystej duchowej miłości. Prosiłam nie o to, by jej doznać, lecz by nauczyć się, w jaki sposób najlepiej obdarzać nią innych. Moja prośba została spełniona.

Podczas słuchania następnej taśmy pomyślałam: chcę czuć się tak, jakbym była cząstką miłości we wszechświecie, cząstką, która kocha siebie i wszystkie inne istoty. Kiedy za chwilę opuściłam kabinę (nie fizycznie, lecz w drugim ciele), poczułam potrzebę odwiedzenia pozostałych badanych. Zatrzymawszy się w jednej z kabin, cicho odezwałam się do przebywającego tam mężczyzny. Wydawał się bardzo zaskoczony moim widokiem, więc powiedziałam mu, żeby się nie obawiał, bo przyszłam tu tylko po to, by przekazać mu miłość – i pocałowawszy go przelotnie, odeszłam. (Później mężczyzna ów relacjonując to zdarzenie, powiedział, że usłyszał cichy głos wymawiający jego imię. Równocześnie poczuł spływającą nań falę miłości, ale nie był pewien, skąd ona pochodzi.)

Właśnie wtedy, zupełnie niespodziewanie, jakaś potężna siła pociągnęła mnie do innej kabiny. Byłam bardzo zdumiona, gdyż mężczyzny, który tam się znajdował, prawie nie znałam. Był to młody, przystojny psycholog – właściwie jedyna osoba z kursu, z którą dotychczas nie miałam okazji porozmawiać. Mogło się wydawać, że z jakiegoś powodu celowo unikaliśmy się.

Gdy unosiłam się nad nim, nagle bardzo wyraźnie poczułam, że jego wibracje stały się moimi wibracjami. Doznałam nieodpartego pragnienia stopienia się z nim, poczucia się jego częścią – stania się z nim jednością. Z pewnością było to jedno z mych najczystszych i najsilniejszych doznań.

Oddałam mu swą duszę i ciało, i właśnie wtedy poczułam tę potężną falę energii, która wybuchła w nas i rozkołysała. Było to doznanie, którego nie sposób opisać, miłość całkowita i absolutna, obejmująca nas z siłą przekraczającą ziemskie doznania czy wyobrażenia. Im więcej dawałam, tym więcej otrzymywałam – i nie chciałam na tym poprzestać. Pragnęłam dać mu jeszcze więcej. Było to tak, jakby dwie całkowicie zgodne energie stały się wreszcie jednością. (Pomyślałam: jakże słabych wrażeń w porównaniu z tym dostarcza seks!)

Jak błyski światła przemykały wspomnienia z poprzednich wcieleń. Przez cały czas rozmawialiśmy ze sobą i doszłam do wniosku, że czegoś takiego mogliśmy doświadczyć tylko w ostatnim dniu kursu – co też się stało – bo gdybyśmy „zeszli się" wcześniej, to żadne z nas nie potrafiłoby należycie się skupić i zapewne nie wyszłoby to na dobre innym odbywającym się w tym tygodniu ćwiczeniom. Podczas wspomnianego przeżycia spotkały się nasze umysły i jestem pewna, że to spotkanie było czymś więcej niż zwykłym zbiegiem okoliczności – to było po prostu przeznaczenie.

Z całą pewnością otrzymałam wszystko, o co prosiłam – a nawet więcej, i kiedy po skończonej sesji zeszłam do hallu, czułam silny przypływ tej niezwykłej, rozpierającej energii, dzięki której człowiek ma wrażenie, iż unosi się w powietrzu. Zobaczyłam go, gdy schodziłam po schodach, by przyłączyć się do grupy. Stał z wyrazem ekstazy na twarzy i wpatrywał się we mnie ze zdumieniem, jak gdyby przydarzyło mu się coś zupełnie nieprawdopodobnego. Zanim zdążyłam się do niego odezwać, powtórzył cicho kilka razy: „Dziękuję, dziękuję..." Byłam dumna z tego, co zrobiłam; czułam się wspaniale. Porównaliśmy nasze doświadczenia i upewniliśmy się, że żadne z nas nie upiększa własnego przeżycia. Bez wątpienia nasze relacje pasowały do siebie jak ściśle i dokładnie przylegające fragmenty mozaiki. Zarówno on, jak i ja odbieraliśmy wrażenia wszystkimi naszymi zmysłami – a najsilniej, gdy się dotykaliśmy.

W jakiś czas potem pobraliśmy się, by być ze sobą. Jesteśmy razem od dwóch lat – kochając się i rozwijając.

Bardzo dużo nauczyłam się na kursie Otwarcia Wrót i naprawdę mogę powiedzieć, że miałam szczęście, bo dostałam nie tylko najlepszą część tortu – krem, ale cały tort.

Obecnie kursy Otwarcia Wrót trwają pełne siedem dni i są prowadzone w specjalnie z myślą o nich zaprojektowanym Centrum w Wirginii. Badani nie muszą już leżeć na podłodze, słuchając taśm, gdyż wyposażyliśmy ośrodek w odpowiednie kabiny, które stwarzają taką izolację, jaką mieliśmy w naszych kabinach w laboratorium. Nazwaliśmy je jednostkami CHEC[1]. W kabinie takiej uczestnik kursu nie tylko słucha nagranych na taśmie ćwiczeń, korzystając ze słuchawek, lecz również nocuje. Ponieważ znajdujące się tam łóżka są bardzo podobne do łóżek w starych pulmanowskich wagonach kolejowych, więc zdarza się, że niektórzy mają trudności z zaśnięciem podczas pierwszej nocy – być może z powodu uczucia klaustrofobii. Urządzenia zainstalowane w kabinach zapewniają jednak warunki zbliżone do naturalnych: dopływ świeżego powietrza, stałą temperaturę, dźwięki pomagające zasnąć – toteż na drugi dzień nie można nikogo dobudzić, tak głęboki i regenerujący jest sen osób, które śpią w jednostkach CHEC. Wielu badanych zainstalowało takie kabiny w swoich domach.

Ponieważ kursy Doznawania Otwarcia Wrót bardzo trudno przygotować i właściwie poprowadzić, więc co roku zastanawiamy się nad tym, czy warto je kontynuować. Biorąc wszystko pod uwagę, należy stwierdzić, że nie przynoszą one dużych dochodów finansowych, choć jesteśmy przypuszczalnie jedynym instytutem badawczym, który pobiera opłaty za przywilej bycia niezależnym. Za każdym razem, gdy już prawie zapada decyzja o ich zamknięciu, zupełnie przypadkowo otrzymujemy od jakiegoś byłego uczestnika relację świadczącą o tym, jak ważnymi rezultatami zaowocował jego udział w takim kursie.

Wobec tego ustalamy program kursów Doznawania Otwarcia Wrót na następny rok.

---

[1] *Controlled Holistic Environmental Chambers* – holistyczne komory zapewniające naturalne warunki (przyp. tłum.).

4

PIERWSZY ZESPÓŁ BADAWCZY

Nasza działalność zaczęła biec jak gdyby dwoma torami. Prowadząc sesje programu Doznawania Otwarcia Wrót, dostarczaliśmy rozrywki jej uczestnikom rekrutującym się z różnych środowisk, poczynając od psychologów i inżynierów elektroników, a kończąc na byłych dzieciach-kwiatach, które w odpowiedzi na lekturę *Podróży* zjawiały się na kursach z płóciennymi workami przerzuconymi przez ramię. Poza tym kontynuowaliśmy nasz program badawczy z grupą ochotników w laboratorium. Grupa ta stawała się coraz bardziej zaawansowana w osiąganiu odmiennych stanów świadomości, w tym stanów przebywania poza ciałem. Jednakże sprawy osobiste (jak na przykład przeprowadzka do innego miasta) zredukowały liczbę członków tego stałego zespołu do sześciu osób: fizyka, kierownika opieki społecznej, psychologa – specjalisty od psychologii interpersonalnej, kierownika biura i konsultanta psychiatrycznego. Chciałem wymienić tu ich nazwiska, ale wielu z nich sądziło, że nie spodoba się to ich pracodawcom. Wobec tego – bez nazwisk.

Najdziwniejsze było to, że doświadczenia tych osób zbiegały się z moimi tylko w fazie procedury wstępnej. Mogli powtarzać moje eksperymenty poprzedzające podróże poza ciało, co rzeczywiście robili, lecz od tego miejsca podobieństwo było już niewielkie. Przyczyną takiego stanu rzeczy mogło być wprowadzenie monitora (czynnika zwiększającego poczucie pewności i bezpieczeństwa), z którym eksperymentujący pozostawał w kontakcie. Pod pewnym względem mieli więc udogodnienia, których ja nie miałem nigdy.

A więc wygląda to tak: Badany leży na wodnym łóżku w zaciemnionym pomieszczeniu o wymiarach 2,5 na 3 metry, ekranowanym akustycznie i elektronicznie (zazwyczaj z bliżej nieznanych powodów wszyscy wybierają kabinę nr 2). Każda kabina ma własną klimatyzację i jest wyposażona w urządzenie zapewniające stałą temperaturę. Do głowy, palców oraz innych części ciała uczestnika eksperymentu poprzyklejane są elektrody umożliwiające kontrolę stanu fizjologicznego jego organizmu. Do uszu ściśle przylegają słuchawki, a kilkanaście centymetrów nad głową wisi mikrofon. I najważniejsze: przed rozpoczęciem sesji eksperymentator udaje się do toalety, by zyskać pewność, że ma opróżniony pęcherz. Wiele sesji zakończyło się fiaskiem, ponieważ badany musiał natychmiast wracać do ciała fizycznego jedynie z powodu przepełnionego pęcherza. Widocznie stan całkowitego relaksu przyśpiesza ów proces fizjologiczny.

W kabinie kontrolnej położonej około 6 metrów pod hallem osoba pełniąca funkcję monitora (ja bądź któryś z moich współpracowników) porozumiewa się słownie za pomocą systemu dźwiękowego z osobą w kabinie. Innym zadaniem monitora jest wysyłanie dźwięków Hemi-Sync do słuchawek uczestnika po to, by sprawdzić jego reakcję na nowe częstotliwości dźwięków lub by pomóc mu osiągnąć pożądany stan świadomości. Poza tym monitor obserwuje i notuje zmiany w zapisie instrumentów, które rejestrują stan fizjologiczny osoby przebywającej w kabinie. Często pomaga mu asystent.

Oto typowy „wstępny" raport z początkowej fazy OOBE, pochodzący z zapisu magnetofonowego, którego dokonano podczas eksperymentu. Datuje się z „wczesnego" okresu:

SS/ROMC (kierowniczka biura) 7 minut – test nr 188

Pędzę przez tunel. Znajdowałam się w pozycji stojącej, a teraz jestem jak gdyby wsysana przez ten tunel. Jest bardzo wąski i mknę przezeń jak strzała. Na jego drugim końcu widzę punkcik światła. Szybko zbliżam się do tego punktu. Czuję się tak, jakbym znajdowała się na promieniu światła, który pomaga mi posuwać się naprzód. Wychodzę. Wchodzę w inny wymiar i zatrzymuję się. W tej chwili znajduję się na wprost tego punktu, tuż przed nim. Spokojnie przez niego przechodzę i naraz wszystko staje się zielone. Jest bardzo jasno. Po wyjściu z ciemnego tunelu jestem tą jasnością niemal oślepiona. Zupełnie inne uczucie. A teraz odczuwam jak gdyby nacisk silnej energii – jest to wspaniałe doznanie. Osiągnęłam inny poziom energetyczny. Czuję się silna... wszystko wokół jest zielone. Jest tak jasno, że potrzebuję trochę czasu, by oswoić wzrok.

Z czasem pojawił się pewien „drobny problem". Otóż gdy któremuś z naszych eksperymentatorów choć raz udało się przejść przez światło lub osiągnąć stan przebywania poza ciałem, przestawały go interesować nudne, trwające godzinami poszukiwania nowych, efektownych częstotliwości i przebiegów dźwiękowych. Oczywiście, wszyscy oni nadal wykonywali tę nieciekawą pracę, lecz wiedzieli, że za tunelem, w świetle czeka na nich Paryż! Toteż zatrzymać ich na naszej farmie nie było wcale tak łatwo. Musieliśmy więc trochę się pobawić.

A zatem bawiliśmy się. Wysłaliśmy naszych poszukiwaczy, by zobaczyli, jak jest na Księżycu, ale stwierdzili, że to bardzo nieciekawe miejsce. Wyruszyliśmy w inne rejony systemu słonecznego, na inne planety, lecz i tam, o ile nasze spostrzeżenia były właściwe, nie znaleźliśmy niczego poza ciągnącymi się przez całe mile górami i kraterami bądź pasmami wzburzonej materii – żadnej roślinności, żadnego śladu życia, słowem niczego, co mogłoby nas, ludzi, zaciekawić. Doszliśmy wówczas do wniosku, że w takim stanie, jak OOBE, występuje prawdopodobnie inny rodzaj świadomości. Inna jest percepcja przedmiotu. Na przykład to, co nam w pokoju kontrolnym wydawało się minutą, osoba w kabinie mogła odbierać jako trwające przez wiele godzin czy też ciągnące się „bez końca". To właśnie wtedy zaczęliśmy nazywać naszych eksperymentatorów Zespołem Badawczym.

Tak jak większość ludzi byliśmy pochłonięci myślą, a może raczej nadzieją, że gdzieś wśród bilionów gwiazd, które można zobaczyć fizycznym wzrokiem, istnieje inteligentne życie. Toteż w ramach naszej zabawy wysyłaliśmy członków Zespołu Badawczego poza system słoneczny, w nowe otoczenie. Sądziliśmy, że wraz z wkroczeniem w tę strefę nastąpi jakaś zasadnicza zmiana. Polecenie brzmiało: podążaj przed siebie do chwili, aż zobaczysz coś ciekawego. Eksperymentatorzy mijali inne słońca, znaleźli inne planety, lecz nie natrafili na ślady życia inteligentnych istot. Mogłoby się wydawać, że wszechświat jest niezamieszkany.

Zmiana nastąpiła dopiero w 1974 roku. W ciągu kilku tygodni przekonali się o niej wszyscy nasi eksperymentatorzy. Niektórzy z nich jeszcze się nie znali, a więc nie mogło być mowy o wymianie doświadczeń. Jeśli chcąc znaleźć przyczynę tej powszechnej zmiany, sięgniemy pamięcią wstecz, to nasuwa się tylko jedno wytłumaczenie: otóż właśnie wtedy wprowadziliśmy afirmację opracowaną specjalnie dla programu Doznawania Otwarcia Wrót; afirmację tę wypowiadało się na początku każdej sesji przeprowadzanej w laboratorium. Poza dodaniem tej afirmacji nie wprowadziliśmy żadnych istotnych zmian, ani dotyczących samych częstotliwości Hemi-Sync, ani sposobu ich przekazywania. Nie zmieniły się również inne czynniki, które mogłyby wpłynąć na rezultaty badań. A więc rolę katalizatora odegrała chyba druga część wspomnianej afirmacji:

...Również gorąco pragnę pomocy i współdziałania, wsparcia i zrozumienia tych istot, których mądrość, rozwój i doświadczenie są równe moim lub większe od moich. Proszę ich o przewodnictwo oraz o ochronę przed jakimkolwiek wpływem bądź siłą, które mogłyby mi przeszkodzić w realizacji wyrażonych przeze mnie życzeń.

I nagle jakby podniesiono kurtynę. Prawie za każdym razem, gdy ktoś z Grupy Badawczej osiągał stan przebywania poza ciałem lub wyższy poziom stanu Focus 12, spotykał inteligentne istoty, które w większym lub mniejszym stopniu przejawiały chęć nawiązania z nim kontaktu i które ten kontakt nawiązywały. Po wielu latach bezowocnych wysiłków zrobiło to na nas olbrzymie wrażenie. Chwilami wręcz nie wiedzieliśmy, jak pokierować takimi spotkaniami. A oto transkrypcja zapisu magnetofonowego jednego z pierwszych takich spotkań.

SS/TC (fizyk) XAL – 8:12 min. test nr 332

Wróciłem do stanu 12. Miałem dwa spotkania. Pierwsze – z niewidzianą przeze mnie inteligentną istotą, która zjawiła się na moją bliżej nie sprecyzowaną prośbę o nawiązanie kontaktu. Usłyszałem coś w rodzaju: „Dobrze, możemy porozmawiać", lecz było oczywiste, że on (mówię „on", gdyż odniosłem wrażenie, że to jest „on") chce raczej słuchać niż mówić, bo odrzekł: „No dobrze, a o czym chcesz rozmawiać?" A kiedy próbowałem przerzucić na niego inicjatywę w prowadzeniu rozmowy, chcąc dowiedzieć się czegoś o nim oraz o jego otoczeniu, zdawało się, że jest poirytowany takim obrotem sprawy. Przypominało to nagabywanie przechodnia na ruchliwej nowojorskiej ulicy, który spieszy się, zajęty swoimi sprawami.

Drugie spotkanie okazało się o wiele ciekawsze. Tym razem nie była to inteligencja, lecz wyraźnie zobaczyłem postać. Kobieta miała pod czterdziestkę i wyglądała na bardzo zadowoloną z naszego spotkania. Zaproponowała, że oprowadzi mnie po okolicy i pokaże wiele rzeczy. Nie wiem, jak można by nazwać to miejsce, w którym się znajdowała. Podeszliśmy do ściany. Przed nami otworzyły się dwuskrzydłowe drzwi. Za nimi nie było nic szczególnego, nic, co robiłoby wrażenie, lecz moja przewodniczka uważała, że te znaki przed nami i nieregularności powierzchni są czymś istotnym. Nie wiem, czemu tak sądziła, bo to, co widziałem, nie kojarzyło mi się z niczym znanym. Zapytałem ją, czy zna materię fizyczną i czy wie o istnieniu fizycznej rzeczywistości. Poprosiła, żebym wyjaśnił, co mam na myśli. Nie wiedziałem, jak wytłumaczyć, co to jest materia fizyczna, więc spytałem, czy się nie pogniewa, jeżeli teraz odejdę, bo chcę zdać sprawę z tego, co zobaczyłem. Chyba była trochę skonsternowana, że tak nagle odchodzę, tylko częściowo zapoznawszy się z tym, co chciała mi pokazać, lecz powiedziała „dobrze" – i oto znalazłem się tutaj.

Monitor: „Bardzo dobrze. Po powrocie spróbuj dowiedzieć się, jakiej używa się tam energii".

(Czas trwania: 3 minuty)

Sądzę, że powinienem zrelacjonować wszystko od początku, zanim zapomnę większość z tego, co się wydarzyło. Ponownie nawiązałem kontakt z tą samą kobietą. Była zdumiona, że jednak wróciłem. Ucieszyła się. Najpierw zacząłem się zastanawiać, jak ta inteligentna istota siebie widzi. Czy na to, czym jest w rzeczywistości, ja tylko nałożyłem stworzony przez siebie obraz ludzkiej postaci mającej kształt kobiety? Omawiając z nią tę kwestię, uświadomiłem sobie, że z chwilą gdy już utworzyłem jej obraz, właściwie nie mogę stwierdzać, czy jest on taki sam, jak jej percepcja siebie samej, czy też nie. I odwrotnie, czy i ona tworząc mój obraz, kierowała się tym, co było jej już znane?

Czy zatem istnieje podobieństwo między sposobami tworzenia przez każde z nas obrazu drugiej osoby? W żaden sposób nie można było tego rozstrzygnąć, więc zostawiliśmy ten temat. Właśnie wtedy poczułem dość wyraźnie swędzenie w okolicy szyi. Począłem wyjaśniać kobiecie, że oprócz tej rzeczywistości, w której się znalazłem i w której teraz przebywamy oboje, istnieję również w innej rzeczywistości, w innym miejscu mam swoje fizyczne ciało, które właśnie poczuło swędzenie szyi. To swędzenie przeszkadza mi w skupieniu uwagi i w chwili, gdy przenoszę ją na swoje ciało fizyczne, moja postać staje się jak gdyby mniej wyraźna. Sądzę, że zabrzmiało to dla niej zgoła nieprawdopodobnie. Jestem pewien, że nie uwierzyła w to, co powiedziałem. Po prostu jak gdyby zignorowała moje wyjaśnienie, tak jak ignoruje się wypowiedź kogoś, kto mówi niedorzeczności. Z kolei zapytałem ją o ich fizykę. Zaprowadziła mnie do miejsca, gdzie była jeszcze jedna istota – tym razem mężczyzna. Znajdowała się tam powierzchnia, na której można było pisać, coś w rodzaju tablicy, ale nie była to tablica. Mężczyzna pisał coś na tej powierzchni, próbując wyjaśnić mi naturę rzeczywistości w ich świecie. Niestety, znaki, które stawiał, były dla mnie zupełnie niezrozumiałe, toteż zrezygnowaliśmy po kilku próbach. Spróbowaliśmy zastąpić znaki obrazkami. Cały czas porozumiewaliśmy się telepatycznie. Z obrazkami poszło lepiej. Rysował je i wyjaśniał za pomocą przekazu telepatycznego. Dzięki temu mogłem się zorientować, że ich nauka, a właściwie ich pojmowanie rzeczywistości i istnienia pod wieloma względami przypominało nasze. Żyli zakotwiczeni w tej rzeczywistości i nie mogli poza nią wykroczyć, nie byli w stanie zrobić tego, co ja uczyniłem, wychodząc poza naszą fizyczną rzeczywistość i wchodząc w ich świat. Nie wiem, czy w ogóle dopuszczali możliwość istnienia jakiejś innej rzeczywistości poza ich światem. Stworzyli naukę podobną do naszej w tym sensie, że przedmioty stanowiące tę rzeczywistość również podlegają określonym prawom. Próbowałem zorientować się, czy któreś z ich praw było podobne do praw obowiązujących w naszej nauce, czy na przykład znają prawo grawitacji. Jednak niełatwo dać na to odpowiedź. Nie potrafiłem ustalić, jak widzą rzeczywistość, w której przebywają, nie mogłem oddzielić ich rozumienia tej rzeczywistości od mojego. Jedyne, co byłem w stanie zrobić, to przełożyć ich rozumienie na moje pojęcia. Faktem jest, że nie widziałem, aby unosili się w powietrzu, ale nie potrafiłem powiedzieć, czy moja percepcja tych postaci o ludzkich kształtach jako istot, które nie unoszą się w powietrzu, wynikała stąd, że rzeczywiście, tak jak my, doznawały one siły ciążenia, czy też moje własne doświadczenie wpłynęło na taki sposób ich postrzegania. Jednak jestem przeświadczony o tym, że mają oni podstawową naukę o rzeczywistości, ustalającą prawa dla istniejących w ich świecie przedmiotów. Nie przenoszą rzeczy za pomocą myśli ani też nie wykorzystują procesu myślenia do podobnych celów. I chociaż ich rzeczywistość jest bardzo podobna do naszej, ziemskiej rzeczywistości fizycznej, to jednak nie potrafiłem zrozumieć przeznaczenia wielu widzianych tam budowli i urządzeń – były to obiekty zupełnie mi nieznane. Istoty, które znajdowały się wewnątrz tych budynków, były jak gdyby przez nie odgrodzone, odizolowane od reszty otoczenia – podobnie jak ma to miejsce w naszym świecie. Nie wiem, czy patrząc na mnie istoty te widziały postać o ludzkim kształcie – chyba jednak wyglądałem tak, jakbym był jednym z nich. Może należało dowiedzieć się, co o mnie sądzą: skąd przybyłem lub za kogo mnie biorą?

A oto następny przykład. Da wam on wyobrażenie o innym rodzaju spotkania.

SS/JCA (kierowniczka w instytucji zajmującej się opieką społeczną) 6:27 min. test nr 356

Rozmawiam z „zielonym człowiekiem" i uczę się przenosić do miejsca, w którym oni przebywają, oraz wracać stamtąd... Dowiedziałam się, dlaczego nosi tę zieloną szatę. Powiedział mi, że jej nie potrzebuje, lecz założył ją ze względu na mnie, abym czuła się swobodniej, gdy będziemy rozmawiali. Jego zdaniem są we mnie jeszcze różne lęki, dlatego chce, żebym bardziej się rozluźniła i nie była taka napięta podczas wychodzenia z ciała i wchodzenia w nie. ...Chcę usiąść i trochę z nim porozmawiać, ...więc „siadamy" i słucham, jak opowiada mi o mnie i o miejscu, w którym się znalazłam. Powiedział, że jest kimś w rodzaju mojego opiekuna i że jest odpowiedzialny, w pewnym sensie odpowiedzialny, za mój rozwój i doskonalenie się. Nadzoruje te spotkania i bierze za nie odpowiedzialność. Z pewnością ma już za sobą niejedno życie i zdobył różnorodne doświadczenia. ...Nie wiem, czy to wszystko składa się na niego, czy też nie.

Jest mi tu bardzo dobrze, tak dobrze, jakbym znalazła się we właściwym dla siebie miejscu; już przedtem czułam się podobnie. Myślę, że zrobiłam pewien postęp, gdyż tym razem pomocnicy nie byli mi potrzebni. Widziałam ich tutaj. Jednak bardziej wygląda to na votum zaufania, niż cokolwiek innego. Zapytałam go, czym się tu zajmuje. Odparł „To 'tutaj' jest czymś, do czego dążysz. To 'tutaj' nie jest... nie jest takie ważne". Nie wiem dlaczego, ale w tej chwili poczułam się bardzo zmęczona. Nagle uświadomiłam sobie, że chcę wracać. Zauważyłam to już wcześniej. To przyszło jak błysk światła, choć tu przecież jest ciemno. Byłam zdziwiona, gdyż nadeszło tak nagle jak błysk.

O wiele większe znaczenie miały te spotkania, podczas których nasi eksperymentatorzy szybko „zaprzyjaźniali się" z bytem lub z bytami (istotami?), które jak się wydaje, ani nie były z żadnym z uczestników specjalnie związane, ani też szczególnie zainteresowane w zawarciu znajomości z którymś z nich.

A oto przykład relacji z takiego spotkania, złożonej przez jednego z członków Zespołu Badawczego:

SS/BY (inżynier elektronik) 26:20 min. test nr 325

Powtórnie nawiązałem kontakt ze źródłem i spytałem o jego punkt widzenia oraz o wskazówki. Spytałem również, czy zna Ziemię. Odpowiedział: „Tak, to mój rejon". Odniosłem wrażenie, że Ziemia została mu jak gdyby przydzielona, że jest to teren, na którym ma działać. Pomyślałem, że możemy zwracać się o pomoc do niego i podobnych mu istot, że mogą nam doradzić, jak najlepiej „przejść" przez ziemskie życie. Zwrotu „przejść przez życie" nie użyłem w znaczeniu przemknięcia się przez nie – ich wskazówki mają nam pomóc wziąć z życia jak najwięcej, czyli wydobyć z doświadczeń życiowych jak najgłębszą treść. Istoty te mogą nam udzielać wyjaśnień lub służyć radą, chociaż ich działalność nie ogranicza się tylko do pracy na Ziemi. Następnie spytałem o warunki geologiczne na Ziemi w ciągu najbliższych 10 lat. Mój rozmówca przejął potrzebne mu dane z mojego umysłu, by zrozumieć, o co mi chodzi, i powiedział: „Nie sądziłem, że ta informacja jest dostępna". Był zdziwiony, że zostało to już ujawnione, że już udzielono tej informacji. Nie wiedział, że udziela się takich informacji.

A tak przebiegało spotkanie będące ilustracją innego rodzaju kontaktów:

SS/SHE (konsultant psychiatryczny) 16:14 min. test nr 314

... – Punkt światła. Inny niż tamten. Niczego nie widzę.

Monitor: – Jak wygląda to światło?

– Jak gwiazda. Gdy skupiam na nim uwagę, zaczynam się unosić.

Monitor: – Eksperymentuj z tym światłem.

– Teraz zbliżają się, a teraz ja zbliżam się do nich.

(Czas trwania: 2:25)

Nowy Głos: – Witajcie!

Monitor: – Bardzo się cieszę ze spotkania. Dziękuję wam za przybycie.

Nowy Głos: – Niełatwo tu dotrzeć.

Monitor: – A na czym polega trudność?

Nowy Głos: – Trzeba przejść przez wiele warstw.

Monitor: – Jesteśmy wam bardzo, bardzo wdzięczni za to, że jednak przedostaliście się przez te warstwy i dotarliście do nas. Postaramy się pomóc, jeżeli tylko będziemy potrafili.

Nowy Głos: – Ona ma bardzo dobry układ kolorów. Musimy znaleźć sposób, by pomóc jej się rozluźnić.

Monitor: – Co według was należy zrobić?

Nowy Głos: – Musi wejść bardzo głęboko i przez pewien czas pozostać w tym stanie.

Monitor: – Co wobec tego sugerujecie – dłuższy okres przygotowawczy?

Nowy Głos: – Być może. Będzie o wiele łatwiej, gdy wzrośnie jej zaufanie. W dalszym ciągu jest w niej dużo lęku.

Monitor: – Bardzo wam dziękuję, że się nią zajęliście.

Nowy Głos: – Teraz silnie odczuwa brak równowagi. Zabierzemy ją więc do miejsca, w którym będzie mogła odpocząć.

W powyższym przypadku osoba eksperymentująca nic nie pamiętała z tego, co zaszło podczas przytoczonego zdarzenia czy też spotkania. Ostatnią rzeczą, którą sobie przypominała, było ćwiczenie z kolorami. Zmiana brzmienia głosu oraz wskazania aparatury pomiarowej przemawiają za tym, że w JEJ ciele pojawił się ktoś inny, jakaś inna osobowość. Wbrew niezwykłemu zainteresowaniu takimi spotkaniami oraz emocjom, jakie temu towarzyszyły, długo zastanawialiśmy się, czy należy iść dalej tą drogą. Jednakże w owym czasie nie znaliśmy, jak sądzę, sposobu pozwalającego „wyłączyć" porozumiewanie się tego typu. Wydaje mi się również, że nikt tego nie chciał – a już na pewno nie ja.

Jedna z naszych eksperymentatorek nawiązała bliski kontakt z grupą czterech czy pięciu istot. Jedna z nich porozumiewała się z nami za pośrednictwem strun głosowych eksperymentatorki.

A oto transkrypcja nagrania dokonanego podczas spotkania, na którym doszło do zawarcia bliższej znajomości ze wspomnianymi istotami.

SS/ROMC (kierownik biura) 8:05 min. test nr 306

Obserwowałam, co się dzieje wokół mnie, będąc jednocześnie świadoma swych własnych doznań. Gdy tylko moje ciało energetyczne zbliżyło się do ciała fizycznego, cztery istoty pomogły mi je unieść i wydobyć z ciała fizycznego. Zrobiło mi się wówczas lekko i poczułam się bardzo, bardzo dobrze. Odniosłam wrażenie, że ta forma energetyczna została jak gdyby wszczepiona w moje ciało fizyczne lub – inaczej mówiąc – znalazła się w nim. Dostarczała mu energii. Była lekka i dobrze zabezpieczona, a ja czułam się wspaniale na zewnątrz swego fizycznego ciała; było mi bardzo lekko i mogłam doświadczać energii istnienia. Jeden z pomocników właśnie mówił, jak można by przeprowadzić pewien eksperyment, posługując się moim ciałem jako przekaźnikiem, elementem pośredniczącym między różnymi wymiarami. Podczas tego doświadczenia będę mogła wyjść z ciała i obserwować, o ile zechcę, co się będzie działo z formą energetyczną. Będzie mi lekko i radośnie, a towarzystwo przewodników da mi poczucie pewności i bezpieczeństwa.

Monitor: – Czy teraz zamierzają przeprowadzić jeszcze jakiś eksperyment?

– Tak. Zdaje mi się, że chcieliby porozmawiać, używając mojego głosu, gdyż nadal nie jestem wystarczająco odprężona, by móc swobodnie wychodzić poza ciało. Będziemy ćwiczyć i eksperymentować, aż nauczę się lepiej relaksować, umożliwiając swobodny przepływ i nie pozwalając umysłowi zatrzymać tego procesu. Im więcej włożę w to pracy, tym szybszy będzie mógł być ten przepływ. Dlatego też chcą przeprowadzić ten krótki eksperyment polegający na przekazywaniu niektórych myśli za pośrednictwem moich strun głosowych i – że tak powiem – mego aparatu umysłowego. Zobaczymy, co... będziemy mogli się przekonać, co z tego wyniknie.

Monitor: – Dobrze. Będę tu na wypadek, gdybyś mnie potrzebowała.

– W porządku.

(Czas trwania: 3:23 min.)

Nowy Głos: – Witajcie! Mówię, posługując się strunami głosowymi tej młodej osoby, do której chciałbym mówić, gdy będzie obserwowała to, co się wydarzy. Teraz jej fizyczne ciało gwałtownie się rozgrzewa. Chwilami będzie chłodne, a kiedy indziej będzie miało podwyższoną temperaturę; molekuły ciała energetycznego, którego działanie ujawnia się za pośrednictwem ciała fizycznego, poruszają się znacznie szybciej i dlatego właśnie teraz w jej ciele fizycznym pojawia się odczucie ciepła. Ta młoda osoba będzie rozumiała wszystko, co się dzieje, kiedy wejdziemy w zasięg jej aury. Zrobi jej się ciepło, a następnie, gdy bardziej się rozluźni i będzie już mogła oddzielić się od ciała fizycznego i unieść, poczuje chłód i odprężenie, głębokie odprężenie. Będzie temu towarzyszyć zupełny spokój i poczucie całkowitego bezpieczeństwa. Znajdzie się wówczas na poziomie światła, uczuje chłód i będzie świadoma tego, że opuszcza ciało fizyczne, i zawsze, o ile zechce, będzie mogła kierować tym procesem, mając nad nim całkowitą kontrolę. Przez cały czas będzie też mogła obserwować, co się dzieje, rozmawiać, a nawet wejść w inne wymiary. W pobliżu znajdą się ci, którzy będą jej tam pomagać. My natomiast będziemy się starali przekazywać informacje za pośrednictwem jej strun głosowych. Jest to szczególny eksperyment – doświadczenie wejścia w wymiary wiedzy. Nie można byłoby go przeprowadzić, gdyby nie twoja wiedza, niezwykłe zrozumienie sprawy oraz pewność, z jaką prowadzisz swoje badania. Wraz ze mną są tu inni. Pojawią się, gdy wejdziemy w inne wymiary i osiągniemy inne poziomy. Nie będziemy używali zwrotów „niższe czy wyższe" poziomy, gdyż poziomy te to wymiary światła, w których poruszamy się, przechodząc z jednego z nich na drugi. Teraz o wiele łatwiej jest przekazywać wiedzę. Obecnie wykonuję swą pracę na poziomie, na którym znalazła się ta istota, lecz będziemy wspólnie pracować również i na innych poziomach. W tej chwili pomagają jej inni. Używam liczby mnogiej „my", gdyż za każdym razem przebywamy w grupie. Gdy ja przychodzę, przychodzą ze mną asystenci, którzy przez cały czas będą pomagać w pracy i podnosić poziomy energetyczne. Uważamy, że robisz to, co trzeba, by pomóc innym w osiągnięciu tego doskonałego stanu, w którym uwolnione energie mogą przenosić się na inne poziomy świadomości. A teraz odejdziemy i pozwolimy jej wejść z powrotem w ciało fizyczne. Spotkało nas wyróżnienie. Dziękujemy, drodzy przyjaciele.

Miała tak duże zaufanie do tych istot, że ich pomoc nie musiała przyjmować wyszukanych form, lecz stała się niemal czynnością rutynową. Na przykład, chcąc ułatwić jej wyjście z ciała fizycznego, czterech spośród grupy stawało przy niej, po dwóch z każdej strony, i po prostu „wyjmowało" z ciała fizycznego jej ciało energetyczne, ciągnąc je w górę. Dzięki temu to, co należało zrobić, wykonywano w możliwie najprostszy sposób.

Kilka miesięcy później miało miejsce wydarzenie, które rzuciło interesujące światło na tę właśnie sprawę. Owa młoda osoba, o której tu mowa, a którą oznaczyliśmy skrótem „ROMC", zwykle odbywała sesje w środy o piątej. Tym razem odwołała spotkanie parę dni wcześniej i wiedzieliśmy, że w tę środę nie będzie jej w laboratorium. Przypadek zrządził, że właśnie tego dnia odwiedziła nas pewna pani psycholog, która przyjechała z Waszyngtonu, by porozmawiać o naszych badaniach. Ponieważ była dość sceptycznie nastawiona do tego, co robimy, poświęciliśmy kilka godzin na zaznajomienie jej z naszymi metodami i technikami. W końcu chcąc, by lepiej zrozumiała o co chodzi, zaproponowałem, żeby poszła do kabiny nr 2, położyła się, posłuchała różnych sygnałów Hemi-Sync i zobaczyła, czy i w jaki sposób na nie reaguje. Przystała na to, będąc jednak w pełni przeświadczona, że nie zdarzy się nic niezwykłego. Biorąc pod uwagę jej sceptycyzm, byłem skłonny się z tym zgodzić.

Mniej więcej po pięciu minutach w głośniku zabrzmiał jej głos:

– Nie jestem sama w tej kabinie, oprócz mnie jest tu jeszcze ktoś.

Nacisnąłem przycisk mikrofonu.

– Jest pani tego pewna? – spytałem.

– Oczywiście, że jestem pewna. Jeśli chodzi o ścisłość, to jest ich czterech.

Powtórnie nawiązałem kontakt.

– Na pewno jest ich czterech?

– Widzę ich doskonale. Dwóch stanęło przy mojej głowie, a dwóch przy nogach.

Znów nacisnąłem przycisk mikrofonu.

– A co oni robią?

– Próbują wyciągnąć mnie z ciała, jeśli da pan wiarę.

Nagle zrozumiałem. Spojrzałem na zegar. Była środa, dziesięć po piątej. Cotygodniowe spotkania o tej samej porze – przyjaciele ROMC również nabrali rutyny. Zacząłem się śmiać.

Już miałem sięgnąć po mikrofon, by wyjaśnić, o co chodzi, gdy nagle rozmyśliłem się.

Nacisnąłem przycisk mikrofonu.

– Co teraz robią?

– Już nie próbują wydobyć mnie z ciała – dobiegł jej głos. – Teraz spierają się.

Trudno mi było zachować powagę, gdy pytałem:

– A o co się spierają?

– Ci czterej chcą mnie wyciągnąć z ciała, a teraz pojawił się piąty, który stara się ich przekonać, żeby tego nie robili.

– A czy chce pani, żeby to zrobili?

– Raczej nie – dobiegło z głośnika. – Teraz przestali rozmawiać i odchodzą, więc problem rozwiązał się sam.

Uśmiechnąłem się, naciskając przycisk mikrofonu.

– Wobec tego proszę się odprężyć, a za kilka minut odezwę się i poproszę panią do nas. Czy dobrze się pani teraz czuje?

– O tak – odrzekła – czuję się doskonale.

Pozostała w kabinie jeszcze dziesięć czy piętnaście minut. Ze wskazań przyrządów pomiarowych zorientowałem się, że jest zrelaksowana; po chwili zapadła w lekki sen. W odpowiednim czasie obudziłem ją i już wypoczętą poprosiłem do siebie. Była nieco zbulwersowana tym, czego doświadczyła, lecz mimo to czyniła gwałtowne wysiłki, by zachować sceptycyzm. Pokazałem jej rozkład zajęć grupy eksperymentującej, a następnie odtworzyłem z taśmy nagranie dokonane podczas sesji – był to opis techniki „wydobywania z ciała" zastosowanej w stosunku do naszej eksperymentatorki.

W końcu wyjechała – dziwna i pełna uprzedzeń osoba.

W to, co tu opisano, trudno uwierzyć, jeżeli takie rzeczy nie zdarzają się powszechnie. Problem polegał na tym, że większość z nich przydarzyła się właśnie nam. Przeżyliśmy też wiele chwil niepewności.

Należy tu jednak zaznaczyć, że wytworzenie się więzi między eksperymentatorem a tymi przyjaźnie nastawionymi do niego istotami i bytami oraz zdobycie przez te istoty zaufania eksperymentatora nie dokonało się w ciągu jednego wieczoru, lecz było poprzedzone wieloma godzinami wstępnych kontaktów, a także dyskusji prowadzonych za pośrednictwem ciała osoby eksperymentującej. Olbrzymia część materiału przekazanego nam przez te istoty to informacje natury filozoficznej oraz sugestie i porady dotyczące osobistego rozwoju eksperymentatorów. W żadnym z przeprowadzonych przez nas doświadczeń nie użyto narkotyków; nie stosowaliśmy też środków farmakologicznych.

Pewne dane przemawiają za tym, że możliwe jest wytworzenie szczególnego rodzaju pola magnetycznego, dotychczas nieznanego nauce. Jednym z przejawów działania tego pola jest wzbudzanie się pól magnetycznych w pobliżu pętli elektrycznych oraz kabli akustycznych. Inny objaw to tak silne oddziaływanie na znajdującą się w pobliżu taśmę magnetyczną, że następuje „przekopiowanie" zapisu z jednego zwoju taśmy na sąsiedni. Przemysł fonograficzny z pewnością byłby bardzo zainteresowany wykorzystaniem tego zjawiska na dużą skalę. Jest jednak zrozumiałe, że wyniki naszych badań nie kwalifikują się do tego, by można je było wykorzystać w tak szerokim zakresie. W każdym razie jeszcze nie teraz.

Pewnego wieczoru, gdy wsiedliśmy do naszych samochodów zaparkowanych w odległości około 6 metrów od kabiny nr 2, okazało się, że we wszystkich trzech wozach rozładowane są akumulatory. Był to letni wieczór, więc zapalenie „na pych" nie sprawiło nam kłopotu (później akumulatory działały już bez zarzutu). Pojazdy zaparkowane po drugiej stronie oraz te, które stały w odległości 8 metrów od naszych, były sprawne. Stało się to dla nas wskazówką, żeby nie parkować zbyt blisko kabiny nr 2 podczas przeprowadzania pewnych eksperymentów. Właściwie dotąd nie wiemy, co spowodowało – i nadal powoduje – ten stan rzeczy.

Z pierwotnego Zespołu Badawczego pozostały dziś tylko dwie osoby. Sprawy osobiste skłoniły inne z nich do zmiany miejsca zamieszkania i przeniesienia się w odległe rejony kraju. Niemniej jednak zdobyte przez nie doświadczenia w widoczny sposób wpłynęły na ich życie. Materiał, który zebraliśmy, wciąż jeszcze opracowujemy. Z biegiem czasu dochodzą jednak nowe rzeczy. Sesje, które odbywają się w naszym obecnym, nowocześniej wyposażonym laboratorium, dostarczają nowych danych.

Być może potrzebujemy jeszcze kilku specjalistów z takimi listami polecającymi, które umożliwią nawiązanie nowych kontaktów.

5

NOWE KONTAKTY

Nasi ochotnicy spędzili setki godzin na kontaktach z innymi istotami. Mniej więcej jedną trzecią tego czasu wypełniły spotkania polegające na tym, że owe przyjazne istoty korzystały z ciał fizycznych eksperymentatorów i mówiły, posługując się ich głosem – odbywało się to za zgodą badanych. Przez resztę czasu inicjatywę przejmował eksperymentator, który rozmawiał z niefizycznym partnerem, a następnie relacjonował tę rozmowę. W obydwu przypadkach w rozmowach uczestniczył „monitor" – osoba przebywająca w pokoju kontrolnym.

To, co nazywamy materiałem dostarczonym przez uczestników badań, stanowi konglomerat danych, które fascynują, wywołują dreszcze emocji, skłaniają do myślenia, a czasami nużą. Materiał ten pozostaje w jawnej sprzeczności z wieloma wierzeniami stanowiącymi wytwór naszej cywilizacji i obecnymi w naszej kulturze. Jak dotychczas największą jego zaletą jest realność przeżyć osób biorących udział w badaniach. Szczególne znaczenie ma też obecność podczas eksperymentów tych przyjaźnie usposobionych istot, które pomagały naszym eksperymentatorom. Ważne jest także i to, że sam proces rozwija się, zatacza coraz szersze kręgi.

Chcąc wykorzystać w taki czy inny sposób tkwiące w tym materiale możliwości, należałoby podjąć pewne działania, co wymaga nakładów znacznie wykraczających poza ograniczone środki, jakimi dysponuje nasza organizacja.

Jeśli dokładnie przyjrzymy się wszystkim raportom z sesji, w których brali udział nasi ochotnicy, zauważymy, że pewne elementy powtarzają się:

1. Niezależnie od tego, kim są „ci drudzy", te niefizyczne istoty, potrafią one emanować ciepło i wibracje przyjaźni, które wzbudzają całkowitą ufność eksperymentatora – i to nawet wtedy, gdy w grę może wchodzić obawa o jego życie.

2. Istoty te przede wszystkim pragną dobra eksperymentatora i poświęcają wiele czasu na to, by osobie, z którą się „związały", pomóc osiągnąć możliwie najlepszy stan ciała i umysłu.

3. Niefizyczna istota zwykle ukazuje się badanemu jako postać o niewidocznej twarzy: twarz osłonięta jest kapturem i ukryta w cieniu. Gdy eksperymentator całkowicie oswoi się z obecnością i „oddziaływaniem" postaci, suknia i kaptur znikają i nie widzi on już nic, czując jednak w dalszym ciągu charakterystyczne promieniowanie danej istoty.

4. Gdy niefizyczna istota rozmawia z eksperymentatorem, to słownictwo jej ograniczone jest do zasobu słów, jakim dysponuje eksperymentator. Dlatego też często widać u niej wahanie, gdy dla określenia czegoś szuka odpowiedniego słowa – i niejednokrotnie nie znajduje go, gdyż nie ma go w pamięci danej osoby.

5. Podczas wizyt niektórych takich istot, szczególnie wtedy, gdy używają one ciała ludzkiego, by móc porozumiewać się za jego pośrednictwem, można zaobserwować zmiany potencjału elektrycznego występujące w ciele eksperymentatora, a także inne zmiany rejestrowane przez przyrządy.

A oto wyjątki z różnych sesji. Podajemy je tu bez dodatkowych uwag.

SS/TC (fizyk) 22:30 min. test nr 372

Otrzymałem różne informacje i próbuję je uporządkować oraz zebrać w jakąś sensowną całość. Przede wszystkim odniosłem wrażenie, że rzeczywistość materialna – w tym sensie, w jakim zwykle nazywa się ją rzeczywistością, a więc nie tylko sama materia fizyczna, lecz również pewna ilość naszych fantazji, a także naszych właściwości intuicyjno-wyobrażeniowych – jest częścią czegoś w rodzaju wielkiego tworu fantazji lub myśli, pochodzącego od wyższej świadomości. Tak jak my snujemy marzenia lub stwarzamy w wyobraźni postaci i sytuacje, tak sami jesteśmy postaciami uwikłanymi w pewną sytuację, która została wymyślona lub stworzona, całkiem świadomie stworzona przez wyższą świadomość. Rola, jaką musimy grać w tym wymyślonym przez wyższą świadomość dramacie, polega na zdobywaniu wiedzy, uczeniu się i doskonaleniu, na dążeniu do stania się „kimś więcej". Nie jest dla mnie jasne, dlaczego ta nad-świadomość czy nad-dusza wymyśla taki twór, taką fantazję, lecz odnoszę wrażenie, że chodzi tu o jej własną edukację. Tak jak my się uczymy, tak i ona się uczy. Początkowo mamy taką ograniczoną świadomość, bo jeżeli ktoś chce stworzyć sytuację, w której miałyby się dokonać pewne procesy – te procesy to oczywiście nasze uczenie się, zdobywanie przez nas wiedzy itd. – to nie projektuje najbardziej złożonego eksperymentu czy najbardziej skomplikowanej sytuacji. Wymyśla sytuację prostą i dającą się łatwo zrealizować, a jednocześnie odznaczającą się własnościami umożliwiającymi otrzymanie rezultatów, na których mu zależy. Dlatego mamy taką, jak się wydaje, ograniczoną świadomość. Lecz ten eksperyment daje nam również szansę pełniejszego rozwoju naszej świadomości.

Naszym celem jest uczyć się i wzrastać, rozwijać się i stawać się, zdobywać wiedzę w trakcie doświadczenia i dążyć, na ile nas tylko stać, do zrozumienia, do stania się częścią naszego zrozumienia, do stania się częścią naszego Stwórcy, naszego, jeśli wolicie, Wielkiego Duchowego Marzyciela, a wówczas zwiększy się nasza siła. Im więcej z tego zrozumiemy, tym więcej zdobędziemy wiedzy. A więc to nie jest właściwie – nie, cofam te słowa. Niezupełnie tak jest, że zmusza się nas do rozszerzania naszej świadomości lub do stawania się kimś innym niż jest to dla nas możliwe, bowiem kierunek naszego rozwoju, o ile zechcemy się rozwijać, jest wyznaczony przez to, co jest dla nas osiągalne. To, co mówię, jest trochę zagmatwane, ale właśnie tak mi się to ukazuje.

SS/SHE (pracownik opieki społecznej) 18 min. test nr 366

Znalazłam się jakby w wirze, przez który zostałam porwana. Poziom dwudziesty drugi pod żadnym względem nie jest podobny do fizycznej rzeczywistości. Dwudziesty pierwszy może być zarówno fizyczny, jak i niefizyczny, w zależności od tego, gdzie się skupi energię.

Nie znajduje się on ani w górze, ani w dole, ani przed tobą, ani za tobą. Cały dwudziesty pierwszy wydaje się bardzo przyjemny, ale jest zupełnie inny niż dwudziesty drugi. Widzę coś, co wygląda jak tęcza. Płynie przede mną, a jej barwy podobne są do kolorów, które opisał Miranon, lecz każdy z tych kolorów ma inny rytm i inaczej się porusza. Wygląda to tak, jakbym widziała całe spektrum od dwudziestego drugiego do, czy ja wiem, dwudziestego ósmego, coś w tym rodzaju, i wszystkie te kolory są ze sobą przemieszane. Mogłabym to narysować. Zatrzymałam się tu trochę, bo lubię poziom dwudziesty pierwszy. To, co zobaczyłam, wygląda jak... Gdy spytałeś o to, wydawało mi się, że patrzę na zachód słońca i mam wrażenie, że horyzont jest kresem. Ale było to tylko złudzenie, bo gdy idzie się naprzód, to wyłaniają się nowe poziomy.

(Czas trwania: 1:22 min.)

Inny Głos: – Przepraszam, że przybywam tak późno. Pragnę wam podziękować i powiedzieć, że cieszę się, iż otrzymaliście ode mnie wiadomość. Jeżeli chcielibyście zbadać te poziomy, to z przyjemnością zrobię to razem z wami.

Monitor: – Będziemy bardzo wdzięczni.

Inny Glos: – Jak już mówiłem poprzednio, rośliny zajmują poziomy od pierwszego do siódmego. Pozostają w stanie wibracyjnym na poziomach od pierwszego do siódmego. Jest to ten sam układ wibracyjny. Zwierzęta istnieją na poziomach od siódmego do czternastego, a gdy osobnik osiągnie, gdy świadomość osiągnie poziom czternasty, to nie będzie mogła wznieść się wyżej, jeżeli nie zechce zmienić swej formy. Poziomy od piętnastego do dwudziestego pierwszego są tym, co nazywacie ludzkim życiem na Ziemi. Kiedy osoba osiągnie w swoim rozwoju poziom dwudziesty pierwszy, wówczas ma do wyboru albo pójść wyżej, albo pozostać w świecie form ludzkich, ale człowiek nie będzie mógł wznieść się wyżej, jeżeli nie zechce porzucić swej ludzkiej postaci.

Monitor: – Przestać być człowiekiem?

Inny Głos: – Poziomy od dwudziestego drugiego do dwudziestego ósmego są waszym mostem. To poziomy, na które wkraczacie po śmierci. Teraz znajdujesz się na poziomie dwudziestym, a ponieważ jest to poziom wstępujący, więc możesz wejść w rzeczywistość wykraczającą poza fizyczne życie, lecz nie będziesz mógł tam pozostać, jeżeli nie zdecydujesz się porzucić ludzkiej postaci. Czy to jest jasne?

Monitor: – Tak, do tego miejsca – jasne.

Inny Głos: – I gdy osoba lub świadomość – mówimy tu o świadomości – osiągnie poziom dwudziesty ósmy, most zostaje przekroczony i od tej chwili dla świadomości, która chce się rozwijać dalej, nie przewiduje się możliwości posiadania ludzkiej postaci i bycia człowiekiem – i to nawet w wypadku, gdyby chodziło o zdobycie doświadczenia służącego uczeniu się. Ja już nigdy nie będę inkarnował jako człowiek. Jako inna forma życia – tak, lecz nie jako człowiek. Trudno mi to wyrazić w słowach, ponieważ płaszczyzna waszego istnienia nie jest taka sama jak moja. Może uda mi się to jaśniej wytłumaczyć w następujący sposób: Wyobraźcie sobie siedem pierścieni. Tym siedmiu pierścieniom odpowiada czterdzieści dziewięć poziomów. Pierwsze trzy pierścienie to materia fizyczna, taka jaką znacie. Są to wasze rośliny, zwierzęta, ludzie. Czwarty pierścień to wasz pomost, wasz świat, centrum tej całej sfery. Jest to czas, w którym świadomość może dokonać wyboru i zdecydować, czy wrócić na poziomy niższe, czy wznieść się na poziomy wyższe. I wiele świadomości wybiera tę pierwszą możliwość i wraca na niższe poziomy, w świat form fizycznych. Trzy wyższe pierścienie to sfera, którą nazywacie światem duchowym. To właśnie tam zostaje wykonana większość pracy. Nie mogę wiele pomóc komuś, kto nie osiągnął poziomu osiemnastego, gdyż mój plan, mój poziom wibracji jest inny. Dlatego też jest mi tak trudno służyć wam pomocą w konkretnych sprawach. Mogę przekazywać wam idee, lecz nie mogę dawać bezpośrednich wskazówek. Mógłbym to zrobić wówczas, gdybyście znajdowali się na poziomie osiemnastym. Moja sfera i wasza sfera stykają się, gdyż wasza jest wznoszącą się spiralą, wznoszącą się – jakiego słowa używacie, by to określić? Aha, elipsa. A więc jest to wznosząca się elipsa, ruch wstępujący po elipsie, dzięki czemu mogę dotrzeć do miejsca skrzyżowania i porozumieć się z wami, lecz nie tak, jak w przypadku kontaktu bezpośredniego. Gdy już osiągnę poziom czterdziesty dziewiąty, a osiągnę go, opuszczę tę całą sferę bytu. Nie będzie to jednak oznaczało, że osiągnąłem najwyższy punkt. Oznacza to tylko, że pozostawię za sobą zespół tych siedmiu pierścieni, tę całość, jaką stanowi siedem pierścieni. Spróbujcie sobie wyobrazić tych siedem pierścieni zawartych w jeszcze większym pierścieniu, nad którym znajduje się siedem następnych pierścieni, które z kolei otoczone są jeszcze większym pierścieniem. To da wam pewne wyobrażenie, czym jest nieskończoność. Ten ciąg się nie kończy.

Monitor: – Tak, muszę przyznać, że trudno to pojąć mojej małej, ograniczonej, związanej z fizyczną materią świadomości.

Inny Głos: – To prawda. Muszę i ja – również i w mojej świadomości trudno to pojąć. Czasami czuję, gdyż mój pobyt w tym pierścieniu dobiega już końca, że osiągnąłem wysoki pułap w rozwoju swej świadomości, lecz kiedy później próbuję to ocenić, zaczynam zdawać sobie sprawę, jak daleka jest jeszcze droga przede mną i właściwie jak niewiele dotychczas przeszedłem. Ponieważ moja świadomość osiągnęła poziom miłości, więc żegnam was z miłością, zostańcie z miłością. Dobrego dnia!

SS/SCA (kierownik) 34 min. test nr 402

Monitor: – Poproś go, żeby opisał ten układ wzajemnie na siebie oddziałujących elementów, którym obecnie jesteś ty i twoje ciało fizyczne. Jaki jest związek pomiędzy tą strukturą energetyczną a twoim ciałem fizycznym?

– Część energii, którą mam, gdy przebywam poza ciałem, przeznaczam na zbudowanie swego ciała. Gdy używam jej do budowy mego ciała tu, na Ziemi, to blokuje ona... lub zwija się i zamyka w obrębie ciała moje procesy myślowe, dzięki czemu nie wychodzi już poza ciało. Proces myślowy musi zostać uwięziony w ciele, żeby tu, na Ziemi, znowu możliwe było porozumiewanie się z innymi osobami. To jest jeden typ komunikowania się. Gdy znajdują się poza ciałem, zabieram ze sobą większość tej energii, która jest dla niego przeznaczona, lecz zostaje tu jeszcze wystarczająca jej ilość, by utrzymać ciało przy życiu. Ta część energii, którą zabieram ze sobą, pozwala mi otworzyć swój umysł i umożliwia porozumiewanie się z innymi osobowościami, z innymi, by tak rzec, umysłami. Dzięki niej mogę komunikować się, rozmawiać, zdobywać wiedzę.

Monitor: – W jakim momencie po raz pierwszy wchodzisz w ciało fizyczne, by stać się jego częścią?

– Zwykle wtedy, gdy następuje zapłodnienie, chociaż jest ono czynnością mechaniczną, procesem chemicznym... osobowości znajdujące się poza ciałem są najzupełniej świadome, kiedy ono następuje, i właśnie wtedy decydują, czy rozwijać płód, czy pozostawić go nierozwiniętym. A więc w takiej chwili część mojej energii może zostać przeze mnie użyta, by rozwijać osobowość, a mogę mieć wiele osobowości rozwijających się w tym samym czasie, takich, które rozwijam w tym samym czasie.

Monitor: – W tym samym czasie w takiej rzeczywistości, jaką jest świat fizyczny?

– Tak, tak. Właśnie teraz mi mówią, że jeden jest stary, inny jest kaleką, jeden jest mężczyzną, ale gdzie oni są, tego w tej chwili nie potrafię powiedzieć... i mogę odczuć, że jestem stary i że jestem kaleką, ale nie mogę odczuć, że jestem płci męskiej.

Monitor: – Czy to pojawianie się w fizycznym ciele jest możliwe tylko na Ziemi, czy też i na innych planetach?

– Docieramy i do innych miejsc. Gdzie indziej też żyją istoty, a nasza energia jest świadoma istnienia wszystkich tych miejsc.

Monitor: – Czy przebywając w tych innych miejscach, mamy również ciała fizyczne?

– Tak, lecz nie takie jak ciało ludzkie, przystosowane do życia na Ziemi... tylko... jako inne formy rzeczy czy istot.

Monitor: – Jak wyglądają niektóre z tych form? Jakie one są?

– Jedna jest galaretowata... inne są śliskie.

Monitor: – Czy te planety zlokalizowane są gdzieś w pobliżu Ziemi?

– Są oddalone od niej o tysiące lat świetlnych.

Monitor: – Czy z tą energią związany jest zespół reguł, na podstawie których można działać?

– Nie jestem pewny, o co pytasz.

Monitor: – Czy istnieje zespół reguł, w oparciu o które działa to ciało?

– Nie, energia decyduje sama. Jeżeli podejmie złą decyzję, to niszczy sama siebie. Jeżeli natomiast podejmie właściwe decyzje, wtedy wzmacnia lub buduje swoją osobowość. Energia ta może zniszczyć siebie samą.

Monitor: – Co wobec tego można nazwać podjęciem złej decyzji, co można określić jako niewłaściwe zastosowanie?

– Ma ono miejsce wtedy, gdy do zdobytej wiedzy energia ta nie dodaje już niczego, nie osiąga już niczego więcej, nie uczy się niczego nowego. Jest to coś znacznie więcej niż zagadnienie dobrego czy złego postępowania bądź dobra czy zła. Na przykład zabicie jako takie nie musi oznaczać, że zniszczono energię zabijając zwierzę lub człowieka. W tym przypadku nie jest to po prostu poszerzenie wiedzy, lecz wzmocnienie osobowości. Taki czyn rzeczywiście utwierdza uprzednio zdobytą wiedzę lub wzmacnia wcześniejsze zrozumienie, co działa jako dodatkowa... siła. Jeżeli zabiło się dla samego zabijania, jeżeli dokonując takiego czynu, niczego się nie nauczyło, niczego nie osiągnęło, to taki czyn może doprowadzić do zniszczenia całej osobowości. Ale wydaje się, że istnieje również hierarchia zrozumienia, i gdy energia zostaje wzmocniona, to tym samym zostaje podniesiona hierarchia wiedzy.

Monitor: – Dokąd wobec tego prowadzi ta hierarchia wiedzy?

– Jest bardzo ważne, aby podążać w kierunku zjednoczonej całości – tej, która jest na szczycie. Gdy osobowości łączą się, stają się mądrzejsze... poziom rozumienia wzrasta, w miarę jak się wznoszą. Gdy się to wyraża w słowach, ma to niewiele sensu, lecz gdy się to widzi, dostrzega się głęboki sens.

Monitor: – Sądzę, że przekazałeś nam dużo materiału do przemyślenia, wobec tego podziękuj swojemu przewodnikowi i spytaj go o imię.

– On nie chce teraz podać swojego imienia, gdyż uważa, że zbytnia konkretność mogłaby przeszkodzić nam w pracy. Moim zadaniem jest uświadamiać sobie coraz więcej. A on teraz będzie mógł lepiej wykonywać swoje zadanie, jeżeli nie będę zwracał się do niego po imieniu.

Monitor: – Zapytaj go, czy chciałby, abyś wykonał jeszcze jakieś ćwiczenie, zanim nasze spotkanie dobiegnie końca.

– Nie, uważa, że poszedłem... dalej, niż przewidywał.

SS/MSL (psycholog) 8:22 min. test nr 375

Monitor: – Przede wszystkim zapytaj swojego przyjaciela, w jaki sposób tu się dostaliśmy. Jak to się stało, że znaleźliśmy się na tej planecie, na Ziemi, i w rzeczywistości czasoprzestrzennej?

– Czuję się tak, jakbym odbył podróż w czasie i został przeniesiony w przeszłość. Jestem świadkiem bombardowania cząsteczek... materii... i rzeczywiście widzę zderzanie się cząsteczek. Niektóre z nich zlały się w jedną całość, która stała się działającym mechanizmem. Odnoszę wrażenie, że jedyną rzeczą, do której możemy się odwołać, próbując zrozumieć, czym był ten mechanizm, jest komputer. I gdy nastąpiło zespolenie się tych cząsteczek, zaczęły one porozumiewać się ze sobą za pośrednictwem świetlistego żaru lub energii, którą wypromieniowywały z siebie. I od razu wiedziały, że porozumiewają się ze sobą i że próbują to robić na tym samym poziomie. A było ich bardzo dużo. I chciały się dowiedzieć, co mogą osiągnąć dzięki takiemu kontaktowaniu się – jak daleko mogą zajść, do jakiego stopnia mogą się rozwijać, rozumieć, myśleć. Stworzyły Ziemię, a właściwie to ją zbudowały. Wzięły cząstkę siebie samych, eksperymentowały ze zwierzętami, z ludźmi i zdały sobie sprawę z liczebności, z faktu, że z jednego można zrobić tak wiele, że z jednej z nich mogą powstać tysiące ludzi jako jej cząstki. Z czasem powstał jednak problem: istoty te stworzyły lepsze umysły lub lepsze mechanizmy myślące. Zaistniała sytuacja, w której oryginał powinien umrzeć lub rozpaść się. Nie są to byty żyjące długo, w sensie istnienia dłuższego niż miliony lat, nie są to byty wieczne. Nasze duchy to, jak się wydaje, ulepszony model oryginału. Oryginał rozpadł się.

Monitor: – Czy podczas tego procesu powstał duch?

– Powstanie ducha jest skutkiem tego procesu. Powstał on w wyniku zrośnięcia się, zlania się tych cząsteczek. Cząsteczki to zespolona, złączona ze sobą materia. I duch też. On również. Duch istniał miliardy lat, po czym rozpadł się, lecz zanim się zdezintegrował, stworzył coś, co było od niego lepsze. Był świadomy tego, że umrze. Miał się rozpaść, więc stworzył ducha, z którym obecnie pozostaję w kontakcie. A więc w pewnym sensie i jednego, i drugiego z nich można nazwać duchem lub nad-umysłem. Jednak twój duch może różnić się – i w rzeczywistości różni się – od mojego: są to inne duchy.

Monitor: – Ile jest duchów podobnych do tego, z którym się porozumiewasz?

– Tylko tysiąc.

Monitor: – Czy one pozostały? Czy nadal przebywają w pobliżu Ziemi?

– One nie znają określenia „w pobliżu". Pobliżem są dla nich odległości sięgające bilionów mil. Dla nas jest to bardzo blisko. Ich umysły mogą docierać do miejsc oddalonych o miliony lat świetlnych.

Monitor: – Czy istnieje możliwość porozumiewania się z innymi duchami lub z innymi inteligentnymi istotami?

– To one je stworzyły. A jeżeli one je stworzyły, to tak, istnieje.

Monitor: – Dlaczego poświęcają tak dużo uwagi człowiekowi?

– Są tworzeniem. Jak już powiedziałem kilka miesięcy temu, bierzemy udział w eksperymencie. Jesteśmy probierzem możliwości ducha. Na naszym przykładzie widać, jak dalece duch potrafi myśleć, łączyć ze sobą cząsteczki. Te duchy ciągle eksperymentują, by poznać swoje możliwości, swój twórczy potencjał, a my jesteśmy częścią tego eksperymentu.

Monitor: – Czy stanowimy istotną, czy mniej ważną jego część?

– Obawiają się, że nie wszystkie stworzone przez nie umysły mogłyby to zgłębić lub zbadać. Wygląda to tak, jak gdyby niektóre z tych umysłów były ograniczone.

Monitor: – Czy te duchy stworzyły wszystkie umysły ludzkie istniejące na naszej planecie, na Ziemi?

– Tak.

Monitor: – Rozumiem.

– One wiedzą o wszystkim, co się dzieje. Chciałbym jedno wyjaśnić: gdy ludzie wydają na świat potomstwo, nie musi to oznaczać, że kierowały tym owe istoty. One po prostu, w ramach eksperymentu, obserwują skutki fizycznego obcowania ze sobą ludzi. Gdy dwie części ducha lub dwa duchy połączą się ze sobą, to co wówczas nastąpi?... tego nie wiedzą i dlatego eksperymentują.

Monitor: – Czy twój duch może porozumiewać się z moim?

– Tak. Zawsze.

Monitor: – Zapytaj swojego ducha, czy może wejść w kontakt z moim duchem, by dowiedzieć się, czy ma mi on coś szczególnego do przekazania.

– Czuję się zażenowany, gdy mam zwracać się do innych duchów, a on śmiał się ze mnie, gdy byłem zażenowany, śmiał się z mojego zażenowania. Chociaż przecież zwracałem się do swojej matki. Chyba lepiej już wrócę.

Monitor: – Dobrze. Wobec tego podziękuj swojemu duchowi.

– Dobrze.

SS/NVP (dekorator) 92:30 min. test nr 388

– Błogosławieni, którzy mnie szukają. Dla nich długi okres zapomnienia zbliża się ku końcowi. Budzą się ku temu, kim naprawdę są – żywą częścią mnie, manifestującym się życiem i promieniującą miłością.

Zapomnieliście o tym, by mnie szukać, rzadziej kierujecie wzrok na me oblicze. O, ludzie małej wiary! Niezliczone są rzesze tych, którzy żyją w oczekiwaniu mego przyjścia. Zaprawdę powiadam wam, że nigdy was nie opuściłem.

Kto ma uszy ku słuchaniu, niechaj słucha.

Szukacie mnie, a jesteście ślepi. Patrzycie na mnie, a nie poznajecie mnie. Dotykacie mej dłoni, a nie wiecie, kogo dotykacie.

Powołujecie się na mnie i na moje nauki, tak jak jest wam w danej chwili wygodnie. Zbudźcie się, zobaczcie, oto prawdziwie jestem pośród was!

Jestem trzęsieniem ziemi, wichrem i ogniem.

Jestem cichym głosem przenikającym największy zgiełk.

Jestem pokojem, którego rozum nie ogarnie.

Jestem światłem, które wszystkich ludzi prowadzi do Ojca.

Jestem miłością, która pokonała wszystko.

Jestem światłem oświecającym ludzkie umysły. Jestem pokarmem ludzkich dusz.

Jestem twoim życiem i ty należysz do mnie.

Jestem w każdym twym oddechu.

Jesteśmy jednym w Ojcu.

Nie rozpaczaj, nigdy nie zostawię cię samego, nigdy cię nie opuszczę. Ty również mnie nie opuścisz, bo zaprawdę, jednym jesteśmy.

Porzuć to, co stare. To, co stare, musi umrzeć, a jego prochy niech będą rozwiane na cztery strony świata. Nowe powstaje, lecz zmienić musisz swój punkt widzenia. Nie szukaj mnie pod postacią ludzką. Ten czas jeszcze nie nadszedł. Szukaj mnie w życiu, które przemawia do ciebie każdego dnia, które przemawia do ciebie w każdej codziennej czynności. Bowiem patrzysz, a nie widzisz.

Nie mam granic i nie mieszczę się w fizycznych wymiarach.

Nie stosują się do mnie prawa logiki i przekraczam twoje pojęciowe wyobrażenia.

Istnieję, żyję i poruszam się we wszystkim, co stworzył mój Ojciec. Ty zaś szukasz mnie nie tam, gdzie jestem.

Moje oblicze możesz ujrzeć we wszystkim, co jest. Spójrz oto na swego brata i zobacz mą twarz.

Pochyl się nad sadzawką. Niech jednak nie zwiedzie cię to, co tam zobaczysz. Bowiem postać, która odbija się w wodzie, to właśnie ja.

Czy jeszcze nie dostrzegasz prawdy?

Poznawaj mnie, ucz się mnie. Weź w dłoń liść, kamień, kroplę wody – i wiedz, że we wszystkim, co istnieje, ja jestem.

Czyż nie wiesz, że jestem wiecznym życiem? Nie ma więc dla mnie przeszłości i przyszłości. Tylko TERAZ istnieje. Żyj w TERAZ. Żyj w TERAZ razem ze mną.

We mnie jest światłość, tak jak i w tobie jest światłość. Lecz ty nie znasz swojej światłości. Jestem tu po to, by ci pokazać, że moja światłość i twoja światłość są tym samym, są jednym. Gdy już poznasz to boskie światło będące częścią wszystkiego, co istnieje, dopiero wówczas zaczniesz rozumieć swój stosunek do życia, do twego stwórcy, a tym samym pojmiesz, że jesteś jego synem po wsze czasy.

Nie zasypiam i nie zapadam w drzemkę. Wiedz i ty, że twoja dusza również nigdy nie zasypia. Gdy to zrozumiesz, staniesz się świadomy swej duchowej żywotności i stałego kontaktu ze swą wyższą świadomością. Wiedząc to, zrozumiesz, że naprawdę bliżej jestem ciebie niż twe ręce i nogi. W tym zrozumieniu, w tej wiedzy jesteśmy jednym.

Żyj w prawdzie. Bądź prawdą. Żyj w pięknie. Stań się artystą swego życia.

Żyj we mnie, a mnie pozwól, bym przejawiał się w tobie.

Jestem wszędzie – w każdej przestrzeni i poza przestrzenią. Jestem obecny w każdym czasie i poza czasem.

Gdy zwrócicie się ku mnie i staniecie się częścią mej rzeczywistości, cała moc zostanie wam przywrócona. Jest to moc, która zjednoczy was ze wszystkim, co istnieje. Jest to moc, która was wyzwoli.

Dzieci moje, zamieszkajcie we mnie!

Cały materiał zebrany przez członków Zespołu Badawczego odznacza się jedną cechą: rodzi więcej pytań, niż daje odpowiedzi.

Jak to się mówi, „mamy problem": Otóż spodziewaliśmy się, że dzięki nawiązaniu „nowych" kontaktów, zdobędziemy wiele odpowiedzi. Tymczasem okazało się, że każda informacja, która jest odpowiedzią na jedno pytanie, staje się punktem wyjścia dla następnych pięćdziesięciu pytań. Wobec tego doszliśmy do wniosku, że lepiej ogarnąć spojrzeniem cały las, niż przyglądać się poszczególnym drzewom.

I tak też zrobiliśmy.

6

PRZEJŚCIE

Nie mam nic przeciwko zapożyczeniu słowa lub terminu z pewnej dziedziny i odpowiedniemu użyciu go w tym miejscu.

W muzyce słowo „przejście" definiuje się następująco: jest to właściwe interludium melodii i harmonii muzycznych, które następuje po zakończeniu jednej kompozycji i trwa do początku następnej. Wyraz „właściwe" oznacza, iż przejście to dokonuje się w ten sposób, że stopniowo kończy się poprzedni temat lub nastrój muzyczny i zostaje przygotowane miejsce dla tego, co ma nastąpić.

A zatem to jest przejście. W odniesieniu do naszej sytuacji będzie nim przechodzenie od tego, co nazwaliśmy „ruchem lokalnym", czyli od wydarzeń i działań, które bezpośrednio dotyczą wszystkiego, co rozgrywa się w czasie i przestrzeni tu i teraz, to znaczy od zatłoczenia, ponagleń, dróg bocznych i okrężnych, objazdów, nieporozumień, silnych emocji, napraw drogowych, niedokładnych map, dezorientującego i sprzecznego oznakowania, niezamierzonych postojów i różnych „pułapek", zarówno tych mniej przykrych, jak i tych bardzo nieprzyjemnych – oraz marzeń, myśli, uczenia się, miłości... do „autostrady bezkolizyjnej", na której te zasady, wzorce i złudzenia już nie istnieją; nie istnieje również cała reszta związana z „ruchem lokalnym" – z kilkoma wyjątkami.

Rozpoczynając przejście, prezentujemy poniżej zespół przesłanek i wniosków. Jest to efekt pracy, którą wykonaliśmy do połowy 1984 roku.

1. W czasie snu wszyscy ludzie opuszczają swoje ciała fizyczne. Zasypianie, zapadanie w sen, pogrążanie się we śnie to proces, w którym dokonuje się przesunięcie w fazie w stosunku do fizycznego czasu i przestrzeni. Przyjęcie tego punktu widzenia pozwala łatwo określić, czym charakteryzują się różne fazy snu. I tak snowi głębokiemu, snowi, w którym występują fale delta, odpowiada punkt, w którym świadomość jest całkowicie odłączona od fizycznej rzeczywistości, a ciało funkcjonuje autonomicznie i jest wspomagane systemami czujności i alarmu, które zostały w nim zaprogramowane i które w razie potrzeby mogą zawezwać świadomość. Fakt, że większość ludzi nie pamięta lub nie może sobie przypomnieć tych nocnych wycieczek, nie jest wystarczającym dowodem na to, że one nie istnieją. Ten sam stopień amnezji może być spowodowany przez zamroczenie alkoholowe.

2. W każdej formie życia organicznego, którego podłożem jest węgiel, występuje pewna postać dynamicznej energii. Energia ta nie została jeszcze zidentyfikowana i zmierzona przez główny nurt naszej cywilizacji. To właśnie ta energia, ta esencja mająca złożoną strukturę jest czymś, co wchodzi w ciało fizyczne przed urodzeniem i opuszcza to ciało w chwili śmierci będąc, jak się wydaje, bardziej zasobna w wiedzę i doświadczenie i tylko w minimalnym stopniu ulegając zużyciu. Różnica pomiędzy ludzkim rodzajem tej energii a odmianą, która występuje u krowy czy dżdżownicy, polega tylko na stopniu złożoności jej struktury.

3. Świadomość czuwania dominująca u człowieka, świadomość, która w jego mniemaniu jest dlań najważniejsza, to prawdopodobnie tylko mniej istotna część różnorodnych form

tejże energii, którymi człowiek się posługuje i/lub które są dla niego dostępne. Jeżeli chcemy do tej zasadniczej części energii dodać inne jej cząstki, to należy robić to systematycznie – choć wskazana jest ostrożność – i bez lęku czy obawy o jej zniszczenie. Rezultat takiego dodawania może okazać się na tyle doniosły, że świadomość w stanie czuwania nie będzie zdolna go pojąć, skutkiem czego może on w człowieku wzbudzić lęk, a w krańcowym przypadku spowodować całkowite odrzucenie.

4. Ludzka świadomość nie jest niczym innym, jak przejawem systemu opisanego w punkcie 2. Będąc układem wibracyjnym – wielopoziomowym i składającym się z wielu oddziałujących na siebie i wywołujących rezonans częstotliwości – reaguje i aktywnie działa analogicznie do układów znajdujących się poza nią. Toteż środkiem do lepszego wykorzystania jej jako takiego właśnie układu mogłoby być wytworzenie odpowiedniej wibracji zewnętrznej i działanie tą wibracją na nią jako na układ rezonansowy. Wibracja zewnętrzna, wywierając wpływ na określone częstotliwości rezonansowe, powodowałaby ich wzbudzenie się po to, by wydobyć potrzebny czy pożądany element.

5. Świadomość ludzka oraz inne rodzaje świadomości są ze swej istoty niefizyczne i w związku z tym są niezależne od czasu i przestrzeni. Gdy już uwolnią się od fizycznych ograniczeń, przenoszą się w odpowiednią dla siebie atmosferę i otoczenie. Odbywa się to zgodnie z całościowym wzorcem energetycznym, uprzednio wytworzonym przez każdą z nich, oraz zgodnie ze złożonością tego wzorca. Żaden przyjęty przez nas pogląd, żaden zespół wierzeń, działanie czy złudzenie, jakiemu ulegamy podczas ziemskiej wędrówki, żadna z tych rzeczy nie może wpłynąć na zmianę tego podstawowego procesu. Krótko mówiąc: Niezależnie od tego, czy podoba ci się to, czy nie, gdy już nie będąc związany z rzeczywistością fizyczną, przestaniesz być od niej zależny, w dalszym ciągu będziesz istniał i działał.

Nie ma bowiem spoczynku nie tylko dla grzeszników, ale i dla całej reszty.

6. W budzącym respekt i zaciekawienie zarysie kosmologii, który ujrzał światło dzienne dzięki naszym eksperymentatorom i swe istnienie zawdzięcza ich kontaktom, prawie niezauważony pozostał zasadniczy model działań, który ukazuje zdumiewające możliwości, gdy rozpatrywany jest sam w sobie. Fakt jego istnienia nie dotarłby do naszej świadomości, gdybyśmy tak często nie byli świadkami różnorodnych przejawów stosowania go.

Jest to prezentacja i zastosowanie nauki – nazwijmy ją technologią – całkowicie nieobecnej w naszej kulturze. Nic o niej nie wiemy ani też nie dysponujemy powszechnie uznanymi środkami, za pomocą których moglibyśmy zacząć zbierać informacje dotyczące jej natury czy treści.

A oto szereg relacji z sesji, w których brali udział różni eksperymentatorzy. Relacje te robią na słuchaczach większe nawet wrażenie, gdy słyszą oni tylko fragmenty wyjęte z kontekstu. Poniższy tekst jest takim właśnie wyborem.

SS/ROMC 6:45 min. test nr 322

Zbliżyły się do mnie dwa dyski. Początkowo wyglądały jak para wielkich oczu. Położono mnie na jednym z nich. Dysk zawirował, obracając mnie wkoło, i skierowano na mnie światło. Odczuwałam ból w pewnej części ciała, a oni starają się go usunąć. Obracają mnie na dysku i naświetlają strumieniem światła. Ból sprawił, że czuję się ociężała. Pojawił się dziś rano, gdy się obudziłam. Jestem ospała i nie mam tak jasnego umysłu jak poprzednio, więc próbują mi pomóc. Mówię „oni", gdyż mam wrażenie, że są tam jakieś istoty, chociaż widzę tylko dwa dyski i światło. Ułożono mnie na jednym z dysków i nie wiem, gdzie jest drugi. Ciągle leżę na tym dysku. Robi się jaśniej. Teraz całe moje ciało jest oświetlone. Przypuszczam, że to światło pochodzi z drugiego dysku, który znajduje się nade mną. Czuję się tak, jakbym była umieszczona między dwoma dyskami energii.

Monitor: – Spytaj ich, kim są.

– Właśnie dostałam odpowiedź: „Jesteśmy źródłem światła i energii, których teraz potrzeba twojemu ciału".

Monitor: – Czy odczuwasz skutki działania tej energii?

– Początkowo czułam brak energii, lecz teraz zaczynam być coraz bardziej świadoma naenergetyzowania.

Monitor: – Powiadom nas, gdy nastąpi jakaś zmiana.

– Dobrze. Powinnam wam opowiedzieć, co się ze mną dzieje, ponieważ to pomaga. Przez cały czas leciutko prycham nosem, bo mam wrażenie, że to pomoże podnieść wibracje, tak abym mogła utrzymać swój głos na tym poziomie. Znalazłam się na tym samym dysku, na którym byłam poprzednio, i poczułam, jak gwałtownie zawirował. Jest to coś w rodzaju przywracania równowagi – to wyrównywanie energii. A potem tak jakoś od środka poczułam, że ten snop światła ogniskuje się na mnie. Następnie zaczęto robić zabieg na tej części mego ciała, która wyglądała ciemniej od pozostałych. Właśnie wtedy poczułam, że do mojego brzucha wkładają takie małe, nie wiem, jak to się nazywa – takie paliki. Zostały umieszczone jeden za drugim dokładnie w poprzek brzucha. I gdy umieścili te paliki na brzuchu, zauważyłam, że stosują różne kolory, zwłaszcza fioletowy i niebieski. Snop światła docierał do mnie z tyłu, przechodził przez kręgosłup i przez te paliki umieszczone w linii prostej w poprzek brzucha. Wykonywano zabieg leczniczy. A teraz zdejmują mnie z dysku. Za chwilę zaczną mi pomagać przenieść się na następny poziom.

SS/MJL 11:23 min. test nr 351

Gdy uniosę się i zostawię na dole swoje ciało, będę musiała wraz z nim pozostawić i tę energetyczną kulę. Powinnam teraz przesunąć ją w dół, wzdłuż kręgosłupa, a kiedy wystartuję, przymierzę ją, sprawdzając, czy dobrze pasuje – będzie zabezpieczała moje ciało fizyczne. Informują mnie, że właśnie wtedy będą mogli mówić i działać za moim pośrednictwem, a ja będę się czuła bezpiecznie i wygodnie, panując nad sytuacją, mówią też, że zostawiłam swą energetyczną kulę, którą wytworzyłam i ukształtowałam i która jest częścią mnie samej – będzie w moim ciele, by je ochraniać; mówią również, że gdy znajdę się na zewnątrz, będę mogła poznawać i badać to, co mnie otacza, a oni będą mogli przekazywać informacje, używając mojego głosu.

SS/ROMC 9:30 min. test nr 385

Szybuję w górę. A teraz chcą, żebym zatrzymała się i obserwowała to, co się będzie działo. Dzwoni mi w uchu, ale to dlatego, że ktoś wykonuje zabieg na mojej twarzy. Przygotowując mnie, pomagają mi rozruszać mięśnie gardła, żeby sprawnie działały w czasie mówienia.

Inny Głos: – Staramy się jej pokazać, że ma wiele wymiarów, i dlatego może zobaczyć siebie jako wielkie koło jaźni, jako jaźń, która posiada wiele własnych form. Wygląda to dla niej tak, jak gdyby była wieloma „ja" wyłaniającymi się z koła i spomiędzy siebie. Próbujemy jej pokazać, że jest wiele, wiele wymiarów jednego ludzkiego „ja". Widzi więc i rozumie, że jest czymś znacznie więcej niż tym świadomym „ja", na które patrzy, gdy spogląda w lustro, i którego obecności doświadcza, znajdując się w stanie czuwania. Będzie teraz o wiele lepiej przygotowana, by wejść w wielowymiarowe poziomy świadomości – i to jest właśnie powodem, dla którego pracujemy na różnych poziomach, a nie tylko na poziomie tego, co widzialne. Rozwijanie percepcji wzrokowej jest niewątpliwie bardzo ważne, lecz zajmujemy się także innymi rodzajami postrzegania.

SS/JCA 39:30 min. test nr 396

Monitor: – Zapytaj go, czy będzie mógł ci pomóc nawiązać kontakt z istotą znajdującą się na innej planecie?

– Tak, zrobił to. Gdy przed chwilą rozmawiałam, szybkim ruchem wskazał mi drogę i wkrótce znalazłam się w tym innym miejscu i... zobaczyłam tam osobę, właściwie nie była to osoba, lecz istota, ...a wokół było zielono – otaczała mnie zieleń w odcieniu juki. Widziałam tam jasne niebo, a jednak było raczej zimno. Ludzie mieszkają tam w kopcach. To niesłychane...

SS/TC 21:30 min. test nr 392

Wróciłem do miejsca, w którym byłem poprzednio, i istota, która się tam znajdowała, coś ze mną zrobiła. Podszedł do mnie i zrobił coś takiego, że moja percepcja zaczęła się zmieniać. I od tej chwili doświadczyłem sześciu lub więcej różnych stanów świadomości, z których każdy następny był inny od poprzednich. Ponownie próbowałem nawiązać z nim rozmowę i chyba poczuł się bardziej zobowiązany i bardziej skłonny coś powiedzieć, bo usłyszałem: „Wykonuj te ćwiczenia, nie jesteśmy jeszcze gotowi, żeby o tych sprawach dyskutować". A więc chyba jednak nie był w najlepszym nastroju do rozmowy. O wiele bardziej niż konwersacja interesowało go obserwowanie wykonywanych przeze mnie ćwiczeń. Gdy zbliżył się, widziałem to, co wyglądało jak ręce, w tym, co wyglądało jak głowa – chociaż nie można tego ściśle odnieść do kształtu ludzkiego ciała. I gdy zrobił tę rzecz, natychmiast odczułem zmiany w świadomości. Niektóre z doświadczanych przeze mnie stanów zmniejszały poczucie orientacji. Gdy podczas doznawania ich wykonywałem coś, co przypominało skręty i ruchy obrotowe, nie potrafiłem ustalić, gdzie jest góra, a gdzie dół w stosunku do boku czy jakiegokolwiek innego kierunku – aż zupełnie straciłem poczucie orientacji.

Zrozumiałem, na czym miało polegać to ćwiczenie. Chodziło o odniesienie zmieniających się stanów zewnętrznych do moich stanów wewnętrznych, które również ulegały zmianie. Po prostu należało to obserwować.

SS/JCA 7:45 min. test nr 318

Poczułam, że jestem wciągana w długą rurę, a następnie wypychana z niej. Znajduję się w czymś w rodzaju kokonu. Czuję, że moje ręce są unieruchomione. Pamiętam, że doświadczyłam tego już poprzednio. Jest to całkiem miłe uczucie. Teraz stoję na głowie. Teraz z kolei leżę na boku... Ciemność. Unoszę się, będąc jednak czymś otoczona. Czuję, że ktoś na mnie patrzy, obserwuje mnie. Wiele osób krąży, przyglądając mi się. Patrzą na mnie z góry. Patrzą z góry, ale przybyli po to, żeby mnie zobaczyć. Nie widzę postaci, czuję tylko jego obecność, czuję, że jestem z nim w kontakcie. Rozumiem, dokąd zmierzamy, ale czy będę mogła zobaczyć resztę, czy oni będą mogli tu przyjść? Odparł, że nie. Chcą mi się tylko przyjrzeć, chcą mnie obejrzeć w tym miejscu odosobnienia. Krążą wokół, pochylają się, a teraz dotykają mnie. Nie widziałam ich. Czuję ich tylko. To miłe, pełne ciepła, przyjazne istoty... ręce przyjaźnie wyciągnięte. Teraz te ręce gdzieś mnie prowadzą. Czuję ich obecność, czuję, że otaczają mnie i prowadzą do jakiegoś miejsca. On... troszczy się o mnie. Pierwsze wrażenie, pierwsza myśl, jaka przyszła mi do głowy, była taka, że on jest częścią mnie, a ja jestem częścią jego. Lecz zagubiliśmy się, utraciliśmy wzajemną łączność. Tak niewiele potrzeba, by ponownie ją nawiązać, a jednak nie udaje się tego zrobić. Biała Obecność próbuje nam pomóc, popycha mnie. To coś przezroczystego, dotyka mnie...

Będziecie się śmiali, gdy wam o tym powiem. Ćwiczę się we wchodzeniu do tego tunelu i w wychodzeniu z niego. Oni uważają, że jest to ważna czynność. A więc jadę do góry, a następnie zjeżdżam w dół. Moje ciało wygląda tak, jakby było oglądane przez obiektyw o zmiennej ogniskowej: obracamy obiektyw w jedną stronę – przybliża się i rośnie, obracamy w drugą – oddala się i maleje. Serdeczny uścisk i mówię: „Do zobaczenia".

SS/MJL 10:10 min. test nr 367

Zajęli się teraz moimi stopami. Jest ich dwóch... Każdy z nich ujmuje moją stopę i robią mi wspaniały masaż. Gdy ich dłonie dotykają moich stóp, czuję mrowienie. Są to istoty przekazujące energetyzujące światło. Są bardzo łagodne i działają na innym poziomie niż ten, na którym znajduje się moja fizyczna stopa. Dokonują zabiegu na moim drugim ciele, na mojej energetycznej stopie. Dlatego też stosują specjalny rodzaj dotyku. A teraz zabrali się do dużych palców stóp. Dotykają ich bardzo lekko, a mimo to w swym ciele energetycznym czuję olbrzymią energię płynącą z ich dłoni. Jest to przyjemne uczucie... to mrowienie... A teraz będą oddziaływali na poszczególne punkty na stopach. Palce. Mój duży palec. Dotykają teraz dużego palca.

Jeżeli macie już za sobą lekturę tych czysto subiektywnych relacji, nawet w tak niewielkim wyborze, jak zaprezentowany powyżej, to nasunie się wiele spostrzeżeń:

- Zwróćcie uwagę na to, z jaką łatwością coś, co emanuje z tych nieznanych istot, to swoiste promieniowanie, eliminuje wszelkie możliwe obawy czy lęki. Gdybyście znaleźli się w zupełnie nowym dla was otoczeniu, w którym poruszalibyście się prawie po omacku, to czyż nie wzbudziłoby w was niepokoju pojawienie się przed wami obcej istoty i czy tak chętnie zaakceptowalibyście jej obecność?
- Kolory. Nasi eksperymentatorzy określają je jako konfiguracje barwnego światła. Jest to najlepsza interpretacja, jaką potrafią podać, by zobrazować ten nieznany rodzaj promie-

niowania. Zwykłe światło o kolorze niebieskim, zielonym czy purpurowym nie wywoła u człowieka takiego efektu. Jeżeli byłby to ten sam rodzaj światła, który znamy, to opierając się na naszej wysoko rozwiniętej i wyspecjalizowanej wiedzy o częstotliwościach świetlnych oraz wykorzystując umiejętność posługiwania się nim, już dawno zaobserwowalibyśmy efekty, o których opowiadają nasi eksperymentatorzy.

- Posługiwanie się czymś, co wygląda jak urządzenia szczególnego rodzaju. Jedno z nich to zespół przeciwbieżnie wirujących dysków. Efekt, jaki powstaje w wyniku stosowania tego urządzenia, jest całkowicie dla nas niezrozumiały.
- Umiejętność wyjęcia istoty energetycznej (*energy essence*) człowieka z jego ciała fizycznego bez spowodowania zaburzeń w funkcjonowaniu organizmu. Technologia, o której tu mowa, pozwala wykonać to szybko i pewnie, co przemawiałoby za tym, że jest to działanie rutynowe. Te nieznane istoty doskonale wiedzą, co robią, gdyż czynność tę wykonywały już wiele, wiele razy.
- Zdolność wejścia w opróżnione na skutek takiego zabiegu ciało ludzkie i posługiwanie się nim w pewnym zakresie – i w tym przypadku odbywa się to bez przerwania funkcji biologicznych organizmu.
- Te nieznane istoty nie tylko potrafią używać strun głosowych człowieka i posługiwać się jego aparatem oddechowym, lecz mają również całkowity dostęp do informacji zmagazynowanych w jego pamięci.
- Jeżeli chcą, potrafią zmieniać temperaturę ciał ludzkich, w których przebywają, potrafią podwyższać ją lub obniżać (zmiany takie są widoczne na przyrządach pomiarowych znajdujących się w kabinie kontrolnej).
- Posiadają umiejętność przenoszenia istoty energetycznej wydobytej z ciała człowieka do różnych miejsc (różnych

rzeczywistości?) i z powrotem – odbywa się to pod ścisłą kontrolą oraz w sposób, który, jak się wydaje, jest całkowicie bezpieczny. Podróż taka może być błyskawiczna lub przebiegać „powoli", a przechodzenie przez materię dokonuje się tak, jak gdyby materia w ogóle nie istniała.

- Odnosi się wrażenie, że posługując się tą technologią, nie można bezpośrednio oddziaływać na materię. Jednak dzięki pewnej metodzie, której działanie nie jest widoczne, pośrednio można wywołać zmiany w materii. Innymi słowy: nie ma dowodu na to, że stosując tę technologię, można tworzyć materię (co nie oznacza, że jest to niemożliwe – po prostu dotychczas nie stwierdzono takiego faktu). Można jednak oddziaływać na strukturę energetyczną człowieka, związaną z jego systemem nerwowym, który z kolei wpływa na strukturę fizyczną.
- Dla użytkowników tej technologii postrzeganie naszych chaotycznych i ciągle zmieniających się myśli jest niezwykle łatwe, lecz najczęściej jest niewarte zachodu.
- Czas i przestrzeń to nieodłączne zjawiska naszej rzeczywistości. Technologia, o której tu mówimy, rozumie ich sens, przyjmując punkt widzenia, co do którego możemy tylko snuć domysły. Lecz nawet najtrafniejsze z tych domysłów nie są w stanie objąć całego bogactwa szczegółów dotyczących warunków życia na Ziemi, których te istoty są świadome.
- W razie potrzeby mają one dostęp do całej historii ludzkości i całej historii Ziemi – i to w najdrobniejszych detalach. Wiedza, gdzie owe informacje są zgromadzone i jak można do nich dotrzeć, to jedno z pozornie nieistotnych osiągnięć tej technologii. W skład tych informacji wchodzą również dane dotyczące całego fizycznego wszechświata – również dostępne w razie potrzeby.
- Technologia ta pozwala wytworzyć strumień energii, który z tego, co znamy, najbardziej przypomina światło. Dzięki

niemu istota energetyczna człowieka może podróżować do przodu i do tyłu, możliwy jest przepływ informacji, a użytkownicy tej technologii mogą wejść w czasoprzestrzenną ziemską rzeczywistość. Kiedy już wykażemy właściwe zrozumienie, będą mogli nam pomóc i obdarzyć nas zdolnością wytwarzania (wzmacniania?) strumienia takiej energii.

Z opisaną tu technologią zetknęliśmy się kilkaset razy. Dzięki temu mogliśmy poczynić powyższe obserwacje. Ponieważ jednak kontakt nasz był ograniczony, skutek jest taki, że o tej olbrzymiej dziedzinie zebraliśmy tak mało danych. Nasze wysiłki, by o pewnych sprawach dowiedzieć się więcej, były niweczone brakiem wiedzy i doświadczenia eksperymentatora, który w danym wypadku pośredniczył w przekazywaniu informacji. Zdarzało się również, że w odpowiedzi na nasze pytania otrzymywaliśmy uprzejme zapewnienie, że odpowiedź na to, o co pytamy, przekracza możliwości naszego rozumienia.

Nie potrzeba długich rozważań, by zdać sobie sprawę z możliwości rewolucyjnych przemian, jakie nastąpiłyby w naszej nauce i kulturze w niedalekiej przyszłości, gdyby poznano i wdrożono choćby część tej technologii. Dokładne zastanowienie się nad tym, co tu przedstawiliśmy, sprowadza się do pytania: jaką wartość ma całe to przedsięwzięcie? Wszystkie odpowiedzialne osoby i organizacje, które chciałyby znaleźć na to odpowiedź, powtarzając tego rodzaju eksperymenty, są mile widziane.

Kim są istoty, które znają tę technologię i posługują się nią? (Niektóre z nich przyznały, że nigdy nie były ludźmi i nie żyły w świecie fizycznym; inne żyły na Ziemi tysiące lat temu. Jeszcze inne, nie będąc ludźmi, wiodły fizyczną egzystencję w innych częściach wszechświata.) Dlaczego istoty te interesują się życiem na Ziemi? Ile ich jest: tysiące, miliony, biliony? (Niewątpliwie istoty te odznaczają się pewnego rodzaju indywidualnością.)

Jak powstała technologia, z którą się tu zetknęliśmy? Kto ją stworzył? Czy istnieje jakieś ograniczenie dotyczące możliwości nauczenia się jej przez nas i zastosowania w rzeczywistości czasoprzestrzennej na Ziemi? Czy tę technologię stosuje się stale na Ziemi, w innych formach i bez naszej wiedzy o tym i czy wykorzystuje się ją, ingerując w ludzkie sprawy?

Jedno wydaje się pewne. Biorąc pod uwagę wszystkie nasze kontakty i spotkania z innymi istotami, stwierdzamy, że posługiwanie się przez nie ową technologią w odniesieniu do nas wypływało jedynie z życzliwości. Jednak wydaje się, że istnieją zasady i ograniczenia stosowania tej technologii.

Za to, co dla nas zrobiono, jesteśmy głęboko wdzięczni. Zastanawianie się nad tym, że mogłyby istnieć inne motywy ich postępowania, doprowadziłoby chyba tylko do rozstroju nerwowego. Zresztą nie sądzę, żebyśmy mogli uczynić tu cokolwiek – i to niezależnie od stanowiska, jakie zajmujemy.

Wyłoniło się jednak coś, co ma zasadnicze znaczenie. Suma mego własnego, osobistego doświadczenia, nasza wspólna praca w laboratorium oraz tysiące eksperymentów przeprowadzonych w ramach programu Doznawania Otwarcia Wrót wskazują, że oprócz nas wszystkie inteligentne istoty, zarówno z obszaru fizycznego wszechświata, jak i innych systemów energii, porozumiewają się, używając języka, który w pełni odpowiada temu, co opisuje i wyraża, i z pewnością jest niewerbalny. Gdy komunikując się z nami, używają słów, to ich przekaz stanowi ciąg ściśle przylegających do siebie i zlewających się wyrazów, co powoduje, że rozumiemy je tylko częściowo.

Podkreślam z naciskiem. Wszystkie pozostałe inteligentne istoty posługują się tym, co obecnie nazywamy komunikacją niewerbalną (NVC[1]). Jest ona czymś znacznie więcej niż to, co

---

[1] Ang.: *nonverbal communication* (przyp. tłum.).

określamy mianem mowy ciała, telepatii, zdalnego widzenia, a także tych mistycznych czy religijnych treści, do których wyrażenia powszechnie używa się określenia niewerbalny – jednak w sposób bardzo ograniczony.

Można przyjąć, że obrazkowi odpowiada 1000 słów. Kolorowemu obrazkowi – 10 000 słów. Żeby oddać w słowach treść ruchomego kolorowego obrazka potrzeba około 50 000 słów, a przekazanie informacji, którą stanowi ruchomy kolorowy obrazek z występującym w nim elementem mowy, wymaga użycia 100 000 słów lub nawet większej ilości.

Komunikacja niewerbalna jest krokiem naprzód w stosunku do możliwości, jakie oferuje kolorowy obrazek, w którym występuje element ruchu i mowy; między tymi dwiema formami przekazu zachodzi różnica jakościowa. Jest to bowiem bezpośrednie, przeżyte w ciągu jednej chwili doświadczenie i/lub bezpośrednie poznanie wysłane przez jeden system inteligentnej energii, a odebrane przez inny. Takim przekazem może być tylko dwucyfrowa liczba lub też wydarzenie, którego sami nie doświadczyliśmy, a które ktoś chce nam przekazać.

Dlaczego nasza ewolucja poszła własną drogą, tak różną od kierunku, w którym zmierza cała reszta? Osobiście podoba mi się wyjaśnienie przypisujące tę naszą odmienność bardzo rzadkiej właściwości, jaką odznacza się środowisko ziemskie – widzimy słońce i księżyc, planety i gwiazdy. Wyjaśnienie to zakłada, że większość planet, gdzie powstało i istnieje życie, otoczona jest grubymi powłokami chmur, które nie pozwalają zobaczyć tego wszystkiego, co my widzimy. Tamte słońca nie są dla wzroku mieszkańców tych odległych planet niczym więcej jak tylko zamglonym światłem. Niczym więcej. Nocą, oprócz otaczającej ciemności, nie widać tam nic.

Ponieważ nasz gatunek od początku mógł obserwować fizyczny wszechświat, poszliśmy drogą, która wiodła ku nauce:

stworzyliśmy astronomię, teorię grawitacji, teorię cząsteczek, naukę o elektromagnetyzmie, mechanikę kwantową itd., czyli to wszystko, co nazywamy naszą nauką.

Brak tego elementu, jakim jest widzialny wszechświat fizyczny, spowodował, że inne gatunki rozwinęły komunikację niewerbalną.

Gdybym biegle opanował NVC (a nie mogę tego o sobie powiedzieć) i zapytalibyście, co mi się stało, gdyż odczulibyście (podświadomie, dzięki NVC), że coś mi dolega, mógłbym przekazać waszemu systemowi percepcji zmysłowej, jakich wrażeń doznaje ktoś, kogo boli duży palec u nogi – a tak właśnie jest w moim przypadku. Natychmiast poczulibyście ból w waszym dużym palcu, tak jak ja go czuję, jednocześnie zdając sobie sprawę z tego, że to mnie boli palec, a nie was. Dzięki temu dowiedzielibyście się o wiele lepiej niż za pośrednictwem jakiegokolwiek przekazu słownego, czego doświadczyłem, co odczułem lub o czym chciałem wam powiedzieć.

Zamiast telefonu od mojej żony, która zadzwoniłaby, żeby mi powiedzieć, że spóźni się na obiad i przyjedzie dopiero o dziewiątej, „w mojej głowie" pojawiłby się obrazek, na którym zobaczyłbym swą żonę jadącą samochodem z zapalonymi przednimi światłami; na obrazku tym byłaby również widoczna cyfra 9. Żona przesłałaby mi także obrazek, na którym policjant drogowy zmienia tylną przebitą oponę w jej samochodzie. Całości przekazu dopełniałoby uczucie ciepła i miłości, nakładające się na tę wizję, a wszystko to nie trwałoby dłużej niż dwie czy trzy sekundy.

Gdybym zdobył biegłość w komunikowaniu się niewerbalnym i mój syn również posiadłby umiejętność posługiwania się tą techniką, to mógłbym przesłać mu w bardzo krótkim przekazie całą zgromadzoną przez siebie wiedzę i doświadczenie, które może pragnąłby poznać lub które mogłyby okazać się dla niego pożyteczne. Nie byłoby to odbieranie słów emitowanych w formie ciągu następujących po sobie wyrazów, lecz natychmiastowe lub prawie natychmiastowe uchwycenie przekazanej w całości wiedzy. W skład tej całości wchodziłaby również moja emocjonalna reakcja, to wszystko, co spostrzegłem za pomocą swych zmysłów, interpretacja faktów oraz zebrane wnioski.

Niech to, co zostało powiedziane, będzie dla was punktem wyjścia. Dokonajcie na tej podstawie ekstrapolacji, a następnie uświadomcie sobie ograniczenia tego półinteligentnego gatunku, jakim jest ludzkość.

Komunikacja niewerbalna zakłada kontrolowanie procesu myślenia i kierowanie nim. Jest to tak obce przyjętym obecnie przez nas standardom, że mam wątpliwości, czy istnieje na Ziemi człowiek lub grupa ludzi, która opanowała tę technikę. Jeżeli tak jest, to ludzie ci nie ujawniają swej umiejętności. Gdyby jednak rzeczywiście tak było, to osoby te z pewnością musiałyby wynaleźć jakiś sposób mentalnej ochrony przed kakofonią chaotycznego myślenia tak powszechnego na naszej planecie.

Zanim człowiek będzie mógł porozumiewać się (i współpracować) z inteligentnymi istotami zamieszkującymi inne obszary rzeczywistości, będzie musiał osiągnąć biegłość w niewerbalnym komunikowaniu się.

Jestem pewny, że inne inteligentne istoty musi dezorientować, jeśli nie wręcz rozśmieszać, fakt, że przeznaczamy miliony na budowę olbrzymich radioteleskopów w celu odbierania sygnałów elektromagnetycznych napływających do nas z tych stron wszechświata, w których istnieje cywilizacja. Jest to zupełnie tak, jak gdyby członkowie innej cywilizacji robili pomiary ilości spalin wrzucanych przez nasze samochody lub mierzyli stopień zanieczyszczenia powietrza po to, by za pośrednictwem pomiaru tej pozostałości po zużytej energii odbierać rzekomo wysyłane przez nas komunikaty.

Z kolei porozumiewanie się zwierząt odbywa się głównie za pośrednictwem zapachów i węchu.

Bez trudu można by podać setki przykładów ilustrujących nasze wysiłki zmierzające do rozwiązania problemów związanych z komunikowaniem się niewerbalnym. Z problemami tymi zetknęliśmy się w tak wielu różnych sytuacjach, że prawdopodobnie jesteśmy ich o wiele bardziej świadomi niż przeciętna grupa osób lub przeciętny zespół badawczy. Mimo to opracowując podstawy treningu w komunikacji niewerbalnej oraz technikę mentalnego przetwarzania, w dalszym ciągu poruszamy się po omacku. W chwili obecnej możemy tylko stwierdzić, że zdajemy sobie sprawę z faktu istnienia komunikacji niewerbalnej i z potrzeby jej stosowania.

Tu kończy się przejście i zaczyna autostrada. Materiał, który prezentujemy poniżej, jest już próbą transpozycji i tłumaczenia komunikatów niewerbalnych na słowo pisane. W związku z tym odtąd będzie nam zawsze towarzyszyło pytanie o trafność takiego tłumaczenia. Niektóre „kule myśli" dają się łatwiej rozwijać i układać w ciągi niż inne; właściwe człowiekowi ujmowanie i wyrażanie wszystkiego w kategoriach czasu i przestrzeni powoduje zniekształcenia i wypaczenia. Zawsze tak było.

Ale róbmy wszystko, co w danej sytuacji można zrobić, i najlepiej jak potrafimy.

CZĘŚĆ 2

NAJDALSZE PODRÓŻE

7

BADANIA I METODY

Poniższy tekst stanowi wolny przekład porozumiewania się niewerbalnego. Jest to celowy zabieg. Aby dokonać owego przekładu, większość tego, co dotyczy wydarzeń rozgrywających się poza czasem i przestrzenią, o ile nie wszystko, trzeba wyrazić w formie, jakiej używamy przy określaniu doświadczeń przeżywanych świadomie w świecie fizycznym. Toteż opisując dane wydarzenie, poddaje się je procesowi „humanizacji" – co zwiększa zrozumiałość relacji, ale zmniejsza jej dokładność.

Kilku słów użyto w innym kontekście niż zazwyczaj się ich używa. Zrobiono to po to, by częściowo zmienić ich potoczne znaczenie. Nie można powiedzieć „odezwał się", „szedł", „uśmiechnęła się", ponieważ nie odbyło się to w ten sposób – sytuacja taka nie zaistniała jako fizyczny stan rzeczy.

A oto fragment słowniczka, w którym podano „niefizyczne" odpowiedniki niektórych pojęć.

Iluzja czasoprzestrzeni TSI[1]: anomalia „standardowych" systemów energii, występująca w całym fizycznym wszechświecie.

Wiązka M: część spektrum energetycznego powszechnie używanego do myślenia; nie jest to energia elektromagnetycz-

[1] Ang.: *Time-Space Illusion.*

na, elektryczna, magnetyczna, jądrowa itp.; szumy Wiązki M są spowodowane przez niekontrolowane myśli.

Ident: mentalne imię lub „adres", tj. wzór energetyczny przedmiotu lub istoty.

Rota: kula myśli, pakiet myśli, całkowita pamięć, wiedza, informacja, doświadczenie, historia.

Rozwijać rotę: przywoływać na pamięć fragmenty roty po uprzednim przyswojeniu jej całości.

Percept: wygląd, intuicja, zrozumienie.

Otworzyć się: chłonąć, odbierać.

Zamknąć się: mieć stłumione lub odcięte bodźce zewnętrzne.

Migotać: być niepewnym.

KLIK!: nagła zmiana stanu świadomości.

Zblednąć, przyblednąć: wykazywać brak zrozumienia, nie rozumieć.

Zwrócić się do wewnątrz: zastanawiać się, dokonywać przemyślenia.

Wibrować: okazywać emocje.

Wygładzić się: zebrać się w sobie, panować nad sobą.

Zmatowieć: stracić zainteresowanie.

Rozjaśnić się: ucieszyć się, wpaść na pomysł, zapalić się do czegoś.

Kołysać się: śmiać się, być rozbawionym.

Skręt: zorganizowana energia, zazwyczaj inteligentna; w miejscowym dialekcie używa się tego określenia, mówiąc o zorganizowanej, inteligentnej formie energii.

Sfałdować się: podejmować decyzję, wyrazić zgodę, potwierdzić, przytaknąć.

Jednym z wcześniejszych odkryć dokonanych przeze mnie po zastosowaniu nowej metody, którą wyrazić można w skrócie: niech-ktoś-inny-kieruje, było stwierdzenie, że mam więcej niż jedno niefizyczne ciało. Podczas powrotu zauważyłem, że chcąc wejść w ciało fizyczne, muszę zrobić dodatkowy niewielki wysiłek. Początkowo sądziłem, że to tylko drobne niewyrównanie występujące w trakcie łączenia się z ciałem. Pewnego razu, gdy połączenie się sprawiało mi szczególną trudność, cofnąłem się nieco, zaprzestałem wysiłków i zacząłem analizować problem. Wydawało się, że mam podwójne ciało fizyczne – wyglądało to tak, jak podczas widzenia, które zakłócone jest przez astygmatyzm. Odnosiło się wrażenie, że oba ciała znajdują się bardzo blisko siebie, w odległości nie przekraczającej 5–10 cm; ciało usytuowane nieco z tyłu było jak gdyby mniej wyraźne od drugiego. Powoli zbliżyłem się do pierwszego z nich i wsunąłem się w nie z łatwością. Przez chwilę pozostawałem w tej pozycji. Wydawało się, że jestem częściowo połączony z ciałem fizycznym, ale nie jestem dokładnie w tej samej fazie co ono. Przypomniało mi to analogiczną sytuację – dawne wrażenie wibracji i fizycznego paraliżu, który temu towarzyszył. Ponieważ teraz odczuwałem prawie to samo co wtedy, nie uległem panice.

Znalazłszy się w tej pozycji łatwo już było wejść w ciało fizyczne, wykonując proste szarpnięcie podobne do wzruszenia ramionami. Odtąd zacząłem zwracać uwagę na powrót do ciała i spostrzegłem, że rzeczywiście tuż przed wejściem w fizyczne ciało wchodzę w tę drugą formę. Wyglądała ona identycznie jak ciało fizyczne, tylko była mniej wyraźna. Jednakże podczas powrotu to drugie ciało wydawało się bardziej realne i solidniejsze od pierwszego. Ale gdy już w nie wszedłem, ciało fizyczne z kolei sprawiało wrażenie bardziej spoistego. Zacząłem też dokładniej obserwować proces oddzielania się, sądząc, że zauważę odłączanie się od tego drugiego ciała. Istotnie, tak było. Mogłem pozostawać w drugim ciele, unosząc się w pobliżu ciała fizycznego, ale nie byłem w stanie oddalić się od niego o więcej niż 3–5 metrów. Przywodziło mi to na pamięć wspomnienie moich pierwszych, ograniczonych działań poza ciałem. Przypominało mi to również wiele zakończonych niepowodzeniem prób odejścia dalej – i moment, w którym udało mi się odłączyć. Ponieważ jednak nie znałem przyczyny tego zjawiska, więc szkoląc później innych w opuszczaniu ciała, podałem im sposób uwolnienia się od myśli, które mogłyby przeszkadzać w procesie odłączania się: mentalną „skrzynkę bezpieczeństwa" – klucz do oddzielenia się od ciała.

Kiedy zdałem sobie sprawę z rzeczywistego przebiegu tego procesu, stał się on automatyczny i zarówno oddzielenie, jak powrót zawierały oba elementy – pozostawienie drugiego ciała na „orbicie" w pobliżu ciała fizycznego i odejście – przy całkowitym odłączeniu od ciała fizycznego – w „trzecim" ciele lub w esencji energetycznej (nieposiadającej formy?). Nie zajmowałem się już dłużej szczegółami. Zrozumienie, w jaki sposób odbywa się wyjście poza ciało, nawet bez znajomości przyczyny, która je powoduje, zupełnie mi wystarczało.

Powierzenie moich podróży poza ciało nowemu sternikowi (całkowitemu ja?) przyniosło w tym wczesnym okresie jeszcze jeden rezultat – było to coś, co przypominało mi chodzenie do szkoły. Wydarzyło się, gdy oddzieliwszy się jak zwykle od ciała, zdałem się na prowadzenie; ruch nie trwał długo, po czym znalazłem się w tłumie szarych postaci. Używam wyrażenia „tłum", gdyż istot tych było tak dużo, że zdawały się niknąć w oddali. Wszystkie były zwrócone w jednym kierunku i chyba żadna nie zauważyła mego przybycia – z wyjątkiem jednej, jaśniejszej od innych. Podeszła do mnie i zatrzymała się.

Otworzyła się – jej „słowa" zabrzmiały w mej świadomości. *(Cieszę się, że wróciłeś, Bob. Opuściłeś sporo sesji.)*

Zamigotałem. *(No, tak... byłem zajęty.)*

Postać skoncentrowała się. *(Jesteś jakiś inny. Brałeś narkotyki czy piłeś alkohol?)*

Otworzyłem się szeroko. *(Straciłem wiele rot lub nie mogę ich przywołać. Gdzie ja jestem?)*

Postać zakołysała się. *(Naturalnie, że straciłeś. Jesteś z powrotem na lekcji dla śpiących.)*

Zwróciłem się do wewnątrz; percept wyłonił się jasny i wyraźny. Lekcje dla śpiących – uczęszczają na nie niezliczone ilości ludzi podczas fazy głębokiego snu, któremu towarzyszy wyjście z ciała. Jedynym warunkiem znalezienia się na takiej lekcji jest naturalne zaśnięcie, bez środków chemicznych. Ileż to razy przychodziłem tutaj, nie zdając sobie z tego sprawy, nie mając pojęcia o zjawisku OOBE (wychodzeniu z ciała)! I tak jak wszyscy po obudzeniu się niczego nie pamiętałem. Jeśli cokolwiek przedostało się do pamięci, przypisywałem to marzeniom sennym, natchnieniu, pomysłowości lub wyobraźni.

Rozpoznałem swego nauczyciela. *(Hej, Bill.)*

Bill zakołysał się. *(Zabrało ci to dużo czasu. Chcesz się przyłączyć?)*

Zamigotałem. *(Czy ja wiem? Widzisz, ja jestem inny. Ja nie śpię.)*

Bill zbladł nieco, a potem rozjaśnił się. *(Aha, jesteś jednym z tych. Jak do tego doszło?)*

Sfałdowałem się. *(Nie wiem. Po prostu stało się.)*

Bill zwrócił się do wewnątrz, potem otworzył się. *(To oznacza, że już do nas nie należysz. Szkoda, byłeś jednym z moich najlepszych uczniów.)*

Zamigotałem. *(Czy jesteś tego pewien? Czy jesteś tego pewien, że już do tego miejsca nie należę?)*

Wygładził się. *(Miałem już takich przedtem. To nie wychodzi. Tacy jak ty nudzą się, niecierpliwią. Lubią pośpiech, chcą poznać wszystko szybko... szybko.)*

Wygładziłem się starannie. *(Spróbuj ostatni raz, skoro już tu jestem.)*

Bill zmatowiał. *(Prawdopodobnie już to znasz. Nie mogę zmienić programu.)*

Otworzyłem się szeroko. *(Spróbujmy.)*

Bill zamigotał i posłał mi rotę. Otworzyłem ją z łatwością.

KLIK!

Formuła antystresowa, obniżająca napięcie, zmniejszająca zdenerwowanie, integrująca.

Główna przyczyna ludzkich kłopotów związana jest z Prawem Zmiany. Wszystkie ludzkie konflikty wiążą się z tym prawem. Niektórzy martwią się, że czeka ich zmiana, inni – przeciwnie – martwią się, że zmiana nie nastąpi. Wojny prowadzi się, by uniknąć zmiany lub by ją przyspieszyć.

Na poziomie indywidualnym przejawem tego są różne formy niezdecydowania. Pojawia się lęk, boimy się konsekwencji każdej decyzji lub czynu. W miarę jak zwleka się z podjęciem decyzji, odkłada się ją, wzrasta napięcie. W rezultacie we wszystkich częściach ludzkiego organizmu gromadzą się toksyny, powstaje choroba lub znaczne obniżenie sprawności działania. Niezdecydowanie jest zabójcą.

Rozważmy – ogólną i uproszczoną – statystykę podejmowania decyzji. W przypadku podejmowania każdej decyzji istnieje 50 proc. prawdopodobieństwa, że dokona się właściwego i konstruktywnego wyboru. Jeżeli wybierze się właściwą drogę, to nie ma problemu. Jeżeli natomiast dokona się niewłaściwego wyboru, wkrótce stanie się to widoczne. Istnieje wtedy 50 proc. prawdopodobieństwa, że będzie można dokonać zmiany i wybrać właściwą drogę.

Wobec tego jest tylko jedna możliwość na cztery, że powzięta decyzja będzie nie do naprawienia. Na przestrzeni dziejów ludzkość podejmowała większość ważnych decyzji przy szansach mniejszych niż jeden do trzech. Niektóre z nich podejmowano – z wynikiem pozytywnym – przy szansie jeden do dwudziestu.

Aby oddalić się od zerowego punktu niezdecydowania, przyjmij, opierając się na szansie jeden do trzech, że jakiekolwiek działanie lub decyzja będzie lepsze niż żadne. Żeby przedsięwzięcie to uczynić możliwie bezbolesnym, wykonaj następujące czynności:

Zrób listę A. Umieść na tej liście wszystkie swoje zmartwienia, lęki i kłopoty, którym nie jesteś w stanie zapobiec. Nie możesz nic zrobić, aby wpłynąć na jutrzejszą pogodę; będzie padał deszcz, śnieg, będzie zimno lub ciepło i podjęte przez ciebie działanie nic nie zmieni. Jeżeli jest coś, czemu nie możesz przeciwdziałać dziś, umieść to na liście A.

Zrób listę B. Umieść na niej wszystkie swoje zmartwienia, lęki i kłopoty, w stosunku do których możesz podjąć jakieś działanie dziś. I zrób coś, niezależnie od tego, czy będzie to mała czy duża rzecz.

Zrób listę C. Umieść na tej liście wszystkie swoje potrzeby, nadzieje, pragnienia, które chciałbyś zrealizować – i to bez względu na to, czy są one duże czy małe. *Dzisiaj wykonaj następujące czynności:*

1. Weź listę A i zniszcz ją, a czyniąc to, usuń ze swej świadomości wszystko, co tam napisałeś. Po co masz tracić energię na martwienie się czymś, na co nie możesz mieć wpływu.
2. Weź listę B i zrób coś, choćby niewielkiego, aby zacząć rozwiązywać spisane na niej problemy. Wiele spraw można rozstrzygnąć natychmiast i uwolnić się od nich oraz usunąć je ze świadomości. Napór innych zmniejszy się, gdyż coś zaczęło się dziać, decyzja została podjęta.
3. Weź listę C i uczyń chociaż jedną rzecz, małą lub dużą, by przyspieszyć realizację przynajmniej jednej sprawy.

Wykonuj całą tę procedurę codziennie, dopóki nie zlikwidujesz listy A oraz B, a wówczas całą swoją energię i świadomość będziesz mógł poświęcić temu, co znajduje się na liście C.

Wtedy żyjąc spokojnie, osiągniesz cel swego ludzkiego życia.

KLIK!

Zwinąłem rotę i wsunąłem w siebie, po czym zwróciłem się do Billa. *(Bardzo dobre. Wydaje mi się znajome.)*

Bill sfałdował się. *(Powinieneś to znać. Musiałeś zetknąć się z tym kilkaset lekcji temu.)*

Otworzyłem się. *(Bill, jeżeli do was nie należę, to dokąd mam iść?)*

(Nie wiem. Nie mam najmniejszego pojęcia.)

(Muszą być szkoły dla takich odmieńców jak ja.)

Bill sfałdował się. *(Jestem pewien, że są. Teraz muszę zrobić obchód. Wpadnij z wizytą, jeśli będziesz miał ochotę. Znajdziesz mnie dwa pierścienie dalej.)*

Otworzyłem się szeroko. *(Oczywiście, Bill.)*

Odwrócił się i zniknął w tłumie szarych postaci. Ponieważ nic mnie tu już nie interesowało, więc obróciłem się i dałem nurka w kierunku ciała. Połączenie odbyło się normalnie.

Następnym etapem mojej nauki w tym wczesnym okresie były przeżycia, których doświadczałem pod kierownictwem przewodnika, a które przybrały formę „żywych obrazów". Potwierdzały one stare przypowieści o głupcach i aniołach. Nie pamiętam, abym czuł lęk przed tymi drugimi. A co do pierwszych, to rzeczywiście, w początkach moich podróży poza ciało nieraz postępowałem zbyt gwałtownie, nie zastanawiając się nad tym, co robię, tak że na pewno można by mnie do nich zaliczyć. Te „żywe obrazy" – lekcje poglądowe – zacząłem nazywać terapią odgłupiającą[2].

Wyszedłem z założenia, że moje Wyższe Ja (dusza?) zawsze wie, co robi. Od niego nauczyłem się posługiwać czymś, co

---

[2] Ang.: *Defooling Treatment.*

nie całkiem ściśle nazywam „identem". Jest to sygnał naprowadzający, za którym można podążać, gdy chce się dotrzeć do jakiegoś miejsca lub osoby.

Przypadek „odgłupiania", który opiszę poniżej, wyglądał następująco. Wczesnym rankiem wyszedłem z ciała fizycznego i po odłączeniu się od drugiego ciała wyraziłem chęć odwiedzenia innej kultury znajdującej się w czasoprzestrzeni. Pragnąłem, aby była zbliżona do ludzkiej i łatwo dla mnie zrozumiała. Natychmiast odebrałem ident Z-55, więc zwróciłem się w jego kierunku i rozciągnąłem się. Prawie nie odczułem ruchu i już znalazłem się przed lekko połyskującą istotą, za nią stały inne postacie. Dalej nie było już nic.

Postać otworzyła się. *(O, Robert, znów się spotykamy.)*

Zamigotałem. *(Aha.)*

(Ciągle zgłębiasz tajemnice wszechświata?)

To nie było to, czego się spodziewałem. Na pewno nie miałem do czynienia z żadną kulturą zbliżoną do ludzkiej, a ponadto wydawało się, że stojąca przede mną istota mnie zna. Chyba zaszła jakaś pomyłka w idencie; promieniowanie było jednak znajome. Nie chciałem zadawać oczywistych pytań, ale musiałem to zrobić. *(Gdzie jestem?)*

Postać wygładziła się. *(Ostatni zewnętrzny pierścień, Robercie. Jeżeli o mnie chodzi, to czeka mnie jeszcze jedno ludzkie wcielenie i koniec.)*

Zamigotałem. *(Nie mam perceptu co do identu Z-55, ale znam cię.)*

Z-55 zakołysał się. *(Po tych wszystkich godzinach, kiedy robiliśmy razem muzykę... Wyjazd na Kubę w latach pięćdziesiątych, nagrania w Hawanie...)*

Zrodził się we mnie jasny i pewny percept. Oczywiście, że go znałem. Już wtedy nazywałem go starą duszą! Zawibrowałem mocno. *(Lou! Naturalnie! Jasne! Zmylił mnie ident Z-55. Wyglądasz jakoś inaczej. To wspaniale, że znów się spotykamy!)*

Z-55/Lou wygładził się. *(Wiesz, od chwili, gdy byliśmy razem, miałem jeszcze dwie ludzkie inkarnacje, więc Lou został jakby nieco przysłonięty.)*

Zwróciłem się do wewnątrz. Lou, jedna z najłagodniejszych osób, jakie spotkałem... muzyk, aranżer, dyrygent... spokojnie żyjący i pracujący... godziny i dni, które spędziliśmy razem... nagrania trwające do późnej nocy, prace nad tworzeniem linii melodycznych... akordów, orkiestracji... później nasze drogi się rozeszły. Słyszałem o jego przedwczesnej śmierci... cukrzyca, z którą żył przez wiele lat...

Z-55/Lou otworzył się. *(Ciągle jesteś człowiekiem!)*

Wygładziłem się. *(Tak.)*

Zamigotał. *(Ach, śpiący. Dotarłeś aż tu, tak daleko? To wspaniale. Szkoda, że nie będziesz tego pamiętał.)*

Otworzyłem się szerzej. *(To nie całkiem tak, Lou. Widzisz, ja... proszę, weź to.)*

Rzuciłem mu krótką rotę o początkach mych podróży poza ciało. Wziął ją i zamknął się. Potem otworzył się i lekko zakołysał. *(Aha, jeden z tych. Nigdy mi o tym nie mówiłeś.)*

Sfałdowałem się. *(Kiedy wspólnie pracowaliśmy, jeszcze o tym nie wiedziałem.)*

Zamigotał. *(Na co mogę ci się przydać? Przyszedłeś mnie odszukać. Chcesz pomuzykować?)*

Znowu się sfałdowałem. *(Chyba nie. Chciałem odwiedzić kulturę zbliżoną do ludzkiej, otrzymałem twój ident... i jestem tutaj.)*

Z-55/Lou rozjaśnił się. *(Chcesz zobaczyć moje... no... miasto rodzinne, że tak powiem?)*

Zakołysałem się. *(Kentucky nie, byłem tam, jest zbyt ludzkie.)*

Zakołysał się wraz ze mną. *(Nie, nie... mój pierwszy dom. To właśnie to, czego szukasz, dlatego dostałeś mój ident... Jest tam... hm, inaczej, ale ty to doskonale zrozumiesz.)*

Zwróciłem się do wewnątrz.

Jeżeli nigdy przedtem nie byłeś w jakimś egzotycznym miejscu lub w otoczeniu, które przynajmniej wydaje ci się egzotyczne, to jest w tobie dużo oczekiwania. Możesz wyobrazić sobie wszystko, co będziesz tam robił i czego będziesz doświadczał. W zapale jesteś gotów zaakceptować wszelkie ograniczenia, które z zewnątrz wydają się bez znaczenia, zapominasz również o jednej bardzo ważnej sprawie. Jako dodatkowy, ukryty bagaż zabierasz ze sobą swoją kulturę, która staje się porównawczym narzędziem pomiarowym.

Z-55/Lou wyraźnie się rozjaśnił. *(Aby odczuć to naprawdę, powinieneś się tam udać z małym bagażem, jak zwykły turysta, i doświadczyć regularnie powtarzającego się zjawiska, które nazywamy, no, które nazywają tam przypływem.)*

Rozjaśniłem się również. *(Wspaniale! Dobry pomysł.)*

(Żebyś rzeczywiście mógł to przeżyć), mówił dalej, *(odetnij łączność z miejscem, w którym się znajdujemy, aż do końca trwania przypływu. Będzie to coś w rodzaju doświadczenia, jakiemu poddawani są ludzie, ale bez wymazywania rot.)*

Otworzyłem się szeroko. *(Zgadzam się. Od czego zaczynamy?)*

(Będę tutaj twoją kotwicą. Żeby wrócić, kieruj się na mój ident.) Jakaś dziwaczna wibracja zmieszała się z jego promieniowaniem. *(Chcąc się tam dostać, skoncentruj się na idencie... Przypływ-Zeer...)*

Zawibrowałem. *(Przypływ-Zeer.)*

Zwróciłem się w kierunku, w którym prowadził ident i zacząłem się rozciągać.

KLIK!

Znajdowałem się w mieście czy raczej miejscu, które wyglądem przypominało miasto. Wszędzie – gdzie okiem sięgnąć – ciągnęły się jednakowe budynki: ich wysokość nie przekraczała trzech, czterech pięter. Nie były zbyt ładne i nie odznaczały się niczym niezwykłym. Z boków miały otwory, które wziąłem za drzwi i okna. Ulice, czy też przestrzenie między domami, nie były specjalnie szerokie, widziałem tam tylko ludzi, istoty podobne do mnie, a raczej do tego, czym byłem w tym momencie. Na ulicach nie zauważało się samochodów, ciężarówek ani innych pojazdów. Nie było słupów wysokiego napięcia, przewodów sieci elektrycznej, nie było chodników. Pomimo jasnego dnia, nie mogłem zobaczyć słońca.

Gdy spacerowałem pośród tłumu, ludzie zauważyli mnie, lecz nie traktowali jak przybysza z innej planety. Z każdym krokiem czułem się swobodniej, a przechodnie wydawali mi się coraz bardziej podobni do ludzi. Wszyscy mieszkańcy byli bardzo skupieni; wyglądali na osoby bez reszty pochłonięte sprawami, które je zaprzątały – istoty te nie rozpraszały się bez potrzeby. Jeśli posługiwano się tam językiem ciała, nie czuło się tego. Nie mogłem odróżnić mężczyzn od kobiet, co było dla mnie niezwykłe, a więc przyjąłem, że nie ma takiej różnicy.

Ponieważ nie udawało mi się przyciągnąć uwagi osób poruszających się po ulicy, wszedłem do jednego z budynków i znalazłem się w dużym pomieszczeniu, które bardzo przypominało recepcję hotelu średniej wielkości. Dookoła stali ludzie. Wyglądało na to, że rozmawiają ze sobą. Podszedłem do mężczyzny (?), który stał za pulpitem. Spojrzał na mnie wyczekująco. Wiedziałem, że muszę coś powiedzieć.

– Czy jest tu restauracja? – Starałem się, żeby zabrzmiało to zwyczajnie, ale kiedy zmatowiał, zrozumiałem, że popełniłem błąd.

Usiłowałem posłużyć się swym ograniczonym przekazem pozawerbalnym. (Czy jest tu miejsce, gdzie mógłbym się doenergetyzować?)

Mężczyzna wyraźnie się rozjaśnił i skierował mnie w prawo.

Idąc we wskazanym kierunku, byłem bardzo z siebie zadowolony. Zdałem jeden egzamin. Nie używali dźwięków, ale jednak zrozumieli mnie, nawet mój słaby przekaz pozawerbalny. Teraz będzie łatwiej. Zacząłem snuć domysły na temat ich jedzenia. Na pewno musi być niezwykłe. Znajdujące się przede mną wejście o łukowatym sklepieniu ukazywało ciemne wnętrze – nie, nie ciemne, tylko inaczej oświetlone, mieszaniną barw.

Mijając łukowate wejście, śmiało wkroczyłem do środka w kierunku kolorowych świateł. Promieniowanie panujące wewnątrz pomieszczenia poraziło mnie jak ściana ognia i zatoczyłem się do tyłu. To nie była restauracja, mężczyzna źle mnie zrozumiał. Ze wszystkich stron docierało do mnie niezwykle silne oddziaływanie kobiecego seksu – zapraszając, pytając, oferując, obiecując. Było tego zbyt dużo. Z wielkim trudem wycofałem się przez łukowatą bramę, dysząc ciężko i starając się uspokoić. Zaledwie zdążyłem się wygładzić, gdy przede mną pojawił się recepcjonista (?) w towarzystwie dwóch mężczyzn – percept mówił mi, że jest to policja, władza, KGB etc.

Jeden z nich odezwał się. *(Proszę okazać swój ident!)*

Zacząłem obmacywać kieszenie w poszukiwaniu portfela, ale w moim jednoczęściowym kombinezonie nie było kieszeni. Miałem natomiast pasek z przyczepioną do niego małą sakiewką. Sięgnąłem do niej i wyjąłem coś, co przypominało typową kartę kredytową. Policjant wziął ją, dokładnie obejrzał, po czym skierował spojrzenie na mnie.

(Z Ziemi, co? Nigdy nie słyszałem o takim mieście. Znajduje się po drugiej stronie oceanu?)

Wygładziłem się. *(Jak to? No, tak, właściwie...)*

Policjant pomachał kartą. *(Nie bardzo lubimy wasze wizyty tutaj, należy przestrzegać przepisów.)*

(Tutaj nie wchodzi się na teren prywatny i niczego nie bierze bez uprzedniej zapłaty. Zawsze najpierw się płaci.) Policjant zwrócił się do recepcjonisty, wręczając mu moją kartę. *(Ile z tego chcesz? Nie ma zbyt wiele.)*

Urzędnik włożył kartę do sakiewki przy swoim pasku. *(To powinno wystarczyć.)*

Zacząłem protestować... *(Ale to jest wszystko, co mam. Nie mogę...)*

(W takim razie musimy cię oznakować.) Drugi policjant podszedł i chwycił mnie za ręce. *(Nie możemy pozwolić na to, żebyś chodził i zakłócał porządek, nie mając identu.)*

Zamigotałem. *(Co chcecie zrobić?)*

Drugi policjant wyjął z sakiewki małe, płaskie pudełko. Otworzył je. *(Stój spokojnie, nie będzie bolało.)*

Wziął moją rękę i przycisnął czubki palców do pudełka. Pomyślałem: odciski palców, biorą moje odciski palców. Myliłem się. Czarna farba szybko pokryła moje palce, a następnie całą rękę – i oto miałem czarne obie dłonie. Próbowałem to zetrzeć, ale farba wniknęła w skórę.

Pierwszy policjant spojrzał na moje ręce z zadowoleniem. *(Powinno wystarczyć. Przynajmniej ludzie cię zauważą).*

(I zostaną ostrzeżeni), dodał drugi. *(Radzę ci wrócić do domu. Będąc w takim stanie niewiele tu zdziałasz. Nie masz identu).*

Pierwszy policjant obrzucił mnie surowym spojrzeniem. *(Będziemy cię mieć na oku.)* Następnie odwrócili się i wyszli na ulicę.

Wygładziłem się i zwróciłem do urzędnika. *(Przepraszam, nie wiedziałem, że to teren prywatny.)*

Zawibrował. *(A jaki inny mógłby tu być?)*

Zamigotałem. *(To znaczy, że te wszystkie budynki są prywatne?)*

Urzędnik zmatowiał.

(Co w takim razie robią tutaj ci wszyscy ludzie? Jest ich chyba około setki!) wyrzuciłem z siebie z siłą, aby przyciągnąć jego uwagę.

(Naturalnie, jest to ich prywatny teren.)

(Całej setki?)

Urzędnik skinął na mnie, przywołując do pulpitu. Wskazał na wiszący na ścianie rysunek. Widniało tam pięć rzędów dużych, czarnych kropek, które wyglądały jak otwory. Było ich po dwadzieścia w rzędzie.

(To nasz prywatny teren), powiedział z dumą *(najlepszy w mieście)*.

Gapiłem się na rysunek. *(Wchodzicie w to?)*

Przytaknął. *(Tylko wtedy, gdy nadchodzi przypływ. W poprzek są takie duże)*. Rozstawił ręce na około pół metra.

Chciał mówić dalej, ale z oddali usłyszeliśmy dźwięk podobny do grzmotu. Podłoga zaczęła się kołysać. Wszyscy znajdujący się w pokoju natychmiast odwrócili się i pospieszyli do wyjść z tyłu. Recepcjonista pobiegł za nimi.

(Zaczyna się przypływ), rzucił przez ramię. *(Przypuszczam, że właśnie po to tu przybyłeś, ale lepiej szybko przenieś się na swój prywatny teren)*.

Pokój opustoszał, a ja starałem się utrzymać na nogach, podczas gdy podłoga chwiała się rytmicznie. Zatoczyłem się w kierunku wejścia. Ryk wciąż przybierał na sile. Z oddali szybko nadciągała ogromna fala, ale nie wody, lecz gruntu, unosząc domy i ulice dziesiątki metrów w górę. Za pierwszą falą widziałem drugą i trzecią; każda następna była większa od poprzedniej. Mogło ich być więcej, ale nie udało mi się tego zobaczyć, ponieważ do budynku, w którym przebywałem, wtargnęła pierwsza fala. Unosiła i obracała budynek, miotała i wstrząsała nim, odbijając się i przetaczając...

...rozpaczliwie usiłowałem się skoncentrować, jaki ident?... ident Z-55/Lou... Z-55/Lou... sięgnąć i rozciągnąć się, sięgnąć i rozciągnąć się... jestem mocno zamknięty... mocno...

KLIK!

Było spokojnie, łomot ustał. Próbowałem powstrzymać drżenie, aby móc się otworzyć. W końcu udało się. Przede mną w postawie oczekiwania stał Z-55/Lou.

Trochę się wygładziłem. *(Czy to jest ten twój dom? To tam byłeś, zanim zostałeś człowiekiem?)*

Sfałdował się. *(To nie Kentucky.)*

(I tam właśnie wracasz?)

Z-55/Lou otworzył się szeroko. Rozbłysnął jasnym, prawie białym światłem. *(Nie, nie tam.)*

Otrzymałem ostry sygnał naglący do powrotu i zanim zdążyłem wyrzec słowo, zacząłem się oddalać, a on zniknął... Unosiłem się nad ciałem, sygnał nawołujący do powrotu był ciągle silny. Wsunąłem się w drugie, a następnie w fizyczne ciało i usiadłem na wodnym łóżku. Ciało w porządku, pęcherz niewypełniony. Żadnego dźwięku. Co sprowadziło mnie na Ziemię? Nie potrafiłem stwierdzić, co to było.

Terapia odgłupiająca. Przeprowadzono ją bardzo szybko.

Teraz widzę, że powierzenie całkowitej jaźni kierowania moimi podróżami spowodowało, że w przyspieszonym tempie zacząłem poznawać tę sferę bytu, którą niegdyś nazwałem Obszarem II. Rozpoznanie zaczęło się od zaznajomienia mnie z tym, co znajdowało się na jej wewnętrznym krańcu. Procesowi poznawania towarzyszyło zmodyfikowane przekazywanie informacji zmuszających do wyciągnięcia nieuniknionych wniosków. Krótko mówiąc: mogłem obserwować, ale nie mogłem brać udziału. Zauważyłem, że cel każdej mojej podróży ma wiele aspektów, a można go zrozumieć dopiero wtedy, gdy od zdarzenia upłynie sporo czasu.

Za przykład niech posłuży jedno z ważniejszych wydarzeń, które miało miejsce pewnej nocy, kiedy to po przebudzeniu się i wytoczeniu z ciała fizycznego, a jeszcze przed uwolnieniem się od drugiego ciała, zacząłem odczuwać silne pragnienie seksualnego zbliżenia. Właśnie miałem zastosować technikę „nie-teraz-lecz-później", której zwykle używam w takim wypadku, gdy poczułem gwałtowny ruch, któremu towarzyszyła zmiana kierunku. Ruch trwał krótko. Kiedy byłem już w stanie odbierać wrażenia, zobaczyłem, że stoję w odległości półtora metra od olbrzymiego stosu wijących się postaci. Wznosił się on tak wysoko, jak tylko sięgał mój wzrok. Rozciągał się daleko we wszystkich kierunkach, w prawo i w lewo, aż niknął z oczu. To, na co patrzyłem, przypominało mi posplatane ze sobą dżdżownice pozostawione na noc na dnie blaszanki, przygotowane jako przynęta na ryby. Poruszały się bezustannie, tysiące tysięcy mokrych i śliskich istot wijących się we wszystkie strony, poszukując, starając się coś zrobić... ale nigdy nie osiągając satysfakcji.

Gdy tak stałem, jednocześnie uderzyły mnie trzy rzeczy: Stworzenia, którym się przyglądałem, nie były dżdżownicami – to byli ludzie! Po drugie, to skupisko kłębiących się istot wydzielało z siebie nieprawdopodobne, przyprawiające o zawrót głowy emanacje seksu, zarówno kobiecego, jak i męskiego. Po trzecie, oni wszyscy byli martwi pod względem fizycznym. Chciałem się odwrócić i uciec, ale druga część mego „ja" zatrzymywała mnie na miejscu.

W końcu ochłonąłem na tyle, by zacząć analizować sytuację. Czy chciałbym się do nich przyłączyć? Na tę myśl cała moja istota wstrząsnęła się z obrzydzenia. Pragnienie zbliżenia seksualnego, które kilka chwil temu wydawało się takie istotne, zniknęło bez śladu. Byłem silnie przeświadczony o tym, że znów kiedyś powróci, ale wiedziałem, że już nigdy nie zawładnie bez reszty moimi myślami czy postępowaniem.

Kiedy poczułem w sobie ten przebłysk wiedzy, ogarnęła mnie jeszcze jedna emocja – głębokie współczucie dla tych istot uwięzionych w falującym kłębowisku, tak pochłoniętych poszukiwaniem przyjemności seksualnej, że nie zdawały sobie sprawy, iż można żyć w inny sposób, oraz gniew na system, który może tak zahamować, stłumić i wykoślawić, że aż doprowadzi do sytuacji, jaką miałem przed sobą. Czy te istoty pozbawiono szans rozwoju i skazano na pozostanie tutaj przez całą wieczność?

Powoli ruszyłem naprzód i zatrzymałem się przy samym stosie. Poruszały się w nim błyszczące od wilgoci ciała kobiet i mężczyzn wszystkich kształtów i wielkości. Ze stosu wysunęła się goła, owłosiona noga. Złapałem za stopę i pociągnąłem... Noga kopnęła na oślep, starając się wrócić do kłębiącej się masy. Pociągnąłem mocniej, chwytając za pokrytą potem kostkę. Powoli udało mi się wyciągnąć ze stosu resztę ciała. Był to ciemnowłosy mężczyzna w nieokreślonym wieku, niewysoki, proporcjonalnie zbudowany. Leżał na brzuchu, poruszając rękami i nogami jak krab. Był tak pochłonięty usiłowaniem powrócenia do kłębowiska, że nie zdawał sobie sprawy, że trzymam go za nogę i uniemożliwiam to.

Z łatwością go przytrzymałem, schyliłem się i krzyknąłem mu do ucha. *(Hej, chcę z tobą porozmawiać. Nie ruszaj się przez chwilę!)*

W jego zachowaniu nic nie wskazywało na to, że mnie usłyszał. Twarz zastygła mu w grymasie oczekiwania. Starał się wrócić, ale ja trzymałem go mocno, zastanawiając się, co dalej zrobić.

Spróbowałem innej metody. *(Gliny, policja, zaraz tu będą, musisz uciekać!)*

Czekałem, ale nie było żadnej reakcji. Nie potrafiłem przyciągnąć jego uwagi. Puściłem więc nogę, a on natychmiast wpełzł w kłębowisko, które wchłonęło go w siebie. Odwróciłem się ze smutkiem, rozciągnąłem w kierunku identu mego fizycznego ciała i powróciłem bez problemu.

Odtąd miałem nowy sposób na opanowanie pojawiającego się pożądania seksualnego. Wystarczyło tylko pomyśleć o masie bezmyślnie wijących się i skręcających ludzi. To wszystko.

Było to jedno ze spokojniejszych zdarzeń, jakie można zaobserwować w tym niefizycznym obszarze położonym najbliżej

Ziemi. Wkrótce stwierdziłem, że istnieje jakaś prawidłowość w tych moich kierowanych przez przewodnika podróżach po rejonach – stanach bytu – które przedtem szybko przekraczałem, chcąc uniknąć styczności z istotami tam spotykanymi. Wycieczki te zaczęły się, gdy przebywałem w drugim ciele, kiedy jeszcze nie umiałem się od niego uwalniać i poruszać bez niego. Gdy prowadziło mnie moje wyższe „ja", czułem się całkowicie pewny i bezpieczny.

Odczucie miałem prawidłowe, lecz wciąż nie znałem przyczyny.

8

MIEJSCE SPOTKAŃ

Do tej pory sądziłem, że dobrze wiem, czym jest ludzkie doświadczenie, ale gdy patrzę na całą tę sprawę z perspektywy czasu, zaczynam podejrzewać, że wszystko, co mi się przydarzyło, zostało od początku do końca dokładnie zaplanowane.

Teraz mogłem spokojnie i bez obaw opuszczać ciało fizyczne, gdyż zyskałem pewność, że prowadzi mnie moje „całkowite ja", które w razie potrzeby o wszystko się zatroszczy i wszystkiemu zaradzi, co prawdopodobnie skłoniło mnie do wspomnianych przypuszczeń. Nawet jeśli moje ego miało o mnie zbyt wygórowane mniemanie, to ja zdawałem sobie sprawę, że to duża przesada.

I znów wyszła na jaw jedna z wielce wątpliwych cech mego charakteru – nie potrafiłem biernie uczestniczyć w rozgrywających się wydarzeniach, lecz musiałem zrozumieć powody, dla których dzieje się tak, a nie inaczej. Toteż podczas każdej udanej podróży poza ciało usiłowałem dowiedzieć się, kto nią kieruje, kto ją prowadzi. Początkowo moi przewodnicy byli niezauważalni. Nikogo nie widziałem i nikogo nie słyszałem. Miałem jednak wrażenie, że za mną się ktoś znajduje – jakaś istota, która wskazuje mi, dokąd mam się udać. Gdy odwracałem się, chcąc ją zobaczyć, nie mogłem nikogo dostrzec, ale czułem, że jest to ktoś życzliwie do mnie nastawiony. Tak, nie byłem sam, lecz w towarzystwie innej istoty – co do tego nie było żadnych wątpliwości.

Ponownie przewertowałem swoje notatki i zauważyłem w nich coś, co poprzednio uszło mej uwagi. Opuszczaniu ciała od samego początku towarzyszyły przyjacielskie istoty. Byłem zdumiony, że zignorowałem tak oczywisty fakt. Teraz, dzięki świeżemu spojrzeniu, ich obecność wyraźnie rzucała się w oczy. A więc ręka pomagająca mi wydostać się, dłoń na moim ramieniu czy też odpowiedź na moje przeraźliwe wrzaski – to były przecież jedne z subtelnych dowodów ich wsparcia. Swego czasu istoty te nazwałem pomocnikami i myślę, że to nie najgorsze określenie i że można by przy nim pozostać. W końcu zrozumiałem, że moimi doznaniami kierowali właśnie owi „niewidzialni pomocnicy", a nie „wyższe ja", któremu – jak sądziłem – powierzałem tę funkcję.

Od chwili, gdy zdałem sobie z tego sprawę, próbowałem nawiązać jakiś kontakt z taką towarzyszącą mi istotą (istotami?), lecz bez rezultatu. W tym miejscu muszę coś sprostować. Wydawało mi się tylko, że z ich strony nie ma żadnego odzewu, gdyż nie werbalizowali wypowiedzi. Docierały one do mnie w postaci obrazów i akcji, a niekiedy doznań i odczuć. Po jakimś czasie zacząłem sobie uświadamiać, że odbieram te przekazy, mimo iż są wyrażone w innej niż znana mi mowie, że się tak wyrażę. My, ludzie, znamy tylko ten język, który sami wymyśliliśmy. Tymczasem okazało się, że ilekroć zwracam się do mych niewidzialnych przyjaciół, zawsze dostaję od nich odpowiedź, i to niezależnie od sposobu, w jaki się z nimi komunikuję. Potwierdzały to w dużej mierze moje wczesne notatki. Tak więc moje ego odzyskało trochę utraconej pewności siebie.

Nadal pozwalałem im prowadzić się podczas podróży poza ciało, gdyż bez względu na to, kim byli, znali się na tym bez porównania lepiej ode mnie. Usiłując nawiązać z nimi kontakt, za każdym razem próbowałem innego sposobu porozumiewania się, aż wreszcie trafiłem na właściwy. Odtąd do istoty, która przypuszczalnie znajdowała się za mną, kierowałem niezwerbalizowane myśli, wyrażając je za pośrednictwem obrazów, dziejącej się akcji bądź przekazując pewne uczucia i emocje. Odpowiedź przychodziła natychmiast – zawsze w tej samej formie. Przedstawiano mi kilka możliwości zachowania się w tej samej sytuacji, zestawionych w sposób ułatwiający mi zrozumienie, jak powinienem postąpić. Muszę przyznać, że bardzo wolno uczyłem się tej nowej „mowy", podczas gdy „ONI" wykazywali zdumiewającą wręcz cierpliwość. I w ten oto sposób zrodziły się podwaliny systemu zwanego dziś komunikacją niewerbalną (NVC). Dla mojej świadomości był to milowy krok naprzód. Wiedziałem już, że istnieje coś takiego, jak komunikacja niewerbalna i zrozumiałem, na czym polega różnica między nią, a dotychczas mi znanym sposobem porozumiewania się. Nic dodać, nic ująć.

Od momentu, gdy wzajemnie zaaprobowaliśmy ten sposób kontaktowania się, coraz dalej zapuszczałem się w swoich podróżach poza ciało, a zarazem przeżywałem je znacznie intensywniej.

Często prowadzono mnie do miejsca, które można by nazwać szkołą. Miejsce to całkowicie różniło się od zapamiętanej przeze mnie szkoły dla osób przebywających poza ciałem w czasie snu. Tutaj – zaznaczam, że używam swobodnego przekładu na język werbalny – rolę nauczyciela pełniła promieniująca lśniącym, białym światłem... kula. Odczuwałem wibracje pozostałych istot – przypuszczałem, że to uczniowie – znajdujących się wszędzie wokół mnie, ale na tym się kończyło. Nie dostrzegłem żadnego kształtu, niczego, co by tłumaczyło, kim i czym one są. Nauka polegała na zarzucaniu ucznia mnóstwem następujących jedna za drugą empirycznych wiadomości, które należało natychmiast sobie przyswoić, oraz bombardowaniu go kulami myśli, których faktycznej nazwy nie sposób wyrazić słownie, a które ja nazwałem rotami. Jest to najwyraźniej bardzo popularny sposób porozumiewania się w komunikacji niewerbalnej. To, co zdołałem z tej nauki zapamiętać, próbowałem, wprawdzie z mieszanymi rezultatami, przetransponować na ludzki język. Jednak w żaden sposób nie potrafię powiedzieć, czemu ma służyć taka wiedza w naszym codziennym, uwarunkowanym przez czas i przestrzeń życiu. Może stanowi przygotowanie do następnej inkarnacji, może do wykorzystania w innych, niematerialnych systemach energetycznych, a może zrozumienie tego po prostu przerasta moje możliwości. To ostatnie przypuszczenie wydaje się najbardziej prawdopodobne.

A więc nasze stosunki przybrały całkowicie nową postać. Zacząłem ufać memu niewidzialnemu przewodnikowi (przewodnikom?) bardziej niż sobie samemu. Podam przykład. Nigdy nie darzyłem pełnym zaufaniem obsługi samolotów pasażerskich – być może wynika to stąd, że zbyt dobrze znam się na sprawach pilotażu. Ale czasami muszę szybko przenieść się z miejsca na miejsce, więc wsiadam do samolotu, zapinam pasy i lecę – niespokojny i ze skurczonymi mięśniami. W tych warunkach oczywiście nie ma mowy o zaśnięciu.

Podczas podróży poza ciało było zupełnie inaczej. Pomocnicy wiedzieli znacznie lepiej ode mnie, dokąd i w jaki sposób prowadzić ten „samolot". Moja ufność i wiara w nich wzrastała z każdym „lotem". W tym przypadku nie zrezygnowałem, tak jak podczas podróżowania fizycznymi samolotami, lecz wraz z komplikowaniem się trasy, uświadamiałem sobie, jak mało wiem. Istoty, które mnie „pilotowały", nazwałem zdrobniale „INSPEKAMI", co stanowiło skrót od „istoty rozumne"[1],

[1] Ang.: INSPECS – skrót od *Intelligent Species*.

a z czego można by wyciągnąć wniosek, że ludzie istotami rozumnymi nie są.

Dzięki ich pomocy czułem się całkowicie bezpieczny, mogłem więc śmielej i bardziej niż dotychczas świadomie zapuszczać się w rejony cyklicznych pierścieni okołoziemskich. Wiedziałem, że w razie potrzeby wybawiliby mnie z opresji, jakkolwiek zorientowałem się, że mamy nieco odmienne pojęcie o niebezpieczeństwie, bowiem gdy zdawało mi się, że już ze mną koniec i wrzaskliwie wzywałem ich na ratunek, „ONI" dopiero za ósmym czy dziewiątym razem wyciągali do mnie pomocną dłoń. Stosowana przez nich praktyka była częścią systemu intensywnego uczenia się.

Mieli ulubioną metodę nauczania – symulację. Był to szybki sposób przekazywania wiedzy, a przyswojone tą drogą wiadomości zapamiętywało się na zawsze. Symulacja polegała na tym, że INSPEKI odtwarzały obrazy takich sytuacji, z którymi stykamy się na Ziemi, a uczący się – w tym przypadku byłem nim ja – odbierał je w swojej świadomości. Obrazy wydawały się tak realne, że nie potrafiłem powiedzieć, gdzie kończy się rzeczywistość, a zaczyna fikcja. Nie wiem, jak daleko sięgają imitacyjne uzdolnienia moich nauczycieli, i nie mam pojęcia, w jakim zakresie stosują oni technikę, o której tu mowa. Być może tak jest tylko w moim konkretnym przypadku, ale nie sądzę. Uważam natomiast, że należałoby się poważnie zastanowić nad możliwościami użycia symulacji w innych dziedzinach.

Jeśli o mnie chodzi, posługiwano się nią przeważnie wtedy, gdy trzeba było prędko usunąć jakąś drobną emocję, która utrudniała mi percepcję bądź zaciemniała jej obraz. Czasami taka emocja powodowała zachwianie równowagi. Na ogół nie zdawałem sobie sprawy z takiego zaburzenia, ale moi nauczyciele widzieli je i obiecywali zlikwidować. Lekcja odbywała się tylko wtedy, gdy wyraziłem na nią zgodę. Ponieważ wszystkie pokazywane mi wydarzenia sprawiały wrażenie prawdziwych, powoli zaczynałem je... przeżywać, zazwyczaj były to krótkie, nieskomplikowane incydenty, zmuszające do podjęcia decyzji w bardzo niesprzyjających okolicznościach. Część zasadnicza – nauka, którą należało gruntownie sobie przyswoić – stanowiła racjonalną i konstruktywną analizę mojego problemu. Jeśli nie nadążałem za akcją, symulację powtarzano aż do skutku. Nawet podczas powtórki nie mogłem pozbyć się wrażenia prawdziwości odtwarzanych scenek. Dopiero po zakończeniu szkolenia rozumiałem, czemu ono służyło.

Kiedy nasi eksperymentatorzy z laboratorium nawiązali współpracę z istotami rozumnymi posługującymi się językiem werbalnym, niektóre z nich bardzo mi przypominały INSPEKI. Co więcej, istoty te witały mnie jak dobrego znajomego, a i ja czułem, że są mi bliskie.

Nigdy nie spytałem INSPEKÓW wprost o to, jakie zadanie mają do wykonania na Ziemi. Przypuszczałem, że są po prostu istotami, które zakończyły już ludzką edukację, a teraz zamieszkują zewnętrzne pierścienie i pełnią rolę naszych pomocników. Zachowywali się podobnie do nas, z tym że poziom ich wiedzy oraz technologia wskazywały na czerpanie z daleko głębszych źródeł niż ludzkie doświadczenie. Przemawiałby za tym fakt, iż zdawali się nie podlegać cyklom pierścieni. Wobec tego pytanie o motywy przyświecające ich działalności wyglądałoby na brak szacunku. A może celowo nie pytałem o pewne rzeczy w obawie utraty tego, co już udało mi się uzyskać? Może to właśnie było powodem, iż nie komunikowałem się z nimi podczas OOBE w sposób bezpośredni i świadomy?

Człowiek jest jednak beznadziejnie głupi – nie umie pozostawić spraw ich własnemu biegowi. Pewnej nocy przyszedł mi do głowy pomysł, który postanowiłem zrealizować, a więc gdy odczułem wibracje INSPEKÓW, sądziłem, że tak jak zwykle nakieruję się na sygnał – ident. Tymczasem okazało się, że jeszcze wiele muszę się nauczyć. Świadczy o tym następująca historia. Spisałem ją na podstawie notatek, starając się, aby po przełożeniu na język werbalny była choć trochę zrozumiała dla czytającego.

Czas: 2.17 rano... sypialnia... Obudziłem się po upływie dwóch cykli snu, byłem wypoczęty i odprężony... opuściwszy ciało fizyczne metodą rotacji, znalazłem się w drugim ciele... po wytoczeniu się z drugiego ciała wyczułem ident „INSPEKA"... był wprawdzie dość słaby, lecz sądziłem, że to wystarczy... Nakierowałem się nań... proces sięgania i rozciągania się przebiegł normalnie... szybko przedostałem się poza system pierścieni, czym nie byłem wcale zdziwiony... Ciepło, jakie teraz zacząłem odczuwać, stawało się nie do zniesienia, więc już, już miałem wracać, gdy runąłem naprzód, waląc w coś głową, aż się zatrzęsło... Wyciągnąłem rękę i dotknąłem bariery – była gładka, twarda, z nieprzenikalnego materiału... Przyszedłem jakoś do siebie, choć czułem się źle z powodu gorąca. Myślałem, że to koniec sznura spowodował mój upadek i że pora wracać do fizycznego ciała... a wtedy zajaśniało bardzo mocne, błyszczące światło o owalnym kształcie, które po jakimś czasie przybrało postać wysokiego humanoida... skulony, cofałem się przed tym blaskiem, a zdawało się to trwać wiecznie... po chwili zrobiło się chłodniej i byłem w stanie tolerować ową jasność.

(Czy tak jest dla pana lepiej?)

„Lepiej" to było zbyt słabo powiedziane. Jeszcze chwila i byłbym się roztopił.

(Wyrżnął się pan w głowę?)

No cóż, można by to tak określić. Zwykle miałem głowę z przodu, podczas gdy teraz...

(Nie ma się czym przejmować. Ma pan mocną głowę, panie Monroe.)

Wytrąciło mnie to całkowicie z równowagi. Nigdy nie przyszłoby mi na myśl, że Bóg może mieć poczucie humoru. A na dodatek ten ich zwyczaj zwracania się do mnie per „panie Monroe"! Wyprostowałem się. Miałem nieomal chęć ich uściskać.

(Są bardziej odpowiednie sposoby...)

Byłem oszołomiony. Unosiłem się, próbując zrozumieć, co się właściwie wydarzyło.

(To, czego pan doświadczył, bardzo przypomina zjawisko, które wasi uczeni nazywają falą stojącą. Takie zjawisko zachodzi wówczas, gdy dwie energie poruszające się z jednakową prędkością fazową zderzają się, w wyniku czego nastąpi ich zanik. A właściwie to energia nie zanika wówczas całkowicie, lecz zmienia postać, przechodząc w inne stany dynamiczne.)

Załóżmy, że już rozumiem, co się stało. Ale nadal nie mam pojęcia, gdzie jestem. Jeśli zapytam...

(„Gdzie" jest pojęciem względnym. Chcąc wytłumaczyć, co się z panem teraz dzieje w sposób najbardziej z waszego punktu widzenia racjonalny, należałoby powiedzieć, że znajduje się pan tuż przed wrotami do naszej rzeczywistości, w punkcie przemiany. Przysłużył się do tego użyty przez pana ident.)

Patrzcie! Jednak istnieje brama do niebios! A czy nie powinna ona być zbudowana ze złota i/lub pereł?

(Ma pan rację. Wszystko zależy od nastawienia obserwatora.)

Nareszcie zrozumiałem. Komunikowaliśmy się bardzo szybko i w tak naturalny sposób, że po prostu nie zdawałem sobie z tego sprawy. A więc znajdowałem się w punkcie przemiany, niedbale rozmawiając (prostuję: porozumiewając się) z tą istotą o cudownych wibracjach, zupełnie jak gdybym gawędził z nowym przyjacielem. ON/TO odpowiadał na moje pytania, zanim zdołałem je zadać. Wynikałoby z tego, że opanowałem komunikację niewerbalną znacznie lepiej niż to sobie uświadamiałem. Nawet gdybym chciał, niczego nie udałoby mi się zataić, gdyż TO odczytywało każdą moją myśl. Otworzyłem się całkowicie.

(Nie jest to konieczne, panie Monroe.)

Natychmiast zorientowałem się, dlaczego TO/ONO było częścią procesu. Jednak miałem rację, podejrzewając, że moimi podróżami kieruje zewnętrzne źródło inteligentnej energii.

(Tak, jeśli wziąć pod uwagę waszą obecną potrzebę indywidualizowania.)

Automatycznie zrodziło się pytanie. Od kiedy to trwa? Dopiero niedawno uświadomiłem sobie obecność pomocników i wiązałem ją z początkami mojej działalności poza ciałem. A jak było przedtem? Czy ONI zawsze...

(Dowie się pan we właściwym czasie.)

Wprawdzie mogę być pewny tylko tego, czego sam doświadczyłem, ale sądzę, że kontaktują się również z innymi ludźmi...

(Z bardzo wieloma, jeśli używamy innych metod, a w tym miejscu z nielicznymi.)

Wiedziałem, że nie mogło mnie spotkać nic lepszego. Jednakże nie przestawały mnie intrygować istoty, z którymi właśnie rozmawiałem.

(Jest nas dużo. Wielu z nas już pan poznał.)

A więc nie myliłem się, używając liczby mnogiej, mówiąc o moich pomocnikach. Należało jeszcze coś wyjaśnić. Do tej pory miałem nadzieję, że nie mają mi za złe, iż nazwałem ich INSPEKAMI. Teraz to określenie wydawało mi się wręcz niestosowne.

(Jest równie dobre, jak każde inne.)

Ciekawiło mnie, czy są to te same istoty, z którymi zetknąłem się podczas pracy w laboratorium.

(W pewnych przypadkach tak, choć nie zawsze.)

Chciałem zapytać o tyle rzeczy, a teraz jest ku temu najlepsza okazja...

Nie mogłem powstrzymać się przed zadaniem następnego pytania. Zadałbym je bez względu na wypływające stąd konsekwencje – nawet gdybym wiedział, że odpowiedź, jaką usłyszę, może mnie zabić.

(Nie zabije, ani jeden włos panu z głowy nie spadnie. Jest pan przygotowany na przyjęcie odpowiedzi. Świadczy o tym już sam fakt, że się pan tutaj znalazł, że przywiodła tu pana ciekawość, mówiąc waszymi słowami. Nie, nie stworzyliśmy tych form energetycznych, które obecnie doświadczają ludzkiego życia. Tak jak my, istnieliście jeszcze zanim Ziemia przybrała swój obecny kształt – fizycznej planety zamieszkanej przez żyjące w czasoprzestrzeni istoty zwane ludźmi. A ludzkie doświadczenie to zaledwie cząstka tego, czym jesteście w istocie. Niemniej jednak jest to ważna cząstka.)

Próbowałem zrozumieć, dlaczego bycie człowiekiem jest takie ważne, po co właściwie zdobywamy ludzkie doświadczenie.

(Zaraz... Jak byście powiedzieli? I tak kropla wody nie zdoła pojąć, czym jest całe morze, ocean lub fala, która wyrzuca ją właśnie na piaszczysty brzeg.)

Chwileczkę! Powiedzieli to zupełnie jak ludzie. A więc prawdopodobnie są istotami, które mają już za sobą ten etap ewolucji, jakim jest zdobywanie ludzkiego doświadczenia.

(Istotnie, część z nas była już ludźmi, a ponieważ należę do tej mniejszości, wytypowano mnie do rozmowy z panem.)

Mniejszość... Ciekawe, co ONI rozumieją pod pojęciem mniejszości: pięć, dziesięć, tysiąc...

(Trudno dokładnie określić, ilu nas jest. Możliwe, że sto razy więcej niż wszystkich ludzi żyjących teraz na Ziemi.)

Z tego wynikałoby, że istnieliście jeszcze zanim powstała ludzkość.

(To prawda. Przed powstaniem ludzkości. Tak jak i wy.)

Jeśli kilka setek bilionów jest mniejszością, to całość musi stanowić wielką liczbę.

(Nie wiemy dokładnie, ilu nas jest. Nie trzeba liczyć poszczególnych części całości.)

Skoro jest was tak dużo, musicie mieć jeszcze inne, ważne sposoby zdobywania wiedzy, takie których nie znają ludzie.

(Nasze sposoby zdobywania wiedzy w niczym nie różnią się od tych, z którymi zetknął się pan na waszej planecie. We wszystkich częściach tego, co znacie pod nazwą fizycznego universum, istnieje mnóstwo ośrodków, które nazwalibyście szkołami rozwoju świadomości.)

Założę się, że istoty, o których mówimy, korzystają ze wszystkich dostępnych sposobów zdobywania wiedzy.

(To jest z góry wygrany zakład, panie Monroe.)

Wtedy nastąpiło coś, czego zupełnie się nie spodziewałem. Nagle opuścił mnie strach. Poczułem ciepło i wielkie zrozumienie. Było to uczucie podobne do tego, jakie towarzyszy starej, głębokiej przyjaźni. Mimo to nadal żywiłem szacunek dla tych istot, które wyglądem wcale nie przypominały aniołów. O ile w ogóle były aniołami.

(Jeśli pan chce, zaraz wyrosną nam skrzydła.)

Nie, nie, tylko nie to. Bardzo proszę – żadnych skrzydeł. Ani aureoli. Kiedy tak stałem, wpatrując się w mojego przyjaciela INSPEKA, przyszła mi do głowy pewna myśl. To był bardzo wyraźny percept. Teraz już wiedziałem, czym były, znane nam z przekazów, świetliste postacie otoczone aureolą. Otóż osoby przeżywające chwile nadzmysłowego widzenia, „dorysowywały" aureole nad głowami pojawiających się im człekokształtnych istot, chcąc odróżnić je od zwykłych ludzi. Ciekawe, jak często historia ludzkości notowała przypadki takiego nadzmysłowego widzenia? A więc czyniący cuda, święci, szamani oraz ci, którzy przyszli na Ziemię po raz ostatni, by zakończyć cykl ludzkich wcieleń – bez wątpienia oni wszyscy musieli doświadczać takich chwil.

(Bez wątpienia, oni wszyscy.)

Musiałem to jeszcze dokładnie przemyśleć. Z tego, co przed chwilą dotarło do mej świadomości, wyraźnie wynikało, że INSPEKI istniały już na długo przed powstaniem ludzkości. Myślę, że egzystują od co najmniej kilku milionów lat.

(To prawda. Jeśli przyjąć stosowane przez was kryteria mierzenia czasu, można powiedzieć, że istniejemy od milionów lat. Tak samo jak pan i wszystkie energie, które kiedykolwiek przybierały ludzką postać – jeśli spojrzeć na to z waszego punktu widzenia.)

Czy z tego wypływałby wniosek, że my, ludzie – mam na myśli niezmaterializowaną część naszej energii – w istocie jesteśmy INSPEKAMI, nie zdając sobie z tego sprawy?

(O ile nam wiadomo, zostaliśmy stworzeni przez to samo źródło.)

Ale przecież nie jesteśmy tacy sami jak wy.

(Trudno jest to wytłumaczyć za pomocą terminologii, którą się posługujecie. Spójrzmy, jak jest zbudowana materia. Składa się z wielu różnych form. Te, które poruszają się dośrodkowo, nazwaliście podstrukturami lub atomami. Ich ciągły ruch powoduje tworzenie się dużych struktur cząsteczkowych, czego efektem jest powstawanie odrębnych układów. Wasi uczeni dostrzegli energetyczną zależność między tymi cząsteczkami. Uświadomili sobie ruch wirowy samej cząsteczki. To wirowanie powoduje siła twórcza. Jest ona naszą wspólną cechą.)

Takie założenie wyjaśniałoby ogromne różnice występujące między znaną mi rzeczywistością a tą, której doświadczałem podczas pobytu poza ciałem. Różnice tak diametralne, że nie było mowy o jakiejkolwiek zbieżności czy choćby podobieństwie tych światów.

(Komplikuje pan coś, co w naszej rzeczywistości jest bardzo proste. Taki nieprawdziwy obraz powstaje w pańskiej świadomości w wyniku iluzji czasoprzestrzeni, która zniekształca percepcję.)

Spróbuję jeszcze raz. Musi istnieć jakaś zależność między INSPEKAMI a ludźmi. W przeciwnym razie nie zaprzątaliby sobie nami głowy. Z jakiegoś powodu potrzebują nas, a my z kolei – ich. Jeszcze przed nami zdobyli ludzkie doświadczenie. Wciąż trafiam kulą w płot.

(Wszystkie pańskie spostrzeżenia są słuszne – pomijając nieliczne wyjątki.)

Gdzieś z tyłu dotarł do mnie nieprzyjemny sygnał, z tyłu... Z jakiego tyłu? Sygnał stawał się coraz bardziej natarczywy i denerwujący. Próbowałem go zignorować. To, co akurat robiłem, było niezwykle ważne i nie mogłem tego przerwać. Zamierzałem skoncentrować się na następnym pytaniu – myśli, ale sygnał wciąż mi przeszkadzał. Odwróciłem się, sądząc, że w ten sposób się go pozbędę, a wówczas zdałem sobie sprawę, że oznacza on konieczność powrotu do ciała. Racja, zupełnie zapomniałem o swoim ciele fizycznym! Musiałem do niego wracać, choć nie miałem na to najmniejszej ochoty. Taka szansa może się więcej nie powtórzyć...

(Możemy spotykać się w tym miejscu tyle razy, ile pan tylko zechce. Aby to panu ułatwić, wyślemy silniejszy sygnał naprowadzający.)

Przesłali mi wibracje ciepłej, pełnej zrozumienia przyjaźni i jeszcze jakiegoś, znacznie silniejszego uczucia. Z wdzięcznością odwzajemniłem się tym samym. Następnie przywołałem ident fizycznego ciała i rozciągnąłem się. Miałem wrażenie, że powrót trwa krótko – machinalnie wsunąłem się najpierw do drugiego ciała, a potem do fizycznego. Z przyzwyczajenia spojrzałem na zegarek: była 2.23 rano. Czyżby trwało to tylko sześć minut? Natomiast powód, dla którego musiałem wrócić, okazał się niezwykle banalny. Zajęty myślami o tym, co wydarzyło się podczas tych sześciu minut, wstałem z łóżka i poszedłem do łazienki opróżnić pęcherz.

Przez resztę nocy spałem bardzo mało, o ile w tym przypadku w ogóle można mówić o śnie.

Natłok codziennych spraw i związane z tym napięcie oraz podniecenie towarzyszące oczekiwaniu na dalsze kontakty i próby wychodzenia z ciała uniemożliwiły mi spotkania z INSPEKAMI na dobrych kilka tygodni. Miałem kłopoty z osiągnięciem stanu pomiędzy jawą a snem. Kiedy już udało mi się zrelaksować, po prostu... zasypiałem. Wiedziałem, iż jest to spowodowane tym, że się za bardzo wysilam, że usiłuję „wymusić" OOBE, ale nic nie mogłem na to poradzić. Wreszcie zaniechałem wszelkich prób i... poszło gładko.

Czas: 4.45 rano... obudziłem się wypoczęty, znacznie później niż zwykle i po oderwaniu się od ciała metodą rotacji bez trudu znalazłem się w drugim ciele... Wyjście z drugiego ciała było równie łatwe, przywołałem sygnał naprowadzający... Jest! Jest! Opanowałem podniecenie... sięgnąłem i rozciągnąłem się, podążając za identem. Po jakimś czasie (miałem wrażenie, że trwa to krótko) zatrzymałem się... Przede mną stała świetlista postać, a za nią inne. Próbując zachować spokój i obojętność, skoncentrowałem się na promieniowaniu, które poprzednio tak mnie męczyło. Teraz było zupełnie znośnie – a może po prostu zaczynałem się do niego przyzwyczajać.

(I jedno, i drugie, panie Monroe. Złagodziliśmy je nieco ze względu na pana.)

Wiele razy wyobrażałem sobie, jak będzie wyglądało nasze następne spotkanie, jak podejmę przerwaną dyskusję. Przygotowałem nawet kolejność zadawanych pytań, licząc się z tym, że nasza rozmowa znów zostanie gwałtownie przerwana. A teraz nie wiedziałem, od czego zacząć. Pierwsze pytanie, pierwsze pytanie...

(Był pan ciekaw, jakie powiązania łączą nas z istotami, które wcześniej od was zdobyły ludzkie doświadczenie...)

Iść do łazienki! Co za bezsens! Przecież tym razem zrobiłem wszystko, aby temu zapobiec. Żadnej kawy, bardzo mało płynów...

(Czy przypadkiem nie przywiązujecie zbyt dużej wagi do przyczyny i skutku?)

Uwolnić się od przywiązań! No właśnie, muszę to zapamiętać! A co to za istoty stoją za moim przyjacielem? Nie przypominam ich sobie...

(Jak pan słusznie zauważył, w tym spotkaniu biorą udział jeszcze inni spośród nas. Jest pan spostrzegawczy. Są, jak by pan powiedział... zainteresowani, nie, „ciekawi" to lepsze określenie. Bardzo dobrze ich pan zna.)

Jestem przekonany, że tym razem nie obejdzie się bez pomocy, rozmawiam bowiem z istotą, a właściwie z istotami, które ze względu na ich ingerencję w ludzkie życie uważano za samego Boga, różne bóstwa, anioły, szatana...

(Nie zamierzaliśmy tego robić. Chcieliśmy tylko poczynić pewne... poprawki.)

W takim razie mam do czynienia z UFONAUTAMI i latającymi talerzami. Myślę, że to nawet lepiej pasuje do obecnie panujących teorii kulturowych.

(Tym razem przegrałby pan zakład, panie Monroe. Istoty, o których pan mówi, są reprezentantami innego układu. Wkrótce się pan o tym przekona.)

Lepiej dam temu spokój, nie trzeba zbaczać z tematu. Dlaczego robicie te poprawki – wszystko jedno, czym one są?

(Używając waszych określeń, należałoby powiedzieć, że niezwykle istotnym elementem doświadczenia życiowego jest wolna wola. Łatwo więc przewidzieć, że ludzie będą zbaczać z wyznaczonej im ścieżki. Owe poprawki to tylko... nie mogę znaleźć właściwego określenia... regulacja. Tak, regulacja.)

W tym momencie nadszedł percept. Uświadomiłem sobie ogromną maszynę... niezwykle skomplikowaną... kręciło się po niej mnóstwo INSPEKÓW, tu obracały pokrętłem, ówdzie zaworem, zdejmowały i czyściły filtry, dopasowywały fale na oscyloskopie, sprawdzały przepływ włożonej energii. Przepływ! To było właśnie to! Istoty, z którymi rozmawiałem, zajmowały się regulowaniem przepływu energii w ludzkim życiu! Po chwili wyobrażenie maszyny całkowicie się zatarło, a pozostał widok Ziemi z okalającymi ją pierścieniami ludzkiej energii, zjawiskowy w swej istocie...

(Ten percept wskazuje, iż czyni pan postępy.)

Ale skoro INSPEKI stworzyły ludzkie życie, to powinny były przewidzieć, że będzie ono wymagało... zachowania ciągłości, że trzeba je będzie modyfikować.

(Nie stworzyliśmy ani znanej wam czasoprzestrzeni, ani ziemskiej planety, ani ludzkości, ani samej energii. To nie jest nasze zadanie, jak by pan powiedział. Zajmujemy się uwalnianiem najczystszej energii i przekazywaniem jej na zewnątrz, toteż, jeśli zachodzi potrzeba, wyrównujemy wewnętrzny przepływ.)

Chciałbym i ja spróbować czegoś takiego. Zobaczyć, jak wygląda życie w czystej formie, bez żadnych zniekształceń.

(Zapoznamy pana z pierwotnym planem, z planem stworzenia.)

Cierpliwość to największa zaleta...

(Mówiąc waszymi słowami, ludzkie życie zostało tak zaplanowane, że najpierw musicie nauczyć się chodzić, a dopiero potem – latać. Ci, którzy chcą najpierw latać, muszą wrócić i przypomnieć sobie, że dopiero co nauczyli się chodzić. To było konieczne w pana przypadku.)

Teraz przyszła kolej na jedno z trudniejszych pytań. Dlaczego właśnie ja? Dlaczego akurat ja zacząłem od latania?

(Odznacza się pan pewną cechą charakteru, dzięki której może pan wykonać bardzo ważne zadanie mające wielkie znaczenie na obecnym etapie rozwoju ludzkiej świadomości.)

Co to za cecha! O jakim zadaniu oni mówią! Chyba jest mało ważne, jeśli nie potrafię go sobie uzmysłowić.

(Musi pan dokonać wiwisekcji, gdyż jedyną osobą, która zna pana naprawdę, jest... pan sam. A zadanie wykonuje pan bardzo dobrze – co było zresztą do przewidzenia.)

Wprawdzie nie orientuję się, na czym ono polega, ale sądzę, że ktoś pomaga mi je wykonywać... Za szybko, nie od razu, trzeba to wyjaśnić po kolei... Zaraz, a wracając do początku mego „latania" – czy już wtedy mi pomagano?

(Tak, udzielono panu wówczas pewnego wsparcia. Motorem pańskiej działalności była jedna z właściwości pańskiego charakteru. Powinien pan wiedzieć, o którą z nich chodzi. Kieruje pańskimi poczynaniami tak często, iż musi pan zdawać sobie z niej sprawę.)

Nagle pojawił się percept. Wiedziałem już, o jaką cechę mego charakteru chodzi. Miałem do niej ambiwalentny stosunek – zawsze przynosiła więcej kłopotów niż korzyści. No tak, mają na myśli ciekawość.

(Racja.)

A przecież znane przysłowie mówi, że „Ciekawość to pierwszy stopień do piekła".

(W tym przysłowiu jest mowa o ciekawości innego rodzaju. Rzeczywiście, taka ciekawość może doprowadzić do zguby. Ale ludzkie życie ma wiele form.)

Gdybym wiedział, na czym polega moje zadanie, łatwiej by mi je było wykonać.

(Podczas następnych spotkań spróbujemy uprzytomnić panu, jak funkcjonuje całość, której malutką cząstkę pan stanowi. Bez tej świadomości nie zdoła pan uzyskać jasnego perceptu, lub – innymi słowy – wszystkie otrzymane przez pana roty będą zawierały fałszywy obraz wykonywanego przez pana zadania.)

Uchwyciłem się obietnicy zawartej w oświadczeniu, jednocześnie czując, że nie zasługuję na to, co mnie spotyka, że nie dorastam do stawianych mi wymagań... Byłem zdumiony swoim zachowaniem... Z jakim tupetem ich wypytuję, a ta moja kompletna ignorancja! ...Zareagowali na błyśniecie moich myśli tak mocnymi wibracjami, że niewiele brakowało, a straciłbym panowanie nad sobą i wybuchnął płaczem... W tych wibracjach nie wyczuwało się ani lekceważenia, ani litości, ani protekcjonalności... Wyrażały one uczucia znacznie silniejsze niż przyjaźń i braterstwo, silniejsze od więzi rodzinnych i miłości, uczucia, których nie sposób było wyrazić słowami... Gdyby powiedzieli, że mnie stworzyli, uwierzyłbym w ich boskość bez zastrzeżeń.

(Nie stworzyliśmy pana. Nikt z nas nie jest Bogiem, panie Monroe.)

I na dodatek wiedzieli, jak przywołać mnie do porządku. To ich „panie Monroe"! Gdybym w tej chwili znajdował się w ciele fizycznym, roześmiałbym się z ulgą. Muszę im podziękować, to było mi potrzebne.

(Mamy dla pana jeszcze inne imię. Możemy go używać, jeśli pan sobie życzy.)

Wolałbym, żeby tego nie robili – przynajmniej na razie. Nie miałem nic przeciw temu, że zwracali się do mnie per „panie Monroe", gdyż nie brzmiało to oficjalnie, w ich tonie nie czuło się dystansu. Byłem ciekaw, od kiedy posługują się tym identem.

(Jeden z nas użył kiedyś tego określenia podczas spotkania w pana miejscu pracy... tak, w laboratorium, a później posługiwaliśmy się nim już wszyscy.)

Od razu zorientowałem się, o którego z nich chodzi. Poprosiłem, aby go ode mnie pozdrowiono.

(Już to zrobiliśmy.)

Ale to nie uwalniało mnie od problemu. Nadal nie uzyskałem odpowiedzi na najważniejsze pytanie. A skoro nie mam pojęcia, dokąd się udaję i w jakim celu, znów mogę pójść w niewłaściwym kierunku. Doskonale zdaję sobie sprawę, że zrobiłem to już wiele razy...

(Już niedługo będzie pan wszystko wiedział. Nastąpi bowiem gwałtowny rozwój pańskiej świadomości, w czym oczywiście panu dopomożemy. Ale najpierw trzeba zrobić coś innego. Pewien aspekt pańskiego rozwoju wymaga jeszcze udoskonalenia. Trzeba się pospieszyć, bo – mówiąc waszymi słowami – czas ucieka.)

Jeśli liczą czas według własnych norm, może to potrwać nawet milion lat. Do tej pory po mnie i po całej ludzkości dawno nie będzie śladu.

(Mówiliśmy o czasie dotyczącym pańskiego obecnego życia w ciele fizycznym. Ponieważ należy przyspieszyć rozwój pana świadomości, zalecamy, aby jako jedynego sygnału naprowadzającego używał pan podanego przez nas identu. Do momentu pojawienia się go proszę koncentrować się na swoim ciele fizycznym.)

Innymi słowy mówiąc – wraz z nadejściem sygnału skończy się zabawa, trzeba będzie wziąć się do roboty.

(Na początek poddamy pana pewnym próbom. Będziemy panu towarzyszyć podczas tych doświadczeń, ale nie w pana fizycznej świadomości. Przygotowaliśmy ćwiczenia, które pomogą panu wykonać to zadanie. Chce pan spróbować?)

Choć nie miałem pojęcia, na czym to zadanie polega, przeczuwałem, że będzie trudne. No, ale jeśli ćwiczenia mają pomóc... Oczywiście, że chcę spróbować!

(W takim razie proszę zwrócić się do wewnątrz i mocno zamknąć.)

KLIK!

Prowadzę samolot. Jest to pożyczony jednosilnikowiec. Nazywa się Navion. Teraz lecę nad dużym miastem.

Obok mnie siedzi Bill. Znajdujemy się na wysokości jakichś sześciuset metrów, tuż pod chmurami. Turbulencja jest nieznaczna. Przyrządy pomiarowe wyglądają na sprawne. Jestem umówiony w mieście, nad którym właśnie przelatujemy.

Bill nachyla się nade mną i wrzeszczy mi do ucha. *(Jeśli chcesz zdążyć, musisz zaraz lądować.)*

Rozglądam się na wszystkie strony. *(Nie widzę lotniska.)*

(Daj spokój z lotniskiem.) Bill wskazuje teren pod nami. *(Musisz natychmiast lądować. Tam!)*

Potakując, kieruję samolot w dół, zmniejszam szybkość, zniżam pułap, teraz lecę trójką, wykonuję łagodną spiralę, zastanawiając się, gdzie wylądować... na ulicy jest pełno samochodów... o, szeroki, płaski dach, odwracam się w kierunku Billa, chcąc zobaczyć, czy aprobuje mój wybór, ale... nie ma go, po prostu go nie ma! Jeszcze raz sprawdzam wskazania przyrządów – jestem poniżej trzystu, prędkość lotu: 600 kilometrów na godzinę, schodzę do stu pięćdziesięciu. Muszę jak najszybciej wybrać miejsce lądowania, w końcu jeśli zatrzymam samolot na dachu, to nikogo nie zabiję, a na ulicy... biorę więc kurs na dach, klapy całkowicie wychylone, pikuję... opuszczam Naviona na wprost krawędzi dachu... trzeba unieruchomić wyjący sygnał alarmowy... wyłączyć aparaturę sterowniczą... opuścić samolot, opuścić... zniża się, hamulce, naciskam na nie z całej siły... szybko zbliżam się do przeciwległej krawędzi dachu, teraz zwalnia, zaczyna lądować, zniża się... zatrzymuje! Wzdycham. Już się nie trzęsę. Jest gorąco, więc otwieram osłonę kabiny i wyskakuję z samolotu. Stoję na dachu i patrzę na Naviona. Jest cały, nic mu się nie stało, nie widać śladu zadrapania... Trzeba zwrócić go właścicielowi, ale jak? Przecież w żaden sposób nie zdołam wystartować z sześćdziesięciometrowego dachu. Wobec tego muszę zdjąć skrzydła i spuścić samolot na ulicę za pomocą dźwigu, co za głupi pomysł... dlaczego...

KLIK!

COFNIĘCIE

KLIK!

...ulica czy dach... ulica, kierowcy zobaczą, że ląduję i zrobią mi miejsce na środku jezdni... klapy całkowicie wychylone, pikuję... nie stracić z oczu tego niższego budynku... dokładnie nad ulicą, prosto w sam środek... sprawdzam turbulencję, na skrzyżowaniu boczne wiatry... nagły błysk, zatrzymać samolot... wydostać się stąd, wydostać się stąd, czy naprawdę mnie nie widzicie?... trzeba unieruchomić wycie sygnału alarmowego... samolot opuszcza się na mnie, za szybko... płomień światła, gorąco, straszliwie gorąco.

KLIK!

COFNIĘCIE

KLIK!

Prowadzę samolot. Jest to pożyczony jednosilnikowiec. Nazywa się Navion. Teraz lecę nad dużym miastem. Obok mnie siedzi Bill. Znajdujemy się na wysokości jakichś sześciuset metrów, tuż pod chmurami. Turbulencja jest nieznaczna. Przyrządy pomiarowe wyglądają na sprawne. Jestem umówiony w mieście, nad którym właśnie przelatujemy.

Bill nachyla się nade mną i wrzeszczy mi do ucha. *(Jeśli chcesz zdążyć, musisz zaraz lądować.)*

Rozglądam się na wszystkie strony. *(Nie widzę lotniska.)*

(Daj spokój z lotniskiem.) Bill wskazuje teren pod nami. *(Musisz natychmiast lądować! Tam!)*

(Nie dam się nabrać!) odkrzykuję mu w odpowiedzi. *(Spotkanie trzeba będzie odłożyć, tak, nawet jeśli stracę przez to ten interes. No dobrze, a gdzie jest lotnisko?)*

KLIK!

COFNIĘCIE

KLIK!

...Lecimy pożyczonym samolotem. Jestem umówiony w mieście, nad którym właśnie przelatujemy.

Bill nachyla się nade mną i wrzeszczy mi do ucha. *(Jeśli chcesz zdążyć, musisz zaraz lądować.)*

Rozglądam się na wszystkie strony. *(Nie widzę lotniska.)*

(Daj spokój z lotniskiem.) Bill wskazuje teren pod nami. *(Musisz natychmiast lądować! Tam!)*

Śmieję się, przesuwam poprzeczkę steru na stronę Billa, zaciskam szelki spadochronu wokół klatki piersiowej, następnie odpinam pas bezpieczeństwa i otwieram właz.

(Odprowadź samolot!) – krzyczę, skacząc tak daleko, by nie zawadzić o ogon samolotu. Pociągam drążek D, czuję szarpnięcie otwierającego się spadochronu i zaczynam płynąć w dół.

KLIK!

COFNIĘCIE

KLIK!

(...Dziękuję za propozycję pożyczenia mi Naviona, ale prowadzi się go zbyt ciężko i w żaden sposób nie zdążyłbym na umówione spotkanie, wobec tego zadzwonię i odwołam je...)

KLIK!

Znajdowałem się wśród gęstej mgły, siedzący obok mnie Bill kołysał się lekko.

(Trzeba przyznać, że zajęło ci to dość dużo czasu!)

Przybladłem, a po chwili zakołysałem się razem z nim. *(Nic mi nie pomogłeś!)*

Wygładził się. *(To tylko dla twojego dobra.)*

Rozejrzałem się. *(Gdzie jest...)*

(Dostałem polecenie. A ty lepiej wracaj. Musisz przemyśleć jeszcze wiele spraw.)

Sfałdowałem się. *(Chyba tak. Do zobaczenia.)*

Odwróciłem się, skierowałem do wewnątrz. Odnalazłem ciało fizyczne i wszedłem w nie bez trudu. Usiadłem na łóżku, następnie wstałem, włożyłem płaszcz kąpielowy i wyszedłem na taras. Była jasna, cicha i ciepła noc. Wciąż nie wiedziałem, dlaczego to wszystko się wydarzyło, ale nie miałem żadnych wątpliwości co do tego, że wydarzyło się naprawdę. A skoro udało mi się doświadczyć czegoś takiego, to powstaje pytanie – ile jeszcze tysięcy żyjących teraz na Ziemi ludzkich istot ma za sobą identyczne lub podobne przeżycia? A nawet jeśli są ludzie, którzy przeszli przez takie jak ja próby, to komu o nich opowiedzą? Zastanawiałem się też nad tym, jaką świadomość posiadają istoty zamieszkujące inne planety krążące wokół bilionów widocznych na niebie gwiazd? Czy jest to świadomość zbliżona do naszej? Przecież wszyscy jesteśmy połączeni polem rozumnej energii.

Kiedy tak stałem i patrzyłem w rozgwieżdżone niebo, czułem się bardzo mały. Ale wiedziałem, że nie jestem sam. Wcale nie jestem sam.

9

TĘCZOWA DROGA

Od tej chwili zacząłem akceptować świeżo przydzieloną mi rolę, bez względu na to, jaka ona jest. Przestałem pragnąć nowych przygód-podróży do innych systemów energetycznych, z istnienia których zdawałem sobie sprawę. Zorientowałem się, że w czasie snu dzieje się wiele rzeczy, które później mają wpływ na moje świadome myśli i działalność w stanie czuwania. Nie dociekałem tego, wierząc, że wszystko przebiega zgodnie z nakreślonym dla mnie planem. Jeśli nawet wróciłem do szkoły dla osób przebywających poza ciałem podczas snu, to mam nadzieję, iż zdobytą tam wiedzę stosowałem w codziennym życiu.

Na przestrzeni kilku lat co jakiś czas spotykałem się na sesjach instruktażowych z INSPEKAMI. Ciągle używałem tego identu, ponieważ nie znałem lepszego, takiego, który nie byłby zabarwiony kulturowo-filozoficznym znaczeniem. Ostatnie spotkanie z INSPEKAMI zdopingowało mnie do zebrania wszystkich notatek z moich dotychczasowych podróży poza ciało – i oto poszczególne przygody zaczęły układać się w coś na kształt mozaiki.

Poniższa relacja to po prostu przegląd najważniejszych i najbardziej niezwykłych fragmentów tej mozaiki. Aby skoncentrować się na najistotniejszych sprawach i uczynić tekst zwięzłym, pominięto w nich procedurę wychodzenia z ciała i powrotu doń, z wyjątkiem przypadków, gdy miała ona jakieś istotne znaczenie. Każde z poniżej opisanych wydarzeń rozgrywało się poza czasoprzestrzenią, w miejscu położonym blisko krańca „terytorium" INSPEKÓW...

KLIK!

Gdybym czegoś pragnął, gdybym był czegoś ciekaw – nie, to coś więcej niż zwykła ciekawość – to chciałbym dowiedzieć się, nie tylko snuć na ten temat domysły, ale przekonać się, co się znajduje poza tym punktem... tam, gdzie ONI mają swoją siedzibę...

(To kwestia pamięci. Będąc na obecnym poziomie nie mógłbyś – jakiego tu użyć słowa? – znieść wizyty u nas. Jeśli sobie życzysz, przygotujemy cię do tych odwiedzin, ale takie przygotowanie nie będzie wcale proste.)

Skoro stwierdzali, że to nie będzie łatwe, wiedziałem, że sprawa wygląda o wiele poważniej niż mi się wydaje. Ale to było właśnie to, czego chciałem... tak!

(Dokonamy koniecznych poprawek w sposobie, w jaki odbierasz czasoprzestrzeń. To musi być twoja własna percepcja.)

KLIK!

...Bawię się na podwórku, jeżdżę trójkołowym rowerkiem po chodniku, zjeżdżam na trawę... słońce schowało się za chmurę, lecz jeszcze nie pada... kiedy zrobi się ciemno, zapalę świecę w reflektorze z cynowej blachy, ale najpierw będę musiał pójść do kuchni po zapałki... gdy dorosnę, będę miał błękitny samochód, który jedzie – AAAAARRRRR, AAAAARRRRR... później będę miał samolot, to jest to, czego chcę najbardziej, samolot... wtedy będę mógł wznieść się ponad tę czarną chmurę, za którą świeci słońce, potem będę unosił się i nurkował w chmurze, IIIOOO, IIIOOO... a niech to, zaczyna padać, muszę iść do domu, jeszcze tylko jedno okrążenie podwórka... mam własny samolot, IIIOOO, IIIOOO... potężny błysk światła... białego światła, to błyskawica!... Trrach!... spadłem z rowerka... leżę na trawie, trawa jest mokra, muszę wstać i pójść do domu, zanieść rowerek na werandę, żeby nie zmókł... ale nie mogę się ruszyć, nie mogę się ruszyć, co się dzieje?... jest ciemno, nic nie widzę... nic nie czuję... nie uderzyłem się, nic mnie nie boli, lecz niczego nie widzę, nie mogę unieść głowy z trawnika, muszę wstać, mój rowerek zmoknie i zardzewieje, muszę postawić go na werandzie... ale nie mogę się ruszyć, nie mogę się ruszyć! co robić?... co robić?... po prostu muszę o tym pomyśleć i zaraz znajdę się na werandzie, jak mogłem o tym zapomnieć! Jak mogłem! Co się stało, że zapomniałem o czymś tak ważnym! No właśnie! Wystarczy, abym pomyślał o tym, że chcę dostać się na werandę i zaraz tam będę. W ten sposób każdy może przenieść się z miejsca na miejsce! I... ależ oczywiście! Mógłbym zrobić potrójny ruch i nie byłoby ciemno... no tak, każdy może poruszać się jednocześnie w trzech kierunkach bez skręcania, musisz to zrobić, jeśli chcesz, by twoja spirala obracała się, co mi się stało, że zapomniałem o czymś tak prostym!... Mógłbym też „pociągnąć skok" i... skok? Skok! Jeszcze coś wyłania się z mojej niepamięci, przypominam sobie te wszystkie podstawowe rzeczy; nigdy nie przypuszczałem, że można o nich zapomnieć, wydawało się to niemożliwe, gdyż są one tak ważne, jak to, kim się jest, jakże mogłem o tym zapomnieć? I jak mogłem zapomnieć o pozostałych znanych mi rzeczach? Jestem zdumiony, że mogłem zapomnieć!... zapomnieć, zapomnieć... Leje deszcz, jestem cały mokry i ubłocony... ten ogromny huk to był grzmot pioruna, ogłuszył mnie, lecz teraz już słyszę i mogę się poruszać... nic mnie nie boli, a więc chyba nic mi się nie stało...

muszę zanieść rowerek na werandę, wziąć szmatę i wytrzeć nią wodę i błoto...

KLIK!

Teraz już sobie przypominam! Byłem bardzo mały, bawiłem się koło domu przed nadejściem burzy... piorun uderzył nie we mnie, lecz w słup wysokiego napięcia na ulicy, ojciec powiedział mi... ogłuszył mnie wstrząs... a on zaniósł mnie na werandę. Po kilku minutach doszedłem do siebie... ale zupełnie zapomniałem resztę tego, co się wydarzyło, jeszcze dzisiaj pamiętam coś jak przez mgłę, lecz nie potrafię odtworzyć szczegółów...

(To przebłysk tego, kim jesteś, zanim zaczniesz zdobywać ludzkie doświadczenie. Nie jest ważne, w jaki sposób się to odbyło. Takie chwile przypomnienia często zdarzają się podczas fizycznego życia, lecz ich nie zauważasz lub odsuwasz w zapomnienie i nikną wśród natłoku codziennych spraw. Ale zdarzenie pozostaje w podświadomości i wpływa na twoje późniejsze postępowanie. Od tamtej chwili nie bałeś się tego, co nazywacie błyskawicą i grzmotem; sprawiały ci one przyjemność. To był jeden z rezultatów przypomnienia sobie czegoś, co istniało, zanim zostałeś człowiekiem, przypomnienia, które znalazło się blisko progu twej świadomości. Innym, znacznie ważniejszym następstwem tej historii była nieznaczna zmiana w twoim rozwoju i choć nawet jej nie dostrzegłeś, to właśnie dzięki niej osiągnąłeś obecny poziom.)

Mam nadzieję, że nie każdy musi niemal zostać porażony piorunem, aby zacząć się budzić. Nie byłaby to metoda ciesząca się dużą popularnością...

(Większość tego typu wydarzeń ma tak łagodny przebieg, że się ich nie zauważa, ale pozostają w podświadomości, skąd w razie potrzeby można je wydobyć. Jeśli sobie życzysz, mamy dla ciebie następną scenkę.)

Jak mogłem o tym wszystkim zapomnieć!... Tak, oczywiście, bardzo proszę.

(Teraz zapoznasz się z jeszcze jednym obszarem swojej percepcji. Stanowi on tę część owego wyłaniania się, o której dawno zapomniałeś. Będziesz zdany wyłącznie na swoje siły. Nasza obecność ma tylko pomóc ci w przypominaniu.)

KLIK!

Chcę posłuchać muzyki... mojej ulubionej muzyki... Umiem uruchomić patefon, bo się tego nauczyłem, nauczyłem się, obserwując po prostu, jak to robią inni... pokazałem jej, że potrafię to robić, a ona po przyjrzeniu się, jak włączam victrolę, powiedziała, że mogę sam nastawiać płyty, ale muszę bardzo uważać, żeby ich nie zniszczyć... więc nie zrobię nic złego, jeśli włączę patefon... przysuwam do victroli krzesło, na którym stanę, żeby położyć płytę na górze... muszę jeszcze podnieść ciężką pokrywę, ale dam sobie radę... kręcę błyszczącą korbą umieszczoną z boku patefonu, coraz mocniej i mocniej, aż do oporu, no, już dosyć, bo sprężyna mogłaby pęknąć... otwieram drzwiczki victroli, moja ulubiona płyta jest tam, gdzie ją zostawiłem, na pierwszej półce... muszę bardzo uważać, żeby jej nie stłuc przy wyciąganiu. Wchodzę na krzesło. Po zdjęciu papierowej obwoluty kładę płytę na talerzu... na brzegu czarnej płyty ustawiam lśniące, grube ramię patefonu z ostrą igłą, robię to bardzo ostrożnie... teraz wszystko jest już przygotowane... delikatnie przesuwam małą strzałkę i czarny krążek zaczyna się obracać... zeskakuję z krzesła, biegnę tam, skąd będzie słychać muzykę... z victroli zaczynają płynąć muzyczne dźwięki, ogarnia mnie spokój, zamykam oczy... przez dłuższy czas nic się nie dzieje, nie dociera do mnie nic poza muzyką, ale w pewnej chwili zaczynam odczuwać falowanie i mrowienie w nogach, przypomina to uczucie drętwienia stóp, ale nie boli, jest nawet dość przyjemne, jednocześnie zaczynam słyszeć padający deszcz, mam wrażenie, jakbym przysłuchiwał się bębnieniu kropli deszczu o dach, tyle że ten dźwięk przypływa i odpływa... muzyka cichnie... zanika... jest teraz zupełnie cicho, nic nie słyszę i niczego nie czuję... o, znów się pojawia, napływając z dolnych części mego ciała... falowanie, mrowienie stóp i dudnienie deszczu... nigdy nie doświadczyłem czegoś równie wspaniałego... czekam, by się powtórzyło... nadchodzi, jeszcze mocniejsze, jest tak dobrze, że aż boli, ale nie zważam na ból, bo jest tak dobrze... znowu zanika... wiem, że wróci, i rzeczywiście – wraca... jeszcze mocniej, coraz mocniej, przenika całe moje ciało, jest to najlepsze i najradośniejsze uczucie, jakiego doznałem, czuję się tak szczęśliwy, że chce mi się płakać, a ból jest tak silny, że dosłownie przecina mnie na dwie części... ponownie wraca i wychodzi dołem, i wiem, że nie istnieje nic równie wspaniałego jak to, co odczułem przed chwilą, żaden ból nie będzie silniejszego od tego, który właśnie minął... czuję, że znów się zacznie i wydaje mi się, że jeśli choć trochę się nasili, nie będę mógł już tego znieść, ale pojawia się i jest jeszcze mocniejszy, jak dobrze, dobrze, dobrze... falowanie, mrowienie, ryk deszczu i ból tak mocny, że aż dochodzący do głowy, straszny, straszny, straszny, przejmujący ból... jest tak dobrze i tak boli... nie będzie już nigdy niczego, co tak boli i równocześnie jest tak przyjemne, nigdy, nigdy... zaczyna zanikać i wiem, że zawsze będę pamiętał to wielkie, wielkie szczęście i ten mocny, mocny ból, i nic już nie będzie tak dobre, ani nie będzie tak bolało... o, znów nadchodzi, nie, nie!... nie mogę tego znieść, nie mogę, nie mogę! To niezwykłe uczucie pobudza mnie do płaczu, jest tak dobrze... i ból powoduje płacz, boli tak bardzo... niemożliwe, by istniało silniejsze uczucie od tego, które przeżyłem przed chwilą, to było najsilniejsze ze wszystkich, jakie są... nie może już być większe – takie uczucie przyjemności i bólu... ale jednak jest, jeszcze mocniejsze, krzyczę ze szczęścia i bólu, i wiem, że to jest najpotężniejsze ze wszystkiego, co istnieje, niesamowita radość i piękno, których żadna myśl ani świadomość nie są w stanie ogarnąć... i wiem, że ból to tylko cierpienie fizycznej struktury usiłującej pomieścić w sobie więcej energii niż może znieść, i wiem, że pewnego dnia znów tego doświadczę, tym razem nie czując bólu, gdyż będę lepiej rozumiał, tak, to się stanie pewnego dnia, chwała Ci... czuję podnoszące mnie ręce, popłakuję, otwieram oczy i podnoszę głowę. Już nie słychać muzyki, a ona, moja matka, patrzy na mnie i coś mówi...

KLIK!

...Tak, tak, pamiętam, jak wielką satysfakcję sprawiło mi pozwolenie na używanie victroli, czułem się wyróżniony i byłem z tego powodu bardzo dumny, nigdy nie stłukłem żadnej płyty... Kiedy byłem sam i nikt poza mną nie mógł tego słuchać, nastawiałem symfonie i opery, które lubiła moja matka, i jazzowe płyty z muzyką saksofonową, które dostałem od studenta z góry... wsłuchiwałem się w nie, czując ból i szczęście... pamiętam, że takich samych wrażeń doznawałem podczas przygotowań do operacji, gdy dawano mi narkozę – schemat był identyczny...

(Akceptacja bólu jako czynnika warunkującego szczęście, jest symbolem sprzeczności istniejącej w życiu fizycznym. To, co wydarza się teraz, nie jest zgodne z tym, co zapowiada przyszłość – przynajmniej tak to odbieracie w iluzji czasoprzestrzeni. Z waszego punktu widzenia jest to niezgodność dwóch rzeczywistości – tej, którą nazywacie teraźniejszością, i tej, którą określacie jako przyszłość.)

Tak dobrze pamiętam... jeśli ma przyjść szczęście, to zgadzam się na ból, oczywiście, jeśli dam radę go znieść...

(To nie jest konieczne. Twoja dzisiejsza świadomość ma odniesienie w przeszłości. Możesz dostrzec, dokąd zdążają promienie czystej energii, którą nazwałeś miłością, i zobaczyć, jak te promienie przedostają się

na Ziemię w różnych odcinkach tego, co nazywacie czasem. Będziemy ci towarzyszyć podczas tego wydarzenia, ale decyzję musisz podjąć samodzielnie, zgodnie z własnym wyborem. Czy jesteś skłonny poddać się takiej próbie?)

Właściwie nie bardzo wiem, czego będę szukał, ale jestem przekonany, że już nigdy tego nie zapomnę. A jeśli tego właśnie szukam, znajdę to.

KLIK!

Siedzę na piasku przed naszym namiotem. Słońce zachodzi, robi się coraz chłodniej; wkrótce zapadnie zmrok i na pustyni będzie bardzo zimno. Ogrzejemy się, bo rozniecіłem ogień z wielbłądziego łajna... nazywam się Shola, a w namiocie jest moja kobieta i dwoje naszych dzieci: chłopiec i dziewczynka. Umieramy. Widzę wioskę w oddali i rozbłyskujące w półmroku światła ognisk. Przyjechaliśmy tutaj sprzedać towar, ale nie wpuszczono nas do wioski. Odpędzano nas kamieniami. Nie możemy przejechać przez pustynię do innej wsi, bo brakuje nam wody i jesteśmy chorzy. Minęło już tyle dni; nie mamy ani wody, ani jedzenia. Przeżyliśmy tak długo dzięki temu, że żywiliśmy się odchodami wielbłądów. Taki pokarm zdołałby przełknąć jedynie pies. My umrzemy, a nasze dwa wielbłądy pozostaną przy życiu. One nie zachorują na dżumę – zakaźną chorobę, która powoduje otwarte, niegojące się rany na skórze. Zabiłbym wielbłądy na pokarm, ale to nasi starzy przyjaciele. Nie jada się starych przyjaciół, by przedłużyć własne życie. Zresztą to nie ma już znaczenia. Jedzenie i woda na nic się nie zdadzą. Umrzemy na skutek choroby. Nic już nie można zrobić. Nie zaglądam do namiotu, by przypadkiem nie dowiedzieć się, że cała moja rodzina już odeszła. Boję się świadomości, że zostałem sam.

Tyle rzeczy zrobiliśmy razem, dzieliliśmy radość i ból... pracę i odpoczynek... moja kobieta i maluchy... ani choroba, ani śmierć nie zniszczą naszej więzi...

KLIK!

Docierają do mnie zaledwie echa wspomnień... to życie, którego nie pamiętam, o ile w ogóle je przeżyłem... ale wspólny cel, jedność potrzebna do przetrwania... niczego więcej nie mogę wydobyć z niepamięci... to przywiązanie wykraczające poza zwykłe więzy między małżonkami, poza uczucia rodzicielskie... tak, to pamiętam...

(To jest nieujawniający się w planie fizycznym przejaw najważniejszej energii. Przeważnie źle się go rozumie, błędnie interpretuje i często po prostu nie dostrzega. Ten aspekt energii, o którym mówimy, odgrywa istotną rolę w procesie uczenia się, zdobywania wiedzy dzięki ludzkiemu doświadczeniu.)

...Czy właśnie w tym celu stajemy się ludźmi? Po to, by nauczyć się wytwarzać tę energię lub nią być?

(Pośrednio rzeczywiście tak jest. Ale to tylko część złożonego zjawiska. Jednym z celów ludzkiego życia jest wytwarzanie i przesyłanie tej energii. Trzeba stać się generatorem i przekaźnikiem. Możesz dostrzec zestrojenie się odbiorcy i zakres jego promieniowania – to bardzo ważne. Istota na pustyni nie była zestrojona i dlatego mogła być tylko odbiorcą; nie była ani przekaźnikiem, ani generatorem. Celem jest wyłącznie wytwarzanie i przekazywanie energii. Chcesz kontynuować swoje doświadczenie?)

Jeśli dostatecznie się wygładziłem...

(Tak.)

KLIK!

Jest noc... Rozłożyliśmy się kołem wzdłuż umocnień obronnych obozu. Mamy pełne brzuchy, a od długiego marszu bolą nas nogi. Gdy przekręcamy się z boku na bok, szeleszczą pod nami suche liście. Stanowiłoby to zagrożenie w przypadku, gdybyśmy pełnili wartę na zewnątrz, ale tutaj nie ma to żadnego znaczenia. Jeśli wróg zaatakuje nas nocą, zewnętrzne straże podniosą alarm. W zasięgu mojej lewej ręki znajdują się hełm i tarcza; w pobliżu prawej – kuri, którego zimny, spiczasty koniec i ostre krawędzie stały się w tym samym stopniu częścią mnie, co władające nimi ramię. Przy moim jednym boku leży mój przyjaciel Cheti, który chrapie tak głośno, że ptaki zrywają się ze snu. Przy drugim – mój przyjaciel Dorn, który śpi jak zabity, lecz budzi się natychmiast, jeśli wyszeptać jego imię... należymy do wielkiego zastępu, który jutro zmierzy się z wrogiem i zetrze go w proch. Jest nas trzech. Dobrze pamiętam dzień sprzed lat, kiedy spotkaliśmy się podczas ćwiczeń. Wysoki i jąkający się Cheti pochodzi z wysokich gór, twardy jak głaz Dorn – z gęstych lasów, a ja – z rozległych równin. Wówczas, kiedy uczyliśmy się sztuki zabijania, nie zamieniliśmy ze sobą ani słowa. Jakże inaczej zachowywaliśmy się podczas naszej pierwszej walki, gdy utworzyliśmy zwarty trójkąt – ramię przy ramieniu – otoczeni przez jasnowłosych, których było dwukrotnie więcej od nas! Cheti wykrzykiwał pod ich adresem takie idiotyczne przekleństwa, że nawet Dorn zaczął się śmiać; śmiech dodał nam nowych sił do walki i dzięki temu wydostaliśmy się z zasadzki... od tej pory trzymaliśmy się razem. Zawsze jesteśmy we trzech... wspólnie staczamy bitwy, odnosimy rany, tak dużo było jednych i drugich, że nie zdołałbym ich zliczyć... Jest nas trzech. Obydwaj, Cheti i Dorn, są dla mnie kimś więcej niż mój brat, którego twarzy i głosu nie mogę już sobie przypomnieć... kimś więcej niż każda z kobiet, z którymi byłem związany... są kimś więcej, ale w zupełnie inny sposób... a w tamtej wiosce pewien człowiek zapytał mnie o synów i córki, odpowiedziałem, że nie znam swych synów i córek, a jeśli w ogóle mam jakieś dzieci, to poszły z kobietą, tymczasem ja nie mam kobiety, jestem wojownikiem, a więc nie mam ani kobiety, ani synów, ani córek, do których byłbym przywiązany... pozostają mi tylko te kobiety, które mogę zgwałcić, gdy zdobywamy jakieś miasto... pamiętam jedną z nich, była ciepła i nie krzyczała, tylko szeptała mi do ucha, a ja byłem dla niej tak delikatny, jak tylko potrafiłem, mógłbym się z nią związać, ale jest nas trzech i to coś zupełnie innego. Oddałbym życie za Cheti i Dorna, aby mogli żyć zamiast mnie i wiem, choć nic na ten temat nie mówili, że oni zrobiliby to samo... nie rozumiem dlaczego tak jest, ale oni są mną, a ja jestem nimi, i jest nas trzech...

KLIK!

...Tak, mam percept: nas trzech, trzystu, trzy tysiące, trzy miliony, trzy miliardy, to jest zupełnie to samo... wspólny wysiłek, nie zawsze dobrowolny, długotrwała współpraca, zdobywane razem doświadczenia... takie szczególne więzy mogą łączyć ludzi, którzy sobie nie uświadamiają, czym te więzy są i jak są ważne... często takiego przywiązania nie można nazwać miłością, gdyż przyjęte zwyczaje określają tym słowem fizyczno-seksualne związki między mężczyznami i kobietami... dlatego takie wysublimowane uczucia pozostają przeważnie w ukryciu, nie bywają uzewnętrzniane...

(Szybko się uczysz. Przydaje się twój ludzki punkt widzenia. Czy chcesz przystąpić do następnego etapu swoich badań?)

Rozumiem, co się dzieje, ludzka część... jeśli to będzie równie ważne, jestem gotów...

(A więc idziemy dalej.)

KLIK!

Stoję przed kamiennym budynkiem z wysoką wieżą. Szerokie stopnie prowadzą na znajdujący się poniżej wybrukowany plac, na którym tłoczy się mnóstwo ludzi, pojazdów i furmanek. W powietrzu unosi się nieuchwytny zapach – woń ludzkiego potu miesza się z zapachem zwierząt, jedzenia i odchodów przeróżnych stworzeń. Jestem Kapłanem, więc pomimo upału noszę brązową szatę z kapturem sięgającą do kostek. Wewnątrz świątyni panuje chłód, ale czuję odrazę na myśl o wejściu do środka. Wkrótce rozpocznie się Ceremonia, więc muszę wejść do kościoła i wziąć w niej udział, bo to należy do moich kapłańskich obowiązków. Jestem chory na samą myśl o tym, co mam za chwilę zrobić. To, co muszę wykonać, całkowicie odbiega od moich marzeń sprzed lat o służbie dla Wszechmocnego. Donośny dźwięk dzwonu dobywający się z wieży, wspaniałe głosy chóru odbijające się echem o łukowe sklepienie Świętej Harmonii, majestat i tajemnica Procesji, pochylone z czcią głowy klęczących ludzi – to się nie zmieniło. Właśnie te elementy rytuału kościelnego obudziły we mnie pragnienie, które wciąż rosło, aż mu uległem. Pozostały takie same, lecz ja się zmieniłem. Gdzie podziało się pragnienie? Opuściło mnie, niespełnione. Gdzie podziała się tajemnica? Ulotniła się pod ciężarem upływających lat i tego, co moje oczy widziały, a uszy słyszały... Dzwon zaczyna bić i jest to znak, że muszę wejść i dołączyć do pozostałych kapłanów. Odwracam się i wchodzę przez boczne drzwi do nawy głównej. Powoli posuwam się jej środkiem w kierunku grupy oczekującej przy ołtarzu. Na wprost ołtarza stoi Najwyższy Kapłan ubrany w biały ornat z wyhaftowanymi złotem symbolami na piersiach. Na głowie ma Święty Półksiężyc. Za nim Siedmiu Strażników Królestwa – każdy z pastorałem zwieńczonym jedną z Siedmiu Świętych

Gwiazd, oświetloną płomieniem świecy. Wiem, co zobaczę na ołtarzu, do którego się zbliżam i okazuje się, że mam rację. Na kamiennej płycie leży dziewczyna odziana w luźną jasnoczerwoną szatę mającą ukryć krew. Kostki i przeguby rąk ma skrępowane jedwabnymi sznurami przymocowanymi do dużych klamer z boku ołtarza. Dobrze znam Rytuał, choć nigdy go nie odprawiałem. Gdy spełnię Święty Akt w imię Wszechmocnego, awansuję – nie będę już niższym kapłanem, lecz kandydatem na Strażnika Królestwa. Kiedy umrze jeden z Siedmiu Strażników i odejdzie do Chimmonu, Krainy Wiecznej Radości, przed Tron Wszechmocnego, zostanę jednym z Siedmiu. A gdy odejdzie Wielki Kapłan, jeden z Siedmiu zajmie jego miejsce i przejmie po nim Potęgę i Chwałę, stając się tym, który bezpośrednio porozumiewa się z Wszechmocnym. Być może będę to ja... ale teraz nie jestem tego pewien. Odżywa we mnie na moment wieloletnie marzenie, ale wiem, że nie o to mi chodziło. Jeśli nie odprawię Rytuału, zedrą ze mnie szatę i wyrzucą mnie na ulicę, gdzie zostanę ukamienowany przez tłum. Przysuwam się do ołtarza, a Najwyższy Kapłan wręcza mi Narzędzie Rytualne – wąski, ostro zakończony nóż z rzeźbioną srebrną rękojeścią. Poinstruowano mnie dokładnie, w które miejsce na ciele wbić rytualny nóż. Chodzi o to, by nie spowodować natychmiastowej śmierci dziewczyny, lecz wprowadzić ją w stan ekstazy w chwili, gdy Najwyższy Kapłan i Siedmiu Strażników Królestwa będą udzielać błogosławieństwa... Szybko podnoszę nóż i już mam wbić jego ostrze... gdy zatrzymuję się z uniesionym ramieniem. Spoglądam dziewczynie w oczy i widzę w nich strach, zaskoczenie, rezygnację... a poza tym zrozumienie, głębię, która przenosi mnie ze świata złudnych marzeń w świat prawdy, w którego istnienie zawsze wierzyłem... Opuszczam ramię, odwracam się i upuszczam nóż, to przecież tylko nóż, przed tłustym mężczyzną, który nazywa siebie Najwyższym Kapłanem... nie mogę tego zrobić, nie, nie zrobię tego... oto jestem wolny!... a wtedy przez sufit kościoła przepływa świetlisty, biały promień, skupia się na mnie, przenika całą moją istotę; srebrny nóż topi się i pozostaje po nim bryłka metalu, jedwabne sznury opadają z dziewczyny, która podnosi się i wstaje, a gdy to robi, ołtarz zaczyna drżeć i rozpada się na kawałki... mężczyźni odziani w kapłańskie szaty klęczą oszołomieni, a ich oczy wpatrują się aż do oślepienia w błyszczący, biały promień...

KLIK!

...Tak, gdzieś zrodziła się ta legenda... to wydarzenie przypominam sobie jak przez mgłę, jeżeli w ogóle mogę je przywołać... ale emocja, którą przed chwilą odczuwałem, jest czysta i silna...

(To, co nazywasz emocją, stanowi podstawę procesu uczenia się. Jest to szczególny, dający się zauważyć efekt promieniowania miłości. A zatem emocje to twórcza energia, siła napędowa pobudzająca ludzi do myślenia i działania. Bez niej pozostalibyście zwierzętami.)

Ale w zachowaniu się zwierząt można zaobserwować coś, co bardzo przypomina emocje.

(To, co zauważacie u zwierząt, jest tylko refleksem, odpowiedzią na wibracje tej energii, którą człowiek sam z siebie wypromieniował lub jedynie przetworzył. Pokażemy ci to, jeśli chcesz.)

Doskonale, będę bardzo zadowolony.

(Ano, zobaczymy, jak mawiacie.)

KLIK!

...Nasz mały piesek o zabawnym imieniu Parowiec idzie ze mną drogą wczesnym rankiem... jest wspaniałym przyjacielem... tak się cieszy na mój widok... szczerzy zęby w uśmiechu, chcąc pokazać, jak miły z niego kompan, ponieważ to samo robi najbliższy mu bóg-człowiek... widać, że pragnie być z nami, z zapałem robi to, czego chcemy... wystarczy moje słowo i już biegnie do mnie radośnie... to nie jest tylko wdzięczność za to, że go karmię... wiąże nas coś, co można nazwać przyjaźnią, udało mu się zaprzyjaźnić ze swoim bogiem, robić z nim razem różne rzeczy, to przecież coś wspaniałego – zaprzyjaźnić się ze swoim bogiem... teraz skręcił w las ciągnący się wzdłuż drogi, będzie szukał zawsze nieuchwytnego królika, ale zaraz wróci, by znów biec przede mną... nagle słyszę warkot pojazdu nadjeżdżającego zza zakrętu – to samochód lub ciężarówka – przywołuję Parowca... tak, to ciężarówka, jedzie szybko, zbyt szybko... w odległości trzech metrów ode mnie Parowiec wyskakuje z lasu i wpada pod jej koła... rozlega się rozdzierający wrzask, gdy koło całkowicie miażdży mu dolną część tułowia... ciężarówka jedzie jeszcze kawałek i zatrzymuje się, kierowca wysiada z szoferki ze smutnym i przepraszającym wyrazem twarzy... Parowiec stara się do mnie dotrzeć, jego przednie łapy usiłują zawlec zmiażdżoną część ciała na drugą stronę szosy... podbiegam... Siadam przed nim na szosie, a kiedy wyciągam rękę, by pogłaskać go po łbie, już nie próbuje ruszyć się z miejsca; łzy napływają mi do oczu, ale to tylko znikoma oznaka głębokiego smutku, jaki mnie ogarnął... dotykając go, wyczuwam pod ręką silne drgawki wstrząsające obolałym ciałem; liże mi rękę i patrzy pytająco w oczy, ufając, że jego bóg usunie ból... spoglądam na drobne ciałko, tak okaleczone, że nie ma żadnej nadziei... znów liże mi rękę... zdaję sobie sprawę, że jestem całkowicie odpowiedzialny za to, co się stało... wstaję i idę w stronę kierowcy, po drodze ściągam z siebie koszulę... wymieniamy spojrzenia i on wie, że nie powinien czuć się winny... owszem, może dzielić ze mną smutek, ale nie winę... to ja byłem odpowiedzialny, nie on... podchodzę do ciężarówki, zdejmuję zakrętkę ze zbiornika na benzynę, wkładam do środka koszulę, nasączam ją, teraz wyjmuję i wracam do mojego pieska, obserwuje mnie z nadzieją, zbyt słaby, by zrobić coś więcej... siadam przy nim, opuszcza łeb na moje kolana, jego oczy wpatrują się we mnie, pytając, prosząc... jedną ręką łagodnie podsuwam mu mokry materiał pod nos, a drugą rękę kładę na jego łbie... patrzy mi głęboko w oczy, drgawki słabną i w końcu ustają... wiem, że łącząca nas bliskość jest wieczna, i on też w jakiś sposób o tym wie... jego oczy zamierają, tracą świadomość i przytomność... i pozostają tylko moje oczy pełne łez...

KLIK!

...Przecież to nieprawda! Parowiec żyje! Został tam, skąd przyszedłem, w pobliżu mego fizycznego ciała...

(Masz rację. Jednakże w twoim obecnym fizycznym życiu miało miejsce podobne zdarzenie, z tym że dotyczyło innego zwierzęcia nazywanego przez was psem. Teraz, gdy przeżywałeś je znów, tamto stworzenie utożsamiłeś z psem, do którego jesteś przywiązany dzisiaj. Wówczas nie potrafiłeś zapanować nad emocjami, które uczyniły cię bezradnym i uchyliłeś się od odpowiedzialności. Tym razem wykazałeś opanowanie, które dowiodło tego, iż zmieniła się twoja świadomość, że rozwinąłeś się.

Z tą życiową energią, nazywaną przez was emocją, związany jest pewien paradoks. Otóż polega on na tym, że energia ta zapewnia zarówno możliwość rozwoju, jak i zastoju oraz regresu. Toteż kontrolowanie tej energii i kierowanie nią staje się najważniejszym celem, jaki człowiek ma osiągnąć dzięki życiowemu doświadczeniu. Rezultatem takiej działalności jest łatwe pojmowanie i rozumienie. W żadnym wypadku nie należy tłumić ani hamować tej energii. Przeciwnie, trzeba skierować ją do odpowiednich, pierwotnie przeznaczonych dla niej kanałów, a wtedy stanie się mocniejsza. Możliwe, że to, co nazywacie ciekawością, jest najmniej poznaną i najmniej zniekształconą formą energii, o której mówimy. A jednak stanowi ona główną siłę napędową tego, co ludzie uważają za najwybitniejsze osiągnięcia w swej historii.)

...To przychodzi zbyt szybko i zaczyna być za trudne; muszę odłożyć tę rotę i rozwinąć dopiero po jakimś czasie.

(Czy chcesz wziąć udział w końcowym eksperymencie?)

Ponieważ jest to ostatnie doświadczenie, więc chyba będzie najbardziej pouczające... gdyby tylko udało mi się pamiętać, że to jedynie „żywy obraz" – sfingowana przez nich scenka, w której odgrywam główną rolę... sprawia raczej wrażenie testu, ale z kolei gdybym o tym pamiętał, nie byłby to prawdziwy test... w tym wszystkim jest coś podobnego do ludzkiego życia, podczas którego zbiera się doświadczenia – to, i to że doświadczenia te są dla nas tak ważne... a więc dobrze, ostatni test!...

KLIK!

...siedzę sam w domu, jest cicho... nasze zwierzęta: pies i kot leżą spokojnie w hallu zwrócone pyskami ku drzwiom, jak gdyby oczekiwały kogoś w półśnie... Właśnie zaszło słońce i nadchodzi zmierzch... wkrótce zrobi się ciemno, a ja będę siedział w tych ciemnościach w domu pełnym rzeczy, które ona tak lubiła i które sama wybrała, oraz rzeczy, których używała jeszcze jej babka; rzeczy, które pokładła lub porozwieszała w każdym pokoju, poumieszczała w szafach i szufladach, i które tylko ona potrafiła odnaleźć... Na wszystkich odcisnęła swe piętno i wszystkie ją przypominają... Ale ona odeszła, i tak jak przypuszczałem, nie ma jej tutaj... niepotrzebne mi światło, nawet po ciemku widzę przypominające ją rzeczy... ich widok mi nie przeszkadza i nie poprzestawiam ich ani nie pousuwam, bo noszą na sobie jej piętno... mogę odnaleźć ją w świetle lub ciemności, to nie ma znaczenia... Tak wiele mnie nauczyła, nie zdając sobie z tego sprawy... jakże kobiece i ludzkie były jej reakcje na różne wydarzenia – te wielkie i te drobne, które dopiero pod wpływem jej oceny zyskiwały znaczenie i nabierały barw... przeżywaliśmy to wszystko wspólnie... prowadziłem nie jedno, lecz trzy życia: jej, moje i nasze... pomogła mi zrozumieć coś niezwykle trudnego, a mianowicie to, że pociąg seksualny nie jest podstawą tej energii, której nie potrafię nazwać inaczej jak miłością, lecz jednym z najbardziej naturalnych czynników rozpoczynających ten proces – zarzewiem... z chwilą, gdy ogień rozpali się, to zarzewie nie jest już nawet podtrzymującym płomień paliwem, lecz mniej istotną, fizyczną nutą w niekończącym się akordzie... rozumiem teraz, co to znaczy być matką i rozumiem macierzyństwo, choć matką nigdy nie byłem... rozumiem, dlaczego kobieta chce zostać żoną, i wiem, że to pragnienie rozbudza w niej całą mieszaninę idealizmu i realizmu... całą gamę ludzkich przeżyć w jednej chwili... „Dokąd ty idziesz, ja idę" – to coś więcej niż prawda... ona idzie ze mną, a ja idę z nią... samotność to iluzja... tu czy tam, co za różnica?... płomień jest wieczny i nosimy w sobie to, cośmy otrzymali i stworzyli... Tak jak przypuszczałem, powraca do mnie teraz... i nie pożegnamy się ani nie wymienimy między sobą nowych adresów; zawsze rozpoznamy swoje identy, które są nie do wymazania... Śmierć to tylko ostatnia chwila kończąca jedno życie...

KLIK!

(Zrozumiałeś, Ashaneen. Test wypadł pomyślnie.)

...To było bardzo dziwne... jedno z nas odeszło ze świata fizycznego i sądziłem, że to właśnie ona... z czasem nie byłem już tego taki pewien, to mogłem być również ja... w końcu pojąłem, że nie ma znaczenia, które z nas umarło... rezultat był ten sam... rzecz jasna, że nie muszę zastanawiać się, czy to się wydarzyło naprawdę, lecz wiem, że zdarzy się pewnego dnia w tym życiu.

(Masz rację. Rezultat jest taki sam. Naszym zdaniem jesteś już przygotowany do odwiedzenia nas tam, gdzie – jak mówisz – przebywamy. Oczywiście, jeśli nadal tego pragniesz. Tym razem nie będzie to upozorowana scena, lecz nasza rzeczywistość. Będziemy cię jednak prowadzić i wrócimy z tobą do tego miejsca. Ważne, abyś zdał sobie sprawę, że taka wizyta, nawet gdyby wydała się bardzo krótka, może spowodować w tobie nieodwracalne zmiany).

...Tak, pragnę tego i przyjmuję odpowiedzialność za wszelkie zmiany, jakie mogą we mnie zajść.

(Otwórz się szeroko. Życzymy ci dobrej zabawy, mówiąc waszymi słowami).

KLIK!

Mknę przez jaskrawobiały tunel. Nie, to nie jest tunel, lecz rura: przezroczysta rura promieniująca energią. Jestem skąpany w promieniowaniu, które przenika mnie na wskroś. Stwierdzenie tego faktu i siła promieniowania napawają mnie tak wielkim szczęściem, że aż się śmieję. Coś się zmieniło, ponieważ poprzednio musieli osłaniać mnie od silnych wibracji, a teraz z łatwością znoszę działanie pełnej energii. Przepływa ona przez rurę w dwu kierunkach. Prąd płynący obok mnie, w kierunku, z którego przybyłem, jest łagodny, miarowy i jednolity. Prąd, którym jestem ja, porusza się w przeciwną stronę i ma bardziej złożoną budowę. Jest taki sam jak strumień energii, który płynie obok mnie, ale mieści w sobie ogromną ilość drobniejszych fal nakładających się na falę główną. Jestem zarówno falą główną, jak i małymi falkami powracającymi do źródła. Poruszamy się miarowo, powoli; ten ruch jest spowodowany pragnieniem, które znam, a którego nie umiem wyrazić.

Już sama świadomość powrotu do źródła sprawia, że wibruję w radosnej ekstazie.

Mam wrażenie, że kanał się rozszerza – to inny prąd dołącza z boku, druga fala rozpływa się we mnie i stajemy się jednością. Natychmiast rozpoznaję tę drugą falę, a ona mnie i powstaje ogromne szczęście z połączenia tego drugiego „ja" ze mną. Jak mogłem o tym zapomnieć! Płyniemy razem, radośnie wymieniając doświadczenia, wiedzę i wrażenia z przeżytych przygód. Kanał znów staje się szerszy; dołącza do nas jeszcze inne „ja" i proces się powtarza. Nasze fale są identyczne, a gdy poruszamy się w tej samej fazie, zacieśnia się więź między nami. W każdym z nas jest coś, co odróżnia go od innych, i wszystkie te odmienności razem stwarzają nową i ważną modyfikację całości, którą stanowimy.

Znów kanał się rozszerza i już nie troszczę się o to, co dzieje się z jego ścianami, gdy następne „ja" dołącza do strumienia fal. Tym razem jestem szczególnie podekscytowany, gdyż zauważyłem, że jest to pierwsza fala, która przybywa z innej rzeczywistości niż świat ludzki. Ale połączenie było prawie idealne i każde z nas stało się bogatsze o doświadczenia tego drugiego. Teraz już wiemy, że naturalny sposób komunikowania się może być o wiele bardziej skuteczny od sztucznego. Np. świadome posługiwanie się małpim ogonem jest znakomitym narzędziem porozumiewania się, często przewyższającym język znaków, jakim jest mowa.

Stopniowo dołącza do nas jedno „ja" za drugim. W miarę przyłączania się każdego z nich stajemy się coraz bardziej świadomi całości i coraz więcej sobie z niej przypominamy. Jak wiele rzeczy wydaje się teraz nieważnych. Nasza wiedza i możliwości są tak wielkie, że nie zadajemy sobie trudu, żeby się nad tym zastanawiać. To nie ma znaczenia. Jesteśmy jednością.

Z tą myślą odwracamy się i odsuwamy od głównej fali. Nie poruszając się, z głębokim szacunkiem obserwujemy, jak prąd oddala się od nas i odpływa w nieskończoność. Widzimy, jak z tej nieskończoności nadciąga łagodna fala i rozpływa się w rzeczywistości, z której przybyliśmy. Przez każdego z nas przepływa jednocząca energia; dzięki niej stajemy się jednością i uprzytamniamy sobie, że całość to coś znacznie więcej niż suma poszczególnych części. Wydaje się, że nasze możliwości i nasza wiedza są nieograniczone, ale wiemy, że na razie dotyczy to tylko systemów energetycznych niewykraczających poza nasze poznanie. Możemy tworzyć czas w zależności od chęci i potrzeb, zmieniając go i ulepszając w granicach naszego perceptu. Możemy formować materię z innych struktur energetycznych, możemy nadawać materii dowolny kształt, a nawet przywracać jej pierwotną postać. Możemy stworzyć, wzmocnić, przekształcić, zmienić bądź zniszczyć każdy percept w obrębie pól energii dostępnych naszemu doświadczeniu. Możemy przemieniać jedne pola energii w drugie, z wyjątkiem tego, którym sami jesteśmy. Nie możemy natomiast sami stworzyć ani zrozumieć naszej pierwotnej energii, dopóki nie staniemy się całością.

Możemy tworzyć rzeczywistość fizyczną, takie układy, jak wasze Słońce i system słoneczny, ale nie robimy tego. To już zostało stworzone. Możemy zmienić środowisko na waszej planecie – Ziemi, ale tego też nie robimy. Nie to jest naszym zadaniem. Możemy rejestrować, uzupełniać i wzmacniać strumień doświadczeń zdobywanych przez ludzi oraz inne ludziom podobne istoty w całej czasoprzestrzeni. Robimy to stale i na wszystkich poziomach ludzkiej świadomości, gdyż chcemy, aby każda z tych cząstek naszej pierwotnej energii została właściwie przygotowana do zjednoczenia się z całością, którą się stajemy. Dzięki temu rozwijamy się. Taką pomoc i przygotowania dana istota otrzymuje wyłącznie na prośbę jednego lub wielu poziomów swojej świadomości. Wówczas wytwarza się między nami więź, dzięki której możemy porozumiewać się w różnoraki sposób, aż do momentu przemiany.

Wiemy, kim jesteśmy. I jedno „ja" śmieje się, i my wszyscy śmiejemy się z imienia INSPEK, które to „ja" nam nadało. Jesteśmy INSPEKAMI, jednym INSPEKIEM. A dookoła znajduje się wiele innych.

(Jeszcze nie osiągnąłeś doskonałości, wymagasz uzupełnienia. Trzeba zmienić w tobie to i owo, łącznie z tą pełną ciekawości cząstką, która nas odwiedza. Każdy z nas jest niedoskonały, każdemu jeszcze czegoś brakuje. Dlatego przebywamy tu, w tym miejscu, by móc cofnąć się i pozbierać pozostałe części nas, aż nikomu niczego nie będzie brakowało, aż każdy stanie się całością.

Nasza ciekawość pragnie uzupełnienia, osiągnięcia doskonałości.

Znów zanurzymy się w tworzącym nurcie, który powraca do źródła – jest to ta sama fala, która cię tu przyniosła. Gdy tego dokonamy, opuścimy tę rzeczywistość.)

Czy moglibyście mi to pokazać?

(Nie, to niemożliwe. Nie wiemy, jak to zrobić. Kiedy nastąpi w tobie przemiana i staniesz się całością – wtedy zrozumiesz. Właśnie dlatego powstało to miejsce, w którym przebywamy. Nie można pójść dalej, dopóki nie nastąpi integracja.)

Pójść dalej? A dokąd? Jaki jest cel tej wędrówki?

(Wierzymy, że wrócimy do źródła, do promieniowania, które nas stworzyło. Nie można porozumiewać się z tymi, którzy poszli naprzód. Pragnienie pójścia dalej, dalszego rozwoju, powstaje dopiero po zjednoczeniu i jest czymś więcej od tego, co nazywacie ciekawością. Niełatwo to określić w zrozumiały dla was sposób. Wprawdzie usiłowali to robić ci, którzy zakończyli swój pobyt tutaj i zamierzają iść dalej, ale bez powodzenia.)

A więc chodzi o powrót do domu, do właściwego domu.

(Tak, to jest dobra wyjściowa koncepcja. Wzór, który się odsłania w miarę, jak wzrasta zrozumienie. A teraz musisz zakończyć wizytę

i wrócić. Będziemy przy tobie – tzn. będzie przy tobie nasze ciekawe „ja".)

Wrócić, ale dokąd?

(Do twojego fizycznego otoczenia...)

Gdzie to jest?...

(Świat ludzi, twoje ciało fizyczne...)

Ach, tak, zupełnie zapomniałem... czy naprawdę muszę już wracać?

(Przywołaj nas, a będziemy ci towarzyszyć na wiele różnych sposobów. Masz jeszcze dużo do zrobienia. A więc idź i działaj, śmiałku! weź ze sobą do zabawy to, co nazywasz rotą.)

KLIK!

Prawie natychmiast wróciłem do ciała; miałem mokrą twarz i oczy pełne łez. Usiadłem na krześle i rozpamiętywałem to, co przed chwilą przeżyłem. Sięgnąłem po żółty notes i pióro, by od razu ująć rotę w słowa. Tego, co mnie spotkało, nie zapomnę do końca mego fizycznego życia. Wiedziałem, że się zmieniłem. Lecz to nie zmieni się nigdy:

Dla tych, którzy umrą, jest życie.
Dla tych, którzy marzą, jest rzeczywistość.
Dla tych, którzy mają nadzieję, jest wiedza.
Dla tych, którzy się rozwijają, jest wieczność.

10

NOWY PRZYJACIEL

Krótki przegląd haseł

Ident: imię, nazwisko, adres.
Klik!: nagła zmiana świadomości.
Kołysać się: śmiać się, być wesołym.
Migotać: wyrażać niepewność.
Otworzyć się: chłonąć, odbierać.
Percept: wygląd, intuicja, zrozumienie, wrażenie.
Rota: pakiet myśli.
Rozjaśnić się: być zadowolonym, wpaść na pomysł.
Rozwijać rotę: przyswajać szczegóły roty.
Sfałdować się: potwierdzić, przystać na coś, zgodzić się z czymś.
Skręt: zorganizowana energia.
Szumy Wiązki M: niekontrolowane myśli.
TSI: iluzja czasoprzestrzeni, świat fizyczny.
Wiązka M: spectrum myślowe.
Wibrować: wykazywać emocje.
Wygładzić się: uporządkować, zebrać razem.
Zamknąć się: stłumić lub odciąć bodźce zewnętrzne.
Zblednąć: nie rozumieć.
Zmatowieć: stracić zainteresowanie.
Zwrócić się do wewnątrz: zastanawiać się, rozważać.

Czas rzeczywisty: 3.05 w nocy... moje ciało jest wypoczęte i zrelaksowane... czuję ciepło, dociera do mnie łagodny, uporczywy sygnał, który dobrze znam... robię dość głęboki wdech, potem wydech, odsuwam się, odrywam, w dół i na zewnątrz, potem w górę... obracam się, wychodzę z drugiego ciała, pozostawiam je na orbicie... teraz jestem całkowicie wolny... koncentruję się na idencie „INSPEK"... ruszam z miejsca i wychodzę z fazy w stosunku do rzeczywistości fizycznej... zwykły łatwy proces... szybko przechodzę przez wewnętrzne pierścienie o gęstej strukturze... powinien być jakiś sposób na zbudzenie ich wszystkich naraz, to byłoby coś!... wygląda to na niezbyt udatne naśladownictwo piekła... jeśli nie przyjmiesz do wiadomości, że nie żyjesz już w świecie fizycznym, stajesz się martwy, martwy, martwy, a jednak wciąż jesteś żywy... jeszcze bardziej wychodzę z fazy, ruszam w kierunku środkowego centralnego pierścienia, dawniej nazywałem go Obszarem II... to błędna nazwa, niezbyt precyzyjna... ci przynajmniej zaczęli rozumieć i pamiętać... zamazane postacie rozjaśniają się, gdy się na nich skoncentrować... to tutaj byli: mój ojciec, dr Gordon, Agnew... poruszając się spiralnie, jeszcze bardziej wychodzę z fazy, prawie poza ostatni zewnętrzny pierścień...

Ktoś mnie schwycił! Muszę zachować spokój, spokój, można nad tym zapanować, coś takiego zdarzyło się już przedtem, ale nie na samym brzegu, nie ma potrzeby wracać do ciała fizycznego... nie poruszać się, żadnego ruchu... puszcza mnie, zwalnia chwyt... ma całkowicie inny układ energetyczny, lecz posiada inteligencję, musi porozumiewać się za pośrednictwem Wiązki M... na pewno...

(Nie miałem zamiaru cię popychać.) Istota, która przed chwilą mnie zatrzymała, wibrowała i była otwarta. *(Twój ident jest prawie taki sam jak kogoś innego, miałem percept, że jesteś tym kimś.)*

Wygładziłem się. *(O.K.)*

Istota przybladła. *(O.K.)*

(Nie ma sprawy.)

Wciąż docierał do mnie sygnał naprowadzający, więc odwróciłem się, by ruszyć w kierunku, z którego dobiegał, a wtedy sygnał raptownie ustał. Zniknął. Zdarzało się to już przedtem, ale bardzo rzadko, zazwyczaj była po temu jakaś przyczyna. Prawie natychmiast pojawił się percept. Zwróciłem się w stronę postaci. Była zmatowiała i zamknięta, odchodziła już.

(Hej, zaczekaj chwilę.)

Postać otworzyła się nieznacznie, przybladła i znieruchomiała. *(Mogę w czymś pomóc?)* Zawibrowała lekko. *(Jesteś człowiekiem, a może nim byłeś?)*

Wygładziłem się. *(No tak, ale niezupełnie w taki sposób, jak sądzisz...)*

(Jeśli jesteś człowiekiem, to nie możesz mi pomóc, bo tak jak wszyscy ludzie popadłeś w nałóg.) Postać silnie wibrowała. *(W tym przypadku potrzebna jest taka inteligencja, jakiej nie posiada żaden człowiek ani nikt, kto już był człowiekiem. Ludzie są zanieczyszczeni.)*

Odebrałem percept głębokiej samotności. *(Spróbujmy. Może się uda.)*

Rozmawiająca ze mną istota częściowo się otworzyła, a kiedy zamigotała, wysunęły się z niej małe kawałki roty. Miały niezwykły wzór, były tak dziwne, że nie mogłem zebrać ich w całość. Początkowo byłem tym bardzo zaskoczony, ale później przypomniałem sobie to, czego się nauczyłem.

Otworzyłem się szeroko. *(No to co, spróbujemy?)*

Mój rozmówca zamigotał, a potem trochę się rozjaśnił. *(A więc dobrze, mam przyjaciela i... problem polega na tym. Zobacz.)*

Wyrzucił z siebie wielką rotę, która potoczyła się wprost na mnie. Zebrałem ją starannie i z dużą ostrożnością. Są pewne roty, bez których zdecydowanie można się obejść. Ta miała ponadto obcy ident. Otworzyłem ją powolutku.

KLIK!

Przewodnik Wycieczki sprawdził, czy grupa jest w komplecie. To była długa wycieczka, a teraz zbliżał się jej ostatni etap. *(Proszę o chwilę uwagi. Jeśli jesteście gotowi, możemy jeszcze raz wejść w TSI. Jestem pewien, że to was zainteresuje.)*

Ident AA zmatowiał. *(Tym razem chyba to sobie odpuszczę.)*

Ident BB zwrócił się do przyjaciela. *(No, chodź AA, jeszcze tylko raz i wrócimy do domu.)*

(Jeszcze raz, jeszcze raz.) AA wibrował. *(Podniecająca i zadziwiająca iluzja czasoprzestrzeni! TSI! Doświadcz tego osobiście! Równie dobrze mogłem pozostać w domu, a rezultat byłby taki sam. Jeśli zobaczysz jedną, to tak jakbyś widział je wszystkie.)*

(Ta ma być inna.) rozjaśnił się BB.

(Oczywiście, oczywiście.)

(I mam was ostrzec przed skrajną dysharmonią w promieniowaniu Wiązki M. Bądźcie na to przygotowani.) Mówił dalej Przewodnik Wycieczki. *(Radzę odpowiednio się osłonić.)*

AA, który był częściowo zamknięty, zwrócił się do BB. *(Stara gadka! Pewnie więcej skał, kurzu i kraterów.)*

(...Zostańcie na obwodzie, zachowajcie bezpieczną odległość. To was na pewno zainteresuje. Czy wszyscy są gotowi?)

(Idziesz, AA?) zupełnie niepotrzebnie zapytał BB. Bardzo dobrze znał swego przyjaciela.

AA odwrócił się. *(No dobra, idę, nigdy byś mi nie darował, że nie poszedłem.)*

KLIK!

Pędziła ku nim błękitnozielona kula, która przesłoniła całe pole widzenia. Unosili się teraz nad mnóstwem wysokich prostokątów poustawianych w równych rzędach. Wśród głębokich bruzd między rzędami wolno poruszały się obiekty o różnych kształtach. Poziom szumów w Wiązce M był prawie nie do zniesienia.

BB przyglądał się temu z niesmakiem. *(Co za bałagan!)*

Przewodnik Wycieczki rozpoczął starannie przygotowaną przemowę. *(Jest to jedno z większych zakłóceń materii, jakie wywołuje dominujący gatunek, ident: ludzkość lub człowiek, jeśli pamiętacie wstępną instrukcję. Ident miejsca: Nowy Jork.)*

BB zmatowiał. *(Tak jakbym to skądś znał.)*

(Gatunek ludzki przyjmuje raczej pionową niż poziomą postawę), ciągnął Przewodnik. *(Widzicie tu wiele kolorów. Są one emitowane przez sztuczne okrycia, które nosi się głównie dla ozdoby. A te duże pojazdy to sztuczne ciała fizyczne. Jednostki dominującego gatunku często zajmują je na jakiś czas. Energią wprowadzającą pojazd w ruch jest siła wybuchowa powstała w wyniku reakcji chemicznej.)*

(Miałeś rację, AA. To nie jest warte takiego wysiłku, a szum Wiązki M całkowicie mnie obezwładnia.) Powiedział BB, przyglądając się badawczo przyjacielowi. *(Też masz dość, prawda?)*

AA był całkowicie pochłonięty tym, co się wokół nich działo. *(Fascynujące, niezwykle fascynujące.)*

BB odwrócił się gwałtownie w jego kierunku. *(Co?!)*

(Jaka niewiarygodna siła. Nigdy nie czułem czegoś takiego.)

(Jaka siła?)

(Nie czujesz? Jest to bezładna mieszanina przeróżnych sił.)

(Gdzie, o czym ty mówisz?)

AA sięgnął, rozciągając się. *(To siła pochodząca od nich. Tysiące tysięcy układów energetycznych Wiązki M, jedne są mocne, inne delikatne, a co za materiał!)*

BB zbladł. *(Dobrze się czujesz?)*

AA otworzył się szeroko. *(Doskonale. Powiem więcej, wprost cudownie. Nie przypuszczałem, że istnieje coś takiego!)*

BB nagle się rozjaśnił. *(To szum Wiązki M! Zbyt mocno nasiąkłeś...)*

(To nie jest szum, BB) przerwał mu AA. *(Z pewnością nie szum. To zadziwiająca mieszanina rezonansu, częstotliwości drgań, stojących fal, nieprzebrane bogactwo układów.)*

(Na pewno szum. Tak to nazwano we wprowadzeniu. Tak nazywają to wszyscy. To jest zwykły, dobrze znany szum Wiązki M...)

AA zwrócił się do wewnątrz. *(Chciałbym się przekonać, jakie to jest naprawdę.)*

(O czym ty mówisz? Jak to naprawdę? Przecież to jest wszędzie wokół. Mają to wszystkie prymitywne ośrodki życia. Szum Wiązki M to szum Wiązki M. No, chodź, idziemy stąd, nasza grupa już odchodzi.)

AA był ciągle zwrócony do wewnątrz. *(Znaleźć się tam, być w samym środku tego wszystkiego, to ci dopiero przeżycie!)*

(Nie znam tego i nie mam zamiaru poznawać.)

(Słyszałem, że można coś takiego zrobić, BB.)

(Plotki, próżne gadanie.) BB zawibrował niecierpliwie.

(No, chodź, AA, bo zgubimy grupę... AA! Dokąd idziesz? AA!)

AA i BB znaleźli się w Strefie Przejściowej. Zatrzymali się przed wysoką, zwalistą postacią, która wyglądem przypominała widzianych przez nich przed chwilą ludzi. *(Chciałbym zostać człowiekiem. Jak to zrobić?)*

(To jest ident – Stacja Wejścia.) zagadnięta istota udzieliła dziwnej odpowiedzi.

(Chcę to zrobić.) zawibrował AA. *(To znaczy, chcę zostać człowiekiem.)*

Istota przybladła. *(Co, co takiego chcesz?)*

(Chcę się przekonać o tym, jak się jest człowiekiem, takim jak ci, tam w dole.) AA wskazał kierunek. *(To znaczy nie na stałe, ale dostatecznie długo, by się zorientować, jak to jest.)*

Zwalista postać zwróciła się do wewnątrz, a potem na zewnątrz. *(Dlaczego chcesz to zrobić?)*

(No, bo widzisz...) AA szukał właściwej odpowiedzi. *(Byliśmy na wycieczce TSI i gdy znaleźliśmy się nad identem Nowy Jork, nagle... to było bardzo dziwne, zapragnąłem, no zapragnąłem...)*

(Szum Wiązki M.) wtrącił BB. *(To go wzięło.)*

Postać przytaknęła. *(Oczywiście, szum Wiązki M. Tak to działa, jeśli się nie uważa.)*

(Nie wiem, jak to wyrazić.) zamigotał AA, usiłując zebrać myśli. *(Wydaje mi się, że powinienem spróbować, to jest chyba bardzo ważne.)*

(Tak dla zabawy, aby doświadczyć czegoś nowego?) zasugerowała istota, z którą rozmawiał.

(No, tak.) rozjaśnił się AA. *(Przynajmniej na początku. Teraz powiem więcej: nigdy nie byłem czymś tak bardzo zainteresowany.)*

(Skąd jesteś?) Postać wygładziła się uprzejmie.

(Z KT-95.) wtrącił szybko BB. *(Wiem, że to szmat drogi stąd, ale dostaliśmy dużo rot czasoprzestrzeni i TSI. Nikt z KT-95 jeszcze tu nie był, więc kiedy zaproponowano tę wycieczkę... zresztą, wiesz)* dodał *(czasem bywa dość nudno, trzeba się jakoś rozerwać.)*

(Czy mogę to zrobić?) w pytaniu AA zabrzmiał niepokój. *(Opowiadano u nas o tym niestworzone historie, ale nawet w rocie wycieczki nie ma na ten temat oficjalnej wzmianki, więc...)*

Istota westchnęła. *(Jedyne, co musisz zrobić, to poprosić. Poprosić. To wszystko.)*

AA rozjaśnił się nadzwyczaj mocno. *(Wspaniale! Ja z pewnością...)*

(AA, poczekaj, poczekaj.) przerwał mu BB. *(Czy wiesz, co robisz? Pamiętam tę niesamowitą rotę, że nie wszystko jest tak, jak...)*

(Nie zrezygnuję z tego dla KT-95!) AA zwrócił się do zwalistej postaci. *(Proszę. A co mam teraz robić?)*

(Zanotowano: poprosiłeś.) Postać odwróciła się i wskazała *(Idź tędy, a potem skręć w prawo. W prawo, nie w lewo.)*

(Rozumiem, tędy w dół, a potem skręt w prawo! Nie w lewo.)

(Dobrze.) AA zwrócił się do BB. *(Zostań tu, stary, dopóki nie wrócę. Zobaczysz, będę miał coś dla ciebie! Prawdziwą rotę!)*

(Och.) odburknął szorstko BB. *(Grupa już poszła, a więc będziemy musieli wracać sami. Nie zostań tu na zawsze.)*

AA rozjaśnił się i zniknął we mgle. BB poruszył się niepewnie.

(Możesz tu zostać, jeśli chcesz.) zaproponowała istota.

(Dziękuję, jestem zobowiązany.) BB zmatowiał, a potem zapytał: *(A co jest na lewo?)*

Postać odpowiedziała zdawkowo. *(Och, na lewo. To inny dział. Nie należy ich pomylić.)*

(Ach tak.) wymamrotał BB. Po chwili dostrzegł istotę wyraźniej. *(Hej, a kim ty jesteś?)*

(Ident: Zarządzający Wejściem, czyli ED[1]. Mów do mnie Ed.)

(Ed) BB otworzył się z ciekawością. *(Czy byłeś już człowiekiem, zdobyłeś doświadczenie, jakie daje ludzkie życie?)*

Ed milczał przez chwilę, przeglądając dawną rotę. *(Tak. Parę razy.)*

BB krążył bez celu po stacji. Zarządzający Wejściem zastygł w bezruchu. Był zamknięty i zwrócony do wewnątrz.

BB zaryzykował. *(Masz tu dużo pracy.)*

Ed otworzył się nieznacznie. *(Tak.)*

(To musi być znacznie większa organizacja, niż by się wydawało z zewnątrz, no nie?)

(Tak.)

(Pracując tutaj, musiałeś zebrać niemało mocnych rot.)

(Tak.)

BB strzelił na chybił trafił. *(Mgła to dziwne zjawisko. Prawie całkowicie pozbawia cię perceptu.)*

(Tak.)

(To działanie TSI, prawda?)

(Tak.)

---

[1] Ang.: *Entry Director.*

BB zakołysał się lekko, a potem zrobił kilka szybkich spirali. *(Mamy taką grę, podczas której wykonuje się sto takich obrotów, jeden po drugim. Fajnie, nie?)*

(Tak.)

(Ale trzeba ćwiczyć, żeby nie wyjść z wprawy.)

(Tak.)

BB wykręcił kilka spirali i rozluźnił się. *(Mój przyjaciel wróci na Stację, gdy tylko będzie miał dosyć, prawda? Wróci tu?)*

(Tak.)

(To dobrze, przynajmniej się z nim nie rozminę.)

(Tak.)

BB przybladł. *(A mogę się rozminąć?)*

Ed nagle się otworzył. *(Co?)*

(Mój przyjaciel musi wrócić na Stację, prawda?)

Ed zamknął się. *(Hm...)*

(Nie chcę...)

Ed otworzył się i mocno zawibrował. *(Czy twój przyjaciel już wrócił?)*

(Nie, jeszcze nie. Miałem percept, że...)

Ed zawibrował szybciej. *(Powinienem był zauważyć, że to taki typek. Chodź tu, mały.)*

BB zawibrował. *(Co się stało?)*

Ed zbladł. *(Twój przyjaciel napytał sobie biedy, chodź.)*

Odwrócił się i oddalił. BB posuwał się za nim, gwałtownie migocąc. Ed skręcił w lewo i czekał, aż BB do niego dołączy. *(Tutaj. To nasz duży dział. Nie ma tu rot. To prawdziwa rzeczywistość. Sam musisz stworzyć sobie rotę.)*

BB zbladł, zamigotał i otworzył się szeroko. Przed nim znajdowała się niewyraźna, błękitnozielona planeta otoczona pierścieniami mgły. Ogromnymi, szerokimi pierścieniami, niezliczoną ilością pierścieni. Nie było między nimi wyraźnych granic, gdyż łączyły je pasma i wiązki. Tylko pierścień dotykający samej planety zdawał się pozostawać w pewnej izolacji od innych. Pozostałe przepływały przez bramy Stacji Wejścia. Nie, był jeszcze jeden, na zewnętrznym obrzeżu, bardzo cienki. Nie prowadził do Stacji.

BB mocno się skupił. Szum Wiązki M był przerażający, ale nie tak straszny jak w dole, na samej planecie. Ponadto kiedy BB zaczął koncentrować się na każdym paśmie z osobna, zauważył, że największy szum panuje w pasmach znajdujących się najbliżej planety. Im dalej od niej, tym mniejszy szum. W paśmie zewnętrznym było go bardzo mało. Mało, ale jednak był. BB jeszcze bardziej zbladł. Wiązka M nie słabnie wraz z odległością i nie zależy od wymiarów; podkreślała to nawet krótka wprowadzająca rota wycieczki TSI. Jeśli nie ma Wiązki M, nie ma życia. Wiązka M zawierająca szum jest jeszcze prymitywna, nie można tu zdobyć perceptów – nie warto się kontaktować z takim miejscem. Natomiast Wiązka M pozbawiona szumu stanowi ciekawe miejsce do odwiedzin i zbierania rot. Jej mieszkańcy wiedzą, kim są i gdzie żyją, łatwo się tu porozumieć, choć można to czynić jedynie w pewnych granicach, ale to miejsce nie nadaje się do zamieszkania. Poza tym nic się tu nie dzieje. Intensywność szumu nie zmniejsza się, nie ma zmieszania szumów i sygnałów Wiązki M, szum raz jest, a raz go nie ma. To chyba Strefa Przejściowa wywołuje taki efekt.

BB skupił całą swoją uwagę na paśmie centralnym, nieomal upadł pod wpływem szoku, szybko się zamknął i zwrócił do wewnątrz. W paśmie tym pełno było istot, żywych stworzeń! Otworzył się nieznacznie i obserwował każde pasmo po kolei. Wszystkie były jednakowe. Poruszały się w nich tysiące – nie, miliony, a może nawet i miliardy żyjących istot. BB zamknął się i zbladł. Był całkowicie ogłupiały.

(Tam jest twój przyjaciel.) łagodnie i ze smutkiem w głosie wtrącił Ed.

BB, ciągle otępiały, otworzył się nieznacznie. *(Co?)*

(To jest jedyna możliwość, skoro nie zjawił się na Stacji.)

BB jeszcze zbladł. *(Jest... tam?)*

(Tak.)

(A co to jest? Wygląda zupełnie inaczej niż podczas wycieczki TSI, gdy zatrzymaliśmy się nad...)

(Wtedy koncentrowaliście się wyłącznie na materii fizycznej. Grupy wycieczkowe szybko przemykają przez Strefę Przejściową, zupełnie tak jakby chciały uniknąć zderzenia na drodze.)

BB znów zbladł. *(Droga? Zderzenie?)*

(Mniejsza z tym, to nieważne, takie tam ludzkie określenie.)

(No, a te wszystkie żyjące stworzenia?...)

(To ci, co powtarzają, „powtarzający".)

(Powtarzają, co powtarzają?)

(Jeszcze raz chcą doświadczyć ludzkiego życia.)

BB zamknął się szczelnie. Rota przesuwała się tak szybko, że niemal przestał za nią nadążać. To było wprost niewiarygodne, że ktoś mógłby chcieć przebyć powtórnie tę samą drogę. Już pierwsza podróż wyglądała dostatecznie źle. Ale percept był bardzo wyraźny. Znając AA, można nie mieć żadnych wątpliwości. Otworzył się. Szok mijał.

(Czy damy radę odnaleźć go pośród tylu innych istot?)

Ed wygładził się. *(Niewykluczone. Większość „pierwszorazowych", czyli tych, którzy obrali drogę wielokrotnych wcieleń, a teraz inkarnują po raz pierwszy, zazwyczaj kończy swą wędrówkę w zewnętrznym paśmie pierścienia. Dasz radę rozpoznać przyjaciela? To znaczy, czy bez trudu odróżnisz jego ident?)*

BB rozjaśnił się. *(Rozpoznać AA? Mam więcej jego roty niż ktokolwiek z KT-95. To żaden problem.)*

(W takim razie zapewne zdołasz go stamtąd wyciągnąć.) Ed zakręcił się. *(Chodźmy lepiej do bramy wejściowej.)*

KLIK!

BB bacznie obserwował tłum ruchliwych stworzeń, które przesuwały się pod nim. Ach, ten AA ze swymi impulsami! Nigdy nie potrafił zachować umiaru, gdy coś wzbudziło jego zainteresowanie. Ale te miliony istot... Zwrócił się do Eda *(To musi być niezwykły wyczyn: zmusić ich wszystkich, by jeszcze raz przez to przeszli!)*

(Nie tylko nie namawiamy ich do zrobienia tego, lecz wręcz ostrzegamy przed konsekwencjami takiego czynu we wprowadzającej rocie.)

(Pewnie nie zostało to ujęte dość jasno.)

(Masz, przejrzyj ją sobie. A ja w tym czasie będę szukał twojego przyjaciela.) Ed rzucił BB dużą rotę. BB rozwinął ją szybko. W połowie roty znajdowało się takie zdanie: ...osobom w punkcie wejścia pozostawia się wolną wolę i świadomość. Jest to całkowicie zagwarantowane i wymaga tego stosowany tam system intensywnego uczenia się. Pewne aspekty ludzkiego życia mogą spowodować różne – zarówno indywidualnie, jak i ogólnie szkodliwe efekty i jeśli straci się nad nimi kontrolę, może dojść do uzależnienia i niepożądanych konsekwencji. Aby potwierdzić, że zrozumiałeś ten ustęp, odbij swój odcisk.

BB otworzył się. *(Nie bardzo rozumiem.)*

Ed zawibrował. *(Nie możemy tego bardziej wyjaśnić. Zniszczyłoby to proces uczenia się.)*

(Jakie aspekty, jakie efekty?)

(Zniszczyłoby to...)

(Daj spokój, Ed, to mnie nie zniszczy. Nie mam zamiaru zostać człowiekiem. Nie będę miał z ludźmi nic wspólnego. Nigdy.)

Ed zmatowiał i zamknął się. *(Lepiej sam zbuduj sobie rotę.)*

Obydwaj byli częściowo zamknięci, podczas gdy z uwagą obserwowali strumień przechodzących przez bramę postaci. Różniły się one od siebie, jednakże każda z nich przypominała człowieka, co prawda w niewielkim stopniu. BB odniósł wrażenie, że część istot ma mocne i wysokie wibracje – wprawiło go to w zakłopotanie i całkowicie zbiło z tropu. Promieniowanie jednej z obserwowanych przez niego istot było tak silne, że aż musiał otworzyć się i wygładzić.

(Ed, ty po prostu wykonujesz swoją pracę, a ja obawiam się o mojego przyjaciela.)

Ed otworzył się. *(Tak, już mam percept. Rzecz w tym, że coś takiego nie zdarza się często, więc po prostu straciłem rotę.)*

BB zbladł. *(Straciłeś rotę! To niemożliwe. Nikt nie może stracić roty.)*

Ed wskazał tłumy żywych istot. *(Oni wszyscy stracili.)*

(Stracili? A jaką rotę?)

(O tym, kim byli. Zapominają, kim byli.)

BB zbladł i zamknął się. *(To jest wprost niemożliwe, w żaden sposób nie może cię spotkać coś takiego. Przecież to stanowi podstawę każdego istnienia. Nikt nie może istnieć i działać, jeżeli – jak to Ed określił? – zapomni, kim jest.)* Ale percept pochodzący od Eda był bardzo wyraźny.

(A jeśli chodzi o ten zewnętrzny pierścień) kontynuował Ed *(przebywają tam trzy rodzaje istot. Jedne z nich to „debiutanci", tacy jak twój przyjaciel. Właśnie zaczął zapominać. Drugi rodzaj to „wielokrotni". Ci zazwyczaj pamiętają o przebytej drodze, no, o kilkakrotnym wcieleniu. Wałęsają się tutaj i starają się pomóc innym. Ale nie pamiętają na tyle, by powrócić do domu.)*

BB dostał duży percept i rozjaśnił się. *(Ty Ed, jesteś wielokrotny.)*

(Tak. Staraj się uważać na swego przyjaciela. Podam ci, kawałek po kawałku, resztę roty.)

BB otworzył się szeroko, koncentrując się na strumieniu żywych istot. *(Tak ich dużo. Lecz z odnalezieniem AA nie powinno być problemu. Ciekawe, jak to się stało, że Eda wyznaczono do tej pracy! I dlaczego akurat jego?)*

(Nie wyznaczono mnie. Zobaczyłem wolne miejsce po poprzednim Edzie, więc je zająłem.) Ed był łagodny i serdeczny. *(Jest jeszcze trzeci rodzaj; to ci, którzy przebywają tutaj po raz ostatni, „odchodzący". Mają do przeżycia już tylko jedno ludzkie wcielenie, po czym odchodzą.)*

BB zapytał. *(A dokąd oni idą?)*

Ed zakołysał się. *(Bo ja wiem? Chyba do domu. Nigdy tu nie wracają. I, no właśnie, jest jeszcze jeden rodzaj, nazywamy ich „poszukiwaczami". Tych jest niewielu, a wiją się jak piskorze. Są niestali, zmienni, prześlizgują się tam i z powrotem.)*

BB zbladł. *(Jak co? Jak piskorze?)*

(Mniejsza z tym. To takie ludzkie określenie.)

(Daj mi rotę, to ją sobie rozwinę.)

(Nie warto. Widzisz, ci „poszukiwacze" są zupełnie inni od pozostałych. O ile wiem, zjawiają się tutaj co jakiś czas, a podczas gdy tu zaglądają, tam mają nadal fizyczne, ludzkie ciała, żywe i aktywne.)

(Nie mam perceptu, że można zrobić coś takiego. Myślałem, że wszyscy wracają dopiero wtedy, gdy pozbędą się ciał fizycznych.)

(Ja też tak sądziłem, dopóki nie zostałem ED. Wtedy zacząłem ich spotykać.)

BB rozjaśnił się mocno. *(Jest, jest, tutaj!)*

Ed był łagodny i przyjazny. *(No to złap go, śmiałku!)*

BB zbladł. *(Śmiałku?)*

(No, ruszaj!)

BB szybko wmieszał się w tłum wibrujących postaci, które płynęły zwartym strumieniem. Szum Wiązki M był teraz znacznie mniejszy niż przypuszczał, niemal w granicach tolerancji. Kiedy przemykał wśród istot o różnych wibracjach, spostrzegł, że wiele z nich, jeśli nie większość, ma sygnał o sile dorównującej sile jego własnego sygnału, a czasem nawet ją przewyższającej. Ale sam sygnał był inny. Nie chodziło tylko o szum. Różnica polegała jeszcze na czymś. To, z czym się teraz stykał, w niczym nie przypominało tego, co znał z KT-95. Istoty również zauważyły jego obecność... nagłe błyski zaciekawienia... niezadowolenie z tego, że wszedł pomiędzy nie... przyjazna akceptacja... Było zupełnie inaczej, niż się spodziewał.

Wreszcie dopadł AA. *(Ale przygoda, co?)*

AA najpierw zbladł, a potem się rozjaśnił. *(BB! Co tu robisz?!)*

(Przyszedłem po ciebie, a niby co miałbym robić?)

(Nie trzeba było.)

(Przecież miałeś wrócić na Stację. Co się stało?)

AA zamigotał. *(Naprawdę?)*

(No pewnie.)

AA zamigotał mocniej. *(Wydawało mi się, że tędy będzie łatwiej.)*

BB wygładził się. *(No, a jak było?)*

AA rozjaśnił się. *(Cudownie! Nie potrafię tego opisać.)*

(Najlepiej zacznij od samego początku.)

AA zakołysał się i zanim BB zdążył się zamknąć, uderzył w niego silną rotą.

KLIK!

AA posuwał się wśród dużej gromady istot, które różniły się od siebie wzrostem i budową, i miały niejednakowe układy energetyczne. Było ich bardzo dużo – tłum ciągnął się bez końca. Nikt nawet w przybliżeniu nie przypominał znajomych z rodzimego KT-95. AA zmatowiał, całkiem rozczarowany. Czy oni wszyscy czekają na to, aby zostać ludźmi?

(Tak, wszyscy.)

AA skierował uwagę na coś innego. Nachylała się nad nim jakaś przysadzista postać.

(A kto to?)

Stojąca za nim istota zawibrowała. *(Ident – Rutynowany Kontroler Wejścia RED... Mów do mnie po prostu Red.)*

(Red?)

(Tak. Tylko nie pomyl z... przepraszam, to nie ten dział. Musiałeś się zjawić, kiedy byłem zajęty. Potrzebna mi jest rota o tobie, bym mógł ulokować cię we właściwym miejscu. Rzuć mi ją.)

AA otworzył się i dał mu najlepszą rotę, jaką miał.

Red rozjaśnił się. *(KT-95. To dla mnie coś nowego. Odkąd tu jestem, nie miałem nikogo z KT-95.)*

(Chyba nigdy nie było tu nikogo stamtąd.) odpowiedział AA. *(Przynajmniej nikt o tym nie wspominał, nie ma na ten temat prawdziwej roty, istnieje tylko nic nie znacząca pogłoska.)*

(A więc przybyłeś tutaj z wycieczką TSI i chcesz tego doświadczyć, prawda? Co, podziałał na ciebie szum Wiązki M?)

(No, nie.) zamigotał AA. *(To nie jest zupełnie tak, jak myślisz, widzisz ja...)*

(Nieważne. Rota jest mi potrzebna tylko po to, by łatwiej cię było przygotować. A teraz, co wolisz – męską czy żeńską płeć? Wprawdzie nie mogę zaręczyć, że stanie się zgodnie z twoim wyborem, ale postaram się zgrać wszystko w punkcie wejścia.)

AA zbladł.

Red zawibrował. *(Och, ty nie znasz różnicy. Nic nie rozumiesz. Jesteś jeszcze zielony.)*

AA jeszcze bardziej zbladł.

(To ludzkie wyrażenie, które... mniejsza z tym. Myślę, że w twoim przypadku płeć nie będzie miała znaczenia. Wybrałeś jakiś punkt wejścia?)

AA zawahał się, a po chwili zadecydował. *(Może Nowy Jork?)*

(To wszystko? Po prostu Nowy Jork, nic więcej?)

AA rozjaśnił się.

(W porządku, AA, a więc Nowy Jork, dowolny punkt wejścia, płeć bez znaczenia, powinno pójść szybko. Oczywiście, wejście nastąpiłoby natychmiast, gdybyś wybrał Bombaj, Kalkutę lub któreś z kilkunastu podobnych miejsc. Tam się dużo dzieje.)

AA pociemniał i zmatowiał. *(Nowy Jork. Przynajmniej mam rotę. Byłem tam.)*

Red odwrócił się i zamknął. *(No tak, na pewno masz rację.)* Za chwilę wyraźnie się rozjaśnił. *(Weź wprowadzającą rotę i skoncentruj się na niej mocno. Kiedy przejdziesz przez punkt wejścia, będziesz musiał odbić swój odcisk, co będzie oznaczało, że wszystko zrozumiałeś i akceptujesz warunki. Jesteś już gotów?)*

Red rzucił rotę. AA złapał ją bez trudu. Następnie sprawdził zewnętrzną warstwę i otworzył rotę. *(Och, ale to skomplikowane! Czy muszę przestudiować to wszystko?)*

Red był zamknięty. *(Tak.)*

(Dlaczego nie mogę po prostu wejść i zostać człowiekiem? Na co mi to wszystko?)

Red wystąpił z własną rotą. *(Kiedy wszedłeś między wrony...)*

(Ale ja nie chcę być wroną, chcę być człowiekiem.)

Red wygładził się. *(No tak, to pasuje do każdej sytuacji. Takie są zasady. Nie ja je tworzę. A teraz znajdź sobie spokojne miejsce i rozwiń rotę. Dam ci ogólną wskazówkę – Nowy Jork, poza czasem.)*

AA zbladł. *(Poza czasem! Myślałem, że czas jest...)*

(Rozwiń rotę, mały, rozwiń rotę.) Red przestał się nim interesować i zniknął.

AA odchylił się do tyłu i otworzył rotę:

Potwierdzenie zrozumienia i wyrażenie zgody.

Status Pierwszego Wejścia[2]

- Dotyczy tylko pobytu ludzi, zorganizowanego na zasadzie szkoły intensywnego uczenia się. Absolwenci otrzymują punkty. Na okres przebywania wśród ludzi pogódź się z tym, że czasoprzestrzeń istnieje, jest realna. Wyraź zgodę na realność punktu wejścia i jego otoczenie (materię, planetę Ziemię, Słońce, system słoneczny, galaktykę, fizyczny wszechświat), na czas wyznaczony w punkcie wejścia, na przydzieloną fizyczną formę, swoją i innych, na przeszłe

[2] Ang.: FES – *First Entry Status* (przyp. tłum.).

wydarzenia zapisane jako historia ludzkości, na całą biostrukturę wszechświata, z którą się zetkniesz.

- Aby system nauczania mógł działać jak najbardziej skutecznie, niezbędne jest wymazanie na pewien czas wiadomości zdobytych w okresie poprzedzającym wejście. Konieczne jest wyrażenie zgody na to wymazanie.
- Pomimo ewentualnych niezgodności z tym, co ten tekst zawiera, cały FES przyjmuje się w punkcie wejścia z pełną świadomością i wolną wolą. Jest to zagwarantowane, a jednocześnie wymaga tego system intensywnej nauki.
- Końcowe ostrzeżenie: Pewne aspekty ludzkiego doświadczenia mogą spowodować zarówno indywidualnie, jak i ogólnie szkodliwe efekty, więc jeśli...

AA odsunął rotę. Taktyka zastraszania. Potrzebna, by powstrzymać tłum chętnych. Ale tym razem nie poskutkuje. Nie pozbędziecie się tak łatwo starego AA.

Zwrócił się ku najbliższej postaci. *(Jak leci?)*

Postać otworzyła się, po czym zamknęła. *(A kto pyta?)*

(Ident AA z KT-95.) AA najpierw się wysunął, a potem szybko wycofał. *(Skąd jesteś?)*

(Nie twoja sprawa.)

(Nie? Ty też chyba pierwszy raz, co? Dlaczego chcesz tego spróbować?)

Istota, z którą rozmawiał, zmatowiała. *(Wcale nie chcę.)*

AA zbladł. *(Oczywiście, że chcesz.)*

(Nie rozumiesz. Masz, zobacz.) Postać potoczyła w jego kierunku rotę. AA pochwycił ją skwapliwie.

Wystarczyła mu już pierwsza warstwa. Zalecane HTSTFES do powtórzenia: nie wracaj, dopóki nie staniesz się lepszy. Szczegóły zawarte w... Rota stała się zbyt gorąca i trudna do utrzymania. AA szybko zwrócił ją swemu rozmówcy, który przyjął rotę niezbyt chętnie. AA przestał się tym interesować i odwrócił się.

(Wielkie wydarzenie, co?) Z mgły wyłoniła się wysoka, szczupła istota.

AA otworzył się niepewnie. *(No, tak.)*

(Wreszcie to zrobię, po długim planowaniu i przygotowaniu się. Wreszcie!)

AA zbladł. *(Co zrobisz?)*

(Przeprowadzę mój eksperyment!) Istota bardzo się rozjaśniła. *(Przestudiowałem wszystkie aspekty ludzkiego systemu. Nie do wiary, ile mnie to kosztowało wysiłku. Tu jest jedyny stan świadomości, w którym mogę to sprawdzić. To może wszystko zmienić!)*

(Coś takiego!) AA skoncentrował się uważniej. *(A co to będzie?)*

Wysoka istota zamknęła się. *(Przepraszam, ale dając ci rotę, mógłbym zepsuć cały eksperyment. Może spotkamy się jako ludzie. Do zobaczenia na Ziemi!)*

Postać zniknęła, a kiedy AA się odwrócił, wyczuł obok siebie malutką, skuloną istotkę. Skoncentrował się. *(Cześć!)*

Maleństwo było szeroko otwarte. *(Cześć!)*

(Robisz duży skok, no nie?)

(Tak... mam nadzieję.)

AA zbladł. *(Masz nadzieję? Nie wiesz tego na pewno?)*

Malutkie stworzonko zawibrowało. *(To znaczy... to przyszło tak szybko, to była taka niespodzianka. Jeszcze się nie przyzwyczaiłam. Nareszcie się to stanie, po tylu staraniach.)*

(To znaczy, że cię nie akceptowali, nie wpuszczali cię przedtem?)

(Myślę, że nie. Chciałam, ale nigdy nie wychodziło... dopiero teraz.)

AA otworzył się mocniej. *(Myślałem, że każdy może tu przyjść i po prostu wejść, o ile punkty wejścia są dostępne.)*

(Och, nie. Musisz zostać zakwalifikowany.)

AA zastanowił się i zapytał. *(Ident?)*

Istotka zamigotała. *(Co takiego?)*

(Ident.)

(Nie wiem, co masz na myśli.)

AA mocno zbladł, a potem spokojnie się skoncentrował. *(Jeśli dasz mi rotę o sobie, postaram ci się pomóc. Rozumiem twoje podniecenie i oczekiwanie.)*

Istotka zamigotała mocniej. *(Co to jest rota?)*

(Rota to informacja, którą...) AA przerwał, a za chwilę ciągnął dalej. *(Skąd jesteś?)*

Istotka rozjaśniła się. *(Stamtąd. To było łatwe.)*

AA koncentrował się coraz bardziej. *(Masz na myśli planetę na której żyją ludzie?)*

(Tak, oczywiście.)

AA zawibrował. *(W takim razie to nie jest twój pierwszy raz. Byłeś człowiekiem? Coś ci się pomyliło!)*

(Nie, nic mi się nie pomyliło.) Maleństwo stawało się coraz jaśniejsze. *(Nigdy nie byłam człowiekiem, ale przypatrywałam się ludziom przez długi czas. Żyłam z nimi, karmili mnie i kochali... i teraz ja... ja sama mam zostać człowiekiem. Powiedzieli mi, że zasłużyłam na to, to znaczy, nauczyłam się. Zamierzam być dobrym człowiekiem. Wiem o tym, że nim będę!)*

AA posłał jej serdeczne wibracje zachęty i odsunął się, a następnie przestał się koncentrować. Zwrócił się do wewnątrz po jakąś ogólną rotę, która by tę sprawę wyjaśniła, ale nie znalazł niczego takiego.

Mgła zbierała się w kłęby. Jedne z nich były duże, inne małe. Każdy kłąb oplatały spirale rot, które ocierały się o wędrującego między kłębami AA. Na KT-95 coś takiego oznaczało słabą dyscyplinę lub przeciekające uszczelki.

Wydawało się, że tutaj nie ma to znaczenia. AA odnosił wrażenie, że tłum wcale nie maleje, a raczej jakby stawał się coraz większy. Stwierdził, że Strefa Przejściowa wprowadza w błąd. Ma tendencję do zniekształcania. Rota mówiła o setkach znajdujących się tu istot, tymczasem w rzeczywistości były ich tysiące. Wszystkie tłoczyły się na Stacji Wejścia. No, a ta całkiem zdezorientowana mała istotka? Nie potrafiła ułożyć żadnej roty, nawet takiej, skąd w rzeczywistości pochodzi. Ona? A co to jest „ona"?

Nagle z kłębu mgły wysunęła się niezwykle duża spirala, chcąc wciągnąć AA do środka. *(Potrzebuję twojej pomocy, potrzebuję twojej pomocy!)*

AA oderwał się od niej w momencie, gdy już, już miał wpaść w szczelinę, jaka utworzyła się we mgle, a wtedy kłąb zaczął się rozstępować. *(O co chodzi?)*

Postać, którą ujrzał AA, odgarnęła ostatnie smugi mgły. *(Co masz zamiar robić po wejściu?)*

AA ostrożnie się otworzył. *(No... chcę doświadczyć tego, jak to jest być człowiekiem.)*

Postać zawibrowała. *(Tylko tyle?)*

AA zakołysał się. *(Jestem pewien, że to mi wystarczy.)*

(Czy wiesz, przez co oni tam przechodzą?)

(No, właściwie...)

(Przez niewyobrażalne cierpienie. Całe miliony kłamiących i oszukujących się nawzajem istot, łamiących wszystkie prawa, łącznie z tymi, które sami wymyślili, iluzja za iluzją, drążenie coraz głębszych wzorów... To jest straszne.)

AA zaczął się zamykać. *(Na pewno nie jest aż tak źle, jak ty...)*

Postać zawibrowała mocniej. *(Jest jeszcze gorzej. Badałem i obserwowałem ich przez wieki. Znacznie gorzej!)*

AA pobladł. *(Wieki?)*

(Teraz nadchodzi przełomowa chwila i ktoś powinien coś zrobić, ale nikt nic nie robi, więc ja to uczynię!)

AA wygładził się. *(A co zrobisz?)*

(Zejdę tam i wszystko zmienię. Potrzebuję twojej pomocy. Twojej i każdego, kto mi się nawinie. Tu, właśnie tu jest to, co powinniśmy zrobić.)

Postać rzuciła AA ciężką rotę, którą ten z trudem utrzymał, jej pierwsze warstwy zaszokowały go i wprowadziły w zdumienie.

Jak rota może być tak poplątana i zniekształcona? Zwrócił się do wewnątrz i zamknął. Co zrobić, aby oddalić się w grzeczny sposób? Bez trudu znalazł rozwiązanie.

Odrzucił rotę silnie wibrującej postaci. *(Przykro mi, lecz nie mogę ci pomóc. Chciałbym, ale nie mogę.)*

Rozmawiająca z nim postać zawibrowała. *(Nie możesz! Dlaczego?)*

AA wygładził się mocniej. *(Czy nie zapoznałeś się ze wstępną instrukcją?)*

(Jasne, że tak.)

(Z tą częścią o wymazywaniu wszystkich poprzednich rot? Jeśli to zrobią, nie będę miał roty o tym, że ciebie spotkałem i nie będę pamiętał tego, co tu się wydarzyło.)

Postać zmatowiała i zamknęła się. Otoczyła ją mgła. AA przestał się nią interesować i dalej wędrował między kłębami mgły. Był teraz ostrożny i unikał wszystkich większych, wystających pasm roty. Te, przez które przechodził i które odbierał, podawały fragmenty wydarzeń, wzorów i stanów świadomości całkowicie odmiennych od tych, z którymi stykał się w domu, na KT-95.

Nagle dotarł do niego szybki, ostry percept. *(Ident AA! Ident AA! Czekamy na ciebie przy bramie wejściowej.)*

AA obrócił się szybko i skoncentrowawszy się na sygnale, podążył za nim przechodząc przez kłęby mgły. Zauważył szeroką, pionową szczelinę we mgle. Wirowała żywą energią, której nigdy dotąd nie odczuwał. Przy niej czekali na niego Ed i Red.

Red wibrował. *(Ident AA, wszystko ustalone i przygotowane.)*

AA zamigotał. *(Co mam robić?)*

Ed pochylił się. *(Odbij tutaj zgodę na przyjęcie warunków zawartych we wstępnej instrukcji.)*

Ed ostrożnie wysunął dwie spirale. AA wsunął między nie swoją własną i poruszył nią. Ed wciągnął spirale z powrotem i odchylił się do tyłu.

AA wibrował bardzo mocno. *(Co mam teraz robić?)*
Red wyrzucił z siebie: *(Skacz! Skacz przez szczelinę!)*
AA skoczył.

KLIK!

Silny skurcz, ściśnięcie... oszałamiający natłok nieznanych sygnałów... dochodzą z takich części jego własnej struktury psychofizycznej, o istnieniu których dotychczas nie wiedziałem... znalazłem się w pułapce, nie mogę się wydostać... nic nie działa... nic nie działa tak, jak trzeba... to nie jest to, czego się spodziewałem... to boli... co boli?... kto się czegoś spodziewał?... wyłączyć sygnały, wyłączyć je, rozrywają mnie na kawałki... jest ich za dużo, są zbyt silne... pomocy, niech ktoś mi pomoże!... jestem uwięziony... błagam, błagam, niech ktoś mi pomoże, uwolni mnie od tego... to już koniec AA, który wrzeszczy, wrzeszczy...
Nowo narodzone dziecko głośno płakało w sypialni nowojorskiego mieszkania, matka i akuszerka uśmiechały się uszczęśliwione, po twarzach spływał im pot.

KLIK!

BB migotał. *(Czy to już wszystko?)*
AA rozjaśnił się. *(To dopiero początek.)*
BB zwrócił się do wewnątrz. *(Ale początek! Nie byłeś zbyt szczęśliwy.)*
(Och, po pewnym czasie nauczyłem się, oj nauczyłem! Jest tego tak dużo, że mogę wszystkie zebrać w jedną rotę... Co się stało?)
(Odebrałem zwariowany percept.)
AA zbladł. *(Skąd?)*
BB wygładził się. *(Mniejsza z tym, wracajmy do domu. Chcąc wrócić samodzielnie na KT-95, musimy zrobić co najmniej cztery skoki. A więc...)*

(Do domu! Nie mogę jeszcze wrócić.) zawibrował gwałtownie AA.

(Oczywiście, że możesz.)

(Nie!)

(No, AA, nie wygłupiaj się...)

(Miałem dopiero czterdzieści pięć lat. Zachorowałem. Jeszcze nie doprowadziłem wszystkiego do końca!)

BB wygładził się. *(Bez względu na to, co oznacza czterdzieści pięć lat, uważam, że to całkowicie wystarczy. Chodź!)*

(Nie mogę!) AA migotał gwałtownie. *(Zebrałem dopiero połowę doświadczeń!)*

BB zbladł. *(Połowę?)*

(Ostatnio byłem mężczyzną, teraz chcę zostać kobietą!)

BB całkowicie zbladł. *(Mężczyzną? Kobietą?)*

(Tak, stary, i oni są tak różni, jak... tego właśnie chcę się dowiedzieć.)

BB zesztywniał. *(Ale wpadłeś!)*

(Wpadłem? W co wpadłem?)

(Zapoznałeś się ze wstępną instrukcją?)

AA zamigotał. *(Oczywiście, że się zapoznałem.)*

(Więc wiesz, co się dzieje?)

AA zbladł. *(Nie, a co takiego?)*

BB wygładził się. *(AA, zostałeś schwytany w pułapkę, jesteś...)*

Przed nimi ukazała się wielka brama; wyczuwało się tysiące wibracji. AA wraz z innymi powoli oddalał się w jej kierunku.

BB wibrował z całych sił. *(AA, nie... zaczekaj!)*

AA zniknął za bramą zagarnięty przez kłębiący się tłum postaci. BB zmatowiał, zamknął się i odsunął na bok.

(Przykro mi, stary.) łagodnie powiedział Ed. *(Przypuszczałem, że twoje szansę są tak duże, jak na znalezienie igły w stogu siana, ale musiałem ci pozwolić spróbować.)*

BB zmatowiał. *(I co teraz będzie?)*

(Jeśli on/ona postąpi zgodnie z ustalonym szablonem, będzie coraz bardziej i bardziej wciągany/a w łańcuch ludzkich wcieleń, za

każdym razem spadając o jeden pierścień niżej, aż on/ona znajdzie się na dnie.)

BB, wciąż matowy, zamigotał. *(A co wtedy?)*

Ed otworzył się szeroko, dokładnie. *(Pozostają na dnie i nie wracają lub zaczynają wypracowywać drogę powrotną. Większość z nich pozostaje na dnie.)*

BB jeszcze bardziej zmatowiał.

(Wracaj mały do domu, na KT-95.)

BB zmatowiał zupełnie i całkowicie się zamknął. Lekko migocąc, powoli odpływał ze Stacji. Mgła rozrzedziła się, czasem docierały do niego czyste sygnały, które ignorował, gdyż nie były do niego adresowane.

Nagle odebrał słaby percept. Otworzył się. Obok niego przesuwała się jakaś istota. Zawibrował i wyciągnął się.

(AA! Udało ci się! Wyrwałeś się. Jak...)

Postać, którą zagadnął, zatrzymała się, stała bez ruchu. BB szybko się odsunął. To nie był AA.

KLIK!

BB szeroko się otworzył. *(Pomyliły mi się identy. To dlatego cię zatrzymałem.)*

Powoli zwinąłem rotę i oddałem mu. *(Rzeczywiście, masz problem.)*

Silny sygnał przywoływał mnie do powrotu. Ja też miałem problem. Percept BB zawisł w próżni, a tymczasem musiałem natychmiast się wycofać. Wszedłem w drugie, a potem w fizyczne ciało, wziąłem głęboki oddech i zacząłem się zastanawiać nad tym, co spowodowało przerwanie mojego pobytu poza ciałem.

To szczekał pies, prosząc o wypuszczenie.

11

WAŻNA MISJA

Czas 3.55 po północy... jestem całkowicie obudzony i odprężony fizycznie. Rozpoznaję sygnał naprowadzający i INSPEKA, co w takich warunkach, w zwykłym stanie świadomości wcale nie jest takie normalne... jak zwykle wychodzę z ciała fizycznego metodą rotacji... sygnał jest wyraźny i silny... unoszę się... teraz sunę dalej, poprzez pierścienie, poza Strefę Przejściową. Zatrzymuję się. *Zostałem zatrzymany.* Czuję zmęczenie; przedtem nie zdawałem sobie z niego sprawy. Nie odbieram już sygnału naprowadzającego – jestem tutaj. ONI też tu są. Wyczuwa się atmosferę ciepła, życzliwości, czegoś jeszcze więcej.

(Panie Monroe.)

Zawsze, gdy zwracano się do mnie w ten sposób, nie byłem pewien, czy oznacza to zapowiedź pracy, czy zabawy – jeśli w ogóle była między nimi różnica – a może jeszcze czegoś innego. Tym razem wróżyło to coś innego.

(Potrzebuje pan niewielkiego wyrównania i zrównoważenia.)

Otworzyłem się szeroko.

KLIK!

Ogromny, biały pies, trzykrotnie większy od naszego ukochanego Parowca – co za imię dla takiego małego pieska! – zaciska masywne szczęki na jego karku i szarpie nim na wszystkie strony. Ciało Parowca staje się wiotkie i bezwładne.

(Nie! Nie! Nie mogę na to pozwolić. Czy to jest rzeczywiście Parowiec? Tak, to on! Nie żyje! Parowiec nie żyje, nie żyje! Zabiję tego sukinsyna, już nigdy...)

KLIK!

COFNIĘCIE.

Ogromny, biały pies, trzykrotnie większy od Parowca, zaciska masywne szczęki na jego karku i szarpie nim na wszystkie strony. Ciało Parowca staje się wiotkie i bezwładne.

(Parowiec nie żyje! Nie żyje! Co za tragedia! Będzie mi go brak, będzie brak! Odejdź wielki psie, chcę wziąć to, co zostało i...)

KLIK!

COFNIĘCIE.

Ogromny, biały pies, znacznie większy od Parowca, zaciska masywne szczęki na jego karku i szarpie nim na wszystkie strony. Ciało Parowca zwisa bezwładne, nasz piesek ma zamknięte oczy.

(No cóż, jeśli tak miało być, to trudno, dziękuję ci mały za to, że żyłeś z nami tak długo. Dobrze nam było razem. Dałeś mi dużo rot, które na zawsze zachowam w pamięci...)

Duży, biały pies wciąż trzyma Parowca w swych szczękach. Parowiec unosi lekko łeb, otwiera jedno oko, mruga do mnie i szczerzy zęby.

KLIK!

Jestem spokojny i rozluźniony. Zmęczenie ustąpiło. Co więcej, czuję dużo czystej energii. *(Dziękuję.)*

(Cała przyjemność po naszej stronie.)

Zakołysałem się. *(Psy zaczną szczekać.)*

(Teraz może pan odszukać swego przyjaciela z innego systemu. Jest zagubiony. Będzie potrzebował pańskiej pomocy.)

Zamigotałem. *(Nie jestem pewien, czy zdołam mu pomóc.)*

(Będziemy z panem. Powinien mu pan pomóc. To ważne.)

Zbladłem. *(Ważne?)*

(Ważne dla pana. Przerwaliśmy nasz sygnał po to, żeby mógł pan rozpoznać przyjaciela. Zobaczymy, co z tego wymknie. Czas pokaże – jak mówicie.)

Wygładziłem się. *(Czy mam mu o was powiedzieć?)*

(Jeszcze nie. Proszę wziąć ze sobą tę – jak ją pan nazywa? – rotę; może mu się przyda. Nazywamy ją BHP-I.)

Otworzyłem się szeroko. *(Dobrze.)*

Rota nadeszła i przyjąłem ją. Odwróciłem się i skoncentrowałem na idencie „BB, KT-95". Nastąpił ruch – i oto znalazłem się przy BB. Wciąż był otoczony mgłą i wciąż migotał.

Zawibrował. *(Co się stało? Zniknąłeś, a teraz znów jesteś. Czyżby ktoś pociągnął cię do skoku?)*

Zbladłem. *(Pociągnął do skoku? Co to znaczy?)*

(Widzisz, kiedy chcemy przenieść się z jednego systemu do drugiego, wtedy, no wiesz, ciągniemy skok. Jeśli trafisz na kogoś, kto jest szeroko otwarty i wejdziesz w odpowiednim momencie, możesz pociągnąć go za sobą, a wówczas znajdzie się gdzieś daleko, zanim przyjdzie percept pozwalający mu zorientować się, gdzie jest.)

Zamigotałem. *(Dlaczego miałoby się robić coś takiego?)*

BB zakołysał się. *(To jest gra, zabawa!)*

Zakołysałem się razem z nim. *(Nareszcie jesteś otwarty.)*

(A więc ktoś pociągnął cię do skoku!)

Wygładziłem się. *(No, nie, niezupełnie.)*

(Nawet po czymś takim, jak skok, pozostaje ślad. Nikt, kogo znam, nie potrafiłby zrobić tego, co ty. Zręcznie. A co to było?)

Zamigotałem. *(No, wiesz, musiałem odejść, żeby się czymś zająć.)*

BB zbladł. *(Zająć się? A czym?)*

Wygładziłem się. *(Moim ciałem.)*

(Jakim ciałem?)

Zakołysałem się. *(Moim fizycznym ciałem, oczywiście. Moim fizycznym, ludzkim ciałem. Wciąż je mam i funkcjonuje całkiem nieźle.)*

BB zamknął się szczelnie, a po chwili powolutku otworzył. *(Jak, to znaczy dlaczego, na co...)*

(Nie wiem. Po prostu tak się stało. Właśnie staram się zrozumieć, dlaczego.)

BB zwrócił się do wewnątrz, a potem otworzył się. *(Jesteś jednym z tych wijących się piskorzy!)*

Zbladłem, zwróciłem się do wewnątrz. Przypomniał mi się fragment roty Eda. Zakołysałem się mocno. *(Myślę, że ten percept jest tak samo dobry jak każdy inny.)*

BB zakołysał się, a po chwili zesztywniał. *(A co z AA? Czy mogę jeszcze coś zrobić?)*

(Spróbujemy. Potrzebny jest ci lepszy percept odnośnie tego, co się tam właściwie dzieje.)

BB zwrócił się do wewnątrz. *(Nie chcę na ten temat żadnej roty. Nie zamierzam zostać nałogowcem.)*

Wygładziłem się. *(Ta rota ci nie zaszkodzi, nie popadniesz przez nią w nałóg, natomiast możesz dzięki niej się uodpornić.)*

Zbladł. *(Uodpornić...)*

(Przybliż się. Będę wolniutko przesuwał rotę. Uchwyć jej brzeg. Jeśli rota nie będzie ci się podobać, to jej nie przyjmuj.)

BB otworzył się z wolna. Posłałem mu rotę BHP-I, którą dostałem od NICH. Zaczął ją ostrożnie przyjmować. Rota przesuwała się powolutku, a po pewnym czasie zatrzymała się na dłużej. Wszystko ustało. Nie było żadnego ruchu ani reakcji ze strony BB. Później nastąpił trzask i cała rota wsunęła się w mojego nowego przyjaciela.

BB zwrócił się do wewnątrz i zamknął. Czekałem cierpliwie. Pomału odpływaliśmy w kierunku, gdzie mgła była rzadsza. W tym momencie miałem tylko dwa identy, dwie możliwości do wyboru: albo wrócić do miejsca pobytu INSPEKÓW, albo do ciała fizycznego. Nie miałem natomiast identu AA, żadnego znaku, dzięki któremu można by go było zidentyfikować. Jedyne dane na temat AA zawierała ta część roty, którą dostałem od BB. Ale to nie wystarczało. Reszta musi przyjść od BB. Sam nie zdołam odszukać mu przyjaciela.

BB otworzył się. *(Wszystko jest tu dla mnie nowe. Ale rota, co?)*

(Owszem.)

(I w to wszystko wszedł AA?)

(Tak.)

BB zbladł. *(To nie jest twoja rota. Skąd ją masz?)*

Wygładziłem się. *(Dostałem od przyjaciół. Większość roty była nowa i dla mnie. Nigdy dotąd nie miałem takiego perceptu.)*

BB zesztywniał. *(Teraz przynajmniej wiem, o co chodzi. To jest wprawdzie trochę skomplikowane, ale gdyby AA miał taki percept, natychmiast wyskoczyłby z tego bałaganu.)*

Zamigotałem. *(No... widzisz, w tym jest coś więcej.)*

(Co teraz zrobimy?)

(Myślę, że powinniśmy złapać twego przyjaciela w momencie, gdy będzie znów wychodził. Jeżeli dasz radę go odnaleźć.)

BB wygładził się. *(Znajdę AA nawet wewnątrz czarnej dziury. Idziesz ze mną?)*

BB przeczuwał, że z nim pójdę, i nie mylił się. Zanurkował we mgle, a ja za nim, kierując się jego identem. Przeszukaliśmy cały pierścień, w którym poprzednio odnalazł AA. Tym razem po AA nie było nawet śladu. Wprawdzie spodziewałem się tego, niemniej była to zła nowina. Oczywiście była to zła nowina dla

BB, bo gdyby AA przebywał na terenie zewnętrznego pierścienia, istniałaby szansa na to, że przyjaciel zdoła namówić go do opuszczenia tego miejsca i wyciągnie go stamtąd. A jakie skutki mogła pociągnąć za sobą ta nowina dla AA – dobre, czy też złe? Nikt nie mógł tego przewidzieć, nawet sam poszukiwany.

Za każdym razem, gdy zwiedzałem zewnętrzny pierścień, nie mogłem się nadziwić temu, że zamieszkują go tak różne istoty. Szczególnie fascynowali mnie ci, którzy świadomie i z pełną odpowiedzialnością przygotowywali się do swojego ostatniego cyklu. Emanowała z nich niezwykła siła witalna – coś, czego nie sposób było zapomnieć – i wydawało się, że całkowicie nad nią panują. W tej potężnej sile zawierały się wszelkie ludzkie ideały, to wszystko, co ludzkość sobie ceniła, co stanowiło dla niej wartość. Ale nie chodziło o wartości pojmowane z takiego punktu widzenia, jaki narzuca istnienie czasoprzestrzeni, nie chodziło o wartości rozumiane jako system zewnętrznej kontroli, wymagający specjalnego postępowania. To było coś zupełnie innego. Owe ideały i wartości były wynikiem tego, czego człowiek nauczył się, przechodząc przez kolejne wcielenia. A co najważniejsze, nad całym procesem stawania się człowiekiem ktoś czuwał, wszystko odbywało się pod czyjąś opieką. Istoty, o których mowa, współpracowały ze sobą, działając jak części zespolone w jedną całość. „Odchodzący" byli całkowicie otwarci. Bez trudu uzyskiwało się wgląd w najistotniejsze ludzkie doświadczenia, dzięki którym powstała taka wielkość – o ile było się w stanie to znieść. Spróbowałem raz, ale okazało się to ponad moje siły. Po powrocie do ciała przez wiele dni czułem się rozbity. Najważniejsze w tym wszystkim było to, że stali się tacy dzięki ludzkiemu doświadczeniu. Nie byli tacy, gdy wcielali się po raz pierwszy.

Ale tym razem było inaczej. Ich wibracje miały znajomy rezonans – zastanawiałem się, dlaczego. Wcielając się po raz ostatni, zamykali wszystko w sobie. Część siły witalnej przeciekła, gdyż nie udawało się jej zamknąć całkowicie. Podczas ostatniego pobytu na Ziemi nie wybierali historycznych ról – prawdopodobnie odgrywali je poprzednio. Teraz będą szarymi, przeciętnymi ludźmi, takimi jak urzędnik pocztowy, rolnik, marynarz czy księgowa. Nie połączą się w grupę, lecz będą żyli niezauważeni, porozrzucani tu i tam, zarówno w przestrzeni, jak i w czasie.

Jeśli zapytać ich, dokąd udadzą się po zakończeniu cyklu, większość z nich zapewne odpowie z ciepłem w głosie: „do domu". W ten sposób dostajemy ten percept, który zawiera odrobinę nam znajomy podtekst, smaczek, niuans.

(Widzisz BB, poza suchymi faktami kryje się coś więcej. Płacisz pewną sumę i dostajesz to, za co zapłaciłeś. W taki czy inny sposób. Jak można opowiedzieć rybie o życiu na lądzie? Lepiej nawet nie próbować.)

(Hej, myślałem, że jesteś przy mnie.) przerwał mi BB.

Otworzyłem się. *(Jestem, jestem.)*

(Nie ma go w tym tłumie. I co teraz?)

Wygładziłem się. *(Ruszamy w dół, do następnego pierścienia.)*

Skierowałem się w tę stronę, a BB podążał tuż za mną. Szybko weszliśmy w niżej położoną strefę, gdzie mgła miała inną konsystencję. Z tego miejsca trudno było ocenić, gdzie kończy się jeden pierścień, a zaczyna drugi. Część terenu, na którym się teraz znajdowaliśmy, już znałem. Przez pewien czas chodziłem tam do szkoły.

Widać nie zamknąłem się dostatecznie, bo BB zapytał: *(Do jakiej szkoły?)*

(Do takiej, w której uczysz się, jak pomagać tym, co są jeszcze w fizycznym ciele.)

BB zakołysał się. *(W takim razie nie znajdziemy tu AA. Nikt nie może go niczego nauczyć!)*

Zwróciłem się do wewnątrz. *(Skoro tak twierdzisz...)*

BB popędził dalej, zniżył lot; pognałem za nim... Zaczęliśmy wchodzić w znajome mi obszary, gdzie mgła była rzadsza. Domy, parki, zagospodarowane pola, lasy, duże budowle, rzędy kościołów – ciągnęło się to bez końca. Humanoidalne istoty gorliwie wykonywały różne typowo ziemskie czynności.

BB zamigotał. *(Mgła jest bardzo gęsta. Co oni robią?)*

Wygładziłem się. *(To, co chcą.)*

(Taka sobie krzątanina.)

(Niektórzy stawiają domy. Inni pracują. Przyjrzyjmy się lepiej. Jeszcze inni grają w golfa. O, w tym domu odchodzi poker...)

BB przerwał mi, zadając pytanie: *(W jakim domu? Nie dostałem żadnego perceptu!)*

Zamigotałem. *(Nie ma tu budynku?)*

(Nie.)

(Nie ma domów, ulic, drzew, pól...)

(Nie. Widać tylko poruszające się postacie, które wyglądem przypominają ludzi. I dużo mgły.)

Zbladłem i zwróciłem się do wewnątrz. Całe nasze otoczenie nie było stworzone z materii fizycznej, a więc BB powinien był w jakiś sposób je zauważyć, istoty przebywające w tej strefie wiedziały, że nie żyją w rzeczywistości fizycznej, wykreowały to wszystko, by przygotowując się do następnej inkarnacji, mogły się znajdować w znajomym otoczeniu, zrobiły to wszystko z... Rozjaśniłem się. BB nie miał takiego identu, więc nie mógł odebrać perceptu. To było znane wyłącznie ludziom.

Wygładziłem się. *(Coś mi się zdaje, że nie ma tu twojego przyjaciela. Chodźmy dalej.)*

BB zamigotał. *(Niżej?)*

(Tak.)

Rzuciłem się do przodu, zrobiłem gwałtowny półobrót i zanurzyłem się w mgle. Można spędzić w pierścieniach tysiące lat, a nie pozna się ich dokładnie; pewne aspekty wymykają się naszym badaniom. Niektóre rejony są wręcz wspaniałe, inne nie tak piękne. Powiedziano mi, że każda ludzka myśl znajduje swe odbicie w pierścieniach, a więc wciąż coś nowego do nich przybywa, w miarę jak ludzie myślą o różnych rzeczach. Powiedziano mi również, że część ludzi spędza tu tysiące lat, krążąc pomiędzy poszczególnymi wcieleniami. To może być wręcz wspaniałe, jeśli zostało starannie zaplanowane i obmyślane. Jednakże większość z nich...

(Mam go, mam go!) BB wibrował tak mocno, że niewiele brakowało, a byłby mnie zdmuchnął.

(Gdzie on jest?)

Nie uzyskałem odpowiedzi, bo oto BB już wirował, pędząc naprzód. Pognałem więc za nim. Ciekawe, wreszcie poznam słynnego AA... BB zatrzymał się tak gwałtownie, że niemal na niego wpadłem.

Zamigotał. *(To AA, ale... coś mi tu nie pasuje.)*

Skupiłem się, chcąc uchwycić percept postaci, na której się skoncentrował. Była to jakaś drobna istota o bardzo słabej energii, kobieta, stara kobieta. Nie, nie taka stara, tylko...

BB zawibrował i przysunął się do niej. *(AA! Cześć stary, to ja!)*

Postać zawibrowała, otwierając się częściowo. *(Daj mi spokój!)*

BB wibrował. *(To ja! BB!)*

Postać otworzyła się bardziej. *(Co?)*

BB wysunął się. *(AA, to ja, stary, przyszedłem po ciebie!)*

Istota, do której zwracał się BB, otworzyła się szerzej i zawibrowała. *(BB! Skąd się tu wziąłeś!)*

BB wygładził się. *(Mniejsza z tym, chcę cię zabrać z powrotem.)*

AA zamigotał. *(Z powrotem? Dokąd?)*

(Tam, gdzie jest twoje miejsce.)

AA wibrował. *(Moje miejsce? Moje miejsce jest tutaj! Mówię ci, BB, już nigdy nie zostanę kobietą! Cały dzień pracowałam w polu, wstawałam, gdy w tej zimnej, kamiennej chacie było jeszcze ciemno, rozpalałam ogień, mieliłam ziarno na posiłek, gotowałam dzieciom śniadanie, wtedy on wstawał, więc przyrządzałam mu jedzenie, potem przyszedł poborca podatkowy i wziął trzy moje świnie, trzy najlepsze, później zmarło najmłodsze dziecko, pogrzebałam je obok ośmiu pozostałych, ale sześcioro z czternastu udało mi się utrzymać przy życiu, zanim nie przyszła epidemia i nie zabrała mnie, a przez cały ten czas on tylko albo się wylegiwał, albo polował, albo bił mnie, potem przychodził w towarzystwie innych mężczyzn, byli pijani, przesiąknięci zapachem wina, i brali mnie wszyscy po kolei. Ta epidemia była wybawieniem Bożym! Uwolniła mnie od tego całego koszmaru!)*

BB migotał, całkowicie pobladły. Zacząłem już w to wchodzić, gdy nagle przede mną pojawiła się bariera, jakaś siła pchająca mnie do tyłu. Próbowałem dostać się do AA, ale nie dopuszczała mnie do niego. Nigdy dotąd czegoś takiego nie doświadczyłem. W końcu zatrzymałem się.

BB ostrożnie się otworzył. *(AA, przyszedłem pomóc...)*

(Nie potrzebuję pomocy.) stwierdził AA. *(Wiem, co mam robić. Wracam i będę wojownikiem, wielkim, silnym mężczyzną, i rozsieję swoje nasienie po całej Anglii, od jednego jej krańca po drugi. Stary Henryk nie da mi rady, nie da mi rady!)*

(AA!) mocno zawibrował BB.

AA zbladł i zamigotał. *(Co? A, to ty, BB. Czego chcesz?)*

BB wygładził się starannie. *(Wracajmy do domu.)*

AA zamigotał. *(Do domu?)*

(Z powrotem na KT-95. Co ty na to?)

AA ciągle migotał. *(KT-95? K-T-9-5. Tak... tak! A co to takiego. BB?)*

BB delikatnie się wygładził. *(Musimy stąd odejść i wrócić do domu, do starych przyjaciół i kumpli, dać im nowe gry, dać dużą rotę, którą tu zdobyłeś, będzie wspaniale na KT-95, zobaczysz. Chodźmy.)*

AA migotał. *(Tak, BB, ty możesz... ty możesz... Ale ja nie, nie mogę, nie skończyłem tego tutaj! Chcę być wielkim, silnym wojowni-*

kiem. Wtedy będę mógł zabijać mężczyzn, zabijać, wylegiwać się, w tym czasie kobiety przygotują mi jedzenie, będę polować, upijać się, gdy tylko zechcę, nie będę rodzić dzieci...)

BB ruszył w jego kierunku, lecz AA szybko zniknął we mgle. BB chciał podążyć za nim, ale zagrodziłem mu drogę i stałem nieruchomo, podczas gdy on powoli zamykał się i matowiał. Mijały nas różne istoty, lecz tylko jedna z nich, a może dwie zwróciły na nas uwagę. Miałem na temat AA niewielki percept, który dostałem od BB. Wynikało zeń, że stanie się tak: AA spadnie szybciej niż przeciętny „debiutant". Gdybym powiedział o tym BB teraz, zanim to nastąpi, na pewno stwierdziłby, że jest to zwariowana rota.

(Przeciekasz.) BB nieznacznie się otworzył. *(Nie możesz być jednocześnie zamknięty i otwarty. Odebrałem ten percept tak wyraźnie, jak gdybyś mi go rzucił.)*

Zakołysałem się. *(Wciąż się uczę.)*

(Myślę, że masz rację.) kontynuował BB. *(Byłaby to dla mnie nonsensowna rota, całkiem zwariowana. Gładki, układny AA robiący coś takiego! Co w niego wstąpiło?)*

(To, że był kobietą.) powiedziałem ostrożnie. *(Musiał żyć jakieś trzysta, czterysta lat temu, no, w przeszłości, nie teraz.)*

BB zbladł. To już było dla niego za dużo. Nie potrafił zrozumieć następstwa czasu. I ja czegoś tutaj nie rozumiałem. Dotąd sądziłem, że „wielokrotni" żyją w następujących po sobie odcinkach czasu, więc albo to nieprawda, albo AA należy do rzadkich wyjątków.

BB nieznacznie się otworzył. *(To tak wygląda bycie kobietą?)*

Zamigotałem. *(No... wtedy większość kobiet żyła w taki sposób. Teraz jest inaczej... to znaczy inaczej dla niektórych z nich.)*

(A jaką część całej ludzkości stanowią kobiety?)

Znów zamigotałem. *(Myślę, że mniej więcej połowę. Tak, powinna to być połowa.)*

BB wibrował. *(Dlaczego ktoś chce zostać kobietą?)*

Wygładziłem się. *(Złe strony bycia kobietą są w jakiś sposób rekompensowane. Niektórzy mężczyźni nawet podejrzewają, że kobiety skrycie rządzą Ziemią.)*

BB był niezwykle skupiony. *(Czy to prawda?)*

Zwróciłem się do wewnątrz i zakołysałem. *(Teraz jestem mężczyzną i podejrzewam, że tak.)*

BB zwrócił się do wewnątrz i zamknął. Prawdę powiedziawszy i ja uczyłem się od niego. Nie ulega wątpliwości, że to jego KT-95 w niczym nie przypomina ludzkiego świata materii fizycznej. Wyjaśnienie mu tych wszystkich spraw, nawet przy pomocy całej chmury rot, wydawało mi się zbyt trudne. A jednak pomiędzy mną a BB zrodziło się uczucie pewnej serdeczności, przyjaźni, nawet zażyłości, które nie bardzo pasowało do istot tak odmiennych jak my. Lubiłem go. Fajny gość. Bardzo ludzki w swoich reakcjach. Niewykluczone, że wszystkie systemy, zarówno fizyczne, jak i niefizyczne, mają wspólną podstawę energetyczną, a różnią się od siebie tylko rotą, doświadczeniem.

BB otworzył się. *(No i co będzie z AA?)*

(Możemy spróbować jeszcze raz.)

(Ale nie jesteś za tym.)

Zbladłem. *(Za tym?)*

(Twój percept mówi, że to tylko strata czasu.)

Rozjaśniłem się. *(Znów przeciekłem?)*

BB zakołysał się. *(Trochę.)*

(AA wszedł w pewien schemat. Nie jestem wprawdzie zbyt mądry, ale mam percept, że nie uda się tego zmienić, choć można próbować.)

BB wygładził się. *(Jeszcze tylko raz, ostatni raz.)*

(Już to chyba gdzieś słyszałem!)

(Jestem mu to winien, chyba tak to określacie, prawda?)

Sfałdowałem się. *(No dobrze, jeszcze raz. Ale teraz będzie dużo trudniej.)*

Odwróciłem się, zamknąłem się dokładnie, nabrałem odwagi. Przed nami rozciągała się ciemnoszara, bardzo gęsta mgła. Wśród tej ciemności od czasu do czasu poruszał się jakiś płomyk. Rozpoznałem te światełka – to były istoty z zewnętrznych pierścieni śpieszące z pomocą swym najbliższym w momencie ich fizycznej śmierci. Próbowałem to robić kilkakrotnie, ale sądzę, że niezbyt się do tego nadaję. Toteż zazwyczaj przechodzę przez te pierścienie tak szybko, jak tylko można, nikomu się nie narzucając.

Powoli wpłynęliśmy na nowy teren. Prawie natychmiast zacząłem się czuć niedobrze, a mój percept mówił, że BB czuje się jeszcze gorzej. Tylko on mógł odnaleźć AA. Torowałem drogę wśród tłumu niezliczonych postaci, które wyglądały tak, jakby zastygły w bezruchu. W rzeczywistości poruszały się, tyle że bardzo wolno, więc się tego nie dostrzegało. To byli ci, których śmierć przed chwilą uwolniła od ciał fizycznych. Niejasno zdawali sobie z tego sprawę, a nie dostali żadnej roty, co mają teraz robić. Gdy ich mijaliśmy, czasami ktoś zwracał się w naszą stronę, co równie dobrze mogło oznaczać, że zaczyna sobie przypominać, jak to, że przestaje zapominać. Spotykając te istoty, przeważnie zadawałem sobie pytanie: Czy tak samo zachowywałem się po śmierci? Czy zdarzało się, że byłem aż tak nieświadomy jak te postacie, które oto miałem przed sobą? Przygnębiająca jest myśl, że prawdopodobnie tak właśnie było, więc nie przypomniałem sobie tego, a może nie chcę o tym pamiętać.

Po raz pierwszy spostrzegłem, że w tym gnojowisku szum Wiązki M był mniejszy. Niemal od razu przyszedł percept: no jasne, to skutek otępienia. Oni wszyscy prawie nie myślą. Znajdują się w stanie szoku pośmiertnego, nie mają niczego, na czym mogliby się oprzeć, są przerażeni, a że nie mogą sobie z tym poradzić, więc starają się ukryć, chowając głowy w piasek. Ogarnęło mnie współczucie, ale je opanowałem. To inni pracują nad skutkami, pomagając tym istotom ocknąć się z odrętwienia. Natomiast ja powinienem być jednym z tych, którzy starają się usunąć samą przyczynę. Nie wiem, co jest trudniejsze.

(Nie ma go tutaj!) stwierdził ponuro BB. Był ledwie otwarty.

Zwróciłem się do wewnątrz. Już dawno odrzuciłem rotę o mojej początkowej ciężkiej wspinaczce – nie, lepiej byłoby powiedzieć: błądzeniu – po tych niższych sferach. Udało mi się tutaj zebrać zaledwie minimalne doświadczenie. Znałem za to następny wewnętrzny pierścień. Nie było tam przyjemnie. Poza nim znajdowało się już tylko życie fizyczne. Obydwa pierścienie były ciasno splecione ze sobą, ten gruby odrobinę przesunięty w fazie w stosunku do materii fizycznej. To było przejście między jednym systemem rzeczywistości a drugim. Natomiast taka perspektywa nie ułatwiała nowicjuszowi zauważenia różnicy między tymi dwiema rzeczywistościami. Ale ja potrafiłem ją dostrzec.

Problem polegał na tym, że mieszkańcy tego pierścienia nie potrafili, nie mogli, nie chcieli lub nie byli w stanie uświadomić sobie tego, że przestali żyć w świecie materii fizycznej. Pod względem fizycznym byli martwi, nie mieli już swoich ciał. Jednakże próbowali zachować swoją fizyczność, robić to, co do tej pory, i być tym, czym byli dotąd, a więc kontynuować w jakiś sposób fizyczne życie. Niektórzy, będąc w stanie oszołomienia, bezskutecznie usiłowali porozumieć się z przyjaciółmi i najbliższymi mającymi jeszcze ciała fizyczne lub z kimkolwiek, kto znalazł się w pobliżu. Inni nie mogli się oderwać od fizycznych miejsc bądź rzeczy, do których byli przywiązani podczas ludzkiego życia. Wszyscy już dawno zapomnieli o podstawowej technice: Wiązce M.

Jeszcze inni uważali, że zmiana, jaka w nich zaszła, to po prostu zły sen lub nocna mara i czekali w nadziei, że się wkrótce obudzą.

Poruszałem się ostrożnie, a BB sunął tuż za mną. Był prawie całkiem zamknięty, szukał tylko identu AA, nic więcej go nie obchodziło. Nie miałem mu tego za złe. Ja, gdyby to była moja pierwsza wizyta w tym miejscu, odwróciłbym się i szybko uciekł. Szum Wiązki M był wprost ogłuszający, stanowił kakofonię lęku, gniewu oraz wszystkich ludzkich emocji, każdego pragnienia, każdej potrzeby związanej z ludzką fizyczną egzystencją. Owe uczucia i emocje były wyraźnie widoczne, jawne, odsłonięte, obnażone, wystawione na pokaz. Podczas gdy wchodziliśmy głębiej, oczekiwałem od BB jakiegoś znaku, ale on nie reagował. Kiedy przyśpieszywszy poszukiwania, poruszałem się coraz szybciej, Ziemia fizyczna i jej mieszkańcy oraz ci, którzy właśnie przygotowywali się do odjazdu, zlewali się ze sobą. Jednakże można było ich odróżnić. Istoty, które miały nadal ciała fizyczne, były mniej wyraźne, prawie, choć niezupełnie, przezroczyste. Nagle BB mnie szarpnął. Natychmiast się zatrzymałem.

(Mam go!) mój przyjaciel silnie wibrował. *(Niewiele z niego widać, wszystko jest przykryte, ale to on!)*

Zamigotałem. *(Gdzie?)*

BB pochylił się. *(Tam!)*

Zwrócił się do wewnątrz. Tam, tam, tam... owo „tam" było poza czasem, nie, to był inny czas. Kierowanie się do identu w innym czasie z pewnością nie było czymś, co robiłem często i w zamierzony sposób. Wówczas przyszedł percept naszego ostatniego spotkania z AA. Ono również odbyło się w innym czasie. Nie przeszkadzaj mi, „lewy mózgu"! Wtedy odczułem tę łagodną, wszystko wyjaśniającą wibrację. *(To dla ciebie ważne. On ci pomoże.)*

Rozjaśniłem się mocno.

KLIK!

BB wibrował. *(Myślałem, że nie mogłeś pociągnąć skoku!)*

Zamigotałem. *(Co, no wiesz, ja...)*

(I obu nas porwało to samo pociągnięcie!) kołysał się BB. *(Nie doceniasz własnej siły.)*

Wygładziłem się. *(To jest właśnie skok?)*

(Takie skoki wykonujemy na KT-95). BB uciął, gdyż zauważył, że pod nami coś się dzieje.

Unosiliśmy się nad dzikim krajobrazem: tylko skały, piasek i skąpa roślinność. Nad nami było słoneczne, bezchmurne niebo. W dole zakurzona droga. Drogą maszerowała kolumna mniej więcej osiemdziesięciu – dziewięćdziesięciu mężczyzn ustawionych trójkami. Byli ubrani w coś w rodzaju płaszczy bez rękawów, sięgających do kolan, na biodrach mieli szerokie skórzane pasy, na piersiach ciężkie kamizelki. Przy pasie krótkie miecze o podwójnym ostrzu. Na ramionach metalowe naramienniki. W lewej ręce każdy z nich trzymał okrągłą tarczę, a w prawej drewnianą włócznię. Maszerowali bardzo szybko. Działo się to już poza pierścieniem. To była rota prawdziwego fizycznego życia.

Szum Wiązki M wyraźnie się zmniejszył. Otworzyłem się bardziej. *(Rozpoznałeś ident przyjaciela?)*

BB zamigotał. *(Wprawdzie jest bardzo masywny, ale... to on! Kolumnę prowadzi wysoki człowiek. AA idzie tuż za nim... ale jest jakiś inny, zmieniony. Pokrywa go dużo obcej roty. AA jest słaby. Nie mogę uchwycić silniejszego perceptu, ten inny wzór jest zbyt mocny. Co się tu właściwie dzieje?!)*

Wygładziłem się. *(AA znajduje się ciągle w ciele fizycznym. Jest wojownikiem.)*

BB pobladł. *(A co to takiego wojownik?)*

(To ktoś, kto zabija innych ludzi.)

Odwróciłem się od całkowicie bladego BB, sięgnąłem i skoncentrowałem się na percepcie AA. Prawie natychmiast natrafiłem na barierę, jej opór odrzucił mnie gwałtownie do tyłu. Mimo usilnych prób, nie mogłem sforsować przeszkody. Była taka sama jak ta, którą napotkałem poprzednio. Wówczas, gdy próbowałem zbliżyć się do AA.

Kolumna wojowników poruszała się wzdłuż drogi, schodząc w głąb wąwozu. W górze, po obu stronach wąwozu, zobaczyłem ukryte grupki nieprzyjaciela. Ogarnięty falą współczucia, gorączkowo usiłowałem dotrzeć do wojownika AA, lecz bariera znów mnie odepchnęła. Wiedziałem, co się stanie i nie pomyliłem się. Gdy kolumna AA znalazła się wewnątrz wąwozu, z ukrycia wychynęli przeciwnicy i przypuścili atak. Runął w dół las włóczni. AA był jednym z pierwszych, którzy upadli. Leżąc twarzą do ziemi na zakurzonej drodze, wił się, usiłując wstać, by wziąć udział w walce, ale włócznia przeszedłszy przez niego na wylot, wbiła się w ziemię. Płynąca obficie krew mieszała się z kurzem. Po chwili ciało AA stało się całkowicie wiotkie i bezwładne.

Wibrowałem silnie, zwracając się do BB. *(Zejdź tam, zabierz go. Ja nie mogę, więc zrób to ty. Musisz to zrobić! Przyprowadź go tu na górę.)*

BB ruszył szybko, a ja obserwowałem, jak schodzi na pole walki. Muszę przyznać, że zabijanie i to, co się tam działo, wcale go nie poruszyło. Wyciągnął rzucającego się AA z ciała wojownika i unosił go w moim kierunku. Byłem zdumiony. Gdy zbliżał się do mnie z AA, bariera odpychała mnie do tyłu. W końcu dałem mu znak, żeby się zatrzymał.

AA, który nadal miał postać wojownika, wyrywał się i silnie wibrował. *(Muszę zabijać wrogów. Zabijać ich, zabijać. Muszę podnieść się i zabijać ich... Gdzie jest moja włócznia, gdzie moja tarcza? Muszę wstać i zabijać ich. Stracę całą bitwę... Puść mnie. Przez ciebie stracę całą walkę, wkrótce się skończy... daj mi moją włócznię. Gdzie ona jest?... Muszę iść i walczyć, iść i walczyć, i zabijać!)*

BB wibrował. *(Nie poznaje mnie! Nie mogę go już utrzymać!)*

Zamigotałem. *(Puść go.)*

BB zbladł. *(Co?)*

Wygładziłem się. *(Puść go. W tej chwili nic więcej dla niego nie zrobisz.)*

BB wypuścił wyrywającą się postać i AA-wojownik opadł szybko na pole walki, bezskutecznie próbując podnieść włócznię i tarczę oraz przyłączyć się do walki. Nie mogąc tego zrobić, patrzył w osłupieniu na swoje ręce. Później zaczął okładać wrogów pięściami. Przechodziły przez nich na wylot, tak jakby nie istnieli. Mimo to ciągle próbował.

Odwróciłem się do BB. Był matowy i całkiem zamknięty. *(Chodź, musimy wracać.)*

BB nieznacznie się otworzył. *(Wracać, a dokąd?)*

KLIK!

Znajdowaliśmy się w Strefie Przejściowej, w pobliżu Stacji Wejścia. BB był matowy, nieruchomy, częściowo zamknięty. Rozjaśniłem się. *(Jak ci się podobał ten skok?! Wprost do celu!)*

BB otworzył się nieznacznie. *(Tak, fajny.)*

Nagle poczułem się nieswojo. Zapomniałem o czymś, i to o czymś bardzo ważnym. Poczułem jeszcze większy niepokój. Coś przywoływało mnie, przyciągało moją uwagę. Coś pilnego. Tak! Moje ciało! Muszę wracać.

Zawibrowałem. *(Muszę odejść. Jeszcze wrócę!)*

BB otworzył się szeroko. *(Cześć!)*

Podczas gdy szybko opadałem, mój przyjaciel z KT-95 stawał się coraz mniej widoczny, po jakimś czasie wyglądał jak punkcik i na koniec zupełnie zniknął mi z oczu. Zaledwie zdałem sobie sprawę z przechodzenia przez pierścienie... wszedłem w drugie ciało, które znajdowało się na orbicie w pobliżu ciała fizycznego, potem w ciało fizyczne. Usiadłem. Czułem się zmęczony, byłem nieswój. Jak się okazało, mój powrót został spowodowany bardzo prozaiczną przyczyną – miałem zziębnięte ciało, gdyż koc zsunął się na podłogę.

12

ZASŁYSZANA HISTORIA

Czas: nieokreślony, noc... uwolniłem się z ciała, stosując zwykłą metodę... żadnego sygnału... mam więc do wyboru różne możliwości... postanawiam, jeżeli to możliwe, samodzielnie wrócić do BB... ident: „BB, KT-95"... rozciągnąłem się... przejście przez pierścienie odbyło się bez przeszkód, potem ruszyłem do skraju rzadkiej mgły w Strefie Przejściowej... zaczął do mnie docierać niewyraźny percept BB, więc zastygłem w bezruchu... to była niespodzianka... BB znajdował się tuż pode mną. Zmatowiały i tak mocno zamknięty, że nic dziwnego, iż trudno go było odnaleźć.

Otworzyłem się i zacząłem wibrować. *(Cześć BB, wróciłem.)*

BB otworzył się nieznacznie, a potem rozjaśnił. *(Och, już prawie straciłem nadzieję, że wrócisz. Czyżbyś utknął w swoim ludzkim ciele?)*

Zakołysałem się lekko. *(Zdarza się.)*

Nie miałem perceptu, że myślał o AA, a nie chciałem podejmować tematu jego przyjaciela, dopóki on sam tego nie zrobi. W tej sytuacji była to drażliwa rota, a nie miałem odpowiedzi, której szukał. O ile w ogóle było jakieś rozwiązanie tego problemu. Aby zacząć coś robić, wyciągnąłem się, wykonałem ze trzy szybkie obroty i wróciłem, wywijając zakrętas.

BB sfałdował się. *(Co to było?)*

(Takie sobie ćwiczenie.)

Otworzył się. *(Na KT-95 mamy grę, w której robimy podobne rzeczy. Chcesz spróbować?)*

Rozjaśniłem się. *(No pewnie!)*

Zakołysał się lekko. *(Spróbuj robić to, co ja, nic poza tym.)*

Odwrócił się, zawirował, a ja rozciągnąłem się za nim. Pilnowałem się go, jak tylko mogłem, co przypominało trzymanie się wysmarowanej tłuszczem świni na tafli lodu, z tą różnicą, że w tym przypadku lód był trójwymiarowy, nie, znacznie gorzej – miał wiele wymiarów. A więc wirowaliśmy, zatrzymywaliśmy się, startowaliśmy, poruszaliśmy się – to powoli, to znów szybko, mijaliśmy rozbłyski dziwnych perceptów, pędziliśmy ku lśniącemu słońcu i przenikaliśmy przez nie, krążyliśmy wokół gromadek postaci, które wydawały się zdziwione naszym widokiem. Przez cały czas kurczowo trzymałem się identu BB, tak jak ostatni w szeregu łyżwiarz trzyma się jadącej przed nim osoby. Zanurzaliśmy się w chmurach i wynurzaliśmy się z nich, wchodziliśmy w pasma energii, które odbierałem jak podmuchy gorącego i zimnego powietrza, jak elektryczne wstrząsy, przenikaliśmy przez mury wspaniałego miasta o wielu wieżach. Bałem się, że nie zdołam już dłużej trzymać się jego identu, bałem się, że jeśli odpadnę, zgubię się całkowicie. BB zatrzymał się raptownie i znów znaleźliśmy się w rzadkiej mgle zewnętrznej otoczki Ziemi. Cały się trząsłem.

BB wibrował z ożywieniem. *(Świetna zabawa, co?)*

Zamigotałem silnie. *(Tak, świetna. Kto ją wymyślił?)*

BB zbladł. *(Wymyślił?)*

(Skąd się ona wzięła?)

Sfałdował się. *(Och, nie wiem. Zawsze była. Jeśli chcesz, możesz zapoczątkować zupełnie nową. Największa frajda to dodać, w środku lub na końcu, coś nowego, taką niespodziankę. Rozumiesz?)*

(Tak. My, ludzie, mamy podobną zabawę, nazywamy ją „idź za przewodnikiem".)

BB rozjaśnił się. *(No właśnie, „idź za przewodnikiem". Dobrze ci szło. Musisz często się w to bawić.)*

Zamigotałem. *(No, nie, ostatnio się w to nie bawiłem. Ale latałem na samolotach i to mi pomogło.)*

BB zbladł, a ja mówiłem dalej. *(A przy okazji, co się dzieje, jeśli nie zdążysz zrobić obrotu lub zgubisz ident?)*

Zakołysał się mocno. *(Przegrywasz.)*

(A co się dzieje z tymi, którzy przegrywają?)

BB migotał. *(Nie mam o tym żadnej roty. Oni nie wracają już do gry. Mój percept mówi, że się gubią.)*

(I nie odnajdują się?)

(No, jak już powiedziałem, już nie wracają do gry, a więc nie mam o tym roty. Często w grupie jest około setki bawiących się. Fajna zabawa, co?)

(Tak.) Zadałem ostatnie pytanie. *(A to, przez co przechodziliśmy – co to takiego?)*

BB sfałdował się. *(O tym nie mam roty. Nikt nie zaprząta sobie głowy takimi drobiazgami, to tylko zabawa.)*

Ładna mi zabawa. Miałem wyraźny percept, co by się stało, gdybym w czasie gry zgubił ident BB. Przegrałbym i zagubiłbym się. Jestem pewien, że nie potrafiłbym odnaleźć drogi. Na szczęście nie zgubiłem się, ale na przyszłość mam nauczkę, żeby nie brać udziału w grze, której nie znam, zwłaszcza jeśli będzie to gra z KT-95.

Pozostawała do rozstrzygnięcia jeszcze jedna kwestia: co wyniknęło z naszej gry? Jakie były skutki działania energii, którą tak lekkomyślnie zużyliśmy na bezcelową gonitwę w przestrzeni? Pędząc, nie zważaliśmy na nic – ile więc mrówek zginęło tylko dlatego, że akurat znalazły się na naszej drodze? A co się działo wówczas, gdy w takiej zabawie brała udział cała setka?

Istoty zamieszkujące teren zabawy mogły uznać jej skutki za naturalny kataklizm lub wolę Boga, niezależnie od tego, czy ginęły mrówki, czy inne stworzenia. Jak by na to nie spojrzeć, był to dziwny percept – możliwość spełnienia roli takiego instrumentu. Prawdopodobnie mieliśmy tu do czynienia z jednym z przykładów działania bezosobowej inteligencji.

BB przerwał mi. *(Hej, dobrze się czujesz?)*

Otworzyłem się. *(Tak, oczywiście.)*

(Byłeś zamknięty i migotałeś. Wydaje mi się, że znów chcesz uciec do swego fizycznego ciała.)

Otworzyłem się i zakołysałem. *(Nie, nie. W każdym razie jeszcze nie teraz.)*

(Dlaczego się nim przejmujesz? Dlaczego w ogóle wracasz? Zostaw je tam, gdzie jest.)

Zwróciłem się do wewnątrz. Już nieraz o tym myślałem, ale jak dotąd odrzucałem ten pomysł, gdyż nie miałem pojęcia, kim wówczas byłbym i co bym robił. Wciąż czegoś tu nie rozumiałem. Wiedziałem, że z łatwością mogę przedostać się przez niższe pierścienie i zatrzymawszy się w jednym z nich, wziąć udział w życiu jego mieszkańców. A działo się tam dużo ciekawych rzeczy. Większość mieszkających w tej strefie istot, o ile nie wszystkie, zajmowała się pomaganiem ludziom w rozwoju. Mogłoby się wydawać, że jest to zasadnicza część systemu doskonalenia się, lecz to było dopiero przygotowanie. Przygotowanie do czego? Tu właśnie zaczynał się niezrozumiały dla mnie moment. Ci, którzy przebywali w zewnętrznym pierścieniu po raz ostatni, wracali do Domu, ale mój percept Domu stawał się coraz bardziej mglisty, a nie, jak należało się spodziewać – wyraźniejszy i bardziej zrozumiały. No cóż, nie byłem tam od bardzo, bardzo dawna.

Otworzyłem się ostrożnie. *(Tak, a więc, no... nie skończyłem jeszcze szkoły, jeszcze się uczę... i potrzebne mi jest do tego fizyczne ciało.)*

BB zbladł całkowicie.

(To jest rodzaj gry) ciągnąłem *(a ja zgodziłem się wziąć w niej udział.)*

Rozjaśnił się. *(Och, gra! Chcę ją poznać.)*

(Jeśli cię to interesuje, dam ci na ten temat krótką rotę. Tylko czy sobie z nią poradzisz?)

Zakołysał się. *(Po tym ostatnim numerze z AA dam sobie radę ze wszystkim, co dotyczy ludzi.)*

Zwróciłem się do wewnątrz. Wspomniał o AA bez migotania i to było wspaniałe. Wygładzał się. Rzuciłem mu krótką rotę, w której zebrałem moje wędrówki poza ciało od 1958 roku, opuszczając kontakty z NIMI. Przyjął ją, zamknął się i przez jakiś czas nie poruszał się i nie odzywał. Potem otworzył się szeroko, zakołysał się i zamigotał.

Zawibrowałem. *(To wcale nie jest śmieszne!)*

Wreszcie się wygładził. *(Mam dla ciebie ident! RAM-Bam!)* Kołysał się mocno i migotał.

(Wystarczy samo RAM.)

W końcu uspokoił się. *(Dobrze, Ram, percept mi mówi, że zanim się to zaczęło, byłeś zamkniętym, ograniczonym człowiekiem. Później poszedłeś ostro. Nie byłeś jednak zbyt bystry.)*

Sfałdowałem się. *(I nadal nie jestem.)*

(I wszystko przychodzi ci z trudem.)

Zakołysałem się lekko. *(Uważasz, że tobie poszłoby lepiej?)*

BB zamigotał. *(Każdy głupi skręt, choćby tylko w połowie uświadamiający sobie, kim jest, mógłby...)*

Przerwałem mu *(A gdyby nie miał tej świadomości?)*

Zbladł i zawibrował. *(Nie, tak nie można. Nie nabierzesz mnie na tę grę! Pozostanę taki, jaki jestem!)*

Zakołysałem się i zwróciłem do wewnątrz. Obecnie, kiedy patrzę na to z dystansu, wydaje mi się, że wiele moich reakcji z wczesnego okresu podróży poza ciało może wyglądać zabawnie. Teraz ja sam się z nich śmieję. Ale przynajmniej wiem, że zabawa w zdobywanie doświadczenia podczas ludzkiego życia przynosi efekty. Jednak pozostaje jeszcze tyle niewiadomych. Co się dzieje po ukończeniu szkoły? Gdzie i w jaki sposób wykorzystuje się to, czego się nauczyło?

BB przerwał mi. *(Słuchaj, RAM.)*

Otworzyłem się. *(No?)*

Migotał. *(Cofam to, co powiedziałem. Nie jesteś taki głupi.)*

Zakołysałem się. *(Dziękuję. Było mi to potrzebne.)*

Zbladł. *(Potrzebne?)*

(To żart. Ludzki humor.)

Zwrócił się do wewnątrz, po czym otworzył. *(A w jaki sposób dostałeś percept i zacząłeś się bawić w opuszczanie ciała?)*

Zamigotałem. *(Nie wiem. To się po prostu stało.)*

(Czy inni ludzie też to robią?)

(Niektórzy, tak. Spotykałem ich. Największy problem polega na tym, że większość ludzi opuszcza ciało podczas snu i nie pamięta o tym po przebudzeniu.)

BB zwrócił się do wewnątrz. Wiedziałem, że przegląda i analizuje rotę, którą dostał ode mnie. Takie pojęcia, jak sen i budzenie się, wymagały od niego nowych perceptów. Wiedziałem również, do czego zmierzał. Ale rozmyślił się.

Otworzył się, migocąc. *(A te trzy skręty, które zeszły po, jak mówisz, promieniu? Kto to był?)*

Sfałdowałem się. *(Nie wiem.)*

(Wyglądało na to, że cię znają.)

(Może byli z KT-95?)

Zakołysał się. *(To jakaś zwariowana rota... albo żart. Ale wydawało się, że ty też ich znasz. Chciałeś, aby zabrali cię ze sobą? Dlaczego?)*

Zamigotałem. *(Nie wiem.)*

(Spotkałeś ich kiedyś znowu?)

(Nie mam o tym perceptu.)

Zwrócił się do środka, a potem na zewnątrz. *(A co powiesz o skrętach, które pomogły ci, gdy tego potrzebowałeś lub wydawało ci się, że potrzebujesz? Kim one były?)*

Wygładziłem się. *(Prawdopodobnie były to istoty z wyższych pierścieni. Takie rzeczy zdarzają się często. Już mówiłem, że większość ludzi nie zdaje sobie z tego sprawy, gdyż spotyka ich to podczas snu. Sen to taka zwariowana rota.)*

BB ponownie zwrócił się do wewnątrz, a potem otworzył się, migocąc. *(Och, mam percept, że pełno tu zwariowanych rot.)*

Zbladłem. *(Na przykład?)*

(No, chociażby ta rota o intensywnym procesie uczenia się ludzi, ta którą mi rzuciłeś.)

Zamigotałem. *(Jak to?)*

Mówił dalej. *(Czyżby to nie była zwariowana rota?)*

(Według mojego perceptu jest to prawda.)

(A ja mam inną rotę, i gdy porównam je obie, to nie pasują do siebie, jedna z nich wydaje się niedorzeczna.)

Zbladłem. *(Jaka to rota?)*

(Ta, którą dostaliśmy w broszurze o TSI, o wszystkich miejscach, które mamy odwiedzić. Jest tam wszystko o Ziemi i ludziach, o tym, jak się to zaczęło, po co to jest... no, wszystko.)

Zamknąłem się, a potem powoli otworzyłem. *(Nie pasują do siebie?)*

(Masz, zdobądź własny percept.) BB rzucił mi rotę. Wziąłem ją i zacząłem rozwijać z zaciekawieniem.

KLIK!

„Ktoś", „Gdzieś" *(a może jedno i drugie)* potrzebuje, lubi, chce, ceni, zbiera, jada lub zażywa jako narkotyk *(sic!)*, w milionowych bądź niezliczonych dawkach substancję o idencie Lusz. *(Elektryczność, ropa naftowa, tlen, złoto, pszenica, woda, ziemia, stare monety, uran.)* W miejscu zwanym „Gdzieś" Lusz występuje bardzo rzadko, a ci, którzy go posiadają, uważają, iż jest niezbędny do tego, do czego się go używa.

Kierując się Prawem Podaży i Popytu *(powszechne prawo w „Gdzieś")*, „Ktoś" zamiast poszukiwać naturalnych zasobów Luszu, zdecydował się go produkować w sposób, powiedzmy, sztuczny. Postanowił założyć jego hodowlę, uprawiać go w ogrodzie.

Naturalny Lusz odznaczał się różnym stopniem czystości. Stwierdzono, że powstawał w wyniku ruchów wibracyjnych podczas cyklu węglowo-tlenowego i wtórnie podczas procesu reakcji. Badacze z „Gdzieś" przemierzali duże odległości w poszukiwaniu nowych źródeł tej cennej substancji, a ich odkrycia witano z entuzjazmem i nagradzano.

Wszystko zmieniło się z chwilą, gdy hen, daleko, gdzieś w zapadłym kącie, „Ktoś" założył swój eksperymentalny ogród. Najpierw stworzył odpowiednie środowisko, w którym mógł powstać i rozwijać się cykl węglowo-tlenowy. Ustanowiona przez niego Równowaga zapewniała rosnącym osobnikom właściwe oświetlenie i stałą dostawę odpowiedniego pożywienia.

Potem „Ktoś" próbował oszacować swój plon. Rzeczywiście. Pierwsza Hodowla dostarczyła Luszu, ale w małych ilościach i nie najlepszego pod względem gatunkowym – nie nadawał się on do zabrania w miejsce zwane „Gdzieś". Problem był podwójny. Okazy rodziły się zbyt drobne i żyły bardzo krótko. W efekcie czego powstawało niewiele marnego jakościowo Luszu, gdyż w tak ograniczonych warunkach nie było czasu na jego wytwarzanie. Ponadto Lusz można było zbierać tylko w momencie, gdy jednostki kończyły życie; ani chwili wcześniej.

Druga Hodowla, która okazała się nie lepsza, o ile nie gorsza od Pierwszej rozwijała się w innej części ogrodu i w odmiennym od poprzedniego środowisku. Tym razem nie było to środowisko płynne, lecz gazowe. Ze związków chemicznych o większej gęstości utworzono stałe podłoże, dzięki czemu związki te były stale dostępne. „Ktoś" zasadził niezliczone ilości znacznie dorodniejszych egzemplarzy nowych odmian. Niektóre z nich były wiele tysięcy razy większe i miały bardziej złożoną budowę od prostych, jednokomórkowych okazów Pierwszej Hodowli. Wprawdzie został odwrócony cykl węglowo-tlenowy, ale cały zasiew pozostał jednorodny. Podobnie jak w przypadku Pierwszej Uprawy, osobniki rozmnażały się regularnie i samoczynnie kończyły życie. Aby uniknąć nierównomiernego rozkładu odżywczych substancji chemicznych i oświetlenia, co miało miejsce w przypadku Pierwszej, „Ktoś" postanowił, że osobniki Drugiej Hodowli nie będą się poruszać po całym ogrodzie, lecz każdy z nich pozostanie w przydzielonej sobie jego części. W tym celu wyposażył je w silne wyrostki sięgające w głąb twardego podłoża i unieruchamiające roślinę. Z korzeni wyrastały łodygi lub pnie dźwigające wyższe partie roślin, tym samym umożliwiając im otrzymywanie koniecznej porcji światła. Górne części roślin – szerokie, cienkie i dość wiotkie – pełniły rolę przekaźników energii. Przepływające przez nie w obydwu kierunkach związki węglowo-tlenowe zapewniały roślinom odżywianie i wymianę z otoczeniem. Poza tym każdy okaz zaopatrzono w kolorowe radiatory wraz z generatorami małych cząstek. Rozmieszczono je symetrycznie; zazwyczaj w pobliżu wierzchołka.

Chcąc przyśpieszyć rozmnażanie się roślin, „Ktoś" wywołał gwałtowne ruchy wibracyjne w gazowej powłoce. Z czasem przekonał się, że ten sam burzliwy proces pomaga w zbieraniu Luszu.

Jeśli zaburzenia były dostatecznie gwałtowne, kładły kres życiu roślin, które umierając, wydzielały Lusz. Miało to duże znaczenie, gdy istniała konieczność natychmiastowej dostawy tego surowca, gdyż nie trzeba było czekać na okres zbiorów.

Pomimo to, plon Drugiej Hodowli okazał się nader niezadowalający. Co prawda osiągnięto znaczny przyrost ilościowy, ale zbyt długie życie roślin nie wpływało korzystnie na jakość wytwarzanego przez nie Luszu. Przeoczono tu coś ważnego.

Przed założeniem Trzeciej Hodowli „Ktoś" długo prowadził badania, krążąc nad swoim ogrodem. Rzeczywiście, zadanie, którego się podjął, nie było wcale łatwe. Wprawdzie osiągnął sukces, ale tylko częściowy. Wyhodowany przez niego Lusz był znacznie gorszy od dzikiej, występującej w stanie naturalnym odmiany.

Jednakże uporał się z tym problemem, czego żywym świadectwem była Trzecia Uprawa. „Ktoś" odtworzył pierwotny cykl węglowo-tlenowy, a osobnikom przywrócił ruchliwość, bowiem doświadczenie wykazało, że oba te czynniki zapewniają wytwarzanie wysokiej jakości Luszu. Gdyby jeszcze udało się wyhodować większe okazy, sukces byłby zapewniony.

Mając to wszystko na względzie, „Ktoś" przeniósł na teren obecnej uprawy jednostki Pierwszej Hodowli, która nadal rozwijała się w części ogrodu mającej płynne środowisko. Zmodyfikował je tak, aby mogły żyć i wzrastać w środowisku gazowym. Najpierw przystosował je do odżywiania się osobnikami Drugiej Hodowli, którym pozwolił w tym celu bujnie się rozwinąć. Tak powstały pierwsze Mobile, czyli Trzecia Hodowla. Mobile żywiły się okazami Pierwszej Hodowli, a pozbawiając je życia, produkowały Lusz. A więc teraz ilość Luszu była znaczna, ale jego jakość, jego struktura wibracyjna wciąż pozostawiała wiele do życzenia.

Przez czysty przypadek „Ktoś" odkrył Główny Katalizator produkcji Luszu. Długość życia monstrualnych i wolno poruszających się Mobili była nieproporcjonalna do ilości pobieranego przez nie pożywienia. Mobile żyły tak długo, że wkrótce zdziesiątkowałyby jednostki Drugiej Hodowli. Wówczas w całym ogrodzie zostałaby zachwiana równowaga ekologiczna i ustałaby produkcja Luszu. Zarówno Drugiej, jak i Trzeciej Hodowli groziła zagłada.

Zaczęło brakować okazów z Drugiej Hodowli i wobec tego nie było zaspokajane zapotrzebowanie energetyczne Mobili. Często zdarzało się, że dwa Mobile chciały zjeść tę samą jednostkę Drugiej Uprawy. To rodziło konflikt i powodowało fizyczną walkę między dwoma niezgrabnymi Mobilami. Czasem walczyło ich ze sobą nawet kilka.

Początkowo „Ktoś" był zdziwiony tymi zmaganiami, lecz później obserwował je z wielkim zainteresowaniem. Podczas walki Mobile wydzielały Lusz! I to wcale nie w małych, a przeciwnie – w sporych ilościach i w dodatku znacznie mniej zanieczyszczony, tak że przedstawiał on wartość użytkową.

„Ktoś" szybko sprawdził w praktyce dopiero co zrobione odkrycie. Wyjął następne okazy Pierwszej Hodowli z części ogrodu o płynnym środowisku, przystosował je do życia w środowisku gazowym, ale wprowadził pewną zasadniczą zmianę. Nowe Mobile były mniejsze od poprzednich i miały żywić się innymi Mobilami. Rozwiązałoby to problem nadmiernej populacji Mobili, a podczas każdego starcia między nimi powstałoby więcej dobrego Luszu, nie mówiąc już o tym, który zostawał uwalniany w momencie, gdy nowe Mobile zabijały egzemplarze innych gatunków. Wówczas „Ktoś" mógłby przekazywać do „Gdzieś" znaczne ilości dość czystego Luszu.

W ten oto sposób powstała reguła Głównego Katalizatora. Konflikt między osobnikami cyklu węglowo-tlenowego powoduje stałe wytwarzanie Luszu. To było takie proste!

Zadowolony z wynalezienia formuły „Ktoś" zaczął przygotowywać Czwartą Hodowlę. Wiedział już, że zbyt duże i za długo żyjące Mobile z Trzeciej Hodowli nie mogły być użyteczne na większą skalę. A gdyby jeszcze wzrosła ich ilość, należałoby powiększyć cały ogród, który z racji za małej przestrzeni nie mógł pomieścić jednocześnie wielkich osobników Trzeciej Hodowli i służących im za pokarm roślin z Drugiej Hodowli. Ponadto doszedł do słusznego wniosku, że jeśli Mobile będą poruszały się szybciej, łatwiej popadną w konflikty i tym samym zwiększy się ilość wydzielanego przez nie Luszu.

Jednym aktem woli uśmiercił pozostałe dotąd przy życiu niezgrabne Mobile z Trzeciej Hodowli. Jeśli zaś chodzi o osobniki Uprawy Pierwszej, nadal żyjące w wodnym środowisku, to zmienił ich wygląd, nadając im bogactwo kształtów i rozmiarów. Były teraz wielokomórkowcami i odznaczały się dużą ruchliwością. Zaopatrzył je również w system równowagi. Powstały więc osobniki (przeważnie nie poruszające się), które pochłaniały okazy węglowego cyklu Drugiej Hodowli, służące im za źródło energii. Powstały też i inne, bardzo ruchliwe Mobile, dla których źródło energii stanowiły poruszające się modyfikacje Pierwszej Hodowli.

Zamknięty obieg działał całkiem zadowalająco. Nieruchome osobniki Drugiej Hodowli rozwijały się znakomicie w płynnym środowisku. Żywiły się nimi małe, bardzo ruchliwe Mobile żyjące w wodzie. Z kolei większe okazy lub inne będące w ciągłym ruchu Mobile, chcąc zdobyć energię, konsumowały mniejszych „zjadaczy roślin". Kiedy jakiś Mobil zanadto urósł i zrobił się zbyt powolny, stawał się łatwym łupem dla mniejszych Mobili, które zachłannie się na niego rzucały. Chemiczne pozostałości procesu trawienia osiadały na dnie płynnego środowiska i dostarczały pokarmu „nieruchomym" (modyfikacjom Drugiej Hodowli), zamykając w ten sposób obieg. Łańcuch pokarmowy przynosił w efekcie stały dopływ Luszu, który powstawał dzięki umierającym „nieruchomym", w wyniku emocji, jakie wzbudzała w walczących ze sobą Mobilach sama walka, oraz dzięki Mobilom ginącym podczas tychże walk.

Przeniósłszy się do innej części ogrodu – środowiska gazowego otaczającego stałe podłoże zbudowane z gęstej materii – „Ktoś" zastosował tę samą technikę, jeszcze bardziej ją ulepszając. Stworzył więcej odmian „nieruchomych" (okazy pierwotnej Drugiej Hodowli), aby nowym Mobilom dostarczyć dostatecznej ilości urozmaiconego pożywienia. Tak jak w pierwszej części ogrodu, tak i tu została zachowana równowaga między dwoma gatunkami Mobili – tymi, które odżywiały się „nieruchomymi" z Drugiej Hodowli, i tymi, które potrzebowały innych Mobili, aby utrzymać się przy życiu dzięki czerpanej z nich energii. Powstały więc tysiące rodzajów Mobili różnej wielkości – osobniki małe i duże, choć nie tak wielkie, jak Mobile z Trzeciej Hodowli. Wszystkie zostały wyposażone w pomysłowe akcesoria ułatwiające walkę. Szybkość poruszania się pozwalała na wymknięcie się wrogowi, barwy ochronne miały na celu zmylenie przeciwnika, ruchliwe narządy służyły do wykrywania niebezpieczeństwa, a niezwykle twarde wyrostki do chwytania, przebijania i rozszarpywania wroga. Wszystko to ułatwiało walkę i przedłużało czas jej trwania, a w konsekwencji zwiększało wydzielanie Luszu.

W ramach dodatkowego eksperymentu „Ktoś" zaprojektował i stworzył taką odmianę Mobila, która w porównaniu z Mobilami Czwartej Hodowli była słaba i niedołężna. Jednakże Mobile eksperymentalne miały dwie zasadnicze zalety. Mogły spożywać zarówno „nieruchomych", jak inne Mobile i czerpać z nich energię. Poza tym „Ktoś" przekazał im cząstkę siebie – ponieważ nie było ani znane, ani dostępne inne źródło takiej Substancji – by służyła jako główny czynnik wzmagający ruchliwość. Wiedział, że zgodnie z Prawem Przyciągania, taka domieszka Substancji, część Jego, dążąca do połączenia się z nieskończoną Całością, spowoduje u tego szczególnego gatunku Mobila nieustającą ruchliwość. Tym samym dążenie do zaspokojenia potrzeb energetycznych poprzez pożywienie nie będzie jedyną siłą pobudzającą Mobile do ustawicznej aktywności. A co ważniejsze, potrzeb wynikających z wewnętrznego przymusu, jaki stwarza wszczepiona drobinka „Kogoś", nie można będzie zaspokoić w ogrodzie. Tak więc zawsze będzie istniała potrzeba ruchu i konflikt pomiędzy tą potrzebą a koniecznością pobierania energii, i o ile przetrwa, być może przyczyni się do stałej dostawy wysokogatunkowego Luszu.

Czwarta Hodowla przekroczyła wszelkie oczekiwania „Kogoś". Okazało się, że ogród zaczął dostarczać dobry Lusz. „Równowaga życia" działała doskonale. Czynnik konfliktowy wpływał na wytwarzanie ogromnej ilości Luszu, a dodatkową dostawę tego surowca zapewniała śmierć wszystkich rodzajów Mobili oraz „nieruchomych". „Ktoś" wyznaczył specjalnych Nadzorców kierujących produkcją i pomagających przy zbiorach. Utworzył kanały, którymi transportowano nieoczyszczony Lusz z ogrodu do miejsca zwanego „Gdzieś". Odtąd dzięki ogrodowi „Kogoś" naturalne zasoby przestały być dla „Gdzieś" jedynym źródłem Luszu.

Po sukcesie, jaki ogród „Kogoś" odniósł w produkcji Luszu, również Inni zaczęli projektować i budować swoje ogrody. Było to zgodne z Prawem Podaży i Popytu (Próżnia jest stanem nie zapewniającym równowagi), ponieważ ogród „Kogoś" tylko częściowo pokrywał zapotrzebowanie „Gdzieś" na Lusz. Nadzorcy innych ogrodów odwiedzali ogród „Kogoś", aby zbierać resztki Luszu, które przeoczyli lub pozostawili Jego Zarządcy.

Po zakończeniu pracy „Ktoś" powrócił do „Gdzieś" i zajął się innymi sprawami. Produkcja Luszu nadzorowana przez Zarządców utrzymywała się na stałym poziomie. Ale wszelkich zmian mógł dokonywać tylko sam „Ktoś". Zgodnie z jego zaleceniami Nadzorcy co jakiś czas niszczyli część Czwartej Hodowli. Robili to, aby młodym, rodzącym się jednostkom zapewnić dostateczną ilość pierwiastków chemicznych, światła i innych środków odżywczych, a także po to, by zebrać dodatkowy Lusz powstały na skutek takiego żniwa.

W tym celu wywoływali zaburzenia, zarówno w powłoce gazowej, jak i stałym podłożu. Na skutek tych wstrząsów wiele okazów Czwartej Hodowli traciło życie, miażdżone przez przetaczające się masy gruntu lub zalewane przez wzburzone fale płynnego środowiska. (Ze względu na specyfikę swej budowy, osobniki Czwartej Hodowli nie mogły zachować życie po zanurzeniu w wodzie, gdyż przestawała w nich zachodzić przemiana węglowo-tlenowa.)

Życie ogrodu toczyłoby się przez całą wieczność według tego schematu, gdyby nie ciekawość i spostrzegawczość „Kogoś". Od czasu do czasu badał on próbki Luszu dostarczanego przez jego ogród. Nie miał ku temu właściwie żadnego innego powodu poza tym, że zachował jeszcze resztki zainteresowania swoim planem.

Dokonując analizy jednej z próbek, „Ktoś" niedbale sprawdzał emanację Luszu i już miał włożyć próbkę z powrotem do zbiornika, gdy nagle uświadomił sobie Różnicę. Była wprawdzie bardzo niewielka, ale jednak była.

Natychmiast się tym zainteresował. Jeszcze raz sprawdził próbkę. Pośród emanacji zwykłego Luszu wyczuwało się słabe promieniowanie Luszu oczyszczonego, wydestylowanego. To było wprost niemożliwe. Przecież czysty Lusz można było otrzymać dopiero po wielokrotnej obróbce jego naturalnych zasobów. Lusz pochodzący z ogrodu „Kogoś" wymagał przed użyciem takiego samego potraktowania.

Ale fakt pozostawał faktem – próbka rafinowanego Luszu wykazywała tak czyste promieniowanie, że nie należało jej mieszać z substancją w stanie surowym, nieprzetworzoną. „Ktoś" powtórzył badanie. Rezultat był identyczny. A więc w jego ogrodzie działo się coś, czego nie zauważył.

„Ktoś" szybko opuścił „Gdzieś" i powrócił do ogrodu. Na pierwszy rzut oka wszystko wyglądało tak samo jak przedtem. Trwałe podłoże i gazowa powłoka ogrodu tworzyły bezkresny, zielony dywan refleksów odbijających się od rosnących okazów Drugiej Hodowli. Modyfikacje Pierwszej Hodowli rozwijały się w płynnym środowisku zgodnie z Prawem Akcji i Reakcji (wchodzącego w zakres Prawa Przyczyny i Skutku). „Ktoś" nie zauważył źródła destylowanego Luszu ani na terenie Pierwszej, ani Drugiej Hodowli.

Pierwsze wibracje rafinowanego Luszu (już przetworzonego przez roślinność Drugiej Hodowli) dotarły do „Kogoś" od jednego z okazów Hodowli Czwartej. Błysk promieniowania powstał podczas niezwykłego zachowania się tego osobnika – walczył on na śmierć i życie z innymi osobnikami Czwartej Hodowli. „Ktoś" dobrze wiedział, że taka akcja nie mogłaby spowodować uwolnienia destylowanego Luszu, zaczął więc szukać przyczyny owego zjawiska.

I w tym właśnie momencie odkrył Różnicę. Jednostka Czwartej Hodowli nie walczyła o resztki pokarmu, jakie pozostały ze słabszej jednostki tej samej Hodowli, ani o smakowity liść z drzewa Hodowli Drugiej. Nie walczyła też w obronie własnego życia z atakującą ją jednostką Czwartej Hodowli.

Walczyła natomiast, by ocalić życie trzech swoich nowo narodzonych „dzieci", które oczekiwały na rezultat walki skulone pod dużym okazem Drugiej Hodowli. Nie ulegało wątpliwości, że to było właśnie przyczyną powstawania błysków destylowanego Luszu.

Podążając tym tropem, „Ktoś" posprawdzał, co robią w ogrodzie pozostałe osobniki Czwartej Hodowli i stwierdził powstawanie podobnych błysków w momencie, gdy inne stworzenia walczyły w obronie swoich „młodych". Wciąż jednak coś tu się nie zgadzało. Gdyby wszystkie żyjące w tym momencie egzemplarze Czwartej Hodowli podjęły taką akcję, to suma powstałych w jej efekcie rozbłysków destylowanego Luszu nie dałaby nawet połowy tego, co znajdowało się w próbce wyjętej ze Zbiornika. A więc musiała istnieć jeszcze inna przyczyna powstawania rafinowanego Luszu.

„Ktoś" krążył nad ogrodem, systematycznie przeszukując każdy jego zakątek. W końcu zlokalizował źródło promieniowania wysokogatunkowego Luszu. Szybko udał się w tym kierunku.

I rzeczywiście – w pewnej części ogrodu, pod dużym liściastym okazem Drugiej Uprawy, stała samotnie jedna z eksperymentalnych Modyfikacji Czwartej Hodowli, tych, które miały w sobie Jego Cząstkę. Nie była „głodna". Nie popadła w konflikt z inną jednostką Czwartej Uprawy. Nie walczyła w obronie swoich „młodych". No to dlaczego wydzielała tak dużo destylowanego Luszu?

„Ktoś" przysunął się jeszcze bliżej. Skoncentrował się intensywnie na tym stworzeniu – i już wiedział, w czym rzecz. Było samotne! To właśnie stanowiło powód wydzielania przez nie czystego Luszu.

Gdy „Ktoś" odsunął się, znów zauważył coś niezwykłego. Zmodyfikowana Jednostka Czwartej Hodowli nagle uświadomiła sobie jego obecność. Upadła na podłoże i zaczęła wić się w dziwnych konwulsjach, wydzielając przezroczysty płyn z dwóch otworów służących do odbioru promieniowania. W tym momencie wytwarzała jeszcze więcej destylowanego Luszu.

To właśnie wtedy „Ktoś" stworzył swoją słynną Formułę DLP[1], którą stosuje się w ogrodzie po dziś dzień.

Rezultat tej historii jest dobrze znany. „Ktoś" włączył do swej Formuły taką zasadę: „...wytwarzanie przez jednostki typu 4M

---

[1] *Destilied Loosh Production* – produkcja destylowanego Luszu (przyp. tłum.).

czystego, destylowanego Luszu jest wywołane przez niezaspokojenie, ale tylko wówczas, gdy niezaspokojenie to wypływa z potrzeb o wyższym poziomie wibracyjnym niż potrzeby zmysłowe. Im większe takie niezaspokojenie, tym większa produkcja destylowanego Luszu..."

Wykorzystując Formułę w praktyce, „Ktoś" wprowadził w swoim ogrodzie drobne zmiany. Są one dobrze znane każdemu historykowi. Wszystkie osobniki podzielił na połowy (aby zrodziło się w nich poczucie samotności, kiedy będą usiłowały ponownie się połączyć, chcąc uzyskać jedność) i zwiększył przewagę okazów typu 4M. To są dwie najistotniejsze innowacje.

Teraz ogród jest fascynującym przykładem wydajnej produkcji Luszu. Nadzorcy już dawno stali się Mistrzami w Sztuce stosowania Formuły DLP. Jednostki typu 4M zdominowały inne gatunki i rozprzestrzeniły się w całym ogrodzie, z wyjątkiem głębszych części środowiska wodnego. Są one głównymi producentami destylowanego Luszu.

W oparciu o doświadczenie Nadzorcy wypracowali całą technologię zbierania Luszu z osobników typu 4M, wykorzystując w tym celu pomocnicze narzędzia. Najbardziej powszechne z nich nazwano miłością, przyjaźnią, rodziną, chciwością, nienawiścią, bólem, winą, chorobą, zarozumiałością, ambicją, poczuciem własności, posiadaniem, poświęceniem, a na większą skalę – narodowością, prowincjonalizmem, wojnami, głodem, religią, automatyzacją, wolnością, przemysłem, handlem, i tak dalej. Nigdy dotąd nie było tak wysokiej produkcji Luszu...

KLIK!

Zamknąłem się i zwróciłem do wewnątrz. Byłem oszołomiony. W pierwszym odruchu pomyślałem, że to jakaś pomyłka, że to nie jest opowiadanie o dziejach Ziemi. BB musiał pomylić to z jakimś innym miejscem, które zamierzał odwiedzić. Jednak gdy ponownie rozwinąłem rotę, stwierdziłem, że jej zawartość w niepokojący sposób pokrywa się z tym, co wiedziałem o historii Ziemi ujętej w kontekście ludzi i zwierząt. Chociaż to, o czym mówiła rota, było oglądane jak gdyby z innej perspektywy. Łańcuch pokarmowy ziemskiej ekologii został dobrze zaprojektowany. Znając prawa Matki Natury, niektórzy nie zadowalający się łatwymi rozwiązaniami filozofowie zastanawiali się nad tym, gdzie w tym procesie jest miejsce dla ludzkiego zwierzęcia. Teraz stało się oczywiste, kto nas zjada! Przedtem były to tylko spekulacje, a obecnie...

BB, który się otworzył, był sfałdowany. *(Uchwyciłeś percept, RAM?)*

Zmatowiałem. *(Tak, uchwyciłem.)*

(W takim razie), ciągnął *(co lusz ma wspólnego z uczeniem się?)*

Otworzyłem się nieznacznie. *(Miałeś już tę rotę zanim przybyłeś na Ziemię?)*

Wygładził się. *(Taka, jaką ci dałem, była w broszurce wycieczki TSI. Razem z setkami innych rot, które dostaliśmy przed wyruszeniem.)*

Otworzyłem się bardziej, ale wciąż byłem spięty. *(Skąd pochodzą te broszury?)*

(No, od... tak, od Kierownika Wycieczki.)

(A skąd on je wziął?)

BB zamigotał. *(Nie mam o tym roty. Po prostu rzucił je nam i rozwinął: „Tu są ciekawe i ekscytujące miejsca, w których się zatrzymamy". Dostałem dobry percept, ponieważ był to ostatni postój, a więc i ostatnia rota, jaką nam dano. Dlatego jest taka wyraźna. Niektóre są zamazane, bo znajdowały się w środku. Ale nie rota dotycząca Ziemi czy też ludzi. Ta jest całkiem zrozumiała, wcale nie pozbawiona sensu.)*

Zesztywniałem. *(A skąd pochodzi Kierownik Wycieczki?)*

BB rozjaśnił się. *(Och, on i cała reszta to skręty z sąsiadującego z nami systemu.)*

(Dlaczego zorganizowali tę wycieczkę dla KT-95?)

Wygładził się. *(To jest rodzaj no... handlu. Cały czas handlujemy z pobliskimi systemami.)*

(A co oni dostają od was?)

Rozjaśnił się. *(Zabawy! Gry! Żaden z systemów oddalonych od nas o cztery skoki w każdym kierunku nie ma tylu gier, co my.)*

Zwróciłem się do wewnątrz i zamknąłem. Nie dawałem już sobie z tym rady. Zacząłem oddalać się. Jeśli rota była prawdziwa... wielkie „Jeżeli"? Ogarnął mnie gniew, zrozumiałem, że jesteśmy ostatnim ogniwem łańcucha pokarmowego, że staliśmy się przedmiotem wielkiego oszustwa. Byłem oburzony na to, że się nami manipuluje, miałem chęć uderzyć w tych, którzy sterują mną... nami... całą ludzkością... którzy biorą coś od nas bez naszej zgody czy pozwolenia. Gdzie podziała się idea wolności? Czy każda nasza myśl została nam narzucona i czy podejmując jakiekolwiek działanie, byliśmy prowadzeni, nie, k i e r o w a n i i k o n t r o l o w a n i tylko po to, by udało nam się wyprodukować więcej luszu? – mniejsza z tym, czym on jest – luszu służącego w miejscu zwanym „Gdzieś" za jedzenie lub paliwo? I co ja mogę na to poradzić? Nawet teraz, gdy już o tym wiem? Zmatowiałem jeszcze bardziej i oddalałem się, oddalałem...

(Hej, RAM!) BB gwałtownie znikał mi z oczu. *(Dokąd idziesz?)*

Powrót do ciała fizycznego nastąpił prawie natychmiast, tak jak w przypadku gdybym nacisnął wyłącznik „panika", czego od dawna nie robiłem. Uczucie silnego zmęczenia, i to zarówno fizycznego, jak mentalnego, sprawiło, że nie sprawdziłem czasu powrotu. Czułem brak energii, nie chciało mi się nic robić. Byłem niezdolny do zaśnięcia. Wstałem, poszedłem do kuchni i przyrządziłem sobie filiżankę kawy. Siedziałem i gapiłem się w nią.

Przez następne dwa tygodnie pozostawałem w stanie silnej depresji, nie miałem energii i chęci do badań. Wydobyłem z siebie tylko to:

Jest już zachód słońca. Guemsey[2] zrobiła już wiele kilometrów, chodząc po całym pastwisku w poszukiwaniu jedzenia. Trawa była dziś bardzo soczysta, ale nie zastanawiała się dlaczego. Tak jak kazał, spokojnie przeszła przez tę bramę, a nie przez bramę znajdującą się po drugiej stronie drogi. On wiedział, że tutaj znajdzie lepszą trawę i dlatego przyprowadził ją w to miejsce, choć nie zdawał sobie z tego sprawy. Robiła tylko to, co jej kazał.

A teraz, o zachodzie słońca, znów nadeszła pora, gdy musi do Niego pójść. Świadczy o tym ból, który odczuwa w podbrzuszu. Tam u Niego, na wzgórzu, jest chłodno i więcej jedzenia. A On usunie ból.

Guemsey idzie na wzgórze i czeka przy Jego domu. Wkrótce brama zostanie otwarta i Guemsey wejdzie na swoje miejsce. A później zje trawę, którą On przed nią położy... Podczas gdy będzie jadła, On usunie ból – i nie będzie go czuła aż do jutrzejszego ranka.

Potem człowiek odejdzie, niosąc białą wodę w okrągłym naczyniu. Guemsey nie wie, skąd wziął białą wodę. Nie wie też, do czego jest Mu ona potrzebna.

A nie wiedząc, nie zaprząta sobie tym głowy.

---

[2] Rasa krowy (przyp. tłum.).

13

TERAPIA WSTRZĄSOWA

Długo nie mogłem pogodzić się z rotą o Luszu. Zawierała tak szokujące informacje, obalające moje dotychczasowe wierzenia i przekonania, że musiałem się z nimi oswoić, przyzwyczaić do myśli o nich. Zajęło mi to wiele miesięcy. Terminu „pogodzenie się" używałem w bardzo szerokim znaczeniu, chcąc pokreślić, że moje reakcje na to, czego się dowiedziałem – poczynając od szoku i odrzucenia, poprzez gniew, depresję i rezygnację, aż do akceptacji – stanowiły pełny cykl zachowań, bardzo podobny do już poznanego i zbadanego przez innych schematu ludzkich reakcji na wiadomość o nadchodzącej śmierci na skutek choroby lub wypadku.

Coś umierało we mnie. Już dawno zrozumiałem, że Bóg mego dzieciństwa nie istnieje, przynajmniej w formie przyjętej przez naszą kulturę. Jednakże całkowicie akceptowałem pojęcie Stworzyciela i stworzeń – wystarczyło tylko rozejrzeć się wokół, by stwierdzić, że wszystko istnieje według celowego, starannie opracowanego planu i przebiega zgodnie z określonym porządkiem. Realizacja tego planu była możliwa dzięki symbiozie, współdziałaniu wszystkich żywych organizmów. Drzewa, których pnie i gałęzie wznosiły się ku górze, dostarczały nam tlenu potrzebnego do oddychania; my zaś, nie zdając sobie z tego sprawy, żywiliśmy je wydalanym przez nas dwutlenkiem węgla i produktami przemiany materii, których z kolei one potrzebowały do życia... poza tym można było zauważyć równowagę całej planety, której zewnętrzne, filtrujące warstwy przepuszczały właściwą ilość światła słonecznego odpowiedniej jakości, warunkującego rozwój żywych organizmów... no i oczywiście istniał łańcuch pokarmowy.

Rota o luszu wyjaśniała to bardzo dokładnie. Co ważniejsze, dawała odpowiedź na pytanie o cel, przyczynę, powód powstania wszystkiego. Odpowiedź była prosta: chodziło o lusz. A więc przyczyna okazała się bardzo prozaiczna, choć tak długo uchodziło to mojej uwagi. Rzeczywiście, produkujemy Coś Bardzo Wartościowego: Lusz. I jeśli uda się nam pokonać emocjonalny sprzeciw, który wzbudza w nas ta koncepcja, to trudno będzie znaleźć w niej słabe punkty. Tłumaczy ona zachowanie się ludzi oraz wyjaśnia historię ludzkości.

Pozostawały jeszcze INSPEKI. Jakie miejsce przypadło im w udziale? Czy są ogrodnikami, czy też zbieraczami luszu? A może nadzorują jego produkcję? To pytanie dręczyło mnie i męczyło przez wiele tygodni, aż wreszcie zdecydowałem, że muszę znaleźć odpowiedź, wszystko jedno jaką.

Pewnej nocy miałem duże kłopoty z zaśnięciem. Potem przespałem może ze trzy godziny i nagle obudziłem się. Poleżałem przez chwilę spokojnie, nie mogąc zdecydować się na wyjście. Mój lęk przed tym, czego mogę się dowiedzieć, był dużo większy niż przypuszczałem. Następnie odłączyłem się z trudem, najpierw od fizycznego, a później od drugiego ciała. Po uwolnieniu się od obydwu ciał zacząłem szukać sygnału naprowadzającego INSPEKÓW, ale go nie było. Początkowo wytrąciło mnie to z równowagi, lecz zdecydowanie i upór wzięły górę. Użyłem identu INSPEKÓW – całej roty, jaką o nich miałem – wyciągnąłem się, skoncentrowałem i rozluźniłem. Nastąpiło krótkie uczucie obracania się, wcale nie odniosłem wrażenia, że przechodzę przez pierścienie, później otoczyła mnie głęboka ciemność – i już stałem bez ruchu. To wszystko. Przyszło mi na myśl, że użyty przeze mnie ident nie był wystarczający. Mogłem stać u bram ich terytorium, ale nie dano mi przepustki na wejście. Nigdy zresztą nie próbowałem tam wchodzić; to zawsze oni wychodzili do mnie. Nie miałem perceptu o ich rzeczywistości/stanie, dlatego docierałem tylko do miejsca spotkań. Ale gdybym skoncentrował się na...

Poczułem przyjazną wibrację. *(Bardzo dobrze, panie Monroe. Ma pan całkowitą słuszność.)*

Rozluźniłem się. Nie było tak źle. W końcu doszedłem aż tak daleko, no i nareszcie przestali nazywać mnie RAM.

(Może wolałbyś, abyśmy użyli identu, pod którym znamy cię najlepiej? Z pewnością jesteś już na to przygotowany.)

(Przygotowany? Imię, które znają najlepiej?... Cóż to za imię?)

(Ashaneen.)

Ashaneen... Zabrzmiało to jak coś znajomego i obcego zarazem. I znów to uczucie wydobywania się z głębokiej amnezji, łagodna cierpliwość istot, które próbowały udzielić mi pomocy podczas przypominania. Ale lusz...

(Wiemy o tym, że doznałeś wstrząsu. Potrzebowałeś tego. Tak miało być, jak byś powiedział.)

A więc rota o luszu była prawdziwa! Zacząłem migotać.

(Interpretacja tego, co się stało na Ziemi a o czym mówi rota – nie jest prawdziwa. Dobrze wiesz, jak trudno dokonać prawidłowej oceny z perspektywy istot nie należących do rzeczywistości czasoprzestrzennej, jak trudno spojrzeć na ludzkie i ziemskie wartości z innego punktu widzenia niż ziemski.)

Zwróciłem się do wewnątrz i skoncentrowałem na rocie o luszu. A więc lusz to energia wytwarzana przez wszystkie żywe organizmy, odznaczająca się różnym stopniem czystości, najpotężniejszą i najbardziej czystą energię wytwarza człowiek, energia luszu powstaje w wyniku ludzkiej aktywności, która wyzwala emocje, czy najwyższa z tych emocji to – miłość? Czy zatem miłość to lusz?

(Dalej, Ashaneen.)

Ale, jak wynika z roty, lusz wydziela się wówczas, gdy kończy się fizyczne życie, gdy powstaje ból, gniew, nienawiść... a przecież te uczucia nie są tym samym, co miłość...

(A co to jest twoim zdaniem miłość?)

Przeczuwałem, że takie będzie następne pytanie i nie mogłem na nie odpowiedzieć. Wszyscy wybitni filozofowie, największe ludzkie umysły próbujące rozwikłać ten problem na przestrzeni dziejów, osiągnęli tylko częściowy sukces, a ja przecież nie mogę się z nimi równać. Nie zamierzałem nawet próbować.

(Ale przecież wiesz, że miłość istnieje. Nie jest iluzją.)

Zostawiłem rotę o luszu i zajrzałem do głębi swego wnętrza, szukając potwierdzenia tego, co przed chwilą usłyszałem. Znacznie łatwiej było to robić z tej perspektywy, a może sprawiała to pomocna energia INSPEKÓW?

To, co zobaczyłem, przypominało harmonijne dźwięki muzyczne – akordy i krótkie melodie, tylko że to wcale nie były dźwięki, a układy barwnego światła. Tym świetlnym wzorom towarzyszyło wrażenie dysharmonii i dysonansu, uczucie radości, podniecenia, wzruszenia i lęku. Zaczynało się to tuż po moim urodzeniu. Dostałem percept pojawiających się od czasu do czasu białych fal... pierwsze napłynęły od mojej matki i ojca, pochodzenia późniejszych, słabszych błysków świtała nie udało mi się ustalić. Poszukiwałem w swoim wczesnym dzieciństwie jakiegoś choćby nieznacznego przebłysku bieli, który sam wytworzyłem i komuś przesłałem. Ku memu przerażeniu znalazłem tylko jeden malutki płomyk przeznaczony dla airedale teriera, którego nazywaliśmy Pete. Byłem pewien, że ta dziewczyna ze średniej szkoły, jakże miała na imię?... Tymczasem żadnej iskierki, ani ze strony dziewczyny, ani z mojej.

(Jest to najczęściej popełniany przez ludzi błąd – utożsamianie z miłością wcześnie pojawiającego się popędu seksualnego.)

W zupełności się z nimi zgadzałem. W dodatku wiedziałem, skąd brało się takie błędne rozumienie. Jasnoczerwone i różowe akordy oraz natrętna melodia wywierały na mnie wrażenie nawet teraz, gdy znajdowałem się w odmiennym stanie świadomości. Nic zatem dziwnego, że głupi skręt, którym wówczas byłem, miał niewłaściwy percept. Przebiegłem wzrokiem lata późniejsze. Tu i ówdzie spostrzegłem mocne, wyraźne białe smugi oznaczające uczucia, z których nie zdawałem sobie wtedy sprawy. Natomiast nie zauważyłem żadnej, choćby zbliżonej do nich fali białego światła, którą ja bym wyemitował. Zasmuciło mnie to. Byłem przygnębiony. Białe światło docierało do mnie, a ja tylko brałem, nic w zamian nie dając. W końcu przerwałem ten przegląd. Nie chciałem się tym dłużej zajmować. Zbyt mała ilość bieli i dużo kolorowych układów melodycznych wskazywały na to, że nie byłem zbyt dobrym producentem luszu. Obecny okres mego życia prezentował się znacznie lepiej. Sporo silnych emisji pochodziło ode mnie. Nie sądziłem, że trwało to aż tak długo!

(Znasz budowę fal. Wszystkie – zarówno białe, jak i barwne są przejawem tej samej podstawowej energii. Różnią się od siebie tylko częstotliwościami i amplitudą.)

Wiedziałem już, czym ONI się zajmują, i doceniałem ich pracę. To, co ujrzałem, dokonując przeglądu wczesnych lat mego życia, nie było zbyt przyjemne, więc przestałem się tym interesować. Zacząłem natomiast rozważać pewne istotne, choć abstrakcyjne twierdzenie. A więc używając tego samego narzędzia wzajemnego oddziaływania na siebie, zaczęliśmy uczyć się wyrażać gniew, ból, lęk oraz inne emocje, a w końcu – jeśli przeszliśmy szkolenie pomyślnie – specjalne fale energetyczne, zwane miłością. Ale zaczynam podejrzewać, że tak naprawdę to nie bardzo wiemy, czym ona jest i jak ją wykorzystać.

(To jest starannie zaprojektowana szkoła intensywnego uczenia się.)

Trzeba nauczyć się wytwarzać lusz/miłość najwyższej jakości. Dość ważny wydaje się fakt, iż ludzie najczęściej nie mają pojęcia o tym, że ich życie służy rozwojowi, że dzięki niemu ustawicznie się uczą. Tylko nieliczni zdają sobie sprawę z pozafizycznego aspektu życia i otwarcie się do tego przyznają. Stawało się to coraz trudniejsze do zrozumienia. Zaczęła mi świtać pewna myśl, aczkolwiek rysowała się bardzo niewyraźnie. Co stałoby się, gdyby krowa odkryła, że jej mleko ma wartość? Jak by się wówczas zachowała? Co by z nim zrobiła, nie mając cielaka do wykarmienia? Czy by je jakoś gromadziła? A może nabyłaby za nie więcej siana lub innego pokarmu? Co by się stało, gdyby odkryła, że człowiek zabiera wytwarzane przez nią mleko? Czy skończyłoby się to buntem? Odmową dostarczania mleka? Ale wówczas nie miałaby pastwiska, obrony przed dzikimi psami, byka w razie potrzeby, a co najważniejsze – obory, w której zostałaby wydojona i pozbyła się bólu. Nie mając poczucia następstwa czasu, nie pamięta, że ból w końcu przechodzi. A może nawet wiedząc o tym, nie chciałaby niczego zmieniać? A zatem: kto o to wszystko dba? Kto o to wszystko dbał?

(Mówiąc waszymi słowami – nie można pokonać maszyny.)

A co dzieje się z tymi, którzy zwyciężą maszynę? Przecież zawsze są jakieś wyjątki, żadna maszyna nie jest doskonała, wyjątek potwierdza tylko regułę. Czy usuwa się ich, przeznaczając do zmielenia na hamburgery? A jeśli tak, to czy hamburger jest najwyższym gatunkiem luszu, czy czymś zupełnie innym? Czy stanowi on część wytworu maszyny, czy też jest rdzą, którą trzeba zeskrobać i wyrzucić?

A jaką rolę w tym procesie produkcji odgrywają małe byczki? Nigdy nie będą produkowały luszu; na każde pięćdziesiąt krów potrzeba tylko jednego byka, a więc małych byczków jest za dużo. Natura – maszyna? Samoczynnie wyrównuje... Wcale nie jest budująca ta wizja nieosobowej dominacji i rozboju. O, percept staje się silniejszy, trzeba się na tym zatrzymać. Do produkcji luszu potrzeba przynajmniej jednego byka. A więc jest on pośrednim producentem luszu, istotnym dla całego procesu. Z tego wypływa wniosek, że również trawa, siano, woda, minerały i w ogóle wszystko, co znajduje się na Ziemi, jest ważne w tym procesie.

(Nie zapominaj o swych falach, o częstotliwościach, które tak bardzo lubisz.)

Zobaczmy więc, jak to wygląda w tej dziedzinie. Jeśli dobry przekaźnik nadaje pewne fale, mogą one rezonować z innymi wibracjami o podobnych częstotliwościach, tworząc złożony układ, który w przypadku fal świetlnych będzie... ależ tak, światłem białym! Wobec tego wystarczy, że będziesz jednym z oscylatorów – wcale nie musisz być urządzeniem początkowym lub końcowym (nadajnikiem bądź anteną). Można samemu nie emitować energii luszu, a mimo to pełnić istotną rolę w procesie jego produkcji. Teraz zrozumiałem, że przegląd wczesnych lat mego życia nie prezentował się aż tak źle, jak mi się wydawało. Dodało mi to otuchy.

(No to czym się jeszcze niepokoisz?)

Mieli rację, bo percept był nadal natrętny. A gdybym tak miał pełny magazyn luszu/miłości, to co bym z tym luszem zrobił? Porozdawałbym go? Ale wówczas powróciłby do mnie z procentem i musiałbym budować następny magazyn, aby gdzieś umieścić wciąż wzrastającą jego ilość. Zaświtała mi myśl. To było tak oczywiste... „Ktoś", Gdzieś". Gdybym tylko mógł...

(Nie jesteś jeszcze gotów.)

Nie jestem gotów do podróży „Dokądś"? Do spotkania z „Kimś"? A gdzie w tym wszystkim umieścić ciebie, mój przyjacielu? Jeśli zdobyłbym się na spytanie...

(Nie jesteśmy ani, jak mówisz, „Kimś", ani nie pochodzimy z „Gdzieś". Nie jesteśmy również nadzorcami Ziemskiego Ogrodu ani ogrodnikami. Nie zbieramy i nie przekazujemy luszu – energii wytworzonej przez ludzi. Nie braliśmy udziału w przygotowaniu programu szkoły intensywnego uczenia się, choć byliśmy świadkami i od początku obserwujemy jej rozwój. W razie konieczności, gdy powstaje blokada w przepływie energii, służymy swoją pomocą, nie naruszając przy tym ciągłości nauki. Nasze współuczestnictwo w tym procesie jest dla nas bardzo ważne: dzięki niemu też się rozwijamy.)

Musiałem zadać to pytanie. Czy...

(„Gdzieś" nie jest tym, co uważacie za niebo. Zostało stworzone tak samo jak inne systemy.)

Wobec tego „Ktoś"...

(Jest stwórcą, który został stworzony. Ty też jesteś stwórcą, który został stworzony. Każdy z was nosi w sobie małą, jak mówisz, rotę tego, kto was stworzył. Mając rotę „Kogoś", waszego stworzyciela, macie tym samym percept stwórcy, który z kolei stworzył „Kogoś".)

Zwróciłem się do wewnątrz. Nawet przyjmując ten punkt widzenia, trudno byłoby nie wyciągnąć logicznych wniosków, które się same nasuwały. Prosty percept mówił mi, w jaki sposób powstało mnóstwo zniekształceń, błędnych pojęć i niewłaściwych ukierunkowań. Już choćby odrobina wiedzy może być niebezpieczna i ludzka twórcza imaginacja, czerpiąc z niej, zrobiła swoje. Gdyby nie było „Kogoś"...

(Nie istniałaby ludzkość.)

Znów wróciłem do idei luszu/miłości. To „Gdzieś" musi być nie lada miejscem, skoro zgromadziło się tam tyle tej energii. Pasuje do wielu wyobrażeń o niebie. Rozmarzyłem się. A może podeszlibyśmy do samego skraju „Gdzieś"? Chciałbym bezpośrednio zetknąć się z tym miejscem, w którym jest tak dużo miłości, czy też odebrać wrażenie takiego stanu. Gdyby tak znaleźć się w pobliżu i poobserwować z odległości, nie wchodząc do środka. To by wiele wyjaśniło...

(To nie jest zbyt wielka prośba, panie Monroe. Możemy coś takiego zorganizować. Proszę mocno się zamknąć...)

KLIK!

...Mimo iż zamknąłem się szczelnie, promieniowanie było tak silne, że ledwie mogłem je znieść... czułem się tak, jakbym spływał potem, dosłownie roztapiałem się... ale to nie było spowodowane gorącem... nie wiadomo dlaczego zacząłem wzdychać i szlochać... wtedy promieniowanie zmniejszyło się, a ja z lekka się otworzyłem. Przede mną stała jakaś istota, osłaniając mnie sobą jak tarczą przed promieniowaniem. Otaczał ją świetlisty krąg wywołany przez promieniowanie, którego źródło znajdowało się za nią. Przypominało mi to obrazy religijne, z tym że obraz, który miałem teraz przed sobą, był żywy i bardzo się różnił od obrazów namalowanych farbami.

(Jesteś na tyle blisko, na ile możesz znieść promieniowanie. Odsuwamy od ciebie większość układów energetycznych, które i tak są tylko pozostałością, przypadkowym przeciekiem, jakbyś powiedział, z głównego zbiornika. Skup uwagę i patrz raczej przez nas niż na zewnętrzną krawędź. Tak będzie lepiej.)

Z wielką trudnością skoncentrowałem się i przeniosłem wzrok na środek postaci... Zrobiło mi się chłodniej i zacząłem się uspokajać... powoli „obserwator", czyli moje racjonalne „ja", zapanował nad emocjami... to było tak, jak gdybym obserwował otoczenie przez ciemną szybę i cały czas usiłował trzymać na uwięzi emocje: wspaniałą, promienną radość, cześć i szacunek. Właściwie stopione były w całość, ale co jakiś czas któraś z nich wysuwała się na pierwszy plan, rozbłyskując na chwilę iskierką... reagując na docierające do mnie wibracje, nie byłem zdolny przeciwstawić się tym emocjom, które ogarniały mnie całego; ledwo nad nimi panowałem. To na pewno jest najwyższe niebo, właściwy dom, miejsce do którego się powraca...

(Obserwuj uważniej. Jesteś w stanie to zrobić.)

Patrzyłem przez okopcone szkło tarczy, którą stanowił mój przyjaciel INSPEK, i byłem mu wdzięczny za tę ochronę, ponieważ zdawałem sobie sprawę, że jeśli tak silnie działał na mnie tylko odblask, przeciek promieniowania, to jego pełna moc zniszczyłaby mnie, nie byłem jeszcze przygotowany do zniesienia tak silnych energii, z drugiego brzegu nadchodził chyba jakiś percept... tam, w oddali widniała żywa postać niezwykłej wielkości, w pierwszej chwili wydało mi się, że to wysoki humanoid z wyciągniętymi do przodu rękami i z dłońmi skierowanymi ku górze... ale prawie natychmiast postać zniknęła... zamiast niej ukazała się świecąca kula o niewyraźnych konturach, za nią następna, wyglądająca identycznie, a za nią jeszcze jedna. Nieprzerwana kaskada kul odpływających w nieskończoność, tam, gdzie już nie sięgał mój percept, od każdej kuli rozchodziły się niezliczone promienie światła. Niektóre o ogromnej średnicy, inne nie szersze niż główka szpilki. Wszystkie jednakowo długie. Biegły w dal, ku miejscu, które było poza zasięgiem mojego perceptu. Niektóre przebiegały tak blisko mnie, że czułem, iż mogę wyciągnąć rękę i dotknąć któregoś z nich...

(Chciałbyś to zrobić? Pomożemy ci w razie potrzeby.)

Zawahałem się, a potem świadom zapewnienia ze strony ochraniającego mnie INSPEKA rozciągnąłem się ostrożnie i dotknąłem najmniejszego promienia, który znajdował się najbliżej... Natychmiast przeniknął mnie wstrząs, przeszył mnie całego, to wszystko, czym byłem, i wiedziałem, że o tym zapomnę, nawet jeśli będę chciał zapamiętać, ponieważ to, czym byłem, nie mogło jeszcze pogodzić się z realnością przeżywanego przeze mnie stanu, nie dorastało do zniesienia tej rzeczywistości... i wiedziałem, że już nigdy nie będę taki jak przedtem, nawet jeśli z tej całej przygody zapamiętam tylko tyle, że się w ogóle wydarzyła; wiedziałem, że nieopisana radość z powodu przeżycia czegoś takiego będzie rozbrzmiewać we mnie echem poprzez wieczność, obojętnie, czym ta wieczność jest... poczułem, że łagodnie odsunięto mnie od promienia i osunąłem się za osłaniającym mnie przyjacielem – INSPEKIEM. ...Przyjacielem? INSPEKIEM? Dopiero wtedy zrozumiałem, jak prowincjonalne były moje percepty. Zrozumiałem też, jak były ograniczone... błyszczące kule, promienie światła...

(Bardzo dobrze, jak na pierwszy raz. Powstała dzięki ludziom, wam, energia luszu/miłości zostaje przetworzona w centrum tego, co widziałeś. Stamtąd jest przenoszona – za pośrednictwem tego, co nazwałeś promieniami – do miejsc, w których jej najbardziej potrzeba. Gdy będziesz bardziej zaawansowany, zaprowadzimy cię do jednego z nich, abyś mógł zobaczyć rezultaty.)

Mój percept był zbyt słaby, by pokazać mi skutki pełnej mocy działania takich promieni. Wygładziłem się trochę. Jednakże moja ludzka ciekawość nie chciała pozwolić na to, aby to najważniejsze pytanie pozostało bez odpowiedzi.

(To było stworzone. Zawsze istniało. Nie mamy perceptu o jego powstaniu. Czy już jesteś gotów do powrotu?)

Zwróciłem się do wewnątrz i mocno zamknąłem.

KLIK!

...Znów znajdowaliśmy się w znajomej ciemności, tylko że tym razem wydawała się pusta; wciąż jednak czułem obok siebie energię INSPEKA... będę musiał wymyślić dla nich nowy ident, jeśli tak długo spokojnie znosili...

(Równie dobrze może pozostać INSPEK.)

Jednak nie mogłem tego tak zostawić. Byłem wstrząśnięty. Wiedziałem, że muszę zapytać, gdyż przekonałem się, że był większy niż sądziłem, lecz jak dalece...

(Zostaliśmy stworzeni, tak jak i ty. Co więcej, ważne jest byś dowiedział się o tym na podstawie własnego perceptu. W odpowiednim – zaraz, jak mówicie? – czasie poznasz tę przyczynę.)

Nagle poczułem silny, natarczywy sygnał dochodzący z tyłu. Początkowo broniłem się przed nim, nie chcąc wracać, ale sygnał wciąż naglił. Czując ciepłe wibracje zrozumienia płynące od mego przyjaciela INSPEKA, odwróciłem się i podążyłem za sygnałem. Natychmiast znalazłem się nad ciałem fizycznym. Pode mną było też moje drugie ciało. Wszedłem w nie bez problemu, potem wsunąłem się do ciała fizycznego. Prawe ramię zdrętwiało mi z powodu złego krążenia krwi, gdyż leżałem na nim przyciskając je sobą. Poruszyłem kilkakrotnie ramieniem, rozważając, jak nieraz przedtem: A gdybym nie dostał sygnału do powrotu, to jak długo przebywałbym poza ciałem? Czy już bym do niego nie wrócił? I właśnie wtedy, gdy tak leżałem w ciemnościach, słuchając śpiewu lelka i cykania nocnych świerszczy za oknem, wdychając unoszący się w powietrzu słodki zapach ziemi, czując ciepło ciała naszego psiaka Parowca śpiącego smacznie w moich nogach i równy oddech leżącej obok mnie Nancy – poczułem wilgoć na policzkach i resztkę łez w oczach.

I pamiętałem. Wprawdzie niewiele, ale pamiętałem! Usiadłszy na łóżku, chciałem zeń wyskoczyć i krzyczeć z niepojętej radości. Parowiec podniósł łeb, popatrzył na mnie uważnie i wrócił do poprzedniej pozycji. Moja żona poruszyła się, gdy usiadłem, a po chwili słychać było jej miarowy oddech. Nie chciałem jej budzić – potrzebowała odpoczynku.

Leżałem i rozpamiętywałem. Zbliżał się już świt, gdy i ja zasnąłem.

14

KRÓTKA LEKCJA

Czas: 3.40 rano... obudziłem się wypoczęty, odprężony, ze świeżym umysłem, bez trudu wyszedłem z fizycznego, a następnie z drugiego ciała i czekałem na sygnał. Nie było go, więc pozwoliłem, by działanie przejęła moja całkowita jaźń. Nastąpił szybki ruch o niezbyt dużym zasięgu – i oto znalazłem się obok BB. Obecnie mój przyjaciel całkowicie różnił się od perceptu, jaki o nim miałem. Był mocno zamknięty i matowy. Cienka zewnętrzna mgiełka Strefy Przejściowej czyniła go jeszcze mniej wyraźnym.

Próbowałem niedbale się wygładzić. *(Cześć, stary, jak leci?)*

BB trochę się otworzył. *(O, cześć RAM.)*

(Myślałem, że będziesz chciał wrócić na KT-95.)

Zmatowiał. *(No pewnie.)*

Wygładziłem się bardzo ostrożnie. *(Co mógłbym dla ciebie zrobić?)*

(Nie... nic.) zaczął się zamykać. *(Chciałem się tylko trochę rozejrzeć.)*

Wyglądał jak ktoś, kto stracił najlepszego przyjaciela, co rzeczywiście wydarzyło się, jeśli spojrzeć na tę całą historię z jego punktu widzenia. No bo jeśli nawet AA w końcu się odnajdzie, to – bogatszy o ludzkie doświadczenie – nigdy już nie będzie taki sam jak przedtem. I o ile BB, spodziewając się odzyskać go takim, jaki był na KT-95, nie zaakceptuje zmiany, która w nim zaszła, to faktycznie będzie można powiedzieć, że utracił przyjaciela.

Spróbowałem podejść go z innej strony. *(Nie możesz tu tkwić bez końca.)*

BB zbladł. *(Bez końca? Co to znaczy?)*

Zamigotałem. *(To jest, no... takie ludzkie określenie.)*

Zaczął wibrować. *(Nic mnie nie obchodzą ludzie i ich wyrażenia.)*

Wyrzuciłem z siebie mocno i bez ogródek. *(Musisz zdobyć trochę rot o ludziach. W przeciwnym razie nie rozpoznasz swego przyjaciela AA, gdy powróci. Nie będziesz miał jego identu.)*

BB wibrował. *(Ależ oczywiście, że będę miał! Takich rzeczy się nie traci.)*

(To nie będzie już ten sam ident. Przypomnij sobie, jak starałeś się go stamtąd wyciągnąć. Nawet miałeś kłopot z jego identem. Zapewniam cię, że to była tylko częściowa zmiana, wówczas znajdował się dopiero na początku drogi, dopiero zaczynał.)

BB zwrócił się do wewnątrz i zamknął. Nagle uświadomiłem sobie, że znów się w to wpakowałem. Co mam z nim teraz zrobić? Nie jest przecież bezdomnym psem lub kotem, którego mógłbym zabrać ze sobą, nakarmić i znaleźć mu dom. To nie miało sensu. A może włożyć go w ludzkie ciało? Ale niby jak? A poza tym on wcale nie zamierzał stać się człowiekiem, nie miał zamiaru ustawić się w kolejce przed Stacją Wejścia. A czy można nauczyć się pływać bez wejścia do wody i zamoczenia się?

BB trochę się otworzył. *(Próbowałem. Byłem tam i wróciłem.)*

Czekałem. Jeżeli mam mu pomóc, to nie należy go ponaglać. Wiedziałem, że będzie mówił dalej, co się potwierdziło.

(Natrafiłem na dziurę. Była całkiem pusta. Czy spotkałeś się z czymś takim?)

Sfałdowałem się. *(Tak, znam to. I pozostanie pusta, bo jest przeznaczona dla pewnego skręta. Nikt inny nie będzie tam pasował.)*

(Słowo daję, AA był fajnym skrętem, tylko na swoje nieszczęście zbyt ciekawym. I zobacz, dokąd go to zaprowadziło.)

Znów się sfałdowałem. *(Zdarza się.)*

Już miałem się odwrócić i niepostrzeżenie wycofać, ale nie zdążyłem. Coś mnie tknęło, że BB dojdzie do jakiegoś wniosku i że będzie to miało związek ze mną. I nie myliłem się.

BB rozjaśnił się mocno. *(Ty możesz to zrobić!)*

(Co zrobić?)

(Dać mi roty o ludziach. Wtedy będę przygotowany na spotkanie z nim.)

Zamigotałem. *(Nie wiem, od czego zacząć.)*

(Pokaż mi, jak to działa.)

(Jak mam to zrobić? Musiałbyś być człowiekiem.)

(Nie, nie, nie będę) uciął szybko. *(Ty przecież poruszasz się, nie używając ciała fizycznego.)*

(No tak, ale...)

(RAM, ty i ja rozumieliśmy się od samego początku. Zupełnie jak starzy przyjaciele. Twój ident mam dobrze zakodowany. A więc zostań Przewodnikiem Wycieczki – krótkiej i nie zajmującej dużo czasu. Co ty na to?)

Wygładziłem się. *(Podczas jednej krótkiej lekcji mam ci pokazać, jak to jest być człowiekiem?)*

Pojaśniał. *(No właśnie.)*

Dobre sobie. To było prawie tak, jak gdyby ślepy miał prowadzić kulawego. Jedyna rzecz, jaką mogłem zrobić, to przybliżyć mu pojęcie o tym, co uważałem za najważniejsze, pokazać mu... ależ tak! Pokazać. Dzięki temu powinien zrozumieć.

Otworzyłem się. *(No, dobrze. Dla człowieka najważniejsze jest przeżycie – instynkt zachowania życia. To największy percept, większość ludzkich zachowań wywodzi się z tego instynktu.)*

Zbladł. *(A co to jest instynkt zachowania życia?)*

(Pragnienie życia, chęć pozostania przy życiu.)

(I gdzie tu problem? Jesteś żywy, to i pozostajesz żywy.)

Wygładziłem się. *(Ale nie wtedy, gdy żyjesz w ciele fizycznym. Dla wielu osób pozostać żywym znaczy pozostać w fizycznym ciele, nic ponadto. Większość swej energii ludzie zużywają na to, by w taki czy inny sposób zachować życie. W tym tkwi przyczyna większości ludzkich problemów. Instynkt samozachowawczy jest tak silny, że wszystko komplikuje, wszystko gmatwa. Koniec wykładu.)*

BB zakołysał się. *(Daj spokój. Jeszcze nigdy nie spotkałem się z tak niedorzeczną rotą.)*

(Ale to wcale nie jest śmieszne, kiedy się w tym tkwi. Gdy się jest człowiekiem i żyje w fizycznym ciele, to uważa się takie życie za jedyną rzeczywistość.)

Kołysał się w dalszym ciągu i zrozumiałem, że jest tylko jeden sposób, aby zrozumiał, na czym to polega. Trzeba mu pokazać. Zabrać go na plażę i pokazać pływających...

(Ruszamy, idź za moim identem.)

BB pojaśniał. *(Dobrze, RAM!)*

Odwróciłem się, zrobiłem półobrót i zacząłem przechodzić przez pierścienie, a mój nowy przyjaciel z KT-95 podążał tuż za mną. Zostawimy na razie duże aglomeracje, zaczniemy od spraw podstawowych... z dala od cywilizacji... środkowa Azja, tak... to będzie dobre... zatrzymałem się nad wzgórzem porośniętym z jednej strony rzadkim lasem. Na skraju lasu przycupnął jakiś człowiek. Zwróciłem na niego uwagę BB, który stał przy mnie. Coś, co wyglądało na małego jelenia, pasło się w trawie niedaleko człowieka. Mężczyzna podniósł strzelbę, wycelował i wystrzelił. Jeleń upadł i wierzgnął nogami. Wtedy człowiek odrzucił mu głowę do tyłu i poderżnął gardło nożem. Trysnęła krew, jeleń zwiotczał. Myśliwy zarzucił zwierzę na ramię i poszedł brzegiem lasu w kierunku kamiennego domku. Kiedy szliśmy za nim, BB mnie trącił.

(Słuchaj, ten człowiek, on zabił to drugie zwierzę.)

Sfałdowałem się. *(Tak.)*

(A dlaczego to zrobił? Niewiele ma to wspólnego z zachowaniem życia!)

(Nie jest to zachowanie życia jelenia, zwierzęcia... no, tego drugiego stworzenia. Człowiekowi potrzebne jest jego ciało.)

BB pobladł. *(A co on chce z nim zrobić? Ma już przecież ciało.)*

Wygładziłem się. *(Potrzebuje go, aby przeżyć. Jest mu potrzebne do jedzenia.)*

(Jedzenie! Co to jest jedzenie?)

(Jest to coś, co człowiek wkłada do własnego ciała, by dostarczyć mu energii potrzebnej do życia. To właśnie nazywamy jedzeniem.)

(A to drugie stworzenie, ten... jeleń, nie przeżył, nie pozostał żywy... fizycznie. Doskonale widziałem, jak opuszczała go energia.)

A więc teraz wykład. *(Ludzie są najważniejszymi stworzeniami żyjącymi na Ziemi. Określamy ich mianem dominującego gatunku. Znajdują się na szczycie tego, co nazywamy łańcuchem pokarmowym. Jedzenie jest tym, czym się żywimy. Małe stworzenia są zjadane przez większe, te z kolei przez jeszcze większe, aż dochodzimy do człowieka. On nie jest największy, ale najsprytniejszy, dlatego stanowi gatunek dominujący. Je prawie wszystko, co rośnie.)*

Gdy postępowaliśmy za człowiekiem idącym do kamiennej chatki, BB zwrócił się do wewnątrz. Migotał. Mężczyzna zdjął ciało zwierzęcia z ramienia i powiesił głową w dół na stojaku przed wejściem. Potem wszedł do środka.

BB zamigotał. *(Czy on nie będzie go... no, jadł?)*

(Będzie, tylko później, jak spłynie z niego krew. Musi go najpierw przygotować. Chcesz wejść do środka?)

Właściwie nie miał wyboru, bo już go prowadziłem, przechodząc przez kamienną ścianę. Na środku glinianego klepiska palił się ogień. Przy ogniu było widać trzy osoby: kobietę i dwoje małych dzieci. Kobieta mieszała coś w garnku wiszącym nad ogniem, a dzieci obserwowały ją z wyrazem głodu w oczach. Mężczyzna zdjął ciężkie okrycie, usiadł razem z nimi przy ogniu i wziął miseczkę, którą podała mu kobieta, zaczął jeść – pił z miski i wyciągał z niej kawałki jedzenia palcami. BB popychał mnie natarczywie.

(Co on robi?)

(Je, bierze kawałki jedzenia, wkłada do swego ciała i popija płynem, który wlewa do ciała.)

(Tak, tak, uchwyciłem ten percept, to było przedtem! Zsunął część swego ciała!)

Zbladłem, a po chwili rozjaśniłem się. *(To, o czym mówisz, nie jest jego ciałem, lecz ubraniem. Kawałkiem materiału, który wkłada na siebie, by się ogrzać. Aby utrzymać się przy życiu trzeba zachować odpowiednią temperaturę ciała. Nie może ono być ani zbyt ciepłe, ani zbyt zimne. Należy także chronić je przed zranieniem. Temu wszystkiemu służy ta chata, w której teraz jesteśmy. Pomaga chronić ciało. Natomiast ogień, no, to promieniowanie na środku izby, pozwala ludziom utrzymać w chacie ciepło.)*

Zauważyłem, że BB jest intensywnie skupiony. Był wręcz zafascynowany tym, co widział, nie mógł oderwać wzroku. Zupełnie jak osoba zahipnotyzowana przez kobrę patrzącą jej prosto w twarz. Przyjrzałem mu się, próbując odgadnąć, co z oglądanej sceny dociera do niego jako prawdziwa rota. No bo w jaki sposób wyjaśnić, co to jest ciepło i zimno lub tak prostą rzecz jak gotowanie na ogniu czy też ciągłą troskę o potrzeby fizycznego ciała, komuś, kto go nigdy nie miał? BB znów mnie popychał.

(RAM, RAM!) Wibrował mocno. *(On zabija tę drugą istotę!)*

Odwróciłem się. Mężczyzna odsunął kobietę od ognia i przewrócił na podłogę. Leżał na niej, przyciskając ją swoim ciałem, spletli się mocno ramionami, długa suknia kobiety była zmiętoszona i podwinięta aż do bioder. Kobieta rozsunęła uda i obejmowała nogami talię mężczyzny, wili się gwałtownie na ziemi. Dwójka dzieci spokojnie zajadała, całkowicie obojętna na to, co się dzieje. Ponieważ nie należałem do osób podniecających się oglądaniem takich scen, mogłem patrzeć na to chłodnym okiem.

Wygładziłem się. *(On jej wcale nie zabija. Oni się, no, reprodukują.)*

(Co...?)

(Dodają do siebie swoje dwie energie, aby utworzyć trzecią. Robią swoje kopie, takie, jak te dwa maluchy jedzące przy ogniu. Jestem pewien, że ta dwójka to ich dzieło.)

(Dlaczego to robią?)

(To jest najsilniejszy przejaw instynktu samozachowawczego. Zrobić swoją kopię i przetrwać, żyjąc w niej. Rozmnażanie się stanowi podstawową czynność wszystkich żyjących na Ziemi gatunków, nie tylko ludzi. Rota mówi, że najpierw reprodukujesz, zanim zrobisz cokolwiek innego – zabierzesz się do jedzenia, ochłodzisz się, ogrzejesz, i tak dalej.)

(Ale oni już zrobili dwie kopie.)

(Jeśli wytworzy się więcej kopii, ma się pewną gwarancję, że przynajmniej jedna z nich przeżyje i będzie produkować następne. Jeśli tych dwoje małych umrze lub jeśli zostaną zabite, zanim zrobią swoje kopie, wtedy to trzecie, które te dwie duże istoty właśnie robią, być może będzie żyło dostatecznie długo, aby stworzyć nowe reprodukcje.)

BB zamigotał. *(Dlaczego mieliby umrzeć lub zostać zabici?)*

(To jeden z problemów fizycznego ciała. Łatwiej umrzeć lub zostać zabitym niż przeżyć. Silny instynkt samozachowawczy jest potrzebny do zachowania równowagi. To z kolei stwarza inne problemy.)

(Jakie problemy?)

(Dojdziemy do nich po kolei.)

BB skoncentrował się na znajdującej się poniżej parze, która skończyła akt seksualny i powróciła do jedzenia przy ognisku.

(No, a tych dwoje dużych – oni nie są jednakowi?)

(To ludzie, ale nie tacy sami. Przypomnij sobie tę rotę, gdy spotkałeś AA – chciał wrócić i być kobietą. I w następnym wcieleniu został kobie-

tą. Ludzie są albo mężczyznami, albo kobietami. Potrzeba mężczyzny i kobiety, by nastąpiła reprodukcja, aby zrobić kopię.)

BB zwrócił się do wewnątrz, a potem otworzył. *(A ty kim jesteś?)*

(Mężczyzną.)

(Czy byłeś kiedyś kobietą?)

(Nie mam żadnej roty na ten temat, więc myślę, że nie.)

Otworzył się bardziej. *(Nic takiego nie istnieje na KT-95. Nigdy nie przyszło mi na myśl, aby zrobić swoją kopię. To jest wręcz fascynujące!)*

Przerwałem mu. *(Taka reprodukcja nie jest twoją dokładną kopią, to fizyczna mieszanina dwojga osób. Ty wprawdzie masz nadzieję, że to będzie twoja kopia, ale w rzeczywistości nigdy tak nie jest. To jest tylko fizyczna powłoka. Skręt, który w nią wchodzi, może być zupełnie inny niż ty, niż ci, którzy zrobili reprodukcję.)*

BB zakołysał się. *(Nie przejmuj się, RAM. Nie jestem tym aż tak zafascynowany.)*

(Wydaje mi się, że na człowieczeństwo dały się nabrać nawet mocniejsze od ciebie skręty.)

Wygładził się. *(Tym razem nic nie zrozumiałem z tego, co dotyczy instynktu zachowania życia. To musi być dla mnie za mądre. Mogę zrozumieć, co to jest jedzenie, a także co to ciepło i zimno. Ale skoro oni to robią, to i ja bym potrafił. Reprodukowanie się, robienie kopii – ale byłaby zabawa, można z tego zrobić wspaniałą grę!)*

Nie mogłem się powstrzymać. *(Święte słowa. Chodźmy.)*

Zbladł. *(Nie rozumiem. Święte słowa?)*

Odwróciłem się i przeszedłem przez ścianę, pewien, że BB idzie za mną. Chciałem pokazać mu, do czego może doprowadzić wypaczenie instynktu samozachowawczego. Wybrałem miejsce, w którym, jak wiedziałem, nagromadziło się tych wynaturzeń bardzo dużo i łatwo je będzie zaobserwować. BB dostanie prawdziwą rotę. Ident „Nowy Jork", centrum Manhattanu, zacząć od Ulicy Czterdziestej Drugiej Zachodniej. Szybko znaleźliśmy się na poziomie chodnika. Jak zwykle tłoczyli się na nim ludzie. Spacerowali, potrącali się i wpadali na siebie w pośpiechu. Bary, stare kina porno wyświetlające filmy najgorszego gatunku, sklepy z różnościami, studia nagrań, sznur samochodów i ciężarówek na jezdni – przez trzydzieści lat nic się nie zmieniło, tylko nasilił się ruch uliczny, a sklepów, kin i barów było teraz więcej niż kiedyś. Tak, wybrałem właściwe miejsce. BB stał w środku tłumu, niepotrzebnie starając się uniknąć kolizji. Odciągnąłem go z zatłoczonego chodnika na krawężnik.

Zamigotał. *(Skąd oni wszyscy się wzięli?)*

(To miejsce – Nowy Jork nazywają skrzyżowaniem dróg świata. Ludzie przybyli tu zewsząd, wielu z nich mieszka w pobliżu.)

(A dlaczego zebrali się tutaj, akurat w tym miejscu?)

Wygładziłem się. *(Istnieje percept, że w Nowym Jorku możesz znaleźć wszystko, co zechcesz.)*

BB wibrował. *(Nie mogę się w tym wszystkim połapać.)*

(Nowy Jork to jest po prostu taki ident. A ludzie robią to samo, co ten człowiek w lesie. Każdy stara się jakoś przeżyć. Robią wszystko, aby zachować życie.)

BB zamigotał. *(Nie odnoszę takiego samego wrażenia, a szum Wiązki M wprawia mnie w stan rozdygotania. Najgorsze są trzaski! Nigdy czegoś takiego nie słyszałem! Skąd się to bierze?)*

Wygładziłem się. *(Zamknij się trochę, a będzie ci lżej to znieść. Te zakłócenia pochodzą od nas, to my, ludzie, je powodujemy. W końcu udało mi się rozszyfrować ten niesamowicie skrzypiący i skrzeczący dźwięk. To są ludzkie emocje.)*

(Emocje?)

(Nawet nie będę próbował ci tego wytłumaczyć. Aby doświadczyć czegoś takiego, musiałbyś być człowiekiem. Emocje to następny poważny problem po instynkcie samozachowawczym. Sprawiają, że ludzie robią rzeczy, których w rzeczywistości nie chcą robić.)

Zamigotał. Był częściowo otwarty. *(A dlaczego robią taki hałas?)*

Sfałdowałem się. *(Nie zdają sobie sprawy, że to robią.)*

Zwrócił się do wewnątrz i zamknął. Po chwili nieznacznie się otworzył. *(Jesteś człowiekiem, więc jak to się dzieje, że nie wywołujesz takich zakłóceń w Wiązce M jak oni?)*

(Wywołuję, tylko teraz panuję nad tym. Jestem pewien, że przebywając w ciele fizycznym rozsiewam te szumy i trzaski dookoła.)

BB otworzył się i wygładził. *(Dobra. Jeśli ty możesz je znieść, to ja także. No, a co z tym instynktem samozachowawczym?)*

Okręciłem się powoli. *(Wszędzie w pobliżu tego miejsca możesz zaspokoić swoje potrzeby związane z tym instynktem. – Możesz dostać to, co zechcesz, tyle, ile zechcesz, i wtedy, kiedy tylko zechcesz. Po prostu musisz mieć ident tego, czego potrzebujesz i dostajesz to.)*

BB zamigotał. *(Całe, no, pożywienie do, no, jedzenia?)*

(Począwszy od hamburgerów, a skończywszy na najwymyślniejszych rzeczach. Idź, a wszystko dostaniesz.)

(Ciepło i zimno, i... chatę do mieszkania, i to, co nakładasz na ciało?)

(Tu można dostać absolutnie wszystko.)

(A to, co jest związane z robieniem kopii, no... reprodukowaniem się?)

Zacząłem się kołysać. *(Myślę, że to także, jeśli dobrze poszukasz. Z tym, że większość ludzi wykonuje tutaj tę czynność bez robienia kopii.)*

Zbladł. *(A dlaczego miałoby się to robić, skoro nie powstaną kopie?)*

Zamigotałem. *(Według mojego perceptu, potrzeba przetrwania była tak silna, że należało się upewnić, iż każdy gatunek będzie chciał podjąć trud reprodukowania się. A więc zrobiono tak, aby każdy akt reprodukowania się stanowił, no... uciechę.)*

Znów zbladł. *(Uciechę! Ale tamci w chacie nie wyglądali na cieszących się z tego, co robią!)*

Sfałdowałem się. *(Musiałbyś być człowiekiem, aby zrozumieć, w czym rzecz. Tego również nie da się przekazać w rocie. W każdym razie i tę potrzebę wynikającą z instynktu samozachowawczego możesz tutaj zaspokoić do woli.)*

BB rozświetlił się. *(A więc po co to całe zamieszanie? Wszystko gra! Ludzie biorą to, czego potrzebują, jest tego pod dostatkiem, każdy skręt może się nasycić i wrócić tam, skąd przybył.)*

Zwróciłem się do wewnątrz i zamknąłem. Zrobiła się z tego trudna lekcja, i to dla mnie, nie dla niego. Byłem prawie pewien, że to się nie uda. I rzeczywiście – nie wychodziło. No bo niby jak mam mu wytłumaczyć, że wszyscy ludzie większość swego czasu spędzają na robieniu takich czy innych rzeczy, po to, aby utrzymać się przy życiu, że często chcą tę samą rzecz i zabijają się, by ją zdobyć, iż są tak zaprzątnięci tym, żeby zabezpieczyć swą egzystencję, że nie wiedzą, kiedy przestać gromadzić dobra, nawet jeśli mają wszystkiego pod dostatkiem, że ludzie tworzą duże kluby, które nazywają narodami i starają się zniszczyć inne narody stanowiące, jak im się wydaje, zagrożenie ich życia, że to wszystko tak bardzo absorbuje ich myśli i wpływa na czyny, iż zupełnie nie pamiętają o tym, że poza czysto fizyczną egzystencją istnieje jeszcze inne życie...

(Znów przeciekasz, RAM.) BB przerwał mi rozmyślania. *(Masz rację. Nie uchwycę perceptu żadnej z tych spraw. Co to jest praca? Czy mówiąc o zabijaniu, masz na myśli to, że ludzie zabijają się i zjadają nawzajem? A co to znaczy, że nie pamiętają?)*

Robiłem, co mogłem. *(Praca jest czymś, co ludzie robią, by dostać pieniądze, no... energię do płacenia, no... do dawania innym ludziom. W zamian za tę energię otrzymują to, co jest im potrzebne do zaspokojenia życiowych potrzeb.)*

(Energia pieniężna, tak? To musi być coś bardzo mocnego. Nie mam na to identu.)

(I nie możesz mieć. Tylko ludzie posiadają taką energię, ma ona wyłącznie fizyczny charakter. Działa jedynie na Ziemi i tylko pomiędzy ludźmi. Co gorsza, każda grupa ludzi, no... narody...)

(Aha, duże kluby... Na KT-95 mamy kluby gier.)

(Tak, duże kluby zrzeszające wiele osób. Każdy z nich ma własny typ energii pieniężnej i wymieniają się pieniędzmi.)

Wygładził się. *(A więc jeśli potrzebuję jelenia na pokarm, chatę do mieszkania i przykrycie dla ciała, to muszę dać energię pieniężną, by to dostać.)*

(Pracujesz, płacisz i dostajesz.)

Skoncentrował się na przejeżdżających samochodach. *(A te pokrowce? Czy je również można otrzymać w zamian za energię pieniężną?)*

(Tylko w ten sposób.)

(To jest dla mnie zanadto skomplikowane.) Wygładził się całkowicie. *(Gdybym był człowiekiem, odsunąłbym się od wszystkich i tylko robił kopie, nic więcej... Czy to takie śmieszne?)*

Kołysałem się mocno i nie mogłem się zamknąć.

Zbladł. *(Czyżby do tego też potrzebna była energia pieniężna?)*

Sfałdowałem się. *(Na to w końcu wychodzi.)*

Nagle poczułem głośny i wyraźny sygnał naglący do powrotu. Starałem się go odeprzeć i równocześnie przyciągnąć uwagę BB. Musiałem wrócić, ale przecież nie mogłem go zostawić w tym miejscu, nie będzie wiedział, jak się stąd wydostać... jednak sygnał był bardzo natarczywy i nie mogłem nic na to poradzić. Zacząłem się powoli wycofywać. Opierałem się jeszcze przez chwilę, aż w końcu zadecydowałem, że wrócę na Ziemię, zobaczę, o co chodzi, i powrócę tutaj najszybciej, jak będę mógł. Wtedy przyśpieszyłem, dotarłem do drugiego ciała, wsunąłem się w nie szybko, po czym wszedłem w ciało fizyczne. Usiadłem na łóżku i rozejrzałem się po pokoju. Wydawało się, że wszystko jest w porządku, nie miałem pełnego pęcherza, nie zdrętwiały mi ręce ani nogi, nie czułem żadnego bólu. Być może mój powrót spowodowała jakaś przyczyna natury zewnętrznej – dzwoniący telefon, huk odrzutowca lub jeszcze coś innego. Natychmiast pomyślałem o BB stojącym w osłupieniu na rogu Czterdziestej Drugiej i Broadwayu. Zrobiłem krótki relaks, by przygotować się do wyjścia z ciała, lecz byłem zbyt podniecony i nie udawało się. Po jakichś sześciu nieudanych próbach, zasnąłem.

Kiedy obudziłem się, był już ranek. Ponownie próbowałem opuścić ciało, ale o tej porze nigdy mi to nie wychodziło. Dzień spędziłem tak jak zwykle, lecz co jakiś czas przypominał mi się BB. Dobrze wiedziałem, że za to, co się wydarzyło, ponoszę stuprocentową odpowiedzialność. W końcu późnym popołudniem poczułem się na tyle zmęczony, że mogłem się zrelaksować. Poszedłem do laboratorium, zamknąłem drzwi, włączyłem odpowiednie sygnały dźwiękowe i wszedłem do kabiny. Położyłem się na wodnym łóżku, założyłem słuchawki i prawie natychmiast rozluźniłem się. Reszta była już łatwa. Odłączyłem się od ciała fizycznego, wytoczyłem z drugiego ciała, zacząłem rozciągać się i – zatrzymałem. Tuż przede mną stała jakaś postać.

(Hej, RAM, dokąd idziesz?)

Zawibrowałem. *(Jak się tu znalazłeś?)*

BB był bardzo gładki. *(Gdy ciągnąłeś ten krótki skok, poszedłem za twoim identem. Nie miałem zamiaru zostać w tym całym szumie Wiązki M bez ciebie. Tutaj jest znacznie lepiej.)*

(Mam nadzieję.)

(Twoje życiowe potrzeby muszą być bardzo duże, bo masz więcej niż jedną chatę.)

Zamigotałem. *(To nie jest chata, to miejsce, w którym pracujemy.)*

(Będąc tu utworzyłem sobie dobry percept na temat tego, jak wychodzisz z fizycznego ciała. Czy to twoje ciało?)

Zawibrowałem. *(Naturalnie, że moje! Nie wchodzę w ciała innych ludzi.)*

(Dlaczego?)

Zamigotałem. *(No, bo... to nie jest zgodne z zasadami.)*

(Jakimi zasadami?)

(Nie wiem, to nie, no... percept mówi, że tego się nie robi. Sądzę, że nie mógłbym tego zrobić, nawet gdybym chciał.)

(Czy wiesz o tym, że się obracasz i wyginasz przy wychodzeniu?)

Sfałdowałem się. *(Nie mam pojęcia, jak to wygląda z zewnątrz.)*

(Na KT-95 robimy coś podobnego podczas jednej z zabaw, wówczas gdy wchodzimy do innego systemu i wychodzimy z niego. Słuchaj, a co robią te wszystkie skręty w dużej chacie?)

Zawibrowałem. *(Wchodziłeś tam?)*

Wygładził się. *(Trochę się tu kręciłem. Nie udało mi się przyciągnąć twojej uwagi, więc musiałem się czymś zająć. Rzuciłem im kilka rot. Byli zadowoleni. Co oni robią?)*

(Starają się pokonać przyzwyczajenia związane z instynktem samozachowawczym... i na nowo nauczyć się tego, co zapomnieli. To jest szkoła.)

(Nie wiedziałem, że do tego potrzebna jest szkoła.)

Odwróciłem się. *(Powinniśmy dokończyć naszą lekcję, potrzebny ci jest dalszy ciąg.)*

Sięgnąłem i rozciągnąłem się. Skierowałem się w stronę pierścienia położonego najniżej, tuż poza fazą, w której znajduje się świat fizyczny. To była ta najbardziej nieprzyjemna strefa, ale miałem pewność, że jeśli pozostaniemy na górnej krawędzi, to nikt nas nie zauważy i nie będziemy nagabywani. Nie chciałem, by nas zaczepiano. Dla porównania wybrałem ten sam ident: „Nowy Jork, Ulica Czterdziesta Druga". Nastąpił szybki ruch – i już znaleźliśmy się dwa metry nad ulicą.

BB wygładził się. *(O, wróciliśmy tutaj. Jest tak samo, jak przedtem, tylko znacznie więcej ludzi.)*

(Przypatruj się tym, których widzisz najlepiej.)

Otworzył się i oczywiście zauważył zmianę. Wśród osób żyjących aktualnie w ciałach fizycznych kręciło się pełno istot, które zmarły, lecz nie zdawały sobie z tego sprawy. Oto mężczyzna zamierzając zatrzymać taksówkę ruszył z chodnika w jej kierunku i przeszedł przez nią na wylot, a teraz stał patrząc w osłupieniu, jak samochód za samochodem przejeżdża przez jego ciało, a raczej przez przestrzeń, którą to ciało zdawało się zajmować. Szczupły młodzieniec o długich włosach, nie wyglądający na więcej niż osiemnaście lat, starał się zwrócić na siebie uwagę grupy młodych ludzi, którzy stali oparci o zaparkowany samochód. Obchodził ich w koło prosząc o ogień, ale nie reagowali na jego prośbę, gdyż nie mogli go ani widzieć, ani słyszeć. Tęgawy policjant w mundurze paradował przed wystawami sklepów wymachując pałką i zupełnie nie zdawał sobie sprawy, że nikt go nie dostrzega. Elegancko ubrana kobieta w nieokreślonym wieku grzebała w portmonetce w poszukiwaniu bilonu na kupno gazety i bezwiednie przeszła przez ścianę pobliskiego budynku. Starszy mężczyzna próbował wzbudzić zainteresowanie dwóch młodych prostytutek stojących w drzwiach burdelu i zdenerwował się, ponieważ nie zauważały jego obecności. Zobaczył, jak człowiek mający ciało fizyczne wszedł do zakładu i pomachał dwudziestodolarówką przed nosem jednej z dziewczyn, a kiedy panienka prowadziła klienta na górę, podążył za nimi. Stara kobieta szła wolno ulicą, nie widząc nikogo i niczego dookoła, co jakiś czas schylała się, by podnieść peta, lecz jej ręka przechodziła przez niego na wylot. Ciemnoskóry mężczyzna stał zuchwale w samym środku przechodzącego tłumu, na jego twarzy malowała się nienawiść, w ręku trzymał nóż, którym uderzał każdego przechodnia, nie widząc, że nikomu nie robi krzywdy, że nikogo nie rani. W barze naprzeciwko nieogolony stary człowiek starał się podnieść i wypić każdego drinka postawionego przed klientem, a potem wdrapywał się na plecy pijącego i próbował poczuć smak i moc alkoholu, ale bez żadnego rezultatu.

Zwróciłem się do BB. *(Wystarczy ci?)*

Migotał silnie. *(Co się z nimi dzieje?)*

(To ludzie, którzy umarli fizycznie, ale nie zdają sobie z tego sprawy. Znają wyłącznie ludzką egzystencję w ciele fizycznym i teraz starają się ją przedłużyć. Są przekonani, że poza nią nie istnieje nic innego.)

(A czy nie mógłbyś dać im innego perceptu?)

Wygładziłem się. *(Jeśli o mnie chodzi, to kiedy już przejdę na tamtą stronę, zapewne będę pomagał w takich przypadkach. Dla niektórych jest to stałe zajęcie.)*

Zbladł. *(Zajęcie?)*

(Tym się właśnie zajmują – starają się przyciągnąć uwagę takich istot jak te.)

(Czy chciałbyś zobaczyć, do czego może doprowadzić skrajne wypaczenie instynktu przetrwania?)

Zamigotał. *(Oczywiście, że tak, prowadź.)*

Wiedziałem, że był poruszony, ale musiałem doprowadzić tę lekcję do końca. Wtedy będę miał pewność, że zrozumiał, czym są zewnętrzne pierścienie. Sięgnąłem, skierowałem się na ident „stos seksualny" i rozciągnąłem się. Ruch trwał naprawdę krótko. Zatrzymaliśmy się. Znajdowaliśmy się w odległości niecałych trzech metrów od stosu. Stojący obok mnie BB był blady i zamknięty, koncentrował się. Czekałem. Po chwili znów się nieco otworzył. Odwróciłem się od kłębowiska wijących się ludzkich ciał i częściowo zamknąłem. Nie mogłem tego znieść.

BB słabo wibrował. *(Co im się stało?)*

(Umarli fizycznie, ale przynajmniej zdają sobie sprawę, że są teraz inni niż przedtem, a ponieważ sądzą, że w związku z tym za nic już nie odpowiadają, więc pozwalają sobie na wszystko.)

(Ale... co oni właściwie robią?)

(Nie mają żadnych zainteresowań poza reprodukowaniem się, przy czym nie chodzi tu o robienie kopii, lecz samą czynność reprodukowania. Tylko to znają i tylko na tym im zależy. Ciągle próbują to robić, ale nie osiągają żadnej satysfakcji, gdyż do tego potrzebne jest ciało fizyczne, a oni nie mają już fizycznych ciał.)

BB spróbował jeszcze raz się temu przyjrzeć, ale odwrócił się. *(Chodźmy stąd.)*

Chciałem, by rota, którą zdobędzie, była prawdziwa. *(Rozumiesz już, o co chodzi?)*

(Tak, tak, chodźmy stąd.)

Sięgnąłem i rozciągnąłem się, będąc pewien, że podąża tuż za mną. Mknąc, minęliśmy skupiska nieruchomych szarych postaci, które nie należały ani do tego, ani do tamtego świata; były na wpół świadome i oczekiwały, że się coś wydarzy – i jestem pewien, że tak będzie. W tym paśmie szum Wiązki M był bardzo słaby. Zatrzymałem się w środku następnego wewnętrznego pierścienia. Wszędzie wokół nas znajdowały się istoty bardzo przypominające ludzi. Nie wykraczały świadomością poza swą własną rotę i zajmowały się wyłącznie swoimi sprawami.

BB trącił mnie lekko. *(Dlaczego się tu zatrzymałeś? Tutaj też panuje mocny szum.)*

Otworzyłem się. *(Jest duża różnica pomiędzy tymi, a poprzednio przez nas obserwowanymi istotami. Te już zdają sobie sprawę, że nie mają ciał fizycznych, ale poza tym niewiele więcej wiedzą. Zwróć uwagę na tę parę, a zdobędziesz percept.)*

BB odwrócił się. Skoncentrował się na pewnej kobiecie. Sprawiała wrażenie przechadzającej się. Była w średnim wieku, otyła, po twarzy spływały jej łzy... *(Tak mi przykro, tak przykro... mamusia nie miała zamiaru zostawić cię, laleczko, lecz nic nie mogła na to poradzić, ale ja wrócę, wrócę, by ci pomóc, jak tylko będę mogła... Jakoś wrócę...)*

Wskazałem wyglądającego na mniej więcej sześćdziesiąt lat mężczyznę, który nerwowo chodził tam i z powrotem, uderzając pięścią o dłoń drugiej ręki... BB znów się skoncentrował...

(Cholera, cholera jasna! I to właśnie wtedy, kiedy już wszystko ułożyłem i miałem się tym nacieszyć. Cholera! Teraz ona wyda wszystko na ciuchy i podróże, a ja zostałem na lodzie. Muszę jakoś wrócić i odzyskać to. Cholera! Cholera!...)

Zwróciliśmy się w kierunku siedzącego mężczyzny, którego wiek trudno było określić. Patrzył ślepo przed siebie, powoli kiwając głową... *(Nie miałem okazji wyjaśnić, że wcale nie chciałem jej uderzyć. Byłem pijany, po prostu byłem pijany, to wszystko. Co za piekielna sytuacja! I co mam teraz zrobić? Wiedziałem, że zbliża się zakręt... Przecież musi być jakieś wyjście...)*

Naszą uwagę przyciągnęła szczupła dziewczyna ubrana w niebieskie dżinsy. Ręce wsparła na biodrach, rozglądała się wokół zuchwale... *(A niech to! A więc tak wygląda umieranie! Nie widzę żadnego Boga ani aniołów... Wiedziałam, że tak będzie, wiedziałam! Cholera!)*

Ostrożnie poruszaliśmy się wśród tłumu ludzkich istot. Były bardzo różne. Wybraliśmy siwego mężczyznę w średnim wieku. Stał z założonymi rękami i patrzył na mgłę... *(No cóż, zrobiłem wszystko, co mogłem. Zostawiłem im pieniądze w banku, dom w dobrym stanie i do tego ubezpieczony. Trzeba by wymienić prawą przednią oponę w samochodzie. Mam nadzieję, że Ben zajmie się kontraktem z Holmesem. Będzie im brakowało mnie w firmie. Chciałbym zjeść jeszcze jeden obiad u Luigiego, już nigdy nie skosztuję takich frutti di mare...)*

BB obrócił się w moim kierunku. *(Jest mocno zamknięty. Może uda nam się z nim porozumieć?)*

Sfałdowałem się. *(No to spróbuj.)*

Przysunął się do mężczyzny i rzucał mu prosto w twarz małe roty. Za każdym razem mężczyzna wymachiwał ręką, jak gdyby opędzał się od siedzącej mu na nosie muchy. To była jedyna reakcja z jego strony. W końcu BB dał za wygraną i podążył za mną, zanurzając się we mgle pierścienia. Trudno mi było pogodzić się z myślą, że kiedyś tak samo ulegałem HTSI[1], ale wiedziałem, że to niestety prawda. Jeśli nawet miałem o tym rotę, to była ona głęboko schowana. Naturalnie wolałem myśleć, że się od niej uwolniłem.

Przydałby się nam jeszcze jeden postój przed osiągnięciem linii granicznej. Kiedy mgła stała się nieco rzadsza, zatrzymałem się. Wśród czegoś, co wyglądało jak rozpadliny skalne, stała kobieta. Spostrzegła nas i zaczęła krzyczeć. BB cofnął się.

Kobieta zbliżyła się ku nam, wymachując rękami. *(Odejdźcie ode mnie, wysłannicy szatana! To prawda, że grzeszyłam, ale nie więcej niż inni, słowo daję. Nie możecie zabrać mnie do piekła, bo jestem przyzwoitą kobietą. Idźcie raczej po te lafiryndy z Front Street!)*

Nagle zatrzymała się, upadła na kolana i opuściwszy głowę, zaczęła szlochać. *(Proszę, nie zabierajcie mnie do piekła... Proszę was! Chcę być razem z moją córką. Jest gdzieś tutaj w pobliżu. Była taka dobra... Umarła przede mną. Wiem, że nie poszła do piekła... Błagam was, błagam!)*

Robiłem, co mogłem. *(Twoja córka była dobra. Jeśli się uspokoisz, przyjdzie i odnajdzie cię. Myśl o niej, siedź spokojnie i myśl o niej, a na pewno cię odnajdzie. Jak miała na imię?)*

Kobieta przestała szlochać, ale nie podniosła głowy, niezdolna do jasnego myślenia. Powiedziałem pod wpływem impulsu. *(Klara wkrótce cię odnajdzie.)*

Powoli podniosła głowę i otworzyła oczy ze zdziwienia, a ja odwróciłem się i poprowadziłem BB dalej.

BB zwrócił się do mnie. *(Ale ją zaskoczyłeś, RAM!)*

Sfałdowałem się. *(Trafiło się ślepej kurze ziarno.)*

Przybladł. *(Co takiego?...)*

(To jeszcze jedno ludzkie powiedzenie.)

---

[1] *Human Time Spice Illusion* – ludzkiej iluzji czasu i przestrzeni (przyp. tłum.).

Nie zawsze udawało mi się obrać właściwą drogę. Wreszcie wynurzyliśmy się z mgły i wydostali na otwartą przestrzeń. Tu właśnie zamierzałem się zatrzymać. To miał być ten nasz ostatni postój, zanim dotrzemy do linii granicznej. Moim oczom ukazał się następujący widok. Na przejrzystym niebie nie było ani jednej chmurki. Przed nami stał drewniany domek, za domkiem widać było porośniętą lasem górę. Z prawej strony spienione fale błękitnego oceanu uderzały miarowo o skalisty brzeg. Krajobraz przypominał Maine lub Kalifornię, ale to nie było żadne z tych miejsc. To w ogóle nie było żadne określone miejsce.

(Słuchaj, dlaczego się zatrzymaliśmy?) spytał BB.

(Ident „Charlie". To mój przyjaciel. Spróbuj.)

Spróbował i nagle zobaczył to wszystko, co widziałem ja – ocean, wybrzeże, domek, niebo i górę. Zamigotał. *(Czyżbyśmy znów byli na Ziemi?)*

Wygładziłem się. *(Nie, to zrobił Charlie.)*

BB zbladł. *(Charlie... zrobił?!)*

(Często wspomina miejsce, które lubił na Ziemi, więc sporządził jego kopię.)

(Mógł zrobić coś takiego?)

(To prawie jak rota.)

Drzwi domku otworzyły się i wyszedł z nich Charlie. Wyglądał jak zwykle – niski, tłuściutki, z okrągłą twarzą, ubrany w kraciastą koszulę. Tym razem zamiast jasnych kędziorów miał ciemne i proste włosy.

Zbliżył się do nas i podaliśmy sobie dłonie. *(Cześć, Robert, widzę, że znów wyszedłeś.)*

(Cześć, Charlie. A co się stało z twoimi włosami?)

Zamigotał. *(Mam nową przyjaciółkę. Ona woli proste, ciemne włosy, więc je zmieniłem. Jest w domu. Chcesz ją poznać?)*

Spojrzał w kierunku BB. *(Ktoś jest z tobą?)*

Wygładziłem się. *(Tak, to mój przyjaciel.)*

Wpatrywał się w niego intensywnie. *(Dostrzegam zaledwie kontury czegoś.)*

(Przywitaj się z BB.)

Charlie powiedział niepewnie. *(Wprawdzie cię nie widzę, BB, ale cześć! Witaj w Krainie Fantazji!)*

BB zamigotał. *(Cześć, Charlie.)*

Na twarzy Charliego odbiło się zdziwienie. *(Usłyszałem go, usłyszałem go! Usłyszałem go, mimo że go nie widzę!)*

BB zakołysał się lekko. *(A ja cię widzę, Charlie!)*

Charlie zwrócił się do mnie. *(A więc nauczyłeś go techniki OOBE i teraz masz towarzysza podróży. To wspaniale!)*

Wygładziłem się. *(To nie jest całkiem tak, jak myślisz, Charlie. Widzisz...)*

(Wiesz co, Robercie? Musisz nauczyć go lepiej się dostrajać. Nie widzę nawet wyraźnych zarysów, obraz jest tak zamazany i rozedrgany, jak podczas falowania gorącego powietrza na pustyni. Czy wciąż mnie słyszysz, BB?)

BB musiał przechwycić percept Charliego, gdyż Charlie był szeroko otwarty. *(Głośno i wyraźnie, Charlie. Poziom zero, plus minus trzy DB.)*

Charlie wyraźnie się ucieszył. *(Ależ to mój język, BB! Przynajmniej cię słyszę. Powiedz, jak ci się podoba to, co zrobiłem? Musiałem się trochę napracować, aby fale oceanu uderzały o skały jak należy, słowo wam daję. Robercie, przecież lubisz zachody słońca, spójrz na ten.)*

Odwróciliśmy się i popatrzyliśmy na ocean. Jasnobłękitne niebo powoli pociemniało, a na horyzoncie ukazały się rozbłyski czerwieni, oranżu i złota stapiające się w jedną barwę. Na niebie pojawiły się warstwy chmur, co było znakomitym dopełnieniem kompozycji obrazu i stwarzało właściwą perspektywę. Brzegi chmur przybrały różowofioletowy odcień. Przypomniało mi się Oahu na Hawajach.

Charlie zwrócił się do mnie. *(Chyba niezłe jak na pierwszy szkic, co?)*

(W swoim ostatnim fizycznym życiu Charlie był inżynierem elektronikiem) wyjaśniłem BB.

(Sądzę, że nie najgorszym) dodał Charlie. *(Ale to było nic w porównaniu z tym, co można zrobić tutaj. A ty czym się zajmujesz, BB? Pracujesz razem z Robertem?)*

BB zamigotał. *(Jestem z KT-95.)*

Charlie wyglądał na zaskoczonego. *(KT-95? Nie słyszałem o czymś takim. Gdzie mieści się ta firma?)*

Zdecydowałem się nie owijać w bawełnę. *(On nie przybył z Ziemi. Nie jest nawet człowiekiem.)*

Zaniemówił na moment. *(No nie, chyba nie masz zamiaru znów mi czegoś wciskać?!)*

Zaśmiałem się. *(Ale kiedy to prawda, Charlie.)*

Charlie odwrócił się w tę stronę, gdzie jak mu się zdawało powinien stać BB. *(Robert opowiadał mi niestworzone historie o innych światach, o nieznanych nam polach energii, takie różne rzeczy. Zgadzam się z nim co do tego, że na innych planetach poza naszym systemem słonecznym może występować inteligentne życie, ale on ma na myśli coś zupełnie innego. Jestem nawet w stanie zrozumieć, że ludzkie życie może przybrać taką formę jak ta moja obecna egzystencja. A więc wziął ciebie, aby nabrać Charliego. Wystarczyło, że się trochę zdesynchronizowałeś, dzięki czemu wyglądasz bardzo niewyraźnie i już mamy zamierzony efekt – oto Robert przyprowadził ze sobą niezwykłą istotę.)*

BB zamigotał. *(Nie, Charlie, ja nie...)*

(Dobra, kupuję to. Niezły dowcip, nie gorszy od innych.) Zachichotał. *(Powiadasz, że skąd jesteś?)*

(Z KT-95, Charlie.) BB wygładził się. *(Tam jest zupełnie inaczej niż tutaj.)*

(Oczywiście, że jest inaczej. Mogę się o to założyć.) Roześmiał się. *(A co tam robisz? To znaczy ty, osobiście?)*

(Ja, no... gram w różne gry.)

(Jakie gry?)

(Trudno byłoby to wyjaśnić, ale mogę ci jedną pokazać.)

Charlie uśmiechnął się. *(Dobra, pokaż. Jestem chłopakiem z Missouri.)*

Przerwałem im. *(Myślę, że nie powinieneś, BB. My... nie mamy dużo czasu.)*

Charlie roześmiał się głośno. *(Ha, musisz go z tego wyciągnąć. Robercie, no nie? Powinieneś był go lepiej przeszkolić. Wiesz, BB, wydaje mi się, że przybyłeś na Ziemię, aby obronić nas, ludzi, przed nami samymi, by uchronić nas od zagłady nuklearnej lub coś w tym rodzaju.)*

BB zbladł. *(Nie, nie. Byliśmy właśnie na wycieczce TSI i...)*

(Po prostu wybraliście się na wycieczkę, tak?)

(No właśnie. I wtedy...)

(A gdzie jest to twoje KT-95?)

BB zamigotał. *(Wystarczy pociągnąć dwa długie skoki w jego kierunku.)*

Charlie zwrócił się do mnie z uśmiechem. *(Dobra robota, Robercie. W pełni doceniam wysiłek, jaki musieliście włożyć w wymyślenie czegoś takiego. Dostarczcie mi jeszcze trochę rzetelnych faktów, a na pewno wam uwierzę.)*

Uśmiechnąłem się. *(Spróbuję. Ale teraz musimy już iść. Dziękujemy za gościnę. Podobał mi się twój zachód słońca.)*

Podaliśmy sobie z Charlim ręce, a potem on zwrócił się do BB. *(Odwiedź mnie kiedyś, BB. Nie musisz czekać, aż przyprowadzi cię Robert.)*

BB zawibrował. *(Nie muszę?)*

(Nie. Wpadnij, kiedy będziesz miał ochotę. Tylko nie przestrajaj się następnym razem. Wtedy będę cię lepiej widział.)

(A przy okazji), wtrąciłem, *(czy podjąłeś już decyzję co do następnego wcielenia?)*

Wzruszył ramionami. *(Cały czas o tym myślę. Nie śpieszy mi się.)*

(To dobrze. Nie wybierz zbyt pochopnie.)

(No pewnie.)

Wygładziłem się. *(Trzymaj się, Charlie.)* Oddaliliśmy się. Wkrótce znów mknęliśmy wśród mgły. Kiedy zmieniła się jej konsystencja, zdałem sobie sprawę, że mijamy linię graniczną. Od tego miejsca wszystko gwałtownie się zmienia. Zastanowiłem się, dokąd teraz się udać. Wiedziałem, że sunący tuż za mną BB usiłuje poskładać percept, jak to na niego podziałało, ale był zbyt mocno zamknięty. Mnie percept nie był wcale potrzebny. Widziałem, że Charlie zrobił na nim wrażenie. To była następna ludzka istota – wprawdzie niemająca chwilowo ciała fizycznego – z którą mógł porozumieć się bez trudu. Po całym tym bałaganie, jaki panował w dolnych pierścieniach, zjawił się Charlie, który wydawał się całkiem normalny, który wiedział, jak robić różne rzeczy – grać? – w nowy i ekscytujący dla BB sposób, a ponadto Charlie był istotą mającą poczucie humoru bardzo zbliżone do poczucia humoru BB. Istniał tylko jeden mały problem. Gdyby Charlie dostał prawdziwą rotę, nie uwierzyłby, że BB rzeczywiście istnieje.

Uznałem, że na tyle głęboko weszliśmy w zewnętrzny pierścień, iż możemy zatrzymać się, nie mając identu. Mgła stała się trochę rzadsza i niewyraźne dotąd zarysy budynków zaczęły nabierać realniejszych kształtów. Budowle te stały w nieregularnych, dość dużych odstępach od siebie i różniły się pod względem formy. W niektórych przypadkach różnice były znaczne, w innych – niewielkie. Część domów sprawiała wrażenie zbudowanych z kamienia. Większość z nich wieńczyły iglice, wieże, wieżyczki i kopuły – w najprzeróżniejszych konfiguracjach. Niektóre miały ozdobne witraże w okrągłych oknach. Opuściliśmy się i skierowali do wejścia najbliższego domu. W tym momencie w jego drzwiach ukazała się kobieta, która zaczęła schodzić po szerokich schodach. Gdy doszła do ostatniego stopnia, spojrzała w naszą stronę i zatrzymała się. W jej oczach nie było widać lęku, tylko niepewność.

Wypaliłem bez chwili namysłu. *(My nie gryziemy.)* Zareagowała od razu. *(Wcale cię o to nie podejrzewałam. Zastanawiałam się tylko, jak cię zakwalifikować. Mamy tak dużo komitetów. Nie zachowujesz się jak nowicjusz.)*

Uśmiechnąłem się. *(My tylko zwiedzamy.)*

(Nasz kapłan twierdzi, że tutaj nie ma zwiedzających) odpowiedziała zdecydowanie. *(Nie znalazłbyś nas, gdybyś nie wyznawał naszej wiary. To nic złego być nowicjuszem. Zabiorę cię do Telmy. Ona stoi na czele komitetu przyjmującego nowych.)*

Uśmiechnąłem się. *(Nie, dziękujemy. Zatrzymaliśmy się tylko na chwilę.)*

Zdziwiła się. *(Ciągle mówisz „my". Czy chcesz dać do zrozumienia, że nie jesteś jedną osobą? Mamy tutaj wykłady na temat zwielokrotnionej osobowości, prowadzi je dr Frankel. Możesz na nie chodzić.)*

BB wtrącił się. *(Dlaczego ona nie zdaje sobie sprawy z mojej obecności? Charlie był jej świadom.)*

Uśmiechnęła się. *(Co ty... Och, już rozumiem, nazywasz się Charlie Ram, tak?)*

(Niezupełnie) odpowiedziałem. To było interesujące. Zmieszała wibracje BB z moimi, by dopasować je do swojego perceptu.

(Czyż to nie cudowne wiedzieć, naprawdę wiedzieć, że życie jest wieczne?) Rozłożyła szeroko ramiona. *(Och, bardzo dobrze pamiętam, jak się czułam, gdy umarłam i przyprowadzili mnie tutaj, jak ukrywałam swoje wątpliwości. Dlatego rozumiem, co ty teraz przeżywasz. Ale nie martw się. Szkoła niedzielna i lekcje reindoktrynacji wszystko ci wyjaśnią. Dziwi mnie tylko, że przybyłeś tu sam, że nikt cię nie przyprowadził.)*

Musiałem zadać to pytanie ze względu na BB. – Był pochłonięty tym, co się działo. *(Ale to nie jest niebo, prawda? Nie jest to miejsce, w którym przebywa Bóg?)*

Zaśmiała się beztrosko. *(O to samo spytałam na początku, gdy mnie tutaj przyprowadzono. Tylko się nie rozczaruj. Jesteśmy zaledwie u bram nieba. Nasz kapłan, dr Fortune, mówi w każdą niedzielę. Muszę przyznać, że jego kazania są zupełnie inne niż kazania wygłaszane przez wielebnego Wilsona w Lexington, gdzie żyłam w ciele fizycznym.)*

(Czy zamierzasz wrócić?)

Skrzywiła się. *(Masz na myśli powrót do fizycznego życia?)*

Wygładziłem się. *(Tak, właśnie to.)*

Zastanowiła się przez chwilę. *(Jeszcze nie wiem. Dr Fortune wygłasza na ten temat kazania. Mówi w nich, że jeśli się stąd odchodzi, można wrócić na Ziemię lub pójść gdzie indziej.)*

BB powiedział do mnie. *(Słyszałeś, RAM? Ten skręt Fortune zdobył porządny percept!)*

(Masz rację, BB.)

Kobieta gapiła się na mnie. *(Co ty tam do siebie mamroczesz? Tak, sądzę, że dr Fortune ma rację. Ale on jest mężczyzną, a nie skrętem.)*

Pytałem dalej. *(A więc ludzie stąd odchodzą?)*

Uśmiechnęła się. *(O, tak. Co niedziela tracimy wielu z naszej kongregacji. Dr Fortune twierdzi, że tak ma być.)*

(Kiedy kończy się msza, wstają i wychodzą głównym wyjściem. Potem już ich nie widzimy. Znikają, zanim wyjdzie reszta. To jest rodzaj kościelnego rytuału.)

Zastanawiałem się. *(Czy oni w końcu idą do nieba?)*

Była jasna i otwarta. *(Tak przynajmniej sądzi większość w naszej kongregacji. Natomiast dr Fortune zajmuje w tej sprawie ambiwalentne stanowisko. Po zakończeniu każdej mszy odczytuje coś w rodzaju zapowiedzi, podobnie jak wielebny Wilson za mojego życia w ciele fizycznym. Wyczytani wstają i kierują się do głównego wyjścia, tam dr Fortune mówi im coś, czego reszta nie słyszy. Potem śpiewamy hymn i oni odchodzą.)*

(A co ty o tym myślisz? Jak ci się wydaje, dokąd oni idą?)

Zawahała się. *(Nie wiem. Tu wszystko jest inne niż to, czego się spodziewałam, musiałam się wiele nauczyć... jeszcze nie mam zdania na ten temat.)* Roześmiała się. *(Wciąż zadajesz mi pytania. Powinieneś zwrócić się do osób działających w komitecie przyjmującym nowicjuszy. Zaprowadzę cię do... Zaczekaj, dokąd pędzisz?)*

(Musimy, chciałem powiedzieć – muszę już iść. Mam nadzieję, że spotkamy się w niebie) odkrzyknąłem jej w odpowiedzi, unosząc się.

Stała i ze zdumieniem przyglądała się, jak znikamy. W końcu przesłoniła ją mgła. Nieraz zastanawiałem się nad tym, w jaki sposób zrelacjonowała naszą wizytę – jeśli w ogóle to zrobiła. Poruszaliśmy się powoli, a ja starałem się zaplanować odpowiedni przystanek, by dokończyć naszą lekcję. Nie byłem zbytnio pewien, czy udała nam się ta wyprawa. Zanadto się rozdrabniałem, przeskakiwałem od jednego zagadnienia do drugiego, pomijałem zbyt wiele spraw. To nie było odpowiednie zajęcie dla nowicjusza, a przecież nie miałem żadnej wprawy w udzielaniu takich lekcji, robiłem to po raz pierwszy. Poza tym wciąż było we mnie za dużo człowieka. Odpowiedź nadeszła od BB, który właśnie mnie trącił.

(Słuchaj, RAM, idziemy teraz do nieba?)

Zakołysałem się lekko, a potem wygładziłem. *(Jeszcze nie. Mam percept, że nie mógłbym tam pójść, nawet gdybym chciał.)*

(A gdyby tak inni ludzie rzucili mi kilka rot, nie tylko ty? To ma być nauka dla mnie, a ja tylko kręcę się w kółko, wiesz, co mam na myśli? Wracajmy lepiej do Charliego.)

Nie odpowiedziałem mu na to, lecz przyśpieszyłem, gdyż zaświtał mi wyraźny percept. Już wiedziałem, komu mamy złożyć ostatnią wizytę. Podążyłem w kierunku zewnętrznych krańców ostatniego zewnętrznego pierścienia, tam gdzie mgła była bardzo rzadka. W miarę jak zbliżaliśmy się do tego pierścienia, jego obrzeże stawało się coraz jaśniejsze, a gdy przedostaliśmy się do wnętrza kręgu, poświata rozbiła się na pojedyncze, łagodne światła. Emitowały je mieszkające tu istoty. Byli to nauczyciele, pomocnicy, przewodnicy po wewnętrznych pierścieniach. Wszyscy przebywali tu tymczasowo, lecz swoje obowiązki wypełniali z poświęceniem. Miałem na uwadze pewien ident, więc skierowałem się nań, a BB podążył za mną. W chwilę później zatrzymaliśmy się. Zobaczyliśmy grupę istot. Jedna z nich odłączyła się od pozostałych i podeszła do nas. Otaczało ją łagodne światło.

Otworzyłem się. *(Skorzystaliśmy z twojego zaproszenia, Bill, i przyszliśmy cię odwiedzić.)*

Wygładził się. *(Oczekiwaliśmy ciebie, Bob. A to jest twój przyjaciel z KT-95. Witaj BB.)*

BB zamigotał. *(Cześć.)*

Nie było dla mnie wcale niespodzianką, że Bill wiedział o BB i całym splocie wydarzeń. Czasem odnosiłem wrażenie, że wszystkie moje przygody, nie wyłączając tej ostatniej, były od samego początku dokładnie zaplanowane. Wobec tego pozwoliłem, by Bill i BB dogadali się sami, co też zrobili.

Pierwszy odezwał się BB. *(Jesteś tak jak RAM człowiekiem?)*

Bill nieznacznie się zakołysał. *(Zdobyłem dużo ludzkiej roty, BB. Przeszedłem przez ten cały, że tak powiem, młyn. Ale nie mam fizycznego ciała, jak Bob.)*

(Czy dać ci rotę o sobie? Kim jestem i tak dalej?)

(Nie, nie trzeba. Mam dobry percept zarówno twój, jak i twojego przyjaciela AA, i KT-95. Natomiast interesuje mnie uzyskany przez ciebie podczas tej krótkiej lekcji percept ludzkiego życia.)

BB zamigotał. *(Naprawdę chcesz go? Nie jest zbyt pełny.)*

Bill wygładził się. *(Daj mi taki, jaki masz.)*

(A więc... ludzkie życie to najbardziej niejednorodny zespól gier rozgrywanych w obrębie innych gier... z, no, zasadami, które rządzą innymi zasadami, a wszystkie gry są tak pomieszane, że w ogóle nie

wiesz, w którą z nich właśnie grasz. A ponieważ ludzie grają naraz w wiele gier, są tak zaabsorbowani tym, co robią, że zupełnie zapominają, iż wszystko jest tylko grą. Nawet nie wiedzą, dlaczego grają i jak doszło do tego, że zaczęli grać.)

(Dobrze powiedziane, BB.)

(Wiesz, mógłbym teraz wrócić na KT-95 i rozdać wszystkim skrętom każdą część tej zdobytej przeze mnie roty jako oddzielną grę, a dostaliby od tego zawrotu głowy.)

(Pewnie, że mógłbyś.)

BB zamigotał. *(Ale czegoś tu brakuje... a bez tego gra nie jest grą.)*

Bill był bardzo gładki. *(Czego na przykład?...)*

(Jak się liczy punkty?! I kto to robi?!)

(Dobre pytanie.)

BB wibrował. *(A gdzie jest zabawa? Po co masz brać udział w grze, skoro cię to nie bawi? No, a ci wszyscy ludzie, nie wygląda na to, aby choć jeden z nich miał z tego uciechę.)*

Bill sfałdował się. *(Czasem się bawią, niewielu z nich bawi się często, a zaledwie kilku – przez cały czas, ale tych trudno jest odnaleźć. Twój percept nie natrafił na te rzadkie przypadki.)*

BB migotał. *(Jest jeszcze jedno.)*

(Co takiego?)

(To coś, co tak zakłóca Wiązkę M... to trzeszczenie. RAM powiedział, że to emocje. Nie mam najmniejszego pojęcia, czym są emocje. RAM uważa, że aby to zrozumieć, musiałbym być człowiekiem.)

(Emocja to właśnie wyniki, punkty.)

BB pobladł, a ja czekałem na dalsze wyjaśnienia Billa. Też chciałem się dowiedzieć.

Bill mówił dalej. *(Emocja jest tym, co sprawia, że gra wydaje się tak szalona, ale to jest właśnie gra, jedyna gra, w której rozgrywane są wszystkie inne gry. Wynik tych innych gier, czyli energia emocjonalna, zasila wielką grę. Natomiast zadaniem wielkiej gry jest kontrolowanie i rozwijanie energii emocjonalnej aż do momentu, gdy osiągnie ona najdoskonalszy stan, który my, ludzie, niezbyt precyzyjnie nazywamy miłością. I tak to trwa, dopóki nie zakończymy edukacji. Im więcej zdobywamy punktów, tym większą sprawia nam to radość. Większość z nas tutaj, czyli w miejscu, w którym się teraz znajdujemy, wykorzystuje swą energię, by pomagać innym ludziom – wszędzie i tak jak tylko można. W ten sposób poprawiamy ich wyniki, a sami mamy więcej radości.)*

BB zwrócił się do wewnątrz i zamknął. Po chwili znów się otworzył. *(Bill...)*

(Słucham, BB.)

BB zamigotał. *(Nie mam żadnego perceptu – ani tej energii emocjonalnej, ani miłości. Nic a nic.)*

Bill łagodnie wibrował. *(Oczywiście, że masz.)*

(Mam? Jak to?)

(A dlaczego jesteś tutaj? Dlaczego zadałeś sobie tyle trudu, by powrócić z KT-95? Dlaczego... się tu snujesz? Dlaczego zgodziłeś się na tę lekcję z Bobem? Dlaczego po prostu nie wracasz na KT-95, do swoich gier?)

BB całkowicie zbladł, zwrócił się do wewnątrz i zamknął. Nie zauważyłem u niego najmniejszego poruszenia, żadnych oznak wibracji. Bill ostrożnie go „dotknął", ale BB nie zareagował. Nigdy dotąd nie widziałem tak zachowującej się istoty niefizycznej, z wyjątkiem osób, które po śmierci ciała fizycznego popadły w stan oszołomienia. Nigdy też nie byłem świadkiem rozpoczęcia się takiego stanu. Zacząłem wibrować.

Bill delikatnie się otworzył. *(Lepiej już wracaj. Zajmiemy się nim.)*

Zawibrowałem silniej. *(Nic mu się nie stanie?)*

(Przyswaja sobie dużą rotę. Fakt, że nigdy nie był człowiekiem, sprawia, iż odbywa się to... inaczej. Nic mu nie będzie.)

Właśnie pomyślałem, że nie powinienem był zabierać BB na tę wyprawę, gdy Bill powiedział: *(Bob, to ja dałem mu rotę, która go powaliła. Teraz przeżywa stan podobny do tego, który nazywamy szokiem. Wracaj, bo twoja energia słabnie. Zadbamy o BB. Dojdzie do siebie.)*

Odwróciłem się niechętnie, zrobiłem pół obrotu i dałem nura, podążając za identem mego fizycznego ciała. Byłem całkowicie spokojny o BB, ponieważ nie mogło być dla niego lepszej pomocy od Billa i jego przyjaciół, no, może poza INSPEKAMI, ale granica dzieląca jednych od drugich była bardzo, bardzo cienka. Bez komplikacji wszedłem najpierw w drugie, a potem w fizyczne ciało. Wszystko odbyło się spokojnie i zwyczajnie, zapomniałem tylko spojrzeć na zegarek.

Jeszcze przez wiele tygodni i miesięcy rozmyślałem o tej cienkiej granicy.

15

WYCIECZKA W PRZYSZŁOŚĆ

Czas: 2.32 po północy... obudziłem się w pełni wypoczęty, a wtedy dotarł do mnie znajomy sygnał INSPEKÓW, nie był natarczywy, lecz łagodny, ale skąd tutaj... dawało mi to poczucie bezpieczeństwa, więc skoncentrowałem się przez moment, po czym uwolniłem się najpierw od fizycznego, a potem od drugiego ciała... przypominało to dwa powolne półobroty zrobione przez samolot... nakierowałem się na ident i prawie nie czując tego, że się poruszam, znalazłem się wśród INSPEKÓW, w naszym stałym miejscu spotkań. Wiedziałem już, że nie przekroczę tego punktu, nie znajdę się ponownie na ich terytorium, dopóki całkowicie nie pozbędę się ciała fizycznego. Chociaż perspektywa uwolnienia się od ciała na zawsze i dostania się za wrota była niezmiernie kusząca, wierzyłem, że uda mi się opanować chęć, by uczynić coś takiego, przynajmniej na razie.

(Podobają nam się wasze ludzkie określenia. Niektóre są bardzo obrazowe i wieloznaczne. My też uczymy się od ciebie.)

Nadal trudno mi było pojąć, że ONI mogą nauczyć się ode mnie czegoś wartościowego, ale skoro tak uważają, tym lepiej.

(Wielu ważnych rzeczy uczymy się od ciebie, Ashaneen.)

Wciąż miałem w pamięci tę chwilę, kiedy po raz pierwszy uświadomiłem sobie, że nie muszę formułować pytań, gdyż znają każdą moją myśl i pytania, których jeszcze nie zdążyłem wypowiedzieć. Wówczas mnie to speszyło. Uspokoiłem się dopiero wtedy, gdy zdałem sobie sprawę, że z ich strony nie padła żadna opinia na temat moich typowo ludzkich myśli, wierzeń bądź reakcji emocjonalnych. Co za radosna wolność!

(Jednakże nie czułbyś się teraz wolny, gdybyś uprzednio nie doświadczał ograniczeń.)

(Tak, wydaje się, że element porównania jest niezbędny. Bez niego, być może, nie byłoby zmian, a przynajmniej nikt nie zdawałby sobie z nich sprawy.)

(Chyba jesteś już gotów do zmiany świadomości. Możesz teraz ocenić swoje szanse zrobienia tego, co zamierzasz. To nie znaczy, że uda ci się wykorzystać te możliwości na Ziemi, jeśli będziesz działał w pojedynkę. Jesteś bowiem tylko malutką częścią całości, która może powstać wyłącznie przy pomocy i poparciu wielu, wielu innych. Każdy z nich, tak jak i ty, wnosi swój wkład, swoją małą cząstkę do zbudowania tej całości. Ale wysiłek, który właśnie podejmujesz i w efekcie którego wykonasz przypadającą na ciebie część pracy, może pozwoli ci na powrót do domu, gdzie będziesz dzielić się owocami, do których dojrzewania się przyczyniłeś. Właśnie te owoce waszej działalności chcemy ci teraz pokazać.)

Kiedy użyli słowa „dom", poczułem tak silną nostalgię, że zwróciłem się do wewnątrz i zamknąłem. Odezwały się echem wspomnienia – fragmenty roty, której nigdy nie mogłem całkowicie wyrazić: pogoda ducha, silne poczucie przynależności, witalność, o której zapomniałem, uczucie świeżości, rozgrzewającej jasności... ale to nie było jeszcze wszystko. Czegoś brakowało, coś pozostało głęboko ukryte lub ja... Otworzyłem się.

(Pokażemy ci coś, co naszym zdaniem może być dla ciebie ważne. Będziesz to oglądał z pozycji obserwatora, nie uczestnika zdarzeń.)

Wibrowałem i bladłem jednocześnie. Skoro ONI to zaplanowali, to musi być wielka rzecz, lecz nie potrafiłem tak dobrze czytać w ich myślach, jak oni w moich. Co...

(Możemy cię przenieść w przyszłość – w okres po 3000 roku, licząc według waszych norm czasu. Zobaczysz, jak wówczas będzie wyglądała Ziemia, co się na niej zmieniło, jak ludzie wykorzystali swe możliwości. Głównymi mieszkańcami tej planety będą w tym czasie istoty, które nazwaliśmy „nowymi ludźmi"[1]*. Ta nazwa ma podkreślić zmianę, jaka zaszła w ludziach przez te wszystkie lata. W swojej obecnej postaci będziesz tam tylko gościem.)*

Dobrze! A więc to tak! Dotąd odbyłem tylko kilka wycieczek w przyszłość. Sam nigdy bym się nie odważył zrobić tak wielkiego skoku, lecz z nimi...

(Zamknij się mocno. Tak będzie lepiej.)

Byłem bardzo podniecony – cały wibrowałem – więc zwróciłem się do wewnątrz, zwinąwszy się z powrotem w pętlę i zamknąłem się. To będzie prawdziwa rota, nie jakieś tam fantazje czy wyobrażenia tych, którzy obserwują niewielkie zmiany, które zawsze...

KLIK!

Znajdowaliśmy się wysoko nad Ziemią, mniej więcej w połowie drogi na widoczny za nami Księżyc. Ziemia miała nadal błękitno-zieloną barwę, teraz przykrywał ją biały płaszcz chmur, częściowo zasłaniający ląd, nad którym akurat przelatywaliśmy. W miarę, jak wytrwale posuwaliśmy się naprzód, z radością stwierdzałem brak ciemnoszarych i ciemnobrązowych pierścieni. Oznaczało to usunięcie blokady. Doskonale! A więc nie będzie już więcej „powtarzających". Moją uwagę przyciągnęła jakaś nowa osobliwość. Ziemię opasywał pojedynczy pierścień, taki jak pierścienie znajdujące się wokół Saturna. Promieniował i błyszczał, lecz nie był odbiciem Słońca, świecił własnym światłem.

---

[1] Ang.: *humans plus* (przyp. tłum.).

(Zrozumiesz, jaką ten pierścień odgrywa rolę, kiedy się do niego zbliżymy.)

Gdy posuwaliśmy się po obrzeżu pierścienia, nie wchodząc do jego wnętrza, uświadomiłem sobie następną różnicę między nim a pierścieniami sprzed tysiąca lat. Wiązka M była pełna informacji, ale nie zawierała szumu. Nie zawierała szumu! To może oznaczać tylko jedno – człowiekowi udało się w końcu zintegrować! Przemawiał za tym również brak mgły, którą powodował szum Wiązki M. A więc ludzie uwolnili się od bezładu przypadkowych myśli! Dzięki poczynionym obserwacjom zorientowałem się, czego mogę się spodziewać po swojej wizycie.

Zniżyliśmy się na wysokość około trzech tysięcy metrów i zaczęliśmy okrążać Ziemię od strony półkuli północnej, ze wschodu na zachód, w pobliżu 28 równoleżnika, kilka kilometrów od lądu, który wyglądał na Japonię. Morze było lekko zielonkawej barwy, na jego powierzchni majestatycznie unosiły się łagodne fale. W głębinie widziałem ławice tysięcy leniwie płynących wzdłuż wybrzeża ryb – połyskiwały srebrzyście podczas gwałtownej zmiany kierunku. Istotnie, niemało musiało się zmienić, jeśli trzymały się tak blisko brzegu i skoro było ich tak dużo. Widok wydawał mi się znajomy, ale czegoś w nim brakowało. Dokładnie przyjrzałem się powierzchni oceanu i nagle zrozumiałem, w czym rzecz.

Nie było widać okrętów. Wybiegłem wzrokiem daleko poza linię horyzontu – nie zauważyłem żaglowca czy choćby łodzi. Spojrzałem w górę, na niebo upstrzone białymi cumulusami. Nie zobaczyłem na nim samolotów, jedynie mewy i rybitwy mknące wśród przestworzy i nurkujące w ciężkich chmurach. A ponad chmurami nie było już nic. Nie było widać smug, jakie zostawiają za sobą odrzutowce, ani samych odrzutowców.

Minęliśmy wybrzeże i znaleźliśmy się nad Japonią. Na północy królowała Fudżijama; jej biały szczyt lśnił w słońcu. Pod nami rozpościerał się elegancki dywan ułożonych w szachownicę jasnozielonych poletek. Spośród tej zieleni wyłaniały się różnokolorowe kępki – jasnopomarańczowe, ciemnoniebieskie, białe, czerwone – kwitnących kwiatów, krzewów i roślin, które sądząc po ich rozmiarach, musiały stanowić skrzyżowanie tych obydwu. Ten olbrzymi wielobarwny bukiet na jasnozielonym tle tworzył wzór, który mógł być widoczny wyłącznie z lotu ptaka, a przecież nie zauważyłem samolotów. – Zaczął mi świtać słaby percept.

W miarę, jak przesuwaliśmy się na zachód, wciąż uświadamiałem sobie, że czegoś brakuje. Nie było szos ani nawet dróg prowadzących na pola. Nie było budynków i domów, nie było chałup i zabudowań gospodarczych. Rozglądałem się na wszystkie strony – nie było ich nigdzie. Nie było ani miast, ani miasteczek, nie było wsi i nie było linii wysokiego napięcia, nie było samochodów, ciężarówek i rowerów – wszystko to gdzieś zniknęło. Przejrzyste powietrze nie zawierało dymu ani smogu. Nagle błysnął mi percept. Nie ma ludzi! To właśnie ich wciąż wypatrywałem – mężczyzn, kobiet i dzieci. Musiał ich zabrać jakiś straszliwy kataklizm.

(Są tutaj. Jest ich wprawdzie znacznie mniej niż kiedyś, ale nie z powodu kataklizmu. To, co widzisz, zostało zaplanowane.)

Teraz posuwaliśmy się znacznie szybciej w kierunku zachodnim, ponad niekończącymi się szpalerami kolorowych bukietów porozrzucanych wśród zieleni; niektóre z nich były tak wielkie, że sprawiały wrażenie ciągnących się kilometrami. I znów znaleźliśmy się nad wodą – o ile dobrze sobie przypominałem, było to Morze Japońskie – i nadal nie widziałem okrętów na tym tak niegdyś ruchliwym szlaku wodnym. Ponownie pędziliśmy nad lądem – chyba Półwyspem Koreańskim. Tutaj krajobraz tworzył inny wzór: wszędzie rosły wysokie, majestatyczne drzewa nieznanego mi gatunku, mające gałęzie zawinięte do góry... i wciąż ani śladu człowieka czy ludzkiej działalności.

(Twój percept jest – jak byście powiedzieli? – przestarzały.)

Jeszcze nie zdążyłem zwrócić się do wewnątrz, by to przemyśleć, a oto znów byliśmy nad wodą. Przyśpieszyliśmy tempo i ponownie znaleźliśmy się nad lądem. To muszą być Chiny. Pomyślałem, że ponieważ Chińczyków są całe miliony, więc będzie można zobaczyć przynajmniej część z nich. A tu nic. Najwyraźniej nie było żadnego człowieka. Mknęliśmy, a pod nami ciągnęły się, kilometr za kilometrem, ciemnozielone lasy gdzieniegdzie poprzecinane szerokimi rzekami i strumieniami. Od czasu do czasu mignęła polana porośnięta bujną trawą. Gdzie podziały się pola ryżu, który stanowi podstawę wyżywienia ludności?

(Jest ich kilka, ale służą czemu innemu. To rezerwaty ptactwa.)

Ląd pod nami stawał się coraz bardziej nierówny i wkrótce znaleźliśmy się nad górzystym terenem. Gdy przemykaliśmy się między pasmami gór z prędkością podwójnie przekraczającą szybkość dźwięku, nie widzieliśmy bujnej roślinności, tylko połyskujące w słońcu ośnieżone wierzchołki gór. Czułbym się znacznie lepiej na nieco większej, bezpiecznej wysokości – dały znać o sobie dawne nawyki pilota. Wprost na nas pędziła stroma, pokryta śniegiem skalna ściana wysokiej góry.

(Możesz przelecieć przez nią na wylot. Pod tym względem jest tak samo.)

Zbocze było tuż przed nami. W chwili, gdy już, już mieliśmy się z nim zderzyć, zamknąłem się szczelnie. Przez moment czułem, że otacza mnie materia o innej strukturze, ale to szybko minęło. Otworzyłem się i spojrzałem za siebie. Wysokie zbocze znikało już w oddali. Jeszcze nie przyzwyczaiłem się do przenikania przez materię fizyczną! Znów posuwaliśmy się szybko naprzód; teren pod nami stawał się coraz równiejszy, pojaśniała zieleń lasu i było widać coraz więcej niezalesionej przestrzeni. Próbując przypomnieć sobie dane z geografii, pomyślałem, że jesteśmy nad Środkowym Wschodem... tak, zbliżały się piaszczyste, prawie pustynne obszary, gdzie wydobywano ropę naftową. Rozglądałem się we wszystkich kierunkach i widziałem symetrycznie rosnące grupki drzew, lecz nie zauważyłem ani zbiorników, ani rurociągów, ani wież wiertniczych – niczego, co wskazywałoby na działalność człowieka. Albo pola naftowe wypompowano do sucha, albo nie było już zapotrzebowania na ropę.

(Oba percepty są prawdziwe.)

Znów unosiliśmy się nad wodą – chyba Morzem Śródziemnym – coraz wyżej i szybciej, w dole mignął skrawek lądu, którego nie mogłem rozpoznać oraz jeszcze jedna woda, wzburzone fale, to musi być Atlantyk... ponownie ląd, nagle zwolniliśmy i delikatnie wylądowaliśmy wśród trawy na łagodnych wzgórzach. Rozejrzałem się dookoła, próbując odgadnąć, dlaczego zatrzymaliśmy się w tym właśnie miejscu. Tak jakbym je skądś znał. Stałem na pagórku wśród zielonej, gęstej trawy, która była tak równa, jak gdyby dopiero co ją skoszono... nie, nie skoszono jej, ona po prostu tak równo rosła. Za mną wyłaniał się skraj lasu z drzewami o szeroko rozpostartych konarach. Łańcuch błękitnozielonych szczytów górskich, wznoszących się w oddali, tworzył olbrzymie schody prowadzące w górę... Dlaczego zatrzymaliśmy się tutaj, dlaczego akurat w tym miejscu?

(To było ich życzenie. Czekają na ciebie.)

INSPEKI zniknęły i zostałem sam. Kiedy tak stałem, wydawałem się sobie bardzo cielesny. Czułem słońce na twarzy. Lekki, chłodny wietrzyk wichrzył mi włosy. Włosy? Nie powinienem mieć... Czekali na mnie? Rozejrzałem się na wszystkie strony, lecz bez identu... nie, nie, jest jakiś ident i to bardzo, bardzo znajomy... tam, w lesie. Odwróciłem się i zacząłem iść... iść? Przecież do tego potrzebne są nogi. Spojrzałem w dół i zobaczyłem, że rzeczywiście mam nogi, normalne ludzkie nogi, gołe i z bosymi stopami; idąc, czułem pod palcami dotyk trawy. Kierując się ku olbrzymim dębom, dotknąłem reszty mego ciała. Było prawdziwe, fizyczne, pod dłonią wyczuwałem jego ciepło. Przyjrzałem mu się ponownie: to było moje ciało, ciało dwudziestolatka, wyglądające jak sucha tyczka... ach! Nie mam ubrania! To już pewien postęp. Czułem łagodny wiatr na całym ciele i powietrze w płucach. Po raz pierwszy doświadczałem fizycznego ciała w tym stanie świadomości. Ale dlaczego jestem znów kościstym wyrostkiem?... Dotarłem do skraju lasu, zacząłem wchodzić w jego głąb, a wtedy natknąłem się na barierę, na coś, co odrzuciło mnie mocno do tyłu. Zatrzymałem się i rozejrzałem wkoło, próbując zrozumieć, co się wydarzyło, ale percept nie pojawił się. Ponieważ znajomy ident, którego nie mogłem rozpoznać, znajdował się za barierą, spróbowałem jeszcze raz. Trochę ustąpiła, ale nie zanadto – niewidzialna siła była mi znajoma, ale nie potrafiłem zrozumieć, na czym polega zależność identu od bariery. Coś mi umykało.

(Możesz pozostać na łące. Podejdziemy do ciebie.)

Nie usłyszałem dźwięku, co oznaczało, że porozumiewaliśmy się bez słów. A więc udało nam się! Ludzie osiągnęli coś takiego! Dokonaliśmy ogromnego skoku, przechodząc od małpiej paplaniny do komunikacji bezsłownej. Nie mogłem doczekać się spotkania z komitetem powitalnym, niezależnie od tego, kto wchodził w jego skład. Nie czekałem długo. Spoza drzew wyłonili się mężczyzna i kobieta. Stanęli przede mną. Przynajmniej została zachowana ta miła różnica płci. Obydwoje wyglądali na osoby zbliżające się do trzydziestki. Byli atrakcyjni, zgrabni, opaleni; mężczyzna miał jasnobrązowe włosy, a kobieta – ciemne. Uśmiechali się, gdy ich obserwowałem.

Otworzyłem się. *(No, wydaje mi się, że nie zmieniliśmy się aż tak bardzo, jak się spodziewałem. W każdym razie nie pod względem fizycznym.)*

(Przepraszamy za zamieszanie, RAM.) Mężczyzna kołysał się. *(Twój gospodarz zupełnie zapomniał o barierze, a więc jesteśmy zamiast niego.)*

Zbladłem. *(Musisz mnie znać, skoro nazywasz mnie RAM.)*

Ożywił się. *(Tak!)*

(I ty wyglądasz na znajomego. Ident jest zamazany. Wiem, że coś tu nie gra.)

Mężczyzna wibrował i kołysał się. *(Nie uwierzyłbyś, że coś takiego nastąpi za tysiąc lat, ale minęło ich znacznie więcej, więc wreszcie uwierz!)*

Błysnął mi wyraźny percept. Nie mogłem dać temu rady. *(BB!)*

(A niby kto?) zakołysał się BB.

Zwróciłem się do wewnątrz i odnalazłem roty z perceptami bariery, która poprzednio mnie odpychała. Już wiedziałem, kto ma być moim gospodarzem. *(To AA jest wśród drzew.)*

BB otworzył się szeroko. *(Bardzo chciał spotkać cię osobiście. Tak bardzo, że zupełnie zapomniał o barierze. Ale ma percepty.)*

(Czy on wie, czym jest ta bariera?)

Wygładził się. *(No tak, wie. Ale powiedział mi, że sam musisz do tego dojść.)*

Zwróciłem się w kierunku kobiety. Przyciągała mnie – świadomie lub nieświadomie – z taką siłą, że nie mogłem już dłużej stawiać oporu... Jej uśmiech powiedział mi, że robiła to celowo, ale była szczelnie zamknięta, więc uszanowałem jej wolę. Jej ident był silny, tak jak ident BB, znacznie silniejszy... ale zamazany. Jak mogłem zapomnieć o takim istotnym, ważnym...

Uśmiechnęła się figlarnie. *(Wcale nie zapomniałeś.)*

(No, czego chcesz dowiedzieć się najpierw?) włączył się do rozmowy BB. *(Mógłbym ci rzucić swoją rotę, ale to może nie być to, czego się spodziewasz.)*

Zwróciłem się do niego. *(A właściwie, to który jest teraz rok?)*

(Rok? Och... czas. Odrzucili to gdzieś po 3000. Nie potrzebujemy już tego. Co dalej?)

Migotałem. *(Gdzie jesteśmy? Na podstawie przebytej drogi orientuję się, że gdzieś w USA, blisko wybrzeża.)*

BB wygładził się. *(AA sądził, że właśnie tu chciałbyś się znaleźć na początku. Nie ma już Stanów Zjednoczonych. Nie ma stanów, ani krajów, nigdzie ich nie ma. Nie są potrzebne. Ale powinieneś dostać percept tego szczególnego miejsca.)*

Odwróciłem się i rozejrzałem wokół siebie. Znałem skądś to miejsce. Wzgórze, na którym staliśmy, góry na zachodzie... Błękitne stoki gór! Teraz już wiedziałem. Jakże często stawałem na tym wzniesieniu i patrzyłem na ciągnące się na zachodzie pasma gór. A ile razy lądowałem na spadochronie na owych łagodnych wzgórzach. Z tym miejscem wiązało mnie wiele wciąż żywych wspomnień... Budynki, domki, ogrodzenia, drogi – wszystko to zniknęło. A jezioro... Jezioro wciąż było. I drzewa... Było ich teraz znacznie więcej – mnóstwo nieznanych mi odmian, a na wschodzie... w miejscu dawnej czteropasmowej autostrady widać było wodę ciągnącą się aż po horyzont.

(To część oceanu, zatoka. Nazywamy ją jak dawniej Virginia Bay.) BB był bardzo wygładzony. *(Zawsze gadałeś o prawie zmiany. Część z nas hibernuje tutaj, również przez sentyment dla dawnych czasów.)*

Zbladłem. *(Hibernuje?)*

Kobieta nieznacznie się otworzyła. *(Tutaj, pod dębami przechowujemy nasze ludzkie ciała, które tak lubimy.)*

(Co zdarza się niezbyt często.) dodał BB.

Zwróciłem się do wewnątrz. Hibernować... hibernacja. No, tak, czemu nie? To przecież dawne OOBE, tylko na znacznie wyższym poziomie. Ale żeby zostawić ciało pod dębem...

(Otaczamy się wspaniałym BER-em.) odrzekła, uśmiechając się kobieta. *(Jest tak szczelny, że nawet wirus nie da rady się przecisnąć,*

a więc nie dostaną się do jego wnętrza także kleszcze, komary i inne większe stworzenia.)

Rota rozwijała się szybko. „BER", czyli balon energii rezonansowej, który nieudolnie próbowaliśmy wytwarzać, pole energetyczne wokół ciała fizycznego, osłaniające i zabezpieczające to ciało. I nadal są kleszcze, komary, wirusy. A zapewne i niedźwiedzie.

BB uśmiechnął się. *(Oczywiście, że są.)*

Popatrzyłem na niego. *(Co to znaczy „niezbyt często"?)*

Zwrócił się do kobiety. *(Powiedz mu.)*

Kobieta trochę się otworzyła i poczułem, że przyciągające promieniowanie zmniejszyło się. Wiedziałem, że robiła to celowo. Byłem pewien, że wie, iż nie będę próbował sprawdzać jej identu, skoro sobie tego nie życzy. I to też nie uległo zmianie: kobiety wciąż pragną być tajemnicze.

(„Niezbyt często" to mniej więcej dwa razy w tygodniu.) Wygładziła się i obserwowała moją reakcję.

Zbladłem. *(To zupełnie niezwykle, że wszyscy troje jesteśmy tego samego dnia w ludzkich, fizycznych ciałach)* ciągnęła z wyraźną przyjemnością, *(zrobiliśmy to na twoje powitanie.)*

Uśmiechnąłem się. *(W pełni to doceniam, słowo daję.)*

(Pamiętasz, jak zawsze mówiłeś...) Roześmiała się i mówiła dalej. *(Zawsze mówiłeś, że jesteśmy czymś więcej niż ciałem fizycznym. Teraz jest odwrotnie. Ty, to znaczy my, uczymy nowicjuszy, że są czymś więcej niż energią.)*

Zwróciłem się do wewnątrz. To, co usłyszałem od kobiety, znacznie przekraczało moje wyobrażenia, ale jedno się nie zmieniło. Każda odpowiedź wywoływała sto następnych pytań. Powinienem zacząć od...

(Jak zwykle musisz trzymać się wytyczonej linii. No więc, nadal jesteśmy istotami ludzkimi czy też istotami, które są ludźmi. Dobrze mówię?) Spojrzała na BB, który wzruszył ramionami. Tego jesz-

cze nie było. Najwidoczniej AA musiał go pouczyć, by pozwolił kobiecie mówić, przepraszam – komunikować się.

Spróbowałem z drugiej strony. *(Kiedy tutaj pędziliśmy, nie zauważyłem ani jednego domku czy budynku, nie widziałem też dróg, słowem niczego, co wskazywałoby na obecność ludzi. Nie dostrzegłem miast, fabryk, samolotów, samochodów. Jak to właściwie jest?)*

BB roześmiał się. *(Patrzyłeś niezbyt uważnie.)*

Kobieta rozjaśniła się. *(Czy to nie cudowne?)*

Wygładziłem się jeszcze bardziej. *(Rozumiem, że przy takiej pogodzie możecie spać pod drzewami, ale jak sobie z tym radzicie w zimie? Przecież musicie zachować ciepło.)*

(BER w zupełności wystarcza) odpowiedziała. *(Utrzymuje wokół ciała taką temperaturę powietrza, jaką sobie życzysz.)*

(No, a co z jedzeniem? Musicie chyba jeść.)

Podniosła ręce i wyciągnęła je do przodu na wysokość ramion, wewnętrzną stroną ku górze. Zamknęła oczy i przez chwilę stała spokojnie. Potem opuściła ręce i otworzyła oczy. *(To dostarcza ciału energii przynajmniej na tydzień)* westchnęła z zadowoleniem.

Zamigotałem. *(Chcesz powiedzieć, że nie potrzebujecie już pożywienia? Prawdziwego pożywienia?)*

(Och, oczywiście, że nie.) BB znów się wtrącił. Schylił się i spomiędzy trawy wygrzebał garść czerwonej gliny. *(Na co masz ochotę? Może na dziki ryż? To moja ulubiona potrawa.)*

Z zachwytem przyglądałem się temu, co robi... Postanowiłem przyłączyć się do gry. *(Nie, może... Srebrną Królową?)*

BB zbladł. *(Srebrną Królową? Co to za...)*

(Daj, ja to zrobię.) Kobieta wzięła od niego glinę, położyła ją na prawej dłoni i uważnie się w nią wpatrywała. Glina zaczęła wrzeć i bulgotać, zmieniając kolor, aż przemieniła się w kolbę dojrzałej, białej kukurydzy.

Kobieta wręczyła mi kolbę. Kukurydza była gorąca. Ostrożnie włożyłem ją do ust i ugryzłem. To naprawdę była Srebrna Królowa, najsłodsza kukurydza, jaką jadłem, świeża, dopiero co zerwana. Nawet ściekało po niej roztopione masło, nie, to była margaryna. Jadłem łapczywie. Spojrzałem na kobietę. Uśmiechnęła się ze zrozumieniem. Jeśli zaczną przeciekać percepty, poznam jej ident, nawet gdybym tego nie chciał, i nie zachowa swej tajemnicy. Wręczyłem jej kukurydzę. Wbiła w nią zęby. Teraz obydwoje zajadaliśmy ze smakiem.

Przełykając kukurydzę, zastanawiałem się, co się z nią stanie po zjedzeniu. Doszedłem do wniosku, że to właściwie nie ma znaczenia, więc się wygładziłem. *(W porządku, przekonaliście mnie. A co z brakiem dróg i środków transportu? Powiedzmy, że chcemy wybrać się do Japonii. To nie jest taki sobie pieszy spacerek.)*

BB uśmiechnął się. *(W takim przypadku po prostu ciągniemy skok, krótki wariant, ma się rozumieć. Ot, i wszystko. A dlaczego interesuje cię Japonia?)*

(Kiedy lecąc tu, znaleźliśmy się nad Japonią, zauważyłem, że rosnąca tam roślinność tworzy niezwykły wzór.)

Kobieta uśmiechnęła się. *(Prześliczne, prawda?)*

(Wobec tego pierwszy przystanek – Japonia.) powiedział BB. Skierował się do lasu, a kobieta podążyła za nim. *(Zaraz wrócimy.)*

Obserwowałem, jak znikają wśród dębów. Kiedy tak stałem, czekając na nich, zastanawiałem się nad obecnym życiem na Ziemi. Składała się na nie dziwna mieszanina fizycznej i niefizycznej energii. Stwierdziłem, że nie potrafię powiedzieć, gdzie kończy się jedna, a zaczyna druga z nich. Nie było już ostrej linii podziału. Czy to dotyczyło wszystkiego?

(Jesteś gotów?) Odwróciłem się. Przy mnie stali BB i kobieta. Wyglądali inaczej niż przedtem – byli lżejsi.

(Musieliśmy zostawić ciała.)

Nagle coś mi się przypomniało. *(Tylko bez kawałów, BB.)*

Zakołysał się. *(Nie mógłbym tego zrobić. To ona ma ident. My po prostu bawimy się w „idź za przewodnikiem".)*

Skoncentrowałem się na BB i rozciągnąłem.

KLIK!

Szybowaliśmy na wysokości około trzystu metrów. Krajobraz, nad którym akurat się unosiliśmy, przypominał ogromny kwiat lotosu. Jego płatki o zachwycających, jaskrawych barwach rozciągały się kilometrami we wszystkich kierunkach. Poza tym widać było różne odcienie zieleni: od bardzo jasnej świeżego, młodego liścia aż do ciemnej, głębokiej zieleni tropikalnego lasu. Moich dwoje przyjaciół było ze mną.

Kobieta zawibrowała. *(To jeden z najładniejszych.)*

Mogłem naocznie stwierdzić prawdziwość jej wypowiedzi. Otworzyłem się. *(A kto to stworzył?)*

(Grupa osób chcących, by ta okolica zachowała naturalne piękno, by sprawiała wrażenie nie zmienionej przez człowieka. Ten krajobraz już tak wyglądał, gdy zjawiłam się na Ziemi. Teraz inni już tylko go pielęgnują.)

Mój percept był jasny i wyraźny. *(Czy reszta świata, to znaczy Ziemia, wygląda tak samo?)*

(Na Ziemi przywrócono pierwotną równowagę ekologiczną. Wygląda tak, jak w okresie, gdy człowiek jeszcze nie zniszczył środowiska. Wszystko powróciło – każde drzewo, roślina, zwierzę... wszystko.)

(No, a niektóre rzeczy nawet udoskonalono) dodał BB.

(Ale chyba nie cały ziemski pejzaż robi wrażenie olbrzymiego ogrodu?)

(Tylko niewielka jego część.) Kobieta powróciła do głosu. *(Reszta to lasy, pastwiska i prerie. Odtworzono nawet tereny pustynne.)*

Miałem wyraźny percept. Ludzie przejęli pracę Matki Natury, dokonując pewnych ulepszeń. Nie potrzebowałem pytać, jak to się stało. Rota kobiety przemieniającej glinę w kolbę świeżej, słodkiej kukurydzy powiedziała mi wszystko. Jeśli ludzie potrafią tego dokonać... muszę to przemyśleć. Znałem odpowiedź, zanim zdążyłem zadać pytanie.

(Przypuśćmy, że chcemy sobie pospacerować tam w dole. Mam na myśli spacer w ciele fizycznym...) Wygładziłem się starannie. *(Jak moglibyśmy to zrobić?)*

Kobieta zawibrowała. *(Jestem pewna, że pod tymi pięknymi drzewami wiśni leży wiele ciał.)*

Naciskałem. *(I każde z nas mogłoby wejść w jedno z nich, jakiekolwiek?)*

(Oczywiście.)

Musiałem się dowiedzieć. *(No, a przypuśćmy, że wszystkie są już zajęte... że tak powiem.)*

BB nie wytrzymał. *(Możemy zrobić nowe. Nie zajmie to dużo czasu. Chcesz zejść?)*

Zamigotałem. *(Nie, nie, w każdym razie nie teraz. A co z ciałami fizycznymi, które zostawiliście pod dębami? Czy może je zająć każdy, kto zechce?)*

BB zakołysał się. *(Oczywiście, dlaczego by nie?)*

Dlaczego by nie? To wymagało natychmiastowego rozstrzygnięcia. Wyciągnąłem dawną rotę mówiącą o tym, jak istoty pozaziemskie zajmowały ciała naszych eksperymentatorów po to, by porozumiewać się z nami za pośrednictwem ich głosu, jak posługiwały się innymi częściami ciała danej osoby, powodując nawet to, że grała na pianinie... to odbywało się bez najmniejszego uszczerbku dla zajętego ciała, bez komplikacji... rzeczywiście, dlaczego by nie?

Kobieta wygładziła się i powiedziała. *(Nie wiem, czy jest przygotowany.)*

(Pewnie, że jest) stwierdził BB. *(To już teraz duży chłopiec. Dostanie całą rotę naraz. Będzie miał taką frajdę, że eksploduje!)*

(Wróćmy najpierw, tak jak planował AA, do dormitorium) ciągnęła gładko. *(A stamtąd możemy ruszyć dalej.)*

Otworzyłem się. *(Czy mam możliwość wyboru?)*

Zakołysała się. *(Jasne, że masz.)*

Wygładziłem się, powstrzymawszy wibracje. *(A więc zróbmy tak, jak nam radzi. Mam już dosyć twoich żartów, BB. Tylko się nie obraź.)*

Zakołysał się. *(Dlaczego miałbym się obrazić?)*

Kobieta zwróciła się do mnie. *(Zamknij się mocno.)*

Posłuchałem jej.

KLIK!

Płynęliśmy wśród tysięcy białych, świetlistych i wibrujących postaci. Początkowo jasne światło promieniowało tak, że czułem się nim przytłoczony. Pomyślałem o włączniku paniki lub przywołaniu mego przyjaciela INSPEKA. Potem światło stało się mniej intensywne i poczułem docierające do mnie zewsząd ciepło zrozumienia. Wiedziałem, że towarzyszące mi istoty celowo złagodziły swe wibracje, by dostosować je do mojego poziomu tolerancji. Zastanowiłem się, jakim jestem dla nich identem... pewnie kawałkiem matowoszarej mgły.

(Witaj w dormitorium zreformowanej szkoły intensywnego uczenia się.) To był niewątpliwie ident BB.

(AA zadecydował, że najlepiej używać nazwy „dormitorium". Nie wiem, co to znaczy.)

Odebrałem delikatny, wciąż niewyraźny ident kobiety znajdującej się z mojej drugiej strony. Była tak samo świetlista i błyszcząca jak inne postacie wokół nas. Wiedziałem, że jest człowiekiem – czy aby na pewno? – a więc i pozostałe jaśniejące blaskiem istoty musiały być ludźmi.

Otworzyłem się tak szeroko, jak tylko umiałem. *(Co to za miejsce?)*

(Minąłeś je, gdy zbliżaliście się do Ziemi.) Kiedy to mówiła, przypomniałem sobie świecący pierścień. *(W tym miejscu zatrzymujemy się na jakiś czas, dopóki nie postanowimy...)*

Urwała i zamknęła się. Starałem się wygładzić. *(Dopóki czego nie postanowicie?)*

Otworzyła się nieznacznie. *(Ja, no... zakończyć naukę.)*

Zostawiłem to na razie. *(A co robicie poza tym?)*

Zakołysała się lekko. *(No, po pierwsze produkujemy i zbieramy... jak mówisz?... lusz. Zupełnie jak pszczoły i krowy. Tylko że teraz wiemy, co robimy i w jakim celu. I jesteśmy zadowoleni z tego, co robimy.)*

Zwróciłem się do wewnątrz i zamknąłem. Zrozumiałem, co powiedziała, ale przez te tysiąc lat nastąpiły tak ogromne zmiany, że aż trudno było w nie uwierzyć. Ale odbywając tę wycieczkę w przyszłość, wszędzie dokoła widziałem świadectwa tych zmian. To było przejście do wolności.

Znów się otworzyłem. *(A co jeszcze robicie?)*

Rozjaśniła się i wygładziła. *(Doświadczamy Ziemskiej Świadomości. Ale nie ograniczamy się do przeżywania jej w ludzkim ciele. Pamiętasz, jak mogliśmy doznawać jedynie ziemskiej świadomości? Otóż teraz doświadczamy całości, przechodząc od najmniejszego, jednokomórkowego organizmu, przez miliony różnych cykli życia. Jako ludzie – istoty wyłącznie fizyczne – nie byliśmy świadomi większości z nich. A tymczasem okazuje się, że nawet Ziemia ma fizyczną świadomość.)*

Zostawiłem i to. Nie mogłem powstrzymać się od następnego pytania. *(A co z naturalnym łańcuchem pokarmowym? Wciąż istnieje? Czy przechodzicie ten cykl od początku do końca?)*

Odpowiedziała spokojnie. *(To ważna część procesu uczenia się. Bez doświadczenia nie moglibyśmy wytwarzać luszu.)*

(No i co, RAM?) BB musiał się wtrącić. *(Niezłe zmiany, prawda? Nie ma mgły, szumu Wiązki M, otaczających Ziemię pierścieni. Chcesz, abym cię oprowadził?)*

Zwróciłem się do kobiety, a ponieważ nie odpowiedziała, uznałem, że popiera nasz pomysł. Była zamknięta. Najwyraźniej chciała pozostać nierozpoznana, ale jej ident przeciekał i mało brakowało, a prawda wyszłaby na jaw.

Podążyłem za BB. *(Prowadź, stary.)*

Z łatwością poruszaliśmy się wśród świetlistych postaci. Pilnowałem identu BB, nie chcąc się zgubić. Czułem, jak istoty przede mną osłabiają swe wibracje, tworząc jakby ścieżkę o niższym poziomie energetycznym, który mogłem tolerować. Byłem zaskoczony, czując na sobie dotyk iskier odrywających się od przesuwających się obok mnie istot. W iskrach były słowa, które słyszałem bardzo wyraźnie... Halo, Robert, cześć Bob... Nie mogłem jednak rozpoznać identu żadnej postaci. W końcu BB zatrzymał się. Tuż przed nami znajdowała się Pierwsza Stacja Wejścia. Wyglądała prawie tak samo jak dawniej. Wokół niej krążyła gromada szarych istot.

(Duże zmiany.) wygładził się BB. *(Ale nie mógłbyś ich dostrzec, gdybyś nie zdobył większej wiedzy.)*

Zaryzykowałem. *(O jakich zmianach mówisz?)*

(Na przykład znaczne osłabienie instynktu samozachowawczego.) Zakołysał się. *(Pamiętasz, jak udzielałeś mi lekcji poglądowej ilustrowanej żywymi przykładami w stałych pierścieniach? Będziesz zdumiony tym, co ta zmiana spowodowała.)*

Otworzyłem się. *(Już jestem zdumiony.)*

BB zbladł, a potem mówił dalej. *(Jeszcze inna nowość to solidne wprowadzenie i przeszkolenie przed wejściem, mówi się zwłaszcza o tym, jak kontynuować kontakt podczas fizycznego snu.)*

Zbladłem. *(Ale wy chyba nie sypiacie tutaj, co?)*

(Nie, nie potrzebujemy snu.) Rozjaśnił się. *(Och, jest jeszcze coś nowego. Debiutanci cofają się do czasów przed zmianami – jest to ich pierwszy punkt wejścia – niektórzy prawie do początków ludzkości. Przechodzą w fizycznym ciele jeden cykl ludzkiego życia, ale tylko je-*

den, po czym wracają tutaj. Nie ma już powtarzających, są wyłącznie debiutanci.)

Zwróciłem się do wewnątrz, a po chwili otworzyłem. *(Czy ten system debiutantów pochodzi stamtąd, skąd przybyłem?)*

Pojaśniał. *(No pewnie.)*

Zamigotałem. *(Nic o tym nie wiedziałem.)*

Wygładził się. *(Oczywiście, że wiedziałeś.)*

Zbladłem. *(Jak to?)*

(Pamiętasz ten ostatni, zewnętrzny pierścień? Czy nie zbliżał się do działu powtarzających? Myślisz, że tak po prostu odchodzili i znikali?)

Ponownie zamigotałem. *(Ale oni przecież wracali do domu.)*

BB wibrował triumfalnie. *(A więc?)*

Zwróciłem się do wewnątrz i zamknąłem. Cała rzecz wymykała się z rąk lub raczej powinienem powiedzieć – z umysłu. Przerastało to moje zdolności przyswajania i rozumienia. BB starał się pociągnąć mnie za sobą.

(Chodź, RAM) wibrował. *(Przeżyj to, baw się.)*

Migotałem. *(Zabawa? No, nie wiem. Sposób, w jaki się bawisz...)*

(To będzie to, co zwykle, przyrzekam. To, co robimy tutaj codziennie. Poza tym dostałem od, no... AA bardzo wyraźną rotę, co mam ci pokazać, a czego nie.)

Obrzuciłem wzrokiem szare postacie tłoczące się wokół Stacji Wejścia oraz świecące istoty, które znajdowały się nieco dalej. *(A gdzie jest teraz AA? Nie poznałem dotąd jego prawdziwego identu.)*

BB wskazał za siebie. *(Jest tam. Bariera nie pozwala mu się zbliżyć. Ale założę się, że będzie za nami podążał. Jesteś gotów? Rób tylko krótkie skoki, to wszystko.)*

Poczułem się znacznie pewniej, mając ten mały percept. Sięgnąłem i rozciągnąłem się, trzymając się jego identu.

KLIK!

Unoszę się na wysokości około tysiąca metrów nad szerokim, brunatnym polem... leżę na wznak, a od dołu wnika we mnie silna energia życiowa... staję się większy i większy... z zapałem przetwarzam zdobytą energię... wirując wyciągam wodę z energii i staję się coraz większy, coraz bardziej świadomy, wiem coraz więcej... w miarę jak staję się coraz większy, mogę coraz więcej się nauczyć... jestem jak wielka nadmuchiwana piłka, i czuję, że rosnę bardziej w górę i wszerz... płynie we mnie coraz więcej życiowej energii, ta energia narasta... zaraz, to jest... elektryczność!... jeśli urosnę dostatecznie, zanim woda zacznie wyciekać, jeśli na długo starczy mi energii wpływającej z dołu, będę silny, bardzo silny... ale zaczynam oddalać się od źródła energii i nie mogę powstrzymać tego dryfowania, a więc nie jestem w stanie, nie jestem w stanie...

KLIK!

Szybowaliśmy nad ziemią, nad gęstym lasem. Niedaleko nas znajdowało się znajome brunatne pole. Płynący przede mną BB zawibrował. *(Ale fajna zabawa, no nie?)*

Zamigotałem. *(A co to było?)*

Wskazał na coś za nami. Odwróciłem się. Był to średniej wielkości cumulus – biały z tej strony, od której padało nań słońce, szary z drugiej strony, ciemny i płaski od spodu. Czyżby chmury miały świadomość, ten podstawowy element życia? Woda, drobiny pierwiastków... i elektryczność! Doświadczałem wszystkich tych składników. A wobec tego, co bym odczuwał będąc burzą? Albo tornadem, huraganem czy wyżami i niżami?

BB zapytał. *(Chcesz jeszcze spróbować?)*

Sięgnąłem i rozciągnąłem się, podążając za nim.

KLIK!

Pływam w zielonej wodzie... nade mną jest jaśniej, pode mną ciemniej... automatycznie otwieram i zamykam usta, wciągam wodę, która przepływa przez moją głowę i wypływa uszami... nie, to nie uszy, tylko skrzela... Jestem rybą, bardzo dużą rybą!... Czuję swoje płetwy, wachluję nimi łagodnie, by utrzymać równowagę, nie mogę dokładnie zobaczyć tego, co jest przede mną i z tyłu... lecz doskonale dostrzegam to, co znajduje się po obu stronach, każdy szczegół, choć niewiele kolorów, zaledwie jeden lub dwa ...chcąc poruszyć się, po prostu o tym myślę, i gwałtownie ruszam, mknąc naprzód, skręcam w prawo, potem w lewo, obracam się w koło, wspinam stromo, teraz nurkuję... zaraz, coś było na powierzchni, gdy płynąłem w górę, muszę wrócić i złapać to, jestem głodny, głodny... wyskakuję na powierzchnię, otwieram usta, połykam coś... brak mi powietrza, zanurzam się w wodzie, nurkując z wielką przyjemnością, coś wije się w moich ustach... chyba robak?... głębiej, nie jest tu tak ciemno, jak myślałem, wciąż widzę wyraźnie... czuję inną rybę nurkującą ze mną, wiosłuje ogonem i tyłem ciała, wiosłuje mocno... czy ja też to robię?... Tak, ja też... to się dzieje automatycznie... wystarczy tylko pomyśleć, że chce się coś zrobić, i robi się to, to zupełnie tak, jak podczas chodzenia bądź biegania w ludzkim ciele... zatrzymuję się. Tuż przede mną jest jakaś ryba, płynie wprost na mnie... och, ona jest ogromna, wprawdzie woda zniekształca, ale jest dużo większa ode mnie... odbieram od niej sygnał głodu... uciekać, uciekać, goni mnie, płynąć, szybko płynąć, dogania mnie... wydostać się na powierzchnię, w górę, w górę, szybciej... teraz dociera do mnie jakiś sygnał z boku, to obok mnie płynie szybko inna ryba, sygnały z innych stron...

(RAM, gdy będziesz w powietrzu, skacz, natychmiast skacz!)

Wydostałem się na powierzchnię, jestem w powietrzu, sięgam i rozciągam się.

KLIK!

Unosiłem się tuż nad wodą, zobaczyłem ciało ryby, które zajmowałem przed chwilą, obok tej ryby była druga, wygięły się w powietrzu i z pluskiem wróciły do wody... Natychmiast zaczęła się gonitwa, kotłowanina.

(Ale zabawa, co?) usłyszałem obok siebie głos BB. Nie mogłem odpowiedzieć, dygotałem mocno, więc on mówił dalej. *(Obiecałem AA, że nie pozwolę ci przeżywać tego do końca. Uważał, że nie jesteś jeszcze przygotowany, i miał rację. Ale pytałeś ją o łańcuch pokarmowy, więc...)*

Wibrowałem. *(Nic się nie stało, nic się nie stało!)*

Wygładził się. *(Zawsze chcesz, aby było tak, jak trzeba, no nie?)*

Wygładziłem się. *(Po prostu byłem zaskoczony.)*

(Następna przygoda jest spokojna. Miła i spokojna. Jesteś gotów?)

No cóż, wszystko jest względne, łącznie z pojęciem BB o spokoju. Sięgnąłem i rozciągnąłem się...

KLIK!

Poruszam się łagodnie w górę i w dół, faluję, uginam się... z najmniejszej cząsteczki mnie, długiej i wąskiej, poprzecinanej wieloma kanalikami, płynie cudowna siła życiowa pochodząca od Całości, której jestem częścią... i wiem, jak bardzo Całość mnie potrzebuje, więc z radością Jej służę, wypełniam swoje obowiązki, podczas gdy energia, dzięki której się poruszam, opływa moje płaskie części... *(Chwileczkę, to po prostu powietrze, wiatr!)*... pobieram od niego cząsteczki potrzebne Całości i przesyłam z powrotem przez wąskie kanaliki... robię to z łatwością i nie mam wrażenia, że pracuję, to jest oddychanie... po to jestem – aby oddychać dla Całości, a z kolei od niej przyjmuję produkty przemiany materii, które przerabiam na energię... wspaniała wymiana... jak ważny jest mój wyjątkowy kształt, moja sylwetka... Całość daje mi znak, że rozumie, potrzebuje i wykorzystuje... a ja tylko odbieram i wysyłam... jestem szczęśliwy, nadzwyczaj szczęśliwy... mając poczucie całkowitej przynależności, wykonuję to, do czego zostałem stworzony... cudowna równowaga, dawanie... otrzymywanie... bezpieczeństwo i siła zawdzięczane Całości...

KLIK!

BB był przy mnie. *(Wzięło cię, co?)*

Zamigotałem. *(A co to było?)*

Pokazał mi coś za nami. Odwróciłem się i tuż obok zobaczyłem liść, dębowy liść. Był przytwierdzony do gałęzi na długiej łodyżce, gałąź wyrastała z masywnego pnia mocno wrośniętego w ziemię. Drzewo było solidnie ukorzenione. Doświadczyć czegoś takiego, nie mając świadomości... Zaczynałem coraz lepiej rozumieć tę szkołę „nowych ludzi".

(Chcesz jeszcze? To moja ulubiona zabawa.)

Migotałem. *(No, nie jestem taki pewien. Może powinniśmy...)*

(Wymyśliliśmy ją sami...) powiedział. *(Jeśli ci się nie spodoba, daj mi znać i pociągniemy szybki skok.)*

Niechętnie sięgnąłem i rozciągnąłem się.

KLIK!

Leżę na boku w miękkiej, gęstej trawie... otwieram oczy... wokół mnie są wysokie drzewa, ich gałęzie uginające się pod ciężarem liści tworzą baldachim nad moją głową, słońce przesącza się przez liście, dając miłe, łagodne światło... nade mną stoi duża płowa pantera, wpatrując się we mnie z natężeniem.

(Chodź, RAM, pobawmy się!)

Fikam koziołka i wstaję... już stoję! Mam cztery nogi! Jakie mocne i jak pewnie się na nich czuję!... moja głowa jest z przodu tułowia... muszę odwrócić się, chcąc spojrzeć na plecy i biodra... pokryte lśniącym futrem... co tam za mną powiewa?... to ogon, mam ogon... Pomyślałem, że chcę nim pomachać i poruszył się... raz w jedną, raz w drugą stronę, w przód i w tył... ale heca!... zwalnia, porusza się coraz wolniej, opada... moją uwagę przyciąga jakiś zapach... zapachy, zapachy, nie wiedziałem, że istnieje tak dużo różnych zapachów... natychmiast orientuję się, czy pochodzą z bliska, czy z daleka... węch mam tak samo dobry jak wzrok, a może nawet od niego lepszy... a słuch, jeśli będę uważnie nasłuchiwać, mogę dowiedzieć się wszystkiego... Zginam nogi, chowam pazury... tak! Mam pazury! Czuję się cudownie! Patrzcie, oto świat, na który przyszedłem... takie wspaniałe uczucie życia... życia, chcę biec, skakać, wspinać się...

(No, chodź, chodź!)

Płowa pantera krąży wśród drzew, biegnę za nią... szybciej, potem galopem... a teraz cwałujemy między drzewami, z łatwością omijając niskie gałęzie... moje nozdrza drażnią cudowne zapachy, rozkoszuję się nimi... moje oczy i uszy wychwytują i rozpoznają tysiące sygnałów, znam je wszystkie... przed nami jest duże, uschnięte drzewo, płowa pantera wskakuje na nie, a ja za nią, wbijając w drzewo pazury, podciągając się i znów wbijając pazury. Pantera siedzi na grubej gałęzi i czeka na mnie... podciągam się i siadam obok niej... macha ogonem... i ja macham swoim w odpowiedzi.

(Całkiem dobrze, jak na początek, RAM.)

Jestem zbyt ożywiony, by odpowiadać. Rozpamiętuję uczucie siły w mięśniach, staram się uporządkować wrażenia, których moc odebrałem... jak ludzie mogli ignorować i zniekształcać taką całkowitą percepcję... odbierać tak mało wrażeń, podczas gdy zwierzęta, które stoją na niższym poziomie rozwoju od człowieka... czyżby niższym?... odbierały tak dużo.

(Teraz musimy zejść.)

Płowa pantera podnosi się, odwraca i powoli schodzi z drzewa na ziemię... schodzi! Nie wiedziałem, że koty potrafią to robić, one zwykle cofają się tyłem... Wstaję i powoli cofam się tyłem, zeskakując z łatwością z ostatnich dwu metrów.

(Połóż się pod drzewem, blisko pnia. A potem pociągnij krótki skok, króciutki.)

Kładę się w wysokiej trawie, po czym bardzo niechętnie sięgam i rozciągam się.

KLIK!

Płynęliśmy tuż nad ziemią. Spojrzałem w dół. Pod nami wolno i płytko oddychając, leżało w trawie ciało płowej pantery... a obok niego ciało innej, ciemnobrązowej pantery, ciało, które zajmowałem przed chwilą.

Stojący obok mnie BB kołysał się. *(Podobało ci się, co?)*

Zawibrowałem. *(Było wprost cudownie!)*

(Przygotowaliśmy jeszcze inną zabawę. Wybrała ją na... no, ona. Była pewna, że to coś w sam raz dla ciebie. Tym razem zostawiamy cię samego, ale ona powiedziała, że będziesz wiedział, co robić. Ja będę cię tylko prowadził. Jesteś gotów?)

Sięgnąłem i rozciągnąłem się, zastanawiając się, co wybrała.

KLIK!

Lecę wysoko nad pasem urwistych, ośnieżonych gór, mój wzrok sięga setek kilometrów w każdym kierunku... patrzę na ziemię pode mną... wspaniała ostrość, widzę każdy, nawet najdrobniejszy szczegół... liście na drzewach, zwierzątka poruszające się na skałach... płynę wolno, zakreślając szeroki, łagodny łuk, stojąca fala od strony gór stanowi siłę nośną dla moich skrzydeł... no właśnie, skrzydła! Zwracam głowę w prawo i widzę, że z ramienia wyrasta mi owalne, szerokie skrzydło z nieznacznie rozwianymi piórami, zwężające się na drugim końcu. Przekręcam głowę w lewo i widzę, że z drugiego ramienia wyrasta bliźniacze skrzydło... nie płynę, lecz frunę, szybuję w powietrzu zupełnie jak ptak... jestem ptakiem!... wspaniałym szybowcem, który robi wszystko, o czym tylko pomyślę! Wykonuję zwrot i pióra dostosowują się do mojego ruchu, muszę wykorzystać do maksimum pęd powietrza... o, jest, silniejszy pod lewym skrzydłem niż pod prawym, zwracam się w lewo... czuję, że staje się coraz mocniejszy i mocniejszy... osiąga szczyt natężenia, obraca się, cyrkuluje, zacieśnia kręgi, najwyższy punkt wznoszenia się... współczynnik szybowania wynosi chyba pięćdziesiąt do jednego... spiralą w górę, mocniej i szybciej... doskonale mi się steruje... powietrze jest teraz rozrzedzone... jeszcze szybciej... ciekawe, kiedy zacznę wytracać szybkość... opadam, nie, unoszę się jeszcze wyżej, pod wyższym kątem, hej, wprost fantastycznie... kto by przypuszczał, że ciało ptaka może... uuuppps! zwalniam... jak łatwo nabrać z powrotem szybkości... Och! Zwijam skrzydła i lecimy w dóóół!

(Hej, och, RAM.)

Założę się, że podczas lotu w dół te skrzydła wytrzymają duże obciążenie, o ile rozwinie się je powoli... sprawdźmy... a teraz zanurkujemy szybciej...

(RAM, czy wiesz, co robisz?)

No, dostatecznie szybko... teraz trzeba trochę rozwinąć skrzydła... powoli... a teraz zwinąć je z powrotem... nieco podciągnąć pióra ogona... właśnie tak! Teraz normalna szybkość, krążę... co to za... och! Co to za ptak! Chyba kondor... Ciekawe, jaką prędkość miałby szybki wróbel...

(RAM, natychmiast pociągnij krótki skok, już!)

Wzdycham... sięgam i rozciągam się...

KLIK!

Znów znajdowałem się między świetlistymi postaciami. Zamknąłem się mocno, gdyż promieniowanie osłabiało mnie jak przedtem. Po chwili zmniejszyło się i mogłem się otworzyć. Czułem silny ident BB i niewyraźny ident kobiety.

BB kołysał się. *(Ten stary, wielki ptak musi się teraz dziwić, że ma powyginane skrzydła.)*

Zakołysałem się razem z nim. *(Ależ nie. Ani jedno ścięgno, ani jeden mięsień nie były nadwerężone, ani jedno pióro nie na miejscu, gdy opuszczałem jego ciało, ręczę za to.)*

BB zwrócił się do kobiety, do świecącej postaci, której ident określałem jako „ona". *(Teraz ty się nim zajmij. Sprawdzę, co słychać u, no, AA. Zobaczymy się na miejscu.)*

Spytałem. *(Na miejscu?)*

(Tam, gdzie się spotkaliśmy.)

Zwróciłem się do wewnątrz. Wiele spraw pozostało jeszcze niewyjaśnionych, a miałem percept, że moja wizyta dobiega już końca. A więc najpierw najważniejsze pytania...

Skoncentrowałem się i otworzyłem szeroko, by niczego nie przeoczyć.

(Jeśli dostajesz energię, jeśli ona stale do ciebie przypływa, to musisz ją również oddawać. By został zachowany przepływ energii, musi być ona w ciągłym ruchu.)

Czekała spokojnie... uprzejmie?... a może miała percept obydwu pytań i ich odpowiedzi. Mówiłem dalej. *(A więc ludzie osiągają postęp w dormitorium. Pozostaje pytanie: co się dalej z nimi dzieje?)*

Zamigotała. *(Ja... ja nie mam o tym pojęcia. Po prostu odchodzą.)*

(Pojedynczo czy grupami?)

Wygładziła się. *(Czasami pojedynczo, a czasem po kilku naraz.)*

(I już nie wracają?)

(Nie.)

(Czy kontaktują się z wami po swoim odejściu?)

Zamigotała. *(Nie w sposób, który możemy zrozumieć.)*

Chciałem podtrzymać temat, ale byłem pewien, że to i tak samo wyjdzie. *(Czy to, że już zbliżają się do końca nauki, objawia się w jakiś widoczny sposób?)*

Wygładziła się ponownie. *(Och, tak. Nie potrzebują już ziemskich doświadczeń, więc stają się coraz mniej fizyczni, aż zupełnie utracą fizyczność.)*

(I to już wszystko?)

(Nie. Zaczyna się zmieniać ich... promieniowanie. I zaczynają się zamykać. A potem znikają.)

Wydawało mi się, że zaczyna wibrować. *(Nie chcę zachowywać się jak inkwizytor, lecz...)*

Otworzyła się bardziej. *(Mów dalej. Spodziewaliśmy się, że o to właśnie będziesz pytał.)*

Zacząłem z innej strony. *(Chciałbym dostać tak dużo roty, ile tylko można. Taka okazja może się więcej nie powtórzyć.)*

Wygładziła się starannie, ale w jej odpowiedzi wyczuwało się lekkie kołysanie. *(O, jestem pewna, że się powtórzy.)*

(Czy w czasoprzestrzeni) kontynuowałem *(jest dużo szkół rozwoju świadomości podobnych do tych, które istnieją na Ziemi?)*

Kołysała się. *(Jest ich tak dużo, że nawet gdybyś chciał, nie zdołałbyś ich policzyć. I wciąż dołączają do nich nowe „online".)*

Zamigotałem. *(„Online”?)*

Zakołysała się jeszcze mocniej. *(AA wiedział, że ten zwrot ci się spodoba.)*

Podjąłem zaczęty przez nią temat. *(Chciałbym kiedyś spotkać się z AA twarzą w twarz. Wie o mnie znacznie więcej niż ja sam.)*

Nic na to nie odrzekła, tylko mocniej się zakołysała. Nie sądziłem, że to takie śmieszne. *(Czy ludzie kontaktują się teraz z innymi, no, cywilizacjami?)*

Wygładziła się. *(Nie bardzo. Istnieje wprawdzie pewna wymiana, ale nie ma szczególnego znaczenia.)*

(A czy kontaktujecie się z innymi, niefizycznymi systemami energii?)

Rozjaśniła się. *(Och, o to chodzi! Odwiedzamy je tak często, jak tylko możemy.)*

Walnąłem prosto z mostu. *(Aby zebrać lusz?)*

Zwróciła się do wewnątrz, a po chwili ostrożnie się otworzyła. *(Nie, po to, aby zasiać. Dzięki temu ten, jak mu tam? – promień – ma ident, na którym można się skoncentrować.)*

Teraz z kolei ja zwróciłem się do wewnątrz i zamknąłem. Ta krótka wypowiedź zawierała w sobie tyle wiedzy, że wszystko poza nią brzmiało jak małpia paplanina. Jeszcze dużo z małpy pozostało we mnie, zbyt dużo. Nagle błysnął mi percept i czułem, że muszę sprawdzić, czy jest właściwy.

Wygładziłem się. *(Czy wkrótce zakończysz edukację?)*

Zamigotała. *(Tak.)*

(A skąd o tym wiesz?)

Wibrowała. *(Uprzedził mnie, że zadasz to pytanie, ale nie zadałeś go prawidłowo, więc nie mogę ci odpowiedzieć.)*

Nie potrzebowałem pytać, kogo ma na myśli. *(Ale przecież mówiłaś, że nie masz perceptu, co dzieje się z tymi, którzy kończą naukę.)*

Wygładziła się. *(Ja nie. Ale ty za to masz.)*

Zbladłem całkowicie. *(Czy naprawdę jej lub INSPEKOM wydaje się, że to ja mam dać odpowiedź? A więc chłopiec miałby wykonać zadanie przeznaczone dla dorosłego mężczyzny? Byłem tak mocno zamknięty, że niemal przeoczyłem resztę tego, co się wydarzyło.)*

Wibrowała ciepło. *(Spodziewaliśmy się tego, no, wydarzenia. A teraz możesz odejść!)*

Miałem właśnie zapytać, o jakie wydarzenie chodzi i kim są „oni", ale poczułem znajomy sygnał INSPEKÓW, zacząłem odpowiadać... ona też! Ona też! Poczułem przypływ wielkiego perceptu i poznałem wszystkie odpowiedzi... tak mi się przynajmniej wydawało.

(Musimy wracać na miejsce.) Była gładka, ale nie przestała wibrować. *(Jesteś gotów?)*

Zamknąłem się... ident „wzgórze"... sięgnąłem i rozciągnąłem się.

KLIK!

Znajdowałem się jakieś trzydzieści metrów nad wzgórzem... na zachodzie widniało pasmo gór, więc odwróciłem się, by spojrzeć na nie zza ogrodzenia... ogrodzenia! Poniżej było widać budynki Centrum mające ciemnoczerwone dachy... Po wysypanej żwirem drodze jechał samochód, wzniecając za sobą tumany kurzu. Miałem zły ident – 1982. Poczułem mieszaninę dziwnych emocji i zdałem sobie sprawę, że uporządkowanie wszystkiego, czego się dowiedziałem, zajmie mi dużo czasu. O ile w ogóle zdołam to zrobić. Automatycznie powróciłem do drugiego ciała, co było niezwykłe, normalnie wszedłem w fizyczne ciało... otworzyłem oczy i poruszyłem rękami i nogami. Spojrzałem na zegarek, była 2.40 w nocy. Osiem minut? Czyżby trwało to tylko osiem minut?

16

ZGROMADZENIE

Szybko mijały dni, tygodnie i miesiące, w trakcie moich pobytów poza ciałem nie działo się nic szczególnego. Straciłem natomiast zainteresowanie lokalnymi wydarzeniami, które dotąd bardzo mnie absorbowały. Czasami, gdy z przyzwyczajenia obudziłem się wczesnym rankiem, odrywałem się od ciała i czekałem na jakiś sygnał ze strony INSPEKÓW, ale ich silny ident nie pojawiał się.

Jednakże we wspomnianym okresie wcale nie czułem się osamotniony i pozbawiony kontaktu z wyższymi istotami. Brak sygnału nie musiał oznaczać, że mnie zaniedbują bądź ignorują. Toteż zamiast się niepokoić, aktywniej uczestniczyłem w codziennym życiu, mając silne poczucie bezpieczeństwa i świadomość tego, że mogę samorealizować się do woli. Byłem pewien, że to, czego doświadczę dziś, doprowadzi mnie do jutra – mniejsza z tym, jakie to jutro będzie – a sygnał pojawi się we właściwym czasie.

I rzeczywiście – pojawił się. Pewnego ranka miałem dziwne wrażenie, że muszę zrobić coś, o czym zapomniałem. Początkowo sądziłem, że dotyczy to mojej fizycznej działalności, ale gdzieś koło jedenastej ogarnęła mnie senność, tak że musiałem natychmiast się położyć. Nie byłem zmęczony – czułem tylko potrzebę snu, poszedłem więc do sypialni uciąć sobie krótką drzemkę. W ciągu kilku sekund osiągnąłem głęboki relaks, a wówczas dotarł do mnie mocny sygnał INSPEKA. Bez trudu wyszedłem z ciała, sięgnąłem i rozciągnąłem się w kierunku znajomego identu.

Zmiana nastąpiła natychmiast – zupełnie nie odczułem ruchu. Przede mną stała jasno świecąca postać. Wyczuwałem jej promieniowanie, lecz nie było ono uciążliwe.

(Doskonale, Ashaneen.)

O, to duży postęp.

(Wiele się zmieniło. Wierzymy, że jesteś gotów do następnego – jak ty to nazywasz? – etapu.)

Nie otrzymałem perceptu, ale błysnęła mi luźna myśl. Przyszło mi mianowicie do głowy, że oto w grzeczny sposób oznajmiają mi, iż nie wrócę już do fizycznego ciała. A więc dobrze, mogę odejść – dodam trochę muzyki do zachodów Charliego lub...

(Nie, wcale tego nie planowaliśmy. Sam się kiedyś zorientujesz, że nadeszła już pora na opuszczenie ciała, nie będziemy musieli ci tego komunikować. Nie mamy zamiaru ani przygotowywać takiego odejścia, ani w nim uczestniczyć, chyba że nas o to poprosisz. Ale do tego czasu musisz jeszcze wiele zrobić.)

Słuchałem tego z mieszanymi uczuciami. Podczas gdy jedna część mnie pragnęła odejść, druga bardzo chciała pozostać na Ziemi i doznawać głębokich uczuć, które mogłaby dzielić z innymi ludźmi. Przypomniało mi się, jak przed wieloma laty miałem możliwość wyboru – pozostać lub na zawsze opuścić ciało fizyczne. Zgodziłem się wówczas pozostać w ciele tak długo, jak tylko będzie mi służyło, bo chciałem zobaczyć, co przyniesie jutro. No właśnie, znowu ta moja ciekawość!

(Już ci mówiliśmy, że jest to jedna z twoich zalet, a jeśli wykonasz następny krok, znajdziesz odpowiedzi na wiele pytań.)

W schemacie brakowało sporo elementów i nic na tym świecie nie było w stanie powstrzymać mej ciekawości. Musiałem szukać odpowiedzi.

(Ani na tym, ani na innym świecie. Zmień wreszcie sposób rozumowania.)

Udało mi się wprawdzie zachować spokój, ale ze zniecierpliwieniem czekałem na to, co się wydarzy.

KLIK!

Byliśmy na obrzeżu zewnętrznego pierścienia. Mogłem go zidentyfikować dzięki bardzo rozrzedzonej mgle. Otaczały nas istoty mające miękkie, białe kształty. Odczuwałem obecność mego przyjaciela INSPEKA, choć nie przyjął świetlistej postaci.

(Nie trzeba przyciągać ich uwagi.)

Sięgnąłem do percept Billa, a potem po percept Lou. Nie mogłem ich odnaleźć.

(Mówiąc waszymi słowami – obaj zakończyli już edukację.)

No cóż, należało się tego spodziewać. Uzyskałem percept ich nowego adresu, ale coś mnie jeszcze niepokoiło, coś, czego nie umiałem sprecyzować. Nagle uświadomiłem sobie, że wszyscy mieszkańcy zewnętrznego kręgu są czymś zaabsorbowani. Ich wibracje nie wyrażały troski, lecz oczekiwanie na coś. Sprawiali wrażenie widzów, którzy czekają na moment pojawienia się na scenie gwiazdy przedstawienia. Chcąc przekonać się, co stanowi obiekt ich zainteresowania, zacząłem się rozglądać i zobaczyłem Ziemię. Z tej odległości była zamglona i niewyraźna.

(No to popatrzmy na nią z innej strony.)

No, to dobrze powiedziane!

KLIK!

Znajdowaliśmy się w przestrzeni międzyplanetarnej, gdzieś pomiędzy Ziemią a Księżycem, w odległości mniej więcej 30 tysięcy kilometrów od powierzchni Ziemi. Teraz było ją widać jasno i wyraźnie, nie tak jak przed chwilą. Spojrzałem na Księżyc i zbladłem. W odległości nieprzekraczającej trzystu metrów, a może tak mi się tylko zdawało, znajdował się ogromny szary pojazd, długi i wysmukły. Obiekt sprawiał wrażenie nieruchomego, ale odebrałem wyraźne promieniowanie Wiązki M dochodzące z wnętrza. Czyżby to był pojazd kosmiczny? Prawdziwy, materialny pojazd kosmiczny?

(Zgodnie z waszą terminologią, tak. Ta konstrukcja nie została zbudowana przez człowieka. W tej chwili wokół Ziemi znajduje się wiele takich pojazdów. Pochodzą z waszego fizycznego wszechświata, choć niekoniecznie z okresu, w którym teraz żyjesz.)

„Wiele"... przecież to może oznaczać zarówno pięć jak pięć tysięcy. Nie było sensu tego dociekać. Ale dlaczego dookoła naszej Ziemi, czy...

(Te pojazdy obserwują Ziemię i ludzi z tego samego powodu, dla którego ty interesujesz się innymi istotami. Może zbliżymy się do nich? Wkrótce nadejdzie odpowiedź.)

Byłem coraz bardziej zaciekawiony. Zgodziłem się chętnie.

KLIK!

Percept, który natychmiast otrzymałem, ukazywał Ziemię jako oddalony punkcik odbitego światła, nie większy od małej gwiazdy. Wychodziły zeń nieregularne fale wielowymiarowej, pulsującej energii, przerywane przez pojawiające się od czasu do czasu szybkie błyski. Wyglądało to jak nieuporządkowany wzór jakiejś energii, której nie potrafiłem określić. Nie była to bowiem ani energia świetlna, ani elektromagnetyczna, ani grawitacyjna. Byłem tak zafascynowany tym widokiem, że w pierwszej chwili nie zauważyłem tego, co działo się na dalszym planie. Tak daleko, jak tylko sięgał mój wzrok, wokół Ziemi pełno było istot; wydawało się, że są ich niezliczone ilości. Niektóre miały kształt, inne wyglądały jak mgliste, eteryczne chmurki, a wszystkie błyszczały, choć z niejednakową siłą.

Od tych, które znajdowały się najbliżej, odebrałem percept oczekiwania na coś, co ma nastąpić. To będzie chyba potężne widowisko, skoro wzbudziło powszechną uwagę.

(Nazywamy to zgromadzeniem. A istoty, które widzisz, pochodzą z innych, pobliskich systemów energetycznych. Przybyły tutaj – tak samo jak istoty znajdujące się w kosmicznym pojeździe oraz ludzie będący na ostatnim etapie ewolucji – tylko po to, by być świadkami tego, co określasz mianem „wielkiego widowiska". To, co ma teraz nastąpić – ewulsja – zlanie się różnych, silnych pól energii docierających do tego samego punktu waszej czasoprzestrzeni – jest wydarzeniem rzadko spotykanym. Fakt, że zjawisko występuje niezmiernie rzadko, decyduje o jego niezwykłości i wzbudza zainteresowanie jak „wielkim widowiskiem". Takie zlanie się najprzeróżniejszych energii może zdarzyć się raz na osiemdziesiąt siedem milionów lat świetlnych, wyrażając to w zrozumiałych dla siebie określeniach czasu.)

(Rzeczywiście, jest to rzadkie zjawisko. Trzeba na nie bardzo długo czekać.)

(Nie można zaręczyć, że ów fenomen będzie powtarzał się zawsze z jednakową częstotliwością, bo jeśli w systemie pojawią się nieprzewidziane, przypadkowe elementy, mogą wpłynąć na jego zmianę.)

Te elementy mogą być tak dalece przypadkowe, że wydarzenie może nawet nie zaistnieć. Przyniosłoby to wiele rozczarowania.

(Już dawno minął moment, w którym istniało niebezpieczeństwo, że wydarzenie nie będzie miało miejsca. Zjawisko ewulsji wydarzy się na pewno. Najważniejsze są jednak jego skutki. Takie zjawisko może przebiegać w różny sposób. Spośród wielu potencjalnych wariantów

jego przebiegu dużo jest prawdopodobnych, a kilka możliwych. Jedno z takich prawdopodobieństw może zmienić nie tylko waszą czasoprzestrzeń, lecz także wszystkie sąsiednie systemy energetyczne. Właśnie dlatego budzi tak szerokie zainteresowanie. Używając ludzkich, obrazowych określeń, należałoby powiedzieć, że wszyscy zgromadzili się tutaj, aby obserwować wydarzenie, podczas którego może narodzić się nowa energia. Ciekawe, czy ona w ogóle powstanie, a jeśli tak, to jakie możliwości w niej drzemią? Czy na ich podstawie da się dokładnie przewidzieć, jaka ta energia będzie w wieku dojrzałym? A może nowo powstała energia okaże się martwa i wszystkie ukryte w niej możliwości nie rozwiną się, tylko pozostaną słabymi, nieskoordynowanymi potencjami?)

Przypominając sobie fragmenty wspaniałej roty „plus", miałem jasny obraz tej sytuacji. Ale moje ludzkie ja, ta część mnie, która była człowiekiem, chciała to zrozumieć w kategoriach ludzkiego, ziemskiego systemu...

(W ludzkich kulturach orientalnych istnieje symbol przedstawiający przełom. Składa się on z dwóch podsymboli: jeden z nich oznacza niebezpieczeństwo, a drugi – możliwość realizacji. Wydarzenie, o którym mówimy – jeśli ująć je w terminach ludzkich, ziemskich – jest z pewnością punktem przełomowym. To pewne, że zarówno niebezpieczeństwo, jak możliwości będą występowały podczas życia na Ziemi w skrajnym nasileniu.)

Niebezpieczeństwo? Chyba chodzi tu o fizyczne niebezpieczeństwo? A może o mentalne? Czy...

(Mam na myśli możliwości, których natura zostanie ściśle określona przez samo wydarzenie. Każdy uzyskany przez ciebie percept będzie przedstawiał tylko jedną z wielu możliwości.)

Druga strona, możliwości.

(To jest właśnie klucz do zrozumienia zjawiska. Dzięki niemu ludzka świadomość zyska rzadką możliwość gwałtownego przekształcenia się w ujednolicony system inteligentnej energii, który sięgnie daleko poza

waszą iluzję czasoprzestrzeni i będzie tworzył, budował oraz uczył, tak jak to potrafi tylko wykształcona ludzka energia.)

Nasza wizyta na Ziemi po 3000 roku...

(Dzięki temu wydarzeniu taka wizyta stanie się prawdopodobna, a twoje działanie jest jednym z małych, przypadkowych czynników, które mogą do tego doprowadzić.)

No, a jeśli przeoczy się możliwość...

(Wówczas ludzkość pozostanie dominującym gatunkiem na Ziemi, aż do chwili, gdy nie będzie już mogła dłużej żyć jako aktywna świadomość lub w jakiejkolwiek innej postaci.)

Zapytałem wprost: A wy, wy wszyscy, co zrobicie w takim przypadku?

W odpowiedzi otrzymałem piękny, łagodny i ciepły uśmiech.

(Wtedy będziemy musieli zacząć pracę z nowymi ludźmi na innej planecie w czasoprzestrzeni.)

Zwróciłem się do wewnątrz i zamknąłem. Nie miałem już nad czym rozmyślać i nie było już nic do zrobienia. To, czego teraz doświadczyłem, bardzo mnie pobudziło emocjonalnie, a nie chciałem utracić tego, co otrzymałem. Jeszcze nie.

(Musimy wykonać jeszcze jedno zadanie, a wtedy będziesz mógł powrócić do ciała.)

Nie byłem pewien, czy wytrzymam następną próbę, ale dobrze wiedziałem, że nie mam żadnego wyboru.

(Odnajdź swego przyjaciela BB i ściągnij go tu.)

Rota rozwinęła się natychmiast. Zostawiłem go z Billem, a tymczasem Billa nie było tutaj...

(Znajdziesz go z łatwością. Ma coś dla nas zrobić.)

Pytania były zbyteczne, sięgnąłem po ident Billa i rozciągnąłem się.

KLIK!

Szło mi coraz lepiej, nabrałem już chyba wprawy, bo nie odczuwałem żadnego ruchu i oto znalazłem się na chodniku przed domkiem Charliego. Nie byłem tym specjalnie zdziwiony. BB i Charlie, zajęci czymś, stali obok domu. Właśnie w chwili, gdy do nich podchodziłem, BB mnie zauważył.

(Cześć, RAM!) wibrował głośno. *(Zobacz, co robimy!)*

Charlie roześmiał się. (Właśnie tłumaczę smykowi, że nie można mieć żaglówki i lotni jednocześnie. Przecież powietrze i woda to nie to samo!)

Migotałem. *(Możesz go teraz widzieć, Charlie? Oczywiście mam na myśli widzenie przy użyciu wzroku.)*

Uśmiechnął się. *(Pewnie, że mogę. Wypracowaliśmy to zaraz pierwszego dnia, jak tu dotarł. Zmienił ocean chyba ze sto razy, zanim udało mi się go powstrzymać. Zrobił go na żółto z kanciastymi falami. No i jak ci się to podoba? Ale jest bystry, szybko chwyta.)*

Wygładziłem się. *(Nie chciałbym wam przeszkadzać, ale BB jest mi potrzebny. Dobrze, by było, gdyby coś dla mnie zrobił.)*

BB otworzył się. *(Ale co? powiedz, RAM!)*

Charlie pomachał na niego. *(Wracaj, mały!)*

BB zakołysał się w odpowiedzi. *(Nikomu nie uda się mnie zatrzymać!)*

Charlie tylko potrząsnął głową i roześmiał się, a ja sięgnąłem po ident „INSPEK" i rozciągnąłem się...

KLIK!

Usłyszałem obok siebie głos BB. *(Hej, ale ściągnąłeś skok, nigdy bym nie nadążył, gdyby nie to, że przywykłem do tego podczas gry, w którą bawiliśmy się na...)*

Nagle przerwał i zamknął się szczelnie, gdyż zauważył jasno świecącą postać INSPEKA. Coś mi się zdaje, że powinienem był go uprzedzić. W odległości mniej więcej stu pięćdziesięciu metrów poniżej nas znajdowała się fizyczna Ziemia. Była noc. Tylko pod nami zauważyłem jakiś zbiornik wody – chyba mały staw, a może basen – a zaraz za nim zieloną budowlę podobną do piramidy. W budynku paliło się światło. Nie mogłem sobie przypomnieć, skąd znam ten widok.

Zwróciłem się do BB. *(Otwórz się powoli. To przyjaciel.)*

Zrobił to ostrożnie, a potem zwrócił się w kierunku jasnej poświaty. *(O, cześć!)*

(Doceniamy twoje przybycie.)

BB nie miał kulturalnych nawyków. *(Na KT-95 był taki skręt, który twierdził, że spotkał ciebie lub kogoś do ciebie podobnego. Uważaliśmy to za bezsensowną rotę.)*

(To zrozumiałe.)

BB mówił dalej. *(Rzucał ją nam często, a potem pociągnął skok i już nigdy nie wrócił. A więc jednak miał rację – ty naprawdę istniejesz.)*

(Jesteś nam potrzebny. Chcemy, abyś wykonał specjalne zadanie. Oczywiście, o ile masz na to ochotę.)

BB migotał. *(Pewnie, że mam, pewnie.)*

(No to przybliżmy się.)

Zniżaliśmy się powoli, aż znaleźliśmy się nad wierzchołkiem zielonej piramidy. Minęliśmy ją i zatrzymaliśmy się przed małym budynkiem stojącym wśród drzew. Był bardzo znajomy. Z jakiegoś powodu zacząłem czuć się nieswojo. Działo się ze mną coś takiego, jak gdybym napotkał na opór. – Im bardziej posuwałem się do przodu, tym bardziej coś pchało mnie w tył.

(Tam jest twój przyjaciel AA. Musisz mu pomóc.)

BB zbladł. *(AA?)*

(Tak.)

BB skoncentrował się. Ja też. Wewnątrz małego domku leżał na łóżku człowiek. Opór, który przed chwilą odczuwałem, pochodził właśnie od niego. Byłem pewien, że to AA. Nasze poprzednie spotkanie wyglądało identycznie. Opór stawał się bardzo silny. Zacząłem wibrować.

BB odwrócił się. *(Sądzę, że to on, chociaż mam tylko część jego identu. Odbieram również inny znajomy ident. Ale percept jest dziwaczny.)*

(Pomóż mu na pewien czas oddzielić się od ciała fizycznego, to ważne.)

BB rozjaśnił się. *(Tak jak to robi RAM?)*

(No właśnie.)

Zbladł. *(A jak mam to zrobić?)*

(Pociągnij delikatnie. Użyj tej samej energii co do skoku.)

BB odwrócił się i zbliżył do człowieka leżącego na łóżku. Przyglądałem się temu zafascynowany, zastanawiając się, czy tak samo było ze mną na początku – podczas pierwszych prób wyjścia z ciała. Czy wówczas też jakiś niefizyczny przyjaciel zgodził się mi pomóc? Ale ja przecież wtedy nie miałem żadnego niefizycznego przyjaciela, a w każdym razie nic nie wiedziałem o jego istnieniu.

Nagle opór stał się silniejszy i zostałem odepchnięty do tyłu. Starałem się ze wszystkich sił utrzymać na miejscu. Czułem się nie najlepiej. Zwróciłem się do wewnątrz i zamknąłem. Mężczyzna stał na środku pomieszczenia, a jego fizyczne ciało leżało na łóżku. BB odsunął się, silnie migocząc.

Zwrócił się do INSPEKA. *(Wyszedł, wyciągnąłem go! Ale, och...)*

(Spytaj go, co zamierza robić.)

Zapytany coś odpowiedział, ale odebrałem tylko skrzypienie i skrzeczenie Wiązki M, co świadczyło, że jest silnie podekscytowany. Ciekawe, czy wychodził po raz pierwszy. Jeśli tak, to doskonale go rozumiałem, znakomicie mogłem wczuć się w jego sytuację.

(Stwierdził, że chce służyć ludzkości. To bardzo szlachetny cel.)

Udało mi się trochę otworzyć. *(Skąd bierze się ten opór? Pojawia się zawsze wtedy, gdy usiłuję zbliżyć się do AA.)*

(Prawdziwy paradoks zawsze jest trudny do uchwycenia. Wkrótce wszystko zrozumiesz.)

BB powiedział z naciskiem. *(On chce z nami iść. Czy może?)*

Opór i skrzypienie stawały się tak silne, że aż sprawiały ból. Znałem odpowiedź INSPEKA, choć jej jeszcze nie udzielił.

(Powiedz mu, że musi zostać i wykonać swoje zadanie. Nie ma wyboru.)

Pomimo bólu, starałem się obserwować sytuację. Po chwili BB odsunął się i dołączył do nas. Mężczyzna uklęknął na środku pomieszczenia, a skrzypienie stało się tak silne, że musiałem całkowicie się zamknąć.

(Przesuńmy się w miejsce, w którym będziesz lepiej się czuł.)

Zgodziłem się skwapliwie.

KLIK!

Znajdowaliśmy się tuż nad rzadką mgłą Strefy Przejściowej. W pewnej odległości widać było kręgi, a w ich środku niewyraźny zarys Ziemi. Szumy Wiązki M, a zwłaszcza skrzypienie, zniknęły zupełnie. Otworzyłem się z ulgą. Przede mną stał INSPEK, a nieco z boku całkiem zamknięty BB, co było dziwne.

(Zakończone. Ten wzór jest kompletny.)

W tym oświadczeniu zadźwięczała nuta ostateczności, toteż poczułem się niewyraźnie. Gdy tak rozbrzmiewała, odbijając się echem, wywoływała z zapomnienia dobrze mi znaną emocjonalną rotę. Podążałem za nią za każdym razem, gdy tylko ją usłyszałem. Teraz było inaczej. Dostałem tak niezwykłą i cenną rotę, że nie mogłem pozwolić na to, by uleciała. Ustąpiło uczucie niepokoju.

Otworzyłem się szeroko i wygładziłem. *(Zrozumiałem ideę indywidualności. Wiem, że indywidualność nie jest konieczna.)*

(Pojąłeś lekcję, Ashaneen.)

Jasno błyszcząca postać zniknęła. Wiedziałem, że nie dostanę już identu INSPEKÓW, ale nie czułem się osamotniony. Przysunąłem się do BB, który stał bez ruchu. Był wciąż zamknięty.

(Hej, stary, muszę wracać.)

Otworzył się wolno. *(Tak, RAM, też mam coś do zrobienia.)*

Nie miałem wątpliwości, co to będzie. *(Poradzisz sobie. To coś takiego jak ciągnięcie skoków i zabawy na KT-95.)*

Rozjaśnił się. *(Tak, naturalnie, mnóstwo gier!)*

Otworzyłem się szeroko. *(Zrobisz to, śmiałku! Zatrzymaj mój ident! Baw się dobrze!)*

Odwróciłem się i zacząłem sięgać, lecz BB mnie zatrzymał. *(O co chodzi?)*

Migotał. *(Słuchaj, a to, co robiliśmy ostatnio, no wiesz wtedy, gdy wyciągnąłem AA, czy masz jakiś percept tego? Masz?)*

(Nie, nie mam, wiem tylko, że to na pewno był AA. Naszym spotkaniom towarzyszy zawsze ten sam opór. Dlaczego? Czyżbym czegoś nie chwytał?)

BB skupił na mnie całą swoją uwagę. Czekałem. Nagle bardzo się rozjaśnił i zaczął się mocno kołysać. To kołysanie było prawie tak silne jak ludzki śmiech.

Migotałem. *(I co w tym widzisz śmiesznego?)*

(Ale heca, co RAM?)

Obserwowałem, jak wciąż się kołysząc, sunie ku Pierwszej Stacji Wejścia. Gdy zniknął w jej wnętrzu, odwróciłem się, sięgnąłem po ident swojego fizycznego ciała i łagodnie się rozciągnąłem. Wolniutko mijałem krąg za kręgiem. Czułem się silny i bezpieczny, bo wiedziałem, że mam jeszcze dużo ludzkiej roty do przejścia. Wszedłem w drugie ciało, potem w fizyczne. Zdawałem sobie sprawę, że zakończył się jeden wzór, a rozpocznie nowy.

Ale co tak rozbawiło BB? Zielona piramida, my trzej, służyć ludzkości... zielony, zielony dach piramidy, trzech na promieniu... hej!

EPILOG

Teraz spokojnie zacząłem porządkować i przeglądać otrzymane roty, które swego czasu odłożyłem do późniejszego zanalizowania. Robiłem to z dwóch względów: aby sprawdzić, czy czegoś nie pominąłem, oraz po to, by usystematyzować materiał na wypadek, gdyby ktoś, kiedyś – sam w zespole – zechciał poważnie go przebadać pod kątem filozofii, patologii, pedagogiki lub jeszcze innym. I podobnie jak poprzednio uważam, że jeśli dzięki temu materiałowi chociaż jedna osoba lepiej zrozumie, kim i czym jest, to moja praca na coś się przyda.

Przeglądanie roty bardzo przypomina przywoływanie na pamięć wydarzenia z przeszłości, z tą różnicą, że każdy szczegół pojawiający się podczas rozwijania roty widzimy niezwykle wyraźnie. Najlepsze rezultaty osiąga się w stanie relaksu i w odosobnieniu. Ważne, aby być zupełnie rozbudzonym fizycznie i kierowanie całym procesem powierzyć lewej półkuli mózgowej. Następnie trzeba pomyśleć o idencie – temacie roty – i czekać. Jeżeli chcesz uzyskane w ten sposób informacje przetworzyć na słowo pisane lub mówione, możesz je zapisywać lub nagrywać na magnetofon. Gdy wydaje ci się, że coś przeoczyłeś, możesz COFNĄĆ SIĘ i zacząć jeszcze raz – od początku roty lub od dowolnego miejsca. Jeżeli zadzwoni telefon, możesz nacisnąć mentalny przycisk „PAUZA", ale zazwyczaj taka przeszkoda i tak zmusza cię do ponownego wejścia w stan relaksu. W obu przypadkach rota pozostanie „otwarta" w miejscu, w którym przerwałeś jej przeglądanie.

Ponieważ rozwijanie roty wymaga czasu i cierpliwości, najlepiej robić to w odosobnieniu.

A oto rezultaty moich pierwszych prób. Wprawdzie nie zostały one dokładnie usystematyzowane, ale być może dzięki temu okażą się bardziej przekonywające.

Zwiedzanie pierścieni

Pierścień najbardziej zbliżony do Ziemi (pierwszy wewnętrzny pierścień lub pasmo).

Podczas przebywania poza ciałem widziałem go dokładnie i wyraźnie. Wydawało się, że wszystko, co robili jego mieszkańcy, jest analogiczne do tego, co robią ludzie na Ziemi. Kiedy próbowałem zwrócić na siebie uwagę czy nawiązać z nimi kontakt, to albo nie wykazywali najmniejszego zainteresowania, albo byli zakłopotani, albo reagowali lękiem lub wręcz wrogością. Istoty te usiłowały brać udział w fizycznym życiu, lecz im się to nie udawało. Wszyscy postępowali tak, jak gdyby nie zdawali sobie sprawy z istnienia innej egzystencji poza życiem fizycznym.

Dzięki temu, że zwiedzałem ten pierścień wielokrotnie i znałem go z autopsji, mogłem jego mieszkańców podzielić z grubsza na kilka kategorii.

Śniący

Ci, którzy znajdują się w fazie marzeń sennych, mają wibracje czy też promieniowanie wskazujące na powiązanie każdego z nich z ciałem fizycznym, będącym w danej chwili w jakimś miejscu ziemskiej czasoprzestrzeni. To sugerowałoby – choć wcale tak nie musi być – że podczas snu przebywają oni poza swymi fizycznymi ciałami. W widoczny sposób usiłują kontynuować te czynności, które wykonywali, będąc w stanie czuwania, lub te, których pragną bądź o których marzą. Niektórzy po prostu poruszają się, inni próbują rozmawiać ze znajomymi, którzy w danej chwili nie śpią; jeszcze inni jedzą, piją, pracują, bawią się, starają się kopulować, zachowują się jak aktorzy na środku Manhattanu – a wszystko to robią bezowocnie. Poza małymi wyjątkami, nie są świadomi tego, co dzieje się w ich otoczeniu. Na to, kim są i skąd przybyli, mogłoby wskazywać nagłe przerwanie właśnie wykonywanej przez nich czynności i zniknięcie. Czy to oznacza, że wówczas wracają do swych ciał fizycznych i budzą się ze snu?

Uwięzieni

Są bardzo podobni do tych, których zaliczyliśmy do poprzedniej kategorii. Choć na pierwszy rzut oka trudno odróżnić jednych od drugich, istnieje między nimi zasadnicza różnica. Do „uwięzionych" należą wyłącznie ci, którzy już na stałe opuścili swe fizyczne ciała – są fizycznie martwi – lecz o tym nie wiedzą. Z uporem więc próbują kontynuować fizyczną egzystencję. Często przebywają w pobliżu swych dawnych domów i trzymają się blisko żyjących fizycznie osób, do których za życia byli przywiązani. Niektórzy próbują powrócić do swego martwego ciała, nawet jeśli zostało już złożone w grobie, i starają się je ożywić, co może być powodem dziwnego promieniowania obserwowanego czasem na cmentarzach. Psychiczna męka, jaką te istoty muszą przechodzić, obserwując kremację swoich zwłok, jest z pewnością czymś, nad czym należałoby się zastanowić.

„Uwięzieni", podobnie jak osoby znajdujące się w fazie marzeń sennych, są całkowicie związani z czasoprzestrzenną materialnością. Poza tym wydaje się, że ich bezskuteczne działania mają podłoże emocjonalne – wypływają z lęków i popędów. Ta grupa hamuje proces uczenia się opartego na doświadczeniu. Dopóki się do tych istot nie dotrze i nie pomoże im lub jeśli nie pojawi się u nich jakiś przebłysk świadomości, będą pozostawały w tym stanie przez całe lata, a nawet wieki. Ich ilość ciągle wzrasta – i będzie wzrastać dopóty, dopóki człowiek nie przestanie przywiązywać tak wielkiej wagi do wartości materialnych.

Prymitywni

„Prymitywnych" jest znacznie mniej niż „uwięzionych". Wprawdzie ich zachowanie wypływa z tych samych pobudek, lecz dzięki temu, że mają nieco odmienną świadomość, przejawia się w zupełnie inny sposób. Ponieważ „prymitywni" nie zdają sobie sprawy, że utracili ciała fizyczne i nie mogą się już nimi posługiwać, nie dostrzegają niczego poza rzeczywistością materialną. Jednakże dobrze wiedzą, że są jacyś inni. Nie rozumieją, dlaczego tacy są ani jak do tego doszło; nie pragną także się uczyć. Świadomi są tylko tego, że różnica uwalnia ich od wszelkich ograniczeń, obowiązków i zależności, którym podlegali, żyjąc na Ziemi. Uważają, iż są teraz całkowicie wolni i starają się korzystać z tej wolności w sposób, w jaki nie mogli tego robić poprzednio. Ich aktywność przejawia się w naśladowaniu fizycznych czynności – jedynej znanej im formy działania. Toteż próby uczestnictwa w fizycznym ludzkim życiu – które, jak im się wydaje, toczy się wokół nich – przybierają dziwaczne formy. Za przykład może tu posłużyć wcześniej przeze mnie opisane kłębowisko istot opanowanych żądzą seksualną. Nasuwa się przypuszczenie, że gdy z jakiegoś powodu człowiek staje się roztrzęsiony lub jego świadomość osłabnie bądź „rozluźni się", daje to okazję któremuś z „dzikusów", by zawładnąć jej przeżyciami. Nie wiem, jak często się to zdarza, mam nadzieję, że bardzo rzadko. Czasem istoty te mogą robić złe rzeczy.

Przyglądając się życiu toczącemu się w wewnętrznych pierścieniach, można się wiele nauczyć. Najczęściej jest to jednak twarda szkoła, zwłaszcza dla kogoś, kto myśli wyłącznie kategoriami czasoprzestrzeni. Nie ma sensu opowiadać o wszystkich próbach nawiązania kontaktu z mieszkańcami tych pierścieni. Możecie sami spróbować, nie zadając sobie trudu wyjścia z ciała. Poobserwujcie po prostu pierwszą lepszą grupę osób mieszkających w dużym mieście, porozmawiajcie z nimi. Da wam to uproszczony obraz tego, co dzieje się w wewnętrznych pierścieniach, a otrzymany w ten sposób materiał będzie znacznie łatwiej zanalizować. Wydaje się, że zachowanie mieszkańców owych pierścieni jest wynikiem krańcowego wypaczenia pierwotnego instynktu samozachowawczego.

Oczywiście istnieją sposoby, dzięki którym można pomóc tym istotom, każdej z osobna i wielu naraz – można uwolnić je – proces ten rozwija się coraz bardziej. Osobiście próbowałem to robić raz czy dwa, lecz nie jestem szczególnie dumny ze swoich osiągnięć. Ale i ja czegoś się wówczas nauczyłem. Po pierwsze, uświadomiłem sobie istnienie szumu Wiązki M (moje własne określenie), czyli kakofonii wibracji wywoływanych przez niekontrolowane i nieukierunkowane ludzkie myśli. Po drugie, nauczyłem się zmniejszać dopływ docierających do mnie wrażeń i obniżać szum Wiązki M do poziomu, który już byłem w stanie tolerować. A więc znów konieczność zmusiła mnie do szukania rozwiązania. Nawiasem mówiąc tę metodę stosuję także wtedy, gdy przebywam w ciele fizycznym i znajduję się w zwykłym stanie świadomości.

Pierścień oczekujących

Opisanie następnego pierścienia nie nastręcza specjalnych trudności. Tworzą go ci, którzy wprawdzie zdają sobie sprawę, że utracili już ciała fizyczne, ale nie wiedzą, że możliwy jest inny rodzaj egzystencji lub o tym nie pamiętają. Przeważnie znajdują się w stanie oszołomienia, nie poruszają się i nie odbierają żadnych wrażeń – po prostu tkwią bez ruchu jak gdyby na coś czekając. Zwykle dość łatwo nawiązać z nimi kontakt, pouczyć ich i zaprowadzić do właściwego pierścienia. Mieszkańców tego kręgu jest stosunkowo niedużo; ich ilość, dzięki pomocy napływającej z zewnętrznych pierścieni, utrzymuje się mniej więcej na stałym poziomie.

Gdy będziemy posuwali się w kierunku zewnętrznym, natrafimy na kolejny pierścień, który jest ze wszystkich największy i składa się z niezliczonej ilości pasm. Wszyscy jego mieszkańcy zdają sobie sprawę, że przeszli przez śmierć fizyczną, lecz nie bardzo wiedzą, gdzie się znajdują i czym są. Ponieważ mają na ten temat odmienne poglądy, stąd wielość wyraźnie zaznaczających się w tym pierścieniu pasm, gdyż każde z pasm składa się wyłącznie z tych istot, które w swym myśleniu i poglądach są do siebie podobne. Mniej więcej przez środek Wielkiego Pierścienia przebiega coś, co można by określić mianem linii granicznej. Jest ona łatwo dostrzegalna z zewnątrz. Wytwarzają ją dwa zachodzące na siebie pola energii, które mimo iż działają z jednakową siłą, nie powodują interakcji. Nie mamy tu do czynienia z falą stojącą, powstałą w wyniku wzajemnego oddziaływania na siebie jednakowych częstotliwości, ponieważ pola te nie są kompatybilne. Nie zachodzi tu również zjawisko podobne do tego, które obserwujemy w środku sztabki magnesu podczas zbliżania się do siebie pól o przeciwnych ładunkach. Chcąc zrozumieć, w czym rzecz, najlepiej wyobrazić sobie pole grawitacyjne działające w jednym kierunku oraz oddziaływanie sitcomu w telewizji, jako siłę działającą w kierunku przeciwnym.

Po wewnętrznej stronie linii granicznej przeważa siła HTSI[1]. Jest ona najsilniejsza w wewnętrznych pasmach, położonych najbliżej Ziemi, i stopniowo słabnie, gdy zbliża się do zewnętrznego brzegu Wielkiego Pierścienia, aż staje się prawie niezauważalna na jego zewnętrznym obrzeżu. Natomiast po zewnętrznej stronie linii granicznej dominuje siła NPR[2], która jest tak powszechna, jak tylko to sobie możemy wyobrazić – o ile opierając się na tej niewielkiej cząstce wiedzy, jaką o niej posiadamy, potrafimy ją właściwie zinterpretować. W polu sił lustrzane odbicie HTSI stanowi NPR. Jej działanie jest największe na zewnętrznym krańcu Wielkiego Pierścienia, po czym słabnie i zmniejsza się im bliżej linii granicznej. Po przejściu przez linię graniczną maleje wykładnikowo, by osiągnąć najniższą wartość w paśmie położonym najbliżej Ziemi.

Sposób, w jaki człowiek przechodzi przez ten pierścień, jest niezwykle interesujący – zwłaszcza gdy patrzymy na to z zewnątrz. A więc energia, która przybiera postać ludzkiego życia opartego na doświadczeniu, porusza się w dwu kierunkach: dośrodkowym i odśrodkowym. Ruch do wewnątrz to przepływ czystej energii pochodzącej z obszaru NPR. Energia ta pojawia się w polu HTSI po raz pierwszy. Dzięki wielości ludzkich wcieleń zostaje przez to pole coraz bardziej przyciągana, a z chwilą gdy przekroczy linię graniczną, szybkość, z jaką przechodzi przez ten pierścień, jeszcze wzrasta. Od tego miejsca wewnątrz pierścienia ruch ulega jeszcze większemu przyśpieszeniu i ener-

[1] Skrót od *Human Time-Space Illusion* – ludzka iluzja czasoprzestrzeni (przyp. tłum.).
[2] Skrót od *Nonphysical Reality* – rzeczywistość niefizyczna (przyp. tłum.).

gia dociera do wewnętrznego obrzeża Wielkiego Pierścienia, przechodzi przez nie i zazwyczaj zatrzymuje się dopiero w najniższym z wewnętrznych pierścieni.

Z kolei fala przepływu skierowanego na zewnątrz (czyli prąd odśrodkowy), uwolniwszy się z wewnętrznych pierścieni położonych najbliżej Ziemi lub płynąc ich skrajem, podejmuje wędrówkę przez ten największy z pierścieni – wygląda ona na przypadkową, choć w rzeczywistości wcale tak nie jest. Dla niektórych ludzi taka wędrówka nie rozkłada się na wiele etapów, lecz trwa stosunkowo krótko: jest to tylko kilka fizycznych wcieleń „dla nabrania rozpędu". Inni – a jest ich ogromna większość – potrzebują aż kilkuset inkarnacji i tysięcy lat życia na Ziemi, by zakończyć ten proces. Nie wiem dlaczego istnieją tam odmienne drogi doskonalenia się, jednakże przypuszczam, że droga krótsza polega na staranniejszym wyborze doświadczeń życiowych i tego, co ma się w życiu zdobyć, a co statystycznie rzecz biorąc wydaje się niemożliwe do osiągnięcia. Obie drogi, zarówno długa, jak i krótka, biorą swój początek w zewnętrznym obrzeżu Wielkiego Pierścienia i prowadzą do pierścienia położonego najbardziej na zewnątrz.

Ten ostatni, zewnętrzny pierścień zamieszkują wyłącznie ci, którzy przygotowują się do swej ostatniej ludzkiej inkarnacji. Są to seniorzy lub, jeśli wolicie, ci, którzy będą żyli na Ziemi po raz ostatni. Istoty te utraciły już wiele z ludzkiego wyglądu, nie są szare jak przedtem, lecz promieniują niemal białym kolorem, a od czasu do czasu pojawiają się wokół nich rozbłyski iskrzącego się światła. Są szczelnie zamknięte i nie reagują na próby nawiązania z nimi kontaktu; porozumiewają się tylko między sobą. Ich ostatnie zejście na Ziemię niełatwo jest zaobserwować, gdyż dokonuje się zbyt szybko – jest niemal natychmiastowe. Natomiast odejście seniorów po zakończeniu cyklu wygląda następująco: iskrzące się światło mknie przez pierścienie w kierunku zewnętrznym, co jakiś czas zatrzymując się z niewiadomych powodów, a po przejściu przez ostatni, zewnętrzny pierścień nagle znika z pola widzenia, nie pozostawiając po sobie znaku czy śladu.

Z grubsza rzecz biorąc proces zbierania doświadczeń, dzięki kolejnym wcieleniom, przypomina zachowanie się człowieka, który po raz pierwszy próbuje alkoholu lub zażywa narkotyk. Pierwszy raz, pierwsza próba zażycia środka odurzającego zazwyczaj nie wiąże się z przyjemnością, lecz jej efekt jest dla nas czymś nowym. Toteż gdy nadarzy się okazja, początkujący wypija podwójną porcję lub zażywa podwójną dawkę, chcąc sprawdzić, czy skutek będzie silniejszy. I rzeczywiście – jest silniejszy. Dobrze wiemy, co dalej nastąpi, jeśli się nad tym nie zapanuje: staczanie się aż na samo dno. Dla nałogowca najważniejszy staje się kieliszek bądź strzykawka – tylko to zaprząta jego myśli. Przeważnie dochodzi do niemal całkowitego zapomnienia się, zatracenia, a co ważniejsze – osoba dotknięta nałogiem nie wykazuje najmniejszej chęci, by zmienić ten stan rzeczy. Nie pamięta już, kim jest, i nic ją to nie obchodzi. Przypominanie sobie, kim się było, trwa długo i czasami bywa bolesne, ale kiedy już się tego dokona, następuje transformacja i osiąga się stan, który zasadniczo różni się od początkowego – były neofita staje się kimś zupełnie innym. Jednak pod jednym względem analogia nie zachodzi: w przypadku zdobywania doświadczenia dzięki łańcuchowi ludzkich wcieleń człowiek zmienia się nieustannie.

Drogę ludzkich doświadczeń można przedstawić według następującego schematu:

Miejsce	Przepływ do wewnątrz (czytaj: W DÓŁ)	Przepływ na zewnątrz (czytaj: W GÓRĘ)
1	2	3
Punkt Wejścia/ Wyjścia	Przebywający po raz pierwszy z NPR	Ci, którzy ukończyli naukę (absolwenci)
Strefa Przejściowa	Do: ludzkiego fizycznego życia Czas: nieograniczony	Do: „Domu”? NPR (rzeczywistość niefizyczna) ↑
Pola Otaczające (koncentracja uwagi) NPR: 95% HTSI: 5% (iluzja czaso-przestrzeni)	↓	↑
Ostatni Zewnętrzny Pierścień	↓ nieokreślony	Wcielający się po raz ostatni (seniorzy lub odchodzący)
Pola Otaczające (koncentracja uwagi) NPR: 80% HTSI: 20%	↓	Do: ostatniego ludzkiego wcielenia Czas: nieograniczony
Wielki Pierścień	↓	Ci, którzy przechodzą przez długi cykl wcieleń ↑
Zewnętrzna część (ćwiartka)	Wcielający się po raz pierwszy – częste wcielenia Do: ludzkiego życia fizycznego	↑ Do: wybranego ludzkiego życia fizycznego
Pola Otaczające (koncentracja uwagi) NPR: 60% HTSI: 40%	Czas: nieograniczony ↓	Czas: wybrany

1	2	3
	↓	Identy: Myśliciele, filozofowie, pewne ugrupowania religijne, ci, którzy służą ludzkości, pomocnicy, przewodnicy, ratownicy, inni ↑
Wielki Pierścień **Górna część** (ćwiartka)	Wcielający się po raz pierwszy – minimalna ilość wcieleń Do: ludzkiego fizycznego życia	Wcielający się wielokrotnie – wcielenia sporadyczne Do: wybranego życia fizycznego
Pola Otaczające (koncentracja uwagi) NPR: 50–55% HTSI: 45–50%	Czas: dowolny	Czas: odpowiednio dobrany
	↓	Identy: niektóre ugrupowania religijne, fizycy kwantowi, psychologowie, osobowości, przywódzcy ludzkości znani z historii, specjaliści
Wielki Pierścień **Dolna część** (ćwiartka)		Ci, którzy wcielają się wielokrotnie – regularne wcielenia
Pola Otaczające (koncentracja uwagi) NPR: 30% HTSI: 70%		Do: wybranego ludzkiego fizycznego życia Czas: współczesny

1	2	3
		Identy: niektóre ugrupowania religijne, przyjaciele i krewni, pracownicy uzdrowisk i miejsc wypoczynku rota: przedmioty i działania fizyczne naśladujące rzeczywistość niefizyczną, a także niebo i piekło ↑
Wielki Pierścień Wewnętrzna część (ćwiartka)		Wcielający się niewielką ilość razy Do: wybranego ludzkiego fizycznego życia
Pola Otaczające (koncentracja uwagi) NPR: 5% HTSI: 95%		Czas: współczesny Identy: uciekinierzy z dolnych pierścieni, ośrodki rehabilitacji, grupy szkoleniowe, nonkonformiści, obarczeni poczuciem winy ↑
Pierścień Oczekujących	↓	Debiutanci Ci, którzy wcielają się niewielką ilość razy

1	2	3
Pola Otaczające (koncentracja uwagi) NPR: 0 HTSI: 0		Do: Wewnętrznej części (ćwiartki) Wielkiego Pierścienia Czas: nieokreślony Identy: wszystkie możliwe
Ostatni Wewnętrzny Pierścień **Pola Otaczające** (koncentracja uwagi) NPR: 0% HTSI: 100%		Ci, którzy wcielają się niewielką ilość razy Debiutanci
ŚNIĄCY Uwięzieni		
Prymitywni		Do: miejsca oczekiwania Czas: nieokreślony
ŚPIĄCY **Ludzkie fizyczne życie** **Pola Otaczające** (koncentracja uwagi) NPR: śladowa HTSI: 99,999999%	Debiutanci Do: jakiegokolwiek pierścienia Czas: nieograniczony	Powtarzający Wszystkie możliwości Do: różnych zewnętrznych pierścieni Czas: nieograniczony

A teraz, posługując się współczesną terminologią, spróbujmy opisać ten proces inaczej:

Jednostka (coś, czym pierwotnie jesteś?) jest przyciągana przez pole energetyczne Ziemi. Chcąc się czegoś o nim dowiedzieć, postanawia przez nie przejść. Jednak duża spójność znajdujących się w tym polu cząsteczek powoduje, iż Jednostka porusza się w nim z szybkością znacznie mniejszą od tej, jaką początkowo zakładała. Stopniowo prędkość ta spada do poziomu, z którego ucieczka staje się już niemożliwa, i Jednostka zostaje zmuszona do poruszania się po eliptycznej orbicie. Gdy znajdując się w apogeum orbity, przechodzi przez pole energetyczne Ziemi, przywierają do niej coraz to nowe cząsteczki, przez co staje się cięższa i porusza się jeszcze wolniej – a to z kolei powoduje zmniejszenie perigeum orbity. W końcu wskutek coraz silniejszego przyciągania pola energetycznego Ziemi, orbita, po której porusza się Jednostka, zostaje przerwana, a Jednostka osiada w polu ziemskim stając się jego częścią.

Teraz, chcąc ponownie uzyskać prędkość pozwalającą jej na opuszczenie pola, musi:

1. Usunąć niepotrzebne cząsteczki, które przylgnęły do niej, gdy zbierała informacje. Chodzi o to, by mogła zabrać ze sobą z Ziemi tylko To, Co Ma Wartość.

2. Wytworzyć i zgromadzić taką ilość energii, która wystarczy na pokonanie siły bezwładności i uzyskanie szybkości pozwalającej na ucieczkę. Tym razem potrzeba znacznie więcej energii niż w chwili, gdy Jednostka wchodziła w pole energetyczne Ziemi. Ponadto niezbędna jest rezerwa energii, aby zrównoważyć dodatkowe obciążenie: Jednostka zabiera ze sobą bagaż – są nim zebrane informacje.

To odłączenie się nie jest proste, gdyż brakuje skutecznych sposobów uwalniania się od trucizn i pozbywania się zbędnych cząsteczek, a dostępne metody destylacji i akumulacji energii są niezwykle prymitywne. Dlatego też proces detoksykacji trwa długo i jest uciążliwy. Najlepiej więc rozpocząć od katapultowania się i wejść na orbitę eliptyczną, następnie zaś coraz bardziej zwiększać perigeum tej orbity aż do osiągnięcia szybkości pozwalającej na wydostanie się spod wpływu przyciągania ziemskiej energii. Dzięki temu Jednostka, zabierając ze sobą swój bagaż, będzie mogła powrócić tam, skąd przybyła, lub – mając teraz znacznie więcej energii – prowadzić dalsze badania.

To, co przeczytaliście, jest dużym uproszczeniem bardzo złożonego i skomplikowanego procesu, który oglądano z zewnątrz. Opis ten „odhumanizowano" tak dalece, jak było to możliwe, w nadziei, że taka naga prezentacja przyciągnie uwagę naszej lewej półkuli mózgowej i ułatwi jej rozumienie tych spraw. Jednakże nadal nie wiemy, jak wyrazić to, o czym tu mowa, w sposób, który najbardziej przemawiałby do naszej ludzkiej świadomości.

Tak więc wygląda coś, w co wszyscy jesteśmy z konieczności uwikłani. Obszar, na którym się to odbywa, można nazwać Miejscem Przepływu Ludzkiej, Ziemskiej Energii, Ludzką Iluzją Czasu i Przestrzeni. Powyższy, ogólnikowy opis oparliśmy na setkach przeprowadzonych przez nas doświadczeń; większości z nich nie można dokładnie przełożyć na język werbalny. Opisanie każdego z tych doświadczeń, o ile w ogóle byłoby możliwe, zajęłoby co najmniej tom. Toteż na razie musi nam wystarczyć ten szkic. Wprawdzie możemy się zagubić zarówno z nim, jak i bez niego, ale znając go, mamy większe szanse, by się jednak nie zagubić.

Rota BHP I

Proces intensywnego uczenia się ludzi

Skoro mówimy o jednostce ludzkiej, to należałoby zaznaczyć, że wśród ludzi obecnie żyjących na Ziemi stosunkowo mało jest takich, którzy przedtem nie doświadczyli ziemskiego życia. Spośród tych, którzy są po raz pierwszy na Ziemi, część mogła już żyć w innych obszarach czasoprzestrzeni, mając inną formę fizyczną; pozostali jeszcze nigdy nie mieli fizycznego ciała.

Czasoprzestrzeń, materia fizyczna, a zwłaszcza to, czym jest życie człowieka na Ziemi – to bardzo interesująca anomalia. Tylko ludzkie życie w ciele fizycznym umożliwia rozwinięcie pewnych rzadkich cech, dlatego jest takie ciekawe. Niektórzy traktują je jak wizytę w olbrzymim wesołym miasteczku, gdzie czeka na nich wiele atrakcji i gdzie na jakiś czas zawieszone zostaną podstawowe prawa obowiązujące poza Ziemią. Te istoty pragną pobytu na Ziemi ze zwykłej ciekawości: po prostu dostali rotę o tym interesującym miejscu i chcą się przekonać, jak wygląda ziemskie życie. Inni, obserwując wydarzenia, które rozgrywały się na Ziemi, dochodzą do wniosku, że powinni wcielić się w określonym momencie dziejowym, gdyż życie w tych właśnie czasach stwarza im najlepsze warunki osiągnięcia tego, co sobie zaplanowali.

Jeszcze inni uważają, że ograniczenia wypływające z życia w fizycznym ciele powodują nagromadzenie się pewnych energii występujących tylko w tym stanie. Tylko będąc człowiekiem i mając ciało fizyczne, można posługiwać się tymi energiami.

Ale najwięcej istot – ich ilość przewyższa sumę wszystkich pozostałych – decyduje się na ziemskie życie ze względu na efekty, jakie można dzięki temu osiągnąć. Jeżeli spotkasz kogoś, kto przeszedł przez cykl ziemskich wcieleń, masz przed sobą jedyny cel – chcesz zostać kimś takim jak on. A osiągnięcie takiego poziomu rozwoju jest możliwe.

A więc fizyczną egzystencję podejmujemy ze względu na to, czym ona jest – procesem intensywnego uczenia się, niezwykłą szkołą. W tej szkole uczymy się bardzo ważnej rzeczy – łączenia dwóch odmiennych typów energii – męskiej i żeńskiej. Dlatego część osób rodzi się kobietami, a część – mężczyznami. Dopasowaniu się, wzajemnemu zrozumieniu i zjednoczeniu tych dwóch rodzajów świadomości mogą służyć kulturowe uwarunkowania, popędy, potrzeby oraz inne czynniki.

Warunki, jakie należy spełnić, by stać się człowiekiem i móc wieść fizyczną egzystencję, są dość proste. Wcielenie się poprzedza coś, co wygląda jak zawarcie umowy. A więc forma energetyczna zamierzająca inkarnować, najpierw musi przyznać, że czasoprzestrzeń rzeczywiście istnieje. Bez tego niemożliwe jest uzyskanie ludzkiej świadomości. Następnie musi zgodzić się z tym, że istnieje czas, powiedzmy lata osiemdziesiąte. Może to być zresztą dowolny odcinek ziemskiego czasu. Ponadto musi zaakceptować istnienie fizycznej planety Ziemi – w takiej postaci, w jakiej ją zaprojektowano i stworzono. Musi również pogodzić się z pewnymi właściwościami i ograniczeniami ludzkiej świadomości.

Proces intensywnego uczenia się wymaga również wymazania czy też zatarcia wcześniejszych doświadczeń, zdobytych zarówno podczas poprzednich inkarnacji ziemskich, jak i życia w innych systemach rzeczywistości po to, by nie przeszkadzały one w realizowaniu obecnej egzystencji. Nie należy jednak zapominać, że wymazanie z pamięci danych o poprzednich istnieniach dokonuje się wyłącznie na poziomie fizycznej świadomości jednostki, która przystaje na podyktowane jej warunki. Pamięć o minionych doświadczeniach pozostaje w esencji formy energetycznej. Człowiek, który się rodzi, ma je zakodowane w podświadomości. To, co powiedzieliśmy, jest bardzo ważne, gdyż wcześniej uzyskane doświadczenia lub dowody mogą stanowić zasadniczy motyw działalności danej istoty na planie ziemskim.

Kiedy już istota podejmie decyzję co do wcielenia i zaakceptuje proponowane jej warunki, musi wybrać taki „punkt wejścia", który ze względu na czynniki genetyczne, środowiskowe, społeczne, polityczne i ekonomiczne mógłby umożliwić jej – choć nie zapewnić w stu procentach – realizację zamierzonego celu. Jednak często się zdarza, że nie wszystkie warunki, które są akurat dostępne, będą się nadawały do realizacji danego celu. Mimo to wiele istot decyduje się zejść na Ziemię i inkarnować jako ludzie, mając tylko nadzieję, że mimo tych niesprzyjających okoliczności osiągną jednak to, co sobie zaplanowały. Czasem pojawia się tyle przeciwności, że po prostu nęci chęć zmierzenia się, by tak rzec, z tymi niedogodnymi warunkami lub rodzi się pragnienie, by je zmienić przez odpowiednie myślenie i działanie. Niektórzy podejmują taki trud, inni zaś nie.

Zdarza się również, że popyt na określone warunki wejścia znacznie przekracza podaż. Wobec tego wiele istot zmęczonych długim oczekiwaniem decyduje się na inkarnację, która ich wymagania co do warunków życia na Ziemi spełnia choćby w minimalnym stopniu.

Pokażmy, jak wygląda proces uczenia się i zdobywania wiedzy dzięki ludzkiemu doświadczeniu, na przykładzie istoty wcielającej się po raz pierwszy. Zaraz po wejściu (urodzeniu się) „debiutant" jest zdumiony i wstrząśnięty tym, że fizyczne ciało stwarza tak poważne ograniczenia. Teraz nie może już łatwo i swobodnie się poruszać, posługując się tylko myślą lub pragnieniem. Toteż wiele wczesnych tygodni życia spędza na świadomych, lecz daremnych wysiłkach uzyskania kontroli nad swoim nowym ciałem. Jednocześnie zdumiewa go konieczność odżywiania się, które w poprzedniej egzystencji odbywało się automatycznie. Wyobraźcie sobie jeszcze potężną kanonadę chaotycznych sygnałów docierających do noworodka za pośrednictwem pięciu fizycznych zmysłów, o istnieniu których nie miał do tej pory pojęcia, a zdacie sobie sprawę, jaki wstrząs musi on przeżywać. Prawdopodobnie znajdowałby się w stanie jeszcze większego szoku, gdyby nie pomoc, którą otrzymuje w okresach nieświadomości (tj. wtedy, gdy śpi) od interesujących się jego losem istot przebywających w innej rzeczywistości (poza czasem i przestrzenią).

Te najwcześniejsze przeżycia zapoczątkowują coś, co można nazwać pierwszym sposobem zdobywania wiedzy przez człowieka. Ten sposób uczenia się trwa przez całe życie, a polega na świadomym koncentrowaniu uwagi. Kiedy coś się wydarza, wówczas dowiadujemy się o tym za pośrednictwem pięciu fizycznych zmysłów, a doznanie przykrości lub przyjemności zwraca naszą uwagę na to wydarzenie, które dzięki temu zapamiętujemy. Zapamiętujemy łatwiej, gdy doświadczeniu towarzyszą emocje, a także wtedy, gdy doznanie zmysłowe jest silniejsze. Krótko mówiąc: intensywność procesu uczenia się (zapamiętywania i przywoływania na pamięć tego, co zapamiętaliśmy) zależy od intensywności przeżycia. I odwrotnie – im słabsze doznanie, tym mniejsza uwaga, a w konsekwencji mniej efektywny proces uczenia się.

Ten pierwszy sposób zdobywania wiedzy dostarcza nam danych, z których w naszym życiu korzystamy w pierwszym rzędzie. Wprawdzie inne sposoby uczenia się też mają wpływ na nasze myśli i postępowanie, lecz to, co robimy w życiu, w głównej mierze oparte jest na tym najważniejszym systemie – uczeniu się dzięki doświadczeniom.

Drugi sposób gromadzenia danych przez człowieka, z którego korzysta on również przez całe życie, polega na tym, że fizyczne zmysły zbierają informacje wówczas, gdy nie mamy skoncentrowanej uwagi. Rejestrujemy najdrobniejszy szczegół, choć odbywa się to poniżej progu świadomości. Ponieważ zapis dotyczy spraw, które nie zaprzątają naszej uwagi, więc ludzki świadomy umysł jest w stanie przypomnieć sobie z tego zazwyczaj mniej niż 20 procent. Jednak kiedy zachodzi potrzeba, cały ten obszar pamięci zostaje nieświadomie przywołany. Wpływa on na nasze myśli i decyzje, a także na nasze postępowanie, choć zupełnie nie zdajemy sobie z tego sprawy.

Trzeci sposób uczenia się to nauka podczas cyklicznych stanów nieświadomości, czyli w czasie snu. Na jawie niewiele pamiętamy z tego, co robimy podczas snu, chociaż zostaje to mocno utrwalone w naszej podświadomości i stanowi część procesu uczenia się polegającego na doświadczeniu i zapamiętywaniu; na danych uzyskanych w ten sposób opiera się cała nasza życiowa działalność. Nauczono nas, zgodnie z poglądem przyjętym w naszej kulturze, by nie przywiązywać wagi do wydarzeń, których nie pamiętamy, toteż rzadko zauważamy ich wpływ na nasze postępowanie i przeżycia. Dopiero gdy przyjrzeć się temu z zewnątrz, całkiem wyraźnie widać, że wiedzę zdobytą w czasie snu wykorzystujemy w codziennym życiu.

Natomiast dominujący na Ziemi system edukacji został wymyślony przez człowieka i stanowi wytwór różnych kultur. Mimo iż stał się on najbardziej rozpowszechniony i praktykowany, to jednak jest najmniej naturalny. Najczęściej zupełnie ignoruje bezpośrednie doświadczenie i poprzednio wspomniane metody uczenia się. Ze względu na swoją sztuczność, na brak wykorzystania naturalnych sposobów koncentrowania uwagi, wymaga dużej dyscypliny i wyrzeczeń, na jakie zazwyczaj nie stać człowieka o przeciętnym umyśle. Kiedy ktoś posługując się tą metodą, usiłuje przyswoić sobie wiadomości, jego uwaga jest rozproszona, chwiejna, szczególnie podczas mniej ważnych, wielokrotnie powtarzanych ćwiczeń, toteż traci wiele z tego, co łatwo mógłby osiągnąć w inny sposób. Ten najbardziej prymitywny, a niezwykle przez ludzi ceniony sposób zdobywania wiedzy w zasadzie dotyczy tylko tego, co ma związek z poznaniem, zrozumieniem, opanowaniem i wykorzystaniem materii fizycznej oraz energii przez nią wytwarzanej.

Ponieważ w tym dominującym, choć sztucznym i ograniczonym systemie, proces uczenia opiera się wyłącznie na danych dostarczonych przez fizyczne zmysły, więc w konsekwencji zacierają się wszelkie pozostałe jeszcze w człowieku ślady jego prawdziwego pochodzenia. Dla niedoświadczonej formy energetycznej od razu staje się to głównym problemem i jest dla niej największym wyzwaniem.

Gdy istota taka po raz pierwszy staje się człowiekiem i zaczyna wieść ludzkie życie, nie znajduje na Ziemi dosłownie niczego, co ukazywałoby jej inną rzeczywistość – wszystko, czego teraz doświadcza, kieruje jej uwagę wyłącznie ku czasoprzestrzennej materii fizycznej. Na nieszczęście dotyczy to również organizacji dostarczających systemów wiedzy, stworzonych – obecnie i w przeszłości – przez osoby, których wiedza o tym, kim człowiek jest i skąd pochodzi, nie zatarła się podczas ich ziemskiego życia. Tylko niewielkie fragmenty tej wiedzy dotarły do ludzi – i to w zniekształconej formie, ulegając przeinaczeniom na skutek przekładu na ludzki, werbalny język oraz przekształceniom dzięki wielokrotnym zabiegom translatorskim. Niestety, to co z właściwej wiedzy pozostało, dotyczy przeważnie nauki o skutkach, a nie o przyczynach. Tylko w rzadkich przypadkach można dzięki tym informacjom dotrzeć do źródła.

A więc „początkujący", podczas swej pierwszej ludzkiej inkarnacji wchodzi w wiele nieplanowanych przez siebie związków. Najsilniejsze są powiązania natury emocjonalnej, a właściwie ich wypaczenia istniejące tylko w rzeczywistości czasoprzestrzennej. Osiągają one taką moc i taki wymiar, że pełne ich przeżycie i spełnienie jest właściwie niemożliwe w ciągu jednego życia. Wobec tego jednostka czuje nieodpartą potrzebę, by ponownie się wcielić i dokończyć to, co rozpoczęła, osiągnąć cel, którego nie zdążyła zrealizować, a także by spłacić wyimaginowane „długi". Powody, dla których podejmuje następne ludzkie życie, można by mnożyć bez końca. W efekcie „debiutant" przekształca się w „powtarzającego", a przyczyna tego jest bardzo prosta: przywiązanie do tej egzystencji, które sprawia, że fizyczne życie staje się nałogiem.

Dwa czynniki prowadzą do powstania tego nałogu lub – jeśli wolicie – powodują przerwanie orbity. A jeśli złożyć je razem, wyraźnie widać, jak trudny może być System Intensywnej Nauki – szczególnie dla kogoś, kto nie został o nim poinformowany i z wielu rzeczy nie zdaje sobie sprawy. Ale też już sam ten brak wiedzy może być elementem, który można wykorzystać w procesie uczenia się. Każda próba opisania metod stosowanych w Systemie Intensywnej Nauki będzie niezrozumiała dla istot, które nigdy nie były ludźmi, tak samo jak końcowy efekt nauki niełatwo jest opisać komuś, kto żyje na Ziemi po raz pierwszy. Czynniki, o których tu mowa, to Wypaczenie Instynktu Samozachowawczego oraz Dyfuzja (Rozszczepienie i Rozproszenie) Pierwotnej Energii.

Wypaczenie instynktu samozachowawczego

Tak jak zwierzęta, rośliny i inne żywe organizmy, człowiek rodzi się z wszczepionym pragnieniem, by żyć, rozwijać się, by przetrwać. Instynkt samozachowawczy nakazuje mu, ażeby swą egzystencję podtrzymywał w dwojaki sposób: dbając o ciało oraz przedłużając życie poprzez wydanie na świat potomstwa.

Najważniejszą z życiowych potrzeb człowieka jest jedzenie, toteż musi on zdobywać pożywienie i wodę. Zmuszony jest też utrzymywać ciało w odpowiedniej temperaturze i chronić je przed atakami innych ludzi i zwierząt, począwszy od zwierząt mięsożernych, poprzez insekty, a skończywszy na wirusach. Gdy istnieje konieczność zaspokojenia kilku takich potrzeb, wówczas powstaje dylemat, której z nich dać pierwszeństwo.

W tym, co tu powiedziano, nie ma przecież sprzeczności, a więc gdzie tkwi problem? Ludzie spędzają prawie cały swój czas, zaspokajając te właściwie potrzeby – i nie ma tu wyboru. Należysz do wyjątków, jeżeli bez cienia wątpliwości wiesz, że te potrzeby zostaną zaspokojone również jutro, w przyszłym tygodniu, przez resztę twego życia, i że osiągniesz to dzięki własnemu działaniu, dzięki temu, co zrobi twoja rodzina lub „twój" rząd.

Wiadomo jednak, że owe podstawowe potrzeby uległy z czasem wynaturzeniom. Ludzie robią zapasy żywności i innych dóbr na wypadek, gdyby miało im ich zabraknąć. Pokarmy spożywa się nie tylko po to, by zaspokoić głód, lecz ze względu na ich walory smakowe lub estetyczny wygląd. Wymyślono specjalne sposoby przyrządzania i podawania wielu potraw. Wynaleziono „pokarmy" służące jedynie przyjemności, takie jak alkohol, tytoń, narkotyki, a teraz z kolei propaguje się „zdrową żywność" – jedzenie, które ma pomóc zachować zdrowie. Ubrania nosi się nie tylko dla ochrony przed zimnem, ale również ze względów estetycznych. Muszą być uszyte z odpowiedniego materiału, w określonym kolorze, skrojone zgodnie z szybko zmieniającymi się kanonami mody i noszone w zależności od okazji. Schronienia dla ciał w niczym już nie przypominają chat budowanych na wzgórzach. Kupując dom, bierzecie pod uwagę jego wielkość i/lub położenie, meblujecie go, urządzacie i przyozdabiacie wciąż na nowo, zgodnie z indywidualnym gustem i zmieniającą się modą. W pierwszym rzędzie kierujecie się względami estetycznymi i snobistycznymi, a dopiero później zwracacie uwagę na wygodę i właściwe przeznaczenie domu.

Niektóre z tych wypaczeń doprowadziły do tego, że ludziom jest trudno rozstać się z tym światem. Przykładem niech będzie istnienie wielu drogich instytucji stosujących różne metody podtrzymywania życia. Ich naczelna dewiza brzmi: „Najważniejsze jest utrzymywanie ciała przy życiu, bez względu na to w jaki sposób". W niektórych „cywilizowanych" społeczeństwach odebranie sobie życia uznaje się za przestępstwo. Ciekawe, kogo można by oskarżyć w przypadku udanego samobójstwa? To, co wykracza poza naturalne potrzeby człowieka związane z utrzymaniem się przy życiu, te wszystkie wypaczenia instynktu samozachowawczego wypływają z niezliczonych pobudek, z których tylko niewiele jest naprawdę istotnych. Cała działalność człowieka opiera się na współzawodnictwie w gromadzeniu i pozbywaniu się rzeczy, dzięki czemu tak ważne stało się dla nas prawo podaży i popytu.

Aby zabezpieczyć nagromadzone przez człowieka dobra oraz ochronić jego ciało, wynaleziono: zamki u drzwi i ogrodzenia domów, drzwi i bramy, przepisy i prawo, leki i środki farmaceutyczne, broń i policję, prawników, lekarzy, miasta i narody, banki, wojsko i bomby atomowe.

Wspomniane wypaczenia rozpoczęły się już w okresie życia plemiennego, we wczesnych kulturach rolnych. Stanowią one lepiszcze, dzięki któremu ciężkie cząsteczki przylegają do energetycznej formy. Z czasem doszło do skrajnego wypaczenia instynktu samozachowawczego. Ważne stało się tylko to, co dotyczy materii fizycznej. Musiało się tak stać: wolna wola jest tym, czym jest.

Seks a prokreacja

Ponieważ popęd płciowy jest najsilniejszym instynktem związanym z potrzebą przedłużenia własnego życia poprzez zrodzenie potomstwa, toteż ulega ogromnym zniekształceniom. Największe z nich to złudzenie, że stosunek seksualny jako akt kreatywny wyzwala jednocześnie twórczą emocję: duchową i boską miłość. W rezultacie takiego myślenia powstają ograniczenia i irracjonalne przywiązanie, a także zobowiązania, które nie pozwalają realizować ważnych życiowych celów. Związki, w które się człowiek uwikłał, często stwarzają poczucie winy, niespłaconych długów i inne emocjonalne obciążenia, które głęboko zapadają w pamięć i mają swe reperkusje w przyszłości, gdyż są tak silne, że w czasie jednego życia nie można się od nich uwolnić. Co więcej, pierwotny powód, dla którego ludzie podejmowali współżycie seksualne – rodzenie potomstwa – został wyparty przez chęć odbycia stosunku tylko dla doznania chwilowej zmysłowej przyjemności. Nasuwa się podejrzenie, czy przypadkiem większość mężczyzn zawsze nie traktowała seksu w ten właśnie sposób. Obdarzone zmysłem obserwacyjnym kobiety wiedziały o tym i wykorzystywały to jak tylko mogły. Tym kobietom, które uległy złudzeniu, że związek dwojga ludzi jest czymś trwałym, nie pozostawało nic innego, jak kłaść się na plecach i czekać na to, co nastąpi. Mówiąc wprost: jeden stosunek nie zapewni trwałości związku, ale może zapewnić ją dziecko.

Rozwój obiektywnej wiedzy na temat znaczenia w ludzkim życiu instynktu seksualnego spowodował, iż ludzie zaczęli przywiązywać zbyt dużą wagę do samego aktu, mając na względzie towarzyszące mu doznania zmysłowe, a zupełnie zapomnieli o celu, któremu powinien służyć. Ukazywanie powabu seksu, stosowanie wymyślnych sposobów pobudzania pociągu seksualnego doprowadziło do nadmiernego zainteresowania seksem i wypaczenia pierwotnego instynktu seksualnego. Przyczynili się do tego nie tylko poszczególni ludzie, lecz także główne gałęzie przemysłu, a nawet władze państwowe.

W rezultacie powstało wiele wynaturzeń, wszyscy myślą jedynie o zaspokajaniu sztucznie rozbudzonych potrzeb zmysłowych, co tylko pogłębia problem, nie dostarczając sensownego rozwiązania, a zarazem pomnaża lepiszcze przywiązujące człowieka do życia na Ziemi.

Dyfuzja (rozszczepienie i rozproszenie) Pierwotnej Energii

To, co określamy mianem emocji, jest nieświadomym uzewnętrznianiem przez każdego z nas tkwiącej w nim Siły Twórczej czy też Pierwotnej Energii. Pod tym względem nie ma wśród nas wyjątków. Znamy różne przejawy tej energii. Są nimi: radość, smutek, gniew, szczęście, nienawiść, przyjaźń, tęsknota, chęć posiadania, wierność, egoizm, chciwość, poczucie winy, śmiech, zmartwienie, lęk oraz te formy jej wyrażania, które zazwyczaj nie są uważane za emocje, jak: ciekawość, wyobraźnia twórcza, poczucie równości, nadzieja, poczucie osamotnienia – no i oczywiście miłość, z tym że nie w jej potocznym rozumieniu.

Z tego, co powiedziano, wynika, że człowiek kieruje się w życiu emocjami. Zarówno jego myśli, jak postępowanie wyrastają z emocji. Pojęcie działania, które nie miałoby emocjonalnego podłoża, jest iluzją, bo nawet za największym z pozoru obiektywizmem kryje się jakaś emocja. Gdy dokładnie przyjrzymy się rozumowi i uczuciu, zobaczymy, że nieodłącznie idą w parze. Jeżeli człowiek został stworzony przez SIŁĘ TWÓRCZĄ, to życie ludzkie jest emocjonalnym przejawem tej energii.

Gdy przyjrzymy się historii ludzkości, to nie znajdziemy ani jednego ważniejszego czynu, który nie wypływałby z emocji lub nie byłby przez nią podyktowany. Co wybitniejsi współcześni politycy zdają już sobie sprawę z tego, że nawet podczas wyborów prezydenckich wyborcy kierują się emocjami, że za suchymi faktami i danymi liczbowymi kryją się jednak emocje. Wszyscy wielcy przywódcy ludzkości wywierali na pozostałych ludziach silne wrażenie – i właśnie to emocjonalne oddziaływanie było źródłem ich siły. Pobudki naszego postępowania wypływają z emocji, którym w danej chwili ulegamy. Na udowodnienie tego stwierdzenia wydano w ostatnich latach miliony dolarów, przeprowadzono w tym celu szereg badań i napisano na ten temat wiele poważnych książek. Jednak żadna z tych prac albo wskutek ignorancji nie dociera do źródła owego zjawiska, albo wręcz świadomie nie chce doń dotrzeć.

Ludzkie życie było i jest bezładną mieszaniną niekontrolowanych i nieukierunkowanych energii. Czyniono pewne próby myślenia i działania bez udziału emocji, jednak okazało się, że jest to zupełnie niemożliwe. Powoli zaczęto dostrzegać, że nawet na wyniki doświadczeń przeprowadzanych w warunkach laboratoryjnych ma wpływ nieświadome nastawienie emocjonalne eksperymentatora. Jednakowe wyniki można by uzyskać wyłącznie w identycznych warunkach – a tego nie sposób osiągnąć, jeżeli weźmie się pod uwagę ciągle zmieniające się myśli i uczucia, osoby przeprowadzającej badania. Żeby się o tym przekonać, przeprowadź prosty eksperyment: spróbuj zanotować każdą myśl, która przyszła ci do głowy w ciągu ostatniej minuty, i każdą emocję, której doświadczyłeś w tym czasie. Następnie spróbuj odtworzyć wszystkie swoje myśli i emocje sprzed godziny.

Potwierdzenie tej ogólnej zasady znajdziemy w codziennym życiu, w konkretnych przypadkach. Na przykład nietrudno zauważyć, że w każdym z nas powstają emocje w odpowiedzi na zewnętrzne i wewnętrzne bodźce. I tak jest w każdej chwili naszego życia. Czy śpimy, czy znajdujemy się w stanie czuwania, nieustannie przepływa przez nas strumień energii o różnych częstotliwościach i amplitudach. Oceniamy wszystko i wszystkich. Robimy to bądź na podstawie własnego doświadczenia, bądź kierując się kryteriami wpojonymi nam przez kulturę, w której żyjemy. Jeśli oba z wymienionych kryteriów pozostają ze sobą w konflikcie, zazwyczaj wybieramy drugie z nich. A więc staramy się, aby to, co uznajemy za „dobre", uzewnętrzniało się w naszych czynach i promieniowało z nas, natomiast to, co oceniamy jako „złe", usiłujemy stłumić i wykorzenić, nie pokazując tego innym. Dla większości z nas kontrolowanie tej potężnej życiowej energii, która jest naszym prawdziwym dziedzictwem, jest wszystkim, co możemy zrobić – i w najlepszym razie udaje się to tylko częściowo. Spowodowane jest to tym, że stosujemy niewłaściwe kryteria ocen.

Decyzje podejmujemy w ślepym gniewie, a potem zżymamy się na siebie, widząc rezultaty. Jesteśmy rozczarowani, gdy nie spełniają się nasze oczekiwania. Śmiejemy się z radości, a kiedy chwila szczęścia mija – popadamy w depresję. Nie lubimy, gdy jakaś osoba, miejsce lub rzecz nie odpowiada naszym o niej wyobrażeniom. Sądzimy, że kochamy i jesteśmy kochani, a jeśli odkryjemy, że to nieprawda, pęka nam serce. Przykłady można by mnożyć bez końca. Wciąż próbujemy, bo nie umiemy inaczej postępować i nic na to nie możemy poradzić. Unosimy się na falach naszych emocji, przeżywamy wzloty i upadki, aż część z nas w końcu staje się cynikami, nie zauważając tego, że cynizm również jest emocją. Prawdziwy kłopot zaczyna się dopiero wtedy, gdy uświadamiamy sobie, że skuteczne i „racjonalne" decyzje, podejmowane przez naszą lewą półkulę mózgową, również wyrastają z emocji – ukrytych i niewidocznych na pierwszy rzut oka. Dochodzi wówczas do dobrze znanej wszystkim sytuacji, którą można wyrazić w słowach: „nie chcę z tym żyć, a nie mogę żyć bez tego". Wolna wola właściwie nie jest już wolna, bo nie ma zbyt wiele wolności, będąc uzależniona od mnóstwa przeszkadzających jej emocji.

Bagażem, który najbardziej obciąża formę energetyczną przechodzącą przez cykl ludzkich wcieleń, jest skupisko emocji potocznie zwane ludzkim ego. Prawdopodobnie wywodzi się ono z instynktu samozachowawczego, a dla wzmocnienia ciągle potrzebuje i zużywa ogromne ilości energii w postaci emocji – emocje te z samej swojej natury są zniekształcone i zniekształcające. Ego wykorzystuje pogląd, że jest niezbędne człowiekowi do życia i rozwoju, że poczucie pewności siebie nie istniałoby bez jego wsparcia, że szczęście to zaspokojone ego. Ludzkie ego może podać setki bezsensownych powodów natury emocjonalnej, by uzasadnić swe istnienie, nie biorąc pod uwagę faktu, iż brak sensu i emocja nie są synonimami. Twierdzi też, że bez niego nie istniałaby osobowość człowieka.

Przynajmniej w jednym ego ma rację – człowiek jest istotą emocjonalną. Pozostaje tylko problem, w jaki sposób wykorzystać te emocje.

Przywieranie do istoty duchowej coraz to nowych cząsteczek i zwiększanie się jej obciążenia prowadzące do przerwania orbity, po której się porusza, „ugrzęźnięcia" w polu energetycznym Ziemi wynika stąd, że znakomita większość emocji, o których była mowa, jest ściśle związana z czasoprzestrzenną rzeczywistością materialną. Emocje te odnoszą się do rzeczy, zjawisk oraz związków istniejących na Ziemi – nie mogą one ani istnieć, ani być stosowane w żadnej innej rzeczywistości poza tą, w której powstały.

Jest jednak jeden wyjątek. Tym wyjątkiem jest energia, która jest czystą i dokładną reprezentacją Energii Pierwotnej. Sam akt woli nie wystarczy, by ją wytworzyć. Jest ona syntezą innego, nacechowanego uczuciem myślenia i działania, które zostało wyrażone i od tej chwili jest niezniszczalne. A co najważniejsze: ta postać energii nie jest związana z czasem i przestrzenią i jej istnienie nie jest uwarunkowane tymi dwoma czynnikami. Wręcz przeciwnie, jest źródłem siły umożliwiającej jednostce oderwanie się od pola energetycznego Ziemi, wejście na orbitę i osiągnięcie prędkości pozwalającej na ucieczkę.

Istnieją dwa główne – o ile nie jedyne – powody uczęszczania do szkoły, jaką jest życie człowieka na Ziemi. Pierwszy z nich to nauczenie się wyrażania tej energii w jej właściwej postaci, a drugi – stanie się wysokiej klasy generatorem tej właśnie postaci energii. Nie jest to wcale łatwe zadanie, jeśli nie orientujesz się, czym ta postać energii jest, w jaki sposób ją wyrazić oraz jeśli nie potrafisz wytwarzać jej świadomie. No bo jak możesz nauczyć się śpiewać, skoro nie słyszałeś żadnej piosenki, nie znasz słów, melodii i tonacji, a co gorsza – nie wiesz nawet, że masz struny głosowe lub głos?

Problem polega na tym, że powszechnie utożsamia się i jednakowo nazywa wprawdzie podobne, lecz zupełnie różne emocje. Aby uniknąć nieporozumienia, emocję, o której tu mówimy, nazwijmy Najwyższą Miłością[3]. Zrozumienie różnicy pomiędzy miłością a Najwyższą Miłością jest bardzo ważne, gdyż identu „miłość" używano w tak różnych kontekstach, iż zatracił on swoje właściwe znaczenie. Spróbujmy z grubsza określić, czym jest Najwyższa Miłość. Jak już zaznaczyłem, jest ona niezniszczalna. Kiedy zostanie rozbudzona, nie mają na nią wpływu późniejsze myśli, uczucia lub wydarzenia. Jest niezależna od sposobu, w jaki przejawia się i działa w obrębie materii fizycznej. Jest bezprzedmiotowa, choć przedmiot – ożywiony bądź nieożywiony – może być czynnikiem, który wyzwoli proces jej wytwarzania. Najwyższa Miłość to ustawiczne promieniowanie, całkowicie niezależne od sposobu,

[3] Ang.: *Super Love* (przyp. tłum.).

w jaki się je odbiera lub odwzajemnia. Najwyższa Miłość po prostu jest.

Bardzo skomplikowany i surowy jest program tej Szkoły Intensywnego Uczenia się Ludzi. Wyspa Parrisa[4] w porównaniu z tą szkołą to miejsce zabawy. Na wyspie przynajmniej wiedziano, co się robi i jaki cel się osiągnie. Wiedząc to, łatwiej było podjąć trud.

Twierdzę z głębokim przekonaniem, że wśród spotkanych przeze mnie seniorów, absolwentów owej Ziemskiej Szkoły, nie było ani jednej istoty, która nie zgodziłaby się wielokrotnie powtarzać ludzkiego życia – nieważne ile razy – byleby osiągnąć ten cudowny rezultat. I całkowicie się z nimi zgadzam, gdyż – patrząc tylko przelotnie – widziałem ten „rezultat".

Przygotowanie: katapultowanie i oderwanie się

A teraz przedstawiam wam coś, co eufemistycznie można by nazwać streszczeniem kursu Ziemskiej Nauki. Domyślacie się chyba, że robię to za wiedzą i pozwoleniem nauczycieli. Ten „poradnik", tak jak większość tego typu „pomocy naukowych", nie zawiera wszystkiego; nie mogę też zaręczyć za jego dokładność. Najprościej mówiąc, jest to sporządzony naprędce wyciąg z podręcznika dla instruktorów – zrobiłem go za ich zgodą i przy ich współpracy. Niemniej jednak dla zmęczonego i spragnionego biegacza ta szklanka mętnej wody – zanieczyszczonej i słabo przefiltrowanej – może będzie lepsza niż nic. Wszak jest to woda, która może pomóc przebiec ostatni odcinek drogi i szczęśliwie dotrzeć do mety.

[4] Wyspa położona u wybrzeży Stanów Zjednoczonych (Południowa Karolina), na której corocznie odbywają się ćwiczenia marynarzy (przyp. tłum.).

Usuwanie trucizn (zmniejszanie obciążenia) oczyszczanie

Człowiek powinien rozwijać i doskonalić swoje życie na wszystkich płaszczyznach: fizycznej, mentalnej i emocjonalnej. Nic nie wskazuje na to, że nastąpi u niego regres, gdyż plan stworzenia zakłada postęp, a nie cofanie się w rozwoju. Doskonalić się, to uczyć się postrzegać te postaci energii, którymi jesteśmy, oraz kontrolować je i odpowiednio nimi sterować. Wiemy przecież, że wiązka skupionego światła – w szczególności laser – działa znacznie silniej niż światło rozproszone. To, co tu powiedziałem, przyjmijcie za punkt wyjścia.

Rzeczywiste jest to, co postrzegamy

Kiedy żyjesz w czasoprzestrzeni, postrzegasz ją i jest ona dla ciebie rzeczywistością. Jeśli nie zetknąłeś się z innymi systemami energetycznymi, to nie uważasz ich za rzeczywiste. Jednak trzeba ci wiedzieć, że tak naprawdę to poznałeś je, tylko o tym nie pamiętasz, twoja obecna świadomość ich nie rejestruje, nie leżą w zasięgu twojej obecnej percepcji. A więc uświadomienie sobie istnienia tych systemów jest tylko kwestią przypomnienia.

Energia nie istnieje dopóki nie zostanie wyrażona

Jesteśmy istotami, które uzewnętrzniają, przejawiają energię. Energia, którą przetwarzamy lub wytwarzamy, nie zaistnieje, jeśli jej nie uzewnętrznimy. Idea nie zostanie zrealizowana, dopóki jej w jakiś sposób nie wyrazimy lub nie zastosujemy w praktyce. Wiedza i wiadomości są niczym, jeśli się ich nie rozpowszechnia i/lub nie stosuje. Myśl sama w sobie nie istnieje realnie. Staje się realna dopiero wtedy, gdy zostaje wprowadzona w czyn lub zaczyna oddziaływać na świadomość człowieka

– sama lub w powiązaniu z innymi myślami. Myśl i działaj. Gdy myślenie i działanie idą w parze, wówczas osiąga się najlepsze rezultaty. Działać można fizycznie lub mentalnie, w jednym lub wielu systemach energetycznych. Jeżeli powstrzymasz, ograniczysz lub zahamujesz przepływ energii, przestanie ona istnieć.

Skupienie energii jest mocą

Tak jak możemy skupić energię słoneczną za pomocą soczewki, by zwiększyć temperaturę przedmiotu, na który kierujemy światło, tak samo możemy postąpić z innymi rodzajami energii, przekształcając je i modyfikując. Jest to szczególnie ważne w przypadku tych energii, które dostępne są ludzkiej świadomości. Fakt, że robimy to rzadko i zazwyczaj bezwiednie, zwłaszcza jeśli chodzi o energie niefizyczne, nie przekreśla owych możliwości.

Świadomość to skupiona energia

Świadomość człowieka funkcjonuje jednocześnie w różnych obszarach rzeczywistości. W większości została skupiona w czasoprzestrzennej materii fizycznej. Lecz ta jej część, która związana jest z materią fizyczną, nie zużywa całej energii, jaką ma do dyspozycji świadomość. Pozostała energia służy innym formom świadomości, które w tym samym czasie istnieją na innych poziomach i funkcjonują w innych, niefizycznych systemach rzeczywistości. W związku z tą wielością form świadomości człowieka nasuwają się dwa wnioski. Po pierwsze, ludzki pierwiastek świadomości, czyli ta jej część, która związana jest z materią fizyczną, może zostać bardziej niż dotychczas skupiona i skoncentrowana – pozwoli to człowiekowi osiągnąć niezwykłą siłę i da mu wręcz niewyobrażalne możliwości działania. Po drugie, w razie potrzeby można również korzystać z innych niż ludzkie form tego samego systemu energetycznego, tej samej świadomości.

Po tych ogólnych stwierdzeniach możemy teraz przejść do spraw praktycznych. Chociaż poniższe uwagi zostały podane w określonej kolejności, nie popełnicie błędu, jeżeli będziecie z nich korzystali wybiórczo i zgodnie z waszą aktualną potrzebą. Zdobywanie przez ludzi życiowego doświadczenia nie musi przebiegać jednakowo, według ustalonego porządku. To, czego jedna osoba nauczy się wcześniej, do innej może dotrzeć dopiero po latach – albo wcale.

Kieruj się dewizą życiową

Zamiast szukać w życiu zmian, zamiast starać się zmienić to, czym cię los obdarzył, a czego wcale nie chciałeś, zajmij się tymi sprawami, których życie dostarcza ci każdego dnia. Żyj i postępuj tak jak dotychczas, aż natrafisz na emocję bądź więź, które zwrócą twoją uwagę i których nie będziesz mógł zignorować.

Żyj dwadzieścia cztery godziny na dobę

Staraj się przez cały czas być świadomy tego, co robisz i myślisz – zarówno w dzień, jak i w czasie marzeń sennych. Analizuj każdą silniejszą emocję, zastanawiaj się nad jej przyczyną tak długo, aż dotrzesz do jej źródła i zrozumiesz, skąd się wzięła. Wówczas będzie już łatwo oddzielić energię od przyczyny, która ją wywołała, i wykorzystać tę energię w innym celu. Zacznij od drobnych spraw i stopniowo przechodź do większych.

Nie ma sensu przypuszczać frontalnego ataku na to siedlisko zniekształconych emocji, jakim jest nasze ego, gdyż przedsięwzięcie to jest niewykonalne. Zbyt wiele osób przegrało już walkę, większość nawet jej nie podejmuje. Lepiej więc zastosować chwyt polegający na stopniowym odcinaniu dopływu energii emocjonalnej, którą żywi się ego. Można tego dokonać przez modyfikowanie tej energii i zmienianie jej kierunku. Zwróć uwagę, że swoje zachowanie w stosunku do innych ludzi uzależniasz od ich reakcji na to, co robisz. Ważne są głębsze pobudki emocjonalne, jakimi się kierujesz, a nie sama chęć wywarcia na kimś wrażenia. Jeżeli chcesz się przejechać luksusowym samochodem tylko dlatego, że lubisz jeździć i przejażdżka sprawia ci przyjemność, wszystko jest w porządku. Natomiast gdy robisz to, by podnieść swój prestiż lub by cię podziwiano, albo gdy pokazując komuś coś, co do ciebie należy, czujesz potrzebę powiedzenia „moje", wówczas karmisz swoje ego. Pamiętaj o tym i stosuj moją radę za każdym razem, gdy ogarnie cię chęć umocnienia swojego ego.

Drugim źródłem dostarczającym pokarm naszemu ego są emocje wywołane czynnikami wewnętrznymi. Powszechnie uważa się, że ambicja oraz pragnienie, aby coś zdobyć lub czegoś dokonać, stanowią najlepsze pożywienie dla ego. Chcąc przekonać się, czy tak jest w istocie i czy twoje postępowanie wypływa z głębszych motywacji, przeprowadź następujący test. Otóż zadaj sobie dwa pytania: 1. Czy nadal będziesz robił daną rzecz wiedząc, że to, co osiągniesz, nie przyniesie ci osobistych korzyści i uznania ogółu? oraz 2. Czy to, co robisz, jest ci niezbędne do utrzymania się przy życiu? Jeżeli na obydwa pytania udzieliłeś odpowiedzi twierdzącej, oznacza to, że zaszedłeś dalej, niż ci się wydaje. W takim wypadku, nawet jeżeli zdobyłeś sławę, bogactwo i poważanie u innych, twój bagaż i tak stał się lżejszy. Natomiast gdy na oba pytania odpowiedziałeś przecząco, zmniejsz ilość emocjonalnego pokarmu, którego dostarczasz swemu ego, pytając, dlaczego robisz daną rzecz. Wówczas na którymś z etapów procesu osłabiania ego zauważysz przebłyski Pierwotnej Energii, dzięki którym zrozumiesz wszystko, co zapragniesz zrozumieć. Im więcej emocjonalnej energii w ten sposób uwolnisz, tym bardziej odczujesz działanie Pierwotnej Energii.

Uwolnij się od przywiązania do seksu

Ponieważ potomstwo – owoc naszych aktów seksualnych – wymaga opieki i trzeba zapewnić mu utrzymanie aż do momentu osiągnięcia przez nie fizycznej dojrzałości, więc w wielu społeczeństwach wprowadzono zasady ograniczające możliwość swobodnego odbywania stosunków seksualnych. Chociaż sam akt jest czynnością wyłącznie fizyczną, powszechnie uważa się, że jest czymś znacznie więcej. Otóż jest on przede wszystkim bardzo silną reakcją na czysto zmysłowe bodźce. Owa reakcja sama w sobie nie jest emocją, ale często towarzyszą jej bardzo głębokie doznania i wówczas człowiek ma złudzenie, że jest to uczucie i że to coś bardzo ważnego. Ażeby jeszcze bardziej skomplikować sprawę, powiem wam, że akt prokreacji to jeden z bardziej znaczących sposobów wyrażania emocji SL – Najwyższej Miłości.

Zrozumienie różnicy pomiędzy samym aktem, często określanym mianem miłości, a Najwyższą Miłością powoduje zmniejszenie obciążenia. Nie chodzi tu o rozróżnienie między dobrem i złem, lecz o uprzytomnienie sobie różnicy. Zauważ, że każde przywiązanie emocjonalne wynikające z seksu ma miejsce tylko w rzeczywistości czasoprzestrzennej. Akt prokreacyjny jest z natury swej czysto fizyczny. Dopóki w jego wyniku nie pojawią się inne układy energetyczne, ciesz się nim, ale nie wpadnij w pułapkę. Nie przywiązuj się do miłości fizycznej, bo miłość jest lepsza w swej pierwotnej postaci – twoje zmysły doświadczają teraz zaledwie cząsteczki całości; jest to bardzo słaba imitacja *Super Love*. Pociąg seksualny to tylko element instynktu samozachowawczego, czysto fizycznego w swej istocie, niemniej jednak potrafi całkowicie odmienić życie emocjonalne człowieka. Obciążenie naszej formy energetycznej zwiększa się wówczas, gdy do seksu przywiązuje się zbyt dużą wagę, gdy staje się on dla nas czymś więcej niż jest naprawdę.

Seksualizm nie jest miłością, jeśli przez miłość rozumieć przejaw Pierwotnej Energii, ale dzięki niemu jednostka może dowiedzieć się o istnieniu miłości. Jeśli tak się zdarzy, zatrzymaj miłość, a pozbądź się seksu – wtedy unikniesz przywiązania i tym samym zmniejszysz obciążenie.

Uwolnij się od wydawania opinii

Na skutek złudzenia, że istnieje czasoprzestrzeń, nikt nie jest w stanie właściwie ocenić żadnej myśli lub postępku. Takie pojęcia jak „dobro-zło", „właściwy-niewłaściwy" są tylko iluzją. Na orbicie nie ma ani góry, ani dołu. Chcąc znaleźć jakiś punkt odniesienia, możemy przyjąć zasady obowiązujące w społeczności, w której akurat żyjemy. Nie mając pełnego spojrzenia, nie możemy zrozumieć, jaką wartość ma to, co robimy. Toteż postępuj zgodnie z założonym przez siebie planem, zmniejszając obciążenie formy energetycznej przez nieprzywiązywanie się na stałe do żadnej fizycznej czynności – swojej bądź innych.

Uwolnij się od emocji i materii

Rzeczy materialne, miejsca fizyczne są jednostkami czasoprzestrzeni. Należy się nimi cieszyć i używać ich jako narzędzi ułatwiających zdobywanie wiedzy dzięki doświadczeniu. Nic nie jest „nasze". Nie jesteśmy właścicielami ani żadnej rzeczy, ani żadnego człowieka, niczego i nikogo nie posiadamy, nic do nas nie należy. Nawet materia, z której zbudowane jest nasze ciało, została, że tak powiem, pożyczona. Przechowuj w pamięci doświadczenia, natomiast odrzuć towarzyszące im emocje.

Jesteś odpowiedzialny za to, co robisz

Jak tylko możemy, staramy uwolnić się od odpowiedzialności. Kiedy popełniamy błędy, obarczamy winą innych lub zrzucamy odpowiedzialność na warunki, a gdy nam się coś udaje, sobie przypisujemy całą zasługę. Korzystając z wolnej woli, sami siebie prowokujemy. Jeśli spokojnie zaakceptujemy rezultaty naszego postępowania, zdejmiemy z siebie część owego emocjonalnego obciążenia. Najlepiej ilustrują to słowa starej piosenki: „To niczyja wina, tylko moja". Weź to pod uwagę.

Wolna wola jest złudzeniem

Ograniczenia spowodowane przez czasoprzestrzeń wykluczają wszelką możliwość istnienia wolnej woli. Od momentu narodzin jesteśmy zdeterminowani nie tylko przez poprzednio zdobyte doświadczenia – bez względu na to, jakie one są – ale i przez genetyczną budowę ciała fizycznego, które zajęliśmy. Odtąd nie mamy już wyboru – zostajemy przywiązani do ciała na całe nasze ziemskie życie. Musimy posługiwać się nim i dbać o nie, bez względu na ograniczenia, jakie się z nim wiążą. Przebiegiem naszego życia sterują inni, przynajmniej na początku. To, co pozostawiają do naszej decyzji, można by, po odpowiednim odkoloryzowaniu, nazwać wolną wolą. Wykorzystywanie jej, by wpłynąć na losy innych, tylko zwiększa obciążenie naszej formy energetycznej. Aby zmniejszyć ciężar, należy zaakceptować – nie angażując się emocjonalnie – narzucone nam ograniczenia i stosować „wolną wolę" w jak najszerszym zakresie rzeczywistości niefizycznej.

Śmiech oczyszcza

Śmiech jest bezpośrednim przejawem Pierwotnej Energii, a więc śmiejmy się. Uśmiech to część tego samego spectrum. Śmiech należy do najlepszych emocji, ale jeśli ma przynieść rezultaty, musi być spontaniczny. W naszym życiu nie powinno zabraknąć humoru. Dostrzegajmy go i cieszmy się nim, gdyż odpręża. Dzięki niemu ego pozostaje w harmonii, a na każde wydarzenie patrzymy z właściwej perspektywy.

Wykres bólu – przyjemności (painpleasure, *PP*) *materiałem pomocniczym do nauki*

Przyjmijcie do wiadomości, że ból i przyjemność to fale energetyczne, których powstawanie spowodowane jest przez instynkt samozachowawczy. A zatem sygnały, jakie te fale wytwarzają, odnoszą się wyłącznie do czasoprzestrzennej materii fizycznej. Jeśli chcesz zmierzyć intensywność wspomnianych uczuć, wyobraź sobie sinusoidę przebiegającą w sposób następujący: poniżej linii zerowej znajduje się ból, a powyżej – przyjemność. Wskaźnikiem nasilenia tych fal, który można regulować, będzie na tym wykresie amplituda. A teraz: 1) Zrób przegląd całej energii emocjonalnej PP nagromadzonej w twojej pamięci, po czym usuń ją. 2) Zacznij manipulować każdą częścią sinusoidy, tak abyś mógł dowolnie zwiększać lub zmniejszać amplitudę. Jeśli potrafisz sprowadzić krzywą PP niemal do linii prostej, oznacza to, że jesteś bliski osiągnięcia prędkości pozwalającej na ucieczkę.

Wykorzystuj do maksimum okresy snu

Sen jest tą częścią naszej egzystencji, którą zazwyczaj lekceważymy i niewłaściwie rozumiemy. Tymczasem okresy snu – podczas których jesteśmy chwilowo uwolnieni od ograniczeń narzuconych nam przez lewą półkulę mózgu i presję fizyczności – stwarzają nam szansę na rozwinięcie się w wielu dziedzinach. Podczas snu można wprowadzić w życie i rozwinąć każdą sugestię – trzeba to tylko robić systematycznie. Możesz nie osiągnąć rezultatów za pierwszym, trzecim czy piątym razem, ale w końcu się uda. Zacznij od wypowiedzenia następującej afirmacji:

„Jestem czymś więcej niż ciałem fizycznym. Ponieważ jestem czymś więcej niż materią fizyczną, więc mogę postrzegać to, co jest większe niż świat fizyczny.

Dlatego gorąco pragnę rozwijać się i doświadczać, poznawać i rozumieć, kierować i posługiwać się takimi wyższymi energiami i systemami energetycznymi, które mogą być korzystne i konstruktywne dla mnie i dla innych kroczących tą samą drogą.

Pragnę również gorąco pomocy i współdziałania, wsparcia i zrozumienia tych istot, których mądrość, rozwój i doświadczenie są równe moim lub większe od moich. Proszę ich o przewodnictwo oraz o ochronę przed każdym wpływem lub siłą, które mogłyby mi przeszkodzić w realizacji wyrażonych przeze mnie życzeń".

Na początku wypowiedz afirmację w myśli, słowami, tuż przed zaśnięciem. Następnie postaraj się ją jak najszybciej przełożyć na język niewerbalny, wyrażając za pośrednictwem obrazów. Kiedy już dobrze opanujesz technikę komunikacji bezsłownej, dodaj do afirmacji specjalne życzenia, takie jak: zdobywanie wiedzy, poprawę zdrowia, rozwiązywanie problemów, uzyskiwanie komunikatów lub którąś z próśb wymienionych wcześniej w tekście afirmacji. Używaj NVC – komunikacji niewerbalnej. Odpowiedź, którą otrzymasz, zazwyczaj nie będzie miała formy słownej, lecz nadejdzie w postaci obrazów, dźwięków bądź akcji toczącej się w twoim umyśle. Możesz używać tej metody w sposób nieograniczony, ale pod warunkiem, że nie będziesz ingerował w wolę innych osób. Jeśli będziesz potrzebował pomocy, poproś o nią za pośrednictwem NVC. Dostaniesz ją, wprawdzie może nie od razu, ale dostaniesz na pewno, często w sposób niezwykle zadziwiający i zarazem przypadkowy. Możesz być pewien, że twoje życzenie zostanie spełnione, i że będziesz w stanie uporać się z odpowiedzią, czy też tym, co otrzymałeś na skutek prośby.

Zmierz swoje obciążenie energetyczne

Załóżmy, że rodząc się, wchodzimy w życie z niewinną świadomością. Drogę do dorastania i nasze na niej postępy można by nazwać utratą tej niewinności. Mierzy się ją ilością dobrowolnie przyjętych na siebie obowiązków wynikających z naszego postępowania. Natomiast dojrzałość, która nie jest tym samym co dorosłość, ocenia się, podsumowując liczbę iluzji, od których udało nam się uwolnić w sposób przemyślany, a nie na skutek rozczarowań. Wyrazem mądrości – jest to najlżejszy i najbardziej wartościowy ładunek – oraz naszych postępów na drodze do jej osiągnięcia (czyli na autostradzie) są nasze zamierzone działania – mentalne lub fizyczne – będące efektem pozbycia się tych złudzeń.

Proces odtruwania (zmniejszania obciążenia)

Najprościej byłoby powiedzieć, że proces odtruwania (zmniejszania obciążenia energetycznego), usuwania zanieczyszczeń polega na stopniowym osiąganiu dorosłości, dojrzałości oraz zdobywaniu wiedzy. W końcu każdy z nas jest swoim własnym nauczycielem i sam wystawi sobie świadectwo.

Wytwarzanie energii potrzebnej do osiągnięcia prędkości pozwalającej na oderwanie się od materii

Energia ta zacznie powstawać automatycznie jako rezultat doświadczeń zebranych podczas ludzkiego życia. W momencie ukończenia edukacji będzie jej aż w nadmiarze, tak że z łatwością osiągniemy naszą pierwotną orbitę. Jest rzeczą oczywistą, że postępowanie zasugerowane przeze mnie w tym opracowaniu może dopomóc w wytwarzaniu owej energii. Wówczas nie będziesz już musiał jak dawniej odbijać i przekazywać Pierwotnej Energii, lecz będziesz ją sam wytwarzał i promieniował nią na wszystkie strony bezpodmiotowo i bezprzedmiotowo.

„Pas de lieu rhône que nous"

Mój ojciec, nauczyciel języka francuskiego, obecnie żyjący w innej rzeczywistości, używał tego powiedzenia, by zmobilizować swoich uczniów, twierdząc, że jest to słynne, stare przysłowie francuskie. Niektórzy spędzali całe godziny, próbując je zrozumieć. Ma ono zastosowanie i tutaj, w omawianej przez nas dziedzinie. Chcąc zrozumieć, o co w nim chodzi, wypowiedz je mentalnie lub na głos, używając francuskiego akcentu. Przysłuchaj się temu, co mówisz.

A więc do zobaczenia w Domu – lub w drodze do niego.

UZUPEŁNIENIE

Doświadczanie przeżyć poza ciałem Pytania i odpowiedzi

Pytanie: Jak odróżnić przeżycie poza ciałem od zwykłego snu?

Większość osób stwierdziwszy, że przeżycie poza ciałem to nic innego jak zjawisko przypominające „sen na jawie", zapomina, że spotkało je coś takiego. Tymczasem różnica między stanem OOBE a snem jest dość istotna. Podczas snu człowiek zdaje sobie sprawę, że śpi; poza tym może wpływać na jego przebieg – na to, co się podczas niego wydarza i na biorących w nim udział ludzi.

Natomiast osoba w stanie OOBE ma świadomość jedynie zbliżoną do normalnej. Odbiera niemal wszystkie wrażenia zmysłowe. A więc może „widzieć", „słyszeć", „dotykać" czegoś; najsłabiej pracują wówczas zmysły smaku i węchu. Tego wszystkiego doświadcza, przebywając w mniejszej lub większej odległości od ciała, często w pozycji niemożliwej do przyjęcia przez ciało fizyczne, np. unosząc się pod sufitem. Przy eksterioryzacjach o większym zasięgu zdarza się, że ciało energetyczne człowieka znajduje się powiedzmy w Paryżu, podczas gdy ciało fizyczne pozostaje w Nowym Jorku. Przebywając poza ciałem, możesz obserwować wszystko, co się wokół ciebie dzieje, ale nie masz wpływu na przebieg wydarzeń. Jeśli chcesz, możesz po powrocie do ciała fizycznego sprawdzić, czy to, co „widziałeś", pokrywa się z rzeczywistością. Nie możesz w najmniejszym nawet stopniu uczestniczyć w fizycznym życiu, ponieważ nie jesteś „fizyczny". Zasadnicza różnica pomiędzy snem a stanem OOBE polega na tym, że doświadczenia podczas wędrówek poza ciałem są tak samo realne jak nasza materialna rzeczywistość.

Pytanie: Czy każdy może wychodzić z ciała?

Z badań prowadzonych na przestrzeni ostatnich dziesięciu lat wynika, że około 25 proc. dorosłych ludzi pamięta przynajmniej jedno spontaniczne wyjście z ciała. Wiele osób uświadomiło sobie, że przeżyło coś takiego dopiero po opisaniu im zjawiska OOBE. Jak już mówiłem wcześniej, ustaliliśmy, że każdy z nas osiąga w sposób naturalny stan OOBE wówczas, gdy jest pod działaniem fal delta lub podczas fazy snu głębokiego. A więc postaraj się zapamiętywać swoje conocne wędrówki poza ciałem. Poza tym jesteśmy przekonani o tym, że każdy po odpowiednim przygotowaniu psychologicznym i/lub filozoficznym, może osiągać stany OOBE w sposób świadomy.

Pytanie: Czy wychodzenie z ciała może zaszkodzić? Czy można od tego umrzeć?

Po dwudziestu pięciu latach osobistych doświadczeń w zakresie eksterioryzacji i badań prowadzonych nad tym zjawiskiem stwierdzam, że nie wyrządzają one człowiekowi żadnej szkody. Nie natknąłem się na ani jeden dowód, który mógłby potwierdzić przypuszczenie o ich szkodliwości. Nie mam również najmniejszych wątpliwości co do tego, że stany OOBE nie wpływają niekorzystnie na naszą psychikę. Natomiast dzięki doświadczeniom poza ciałem zmienia się nasz system wierzeń, często przeżywamy w związku z tym wstrząs, więc należy podchodzić do tego z rozwagą. Przebywanie poza ciałem nie szkodzi naszemu układowi fizjologicznemu i nie powoduje utraty energii.

Pytanie: Czy narkotyki, alkohol lub lekarstwa mogą spowodować powstanie OOBE?

Wiele danych przemawia za tym, że środki halucynogenne mogą powodować spontaniczne OOBE. Nie przeprowadzono dostatecznych badań nad wpływem narkotyków na powstawanie tego typu stanów. Alkohol jako środek uspokajający nie przyczynia się do wychodzenia z ciała, a już na pewno nie sprzyja zachowaniu pamięci o takim wydarzeniu. Istnieją przypuszczenia, że leki znieczulające wywołują głębokie stany OOBE. Przemawiają za tym doniesienia lekarzy anestezjologów oraz badania polegające na eksperymentalnym podawaniu środków anestezjologicznych niezagrażających zdrowiu.

Pytanie: Czy zjawisko OOBE podobne jest do doświadczeń określanych przez wielu autorów jako „przeżycie z pogranicza śmierci"?

Tak, bardzo podobne. Powiem więcej – zjawiska te są dokładnie tym samym. Większość elementów opisanych przez osoby będące w stanie bliskim śmierci powtórzyło się w relacjach osób poddających się dźwiękom Hemi-Sync w naszym laboratorium. Różnica polega na sposobie odbioru tych wydarzeń i na sytuacji, w jakiej się odbywają. Przeżycie poza ciałem jest tym samym stanem co doświadczenie stanu na granicy umierania, tyle że widzianym z innej perspektywy dzięki możliwości obiektywnej obserwacji wskutek braku lęku i napięcia.

Pytanie: W poprzedniej książce podał pan „własną" metodę wychodzenia z ciała. Niestety, stosując ją, nie osiągam żadnych rezultatów. Czyżbym coś robił źle?

Metoda, o której pan mówi – najwcześniejsza z propagowanych przez nas technik wychodzenia z ciała – była dobra w momencie jej powstania. Od tego czasu odkryliśmy mnóstwo istotnych czynników wywołujących OOBE. Obecnie używamy innych metod, znacznie łatwiejszych do zrozumienia i opanowania. Mówiąc krótko, ta wczesna technika nie jest wcale taka prosta, jak nam się wówczas zdawało.

Pytanie: Podczas prób osiągnięcia stanu OOBE odczuwam ból głowy i innych części ciała. Co to znaczy?

Przypadłości tego typu przeważnie oznaczają nieuświadomione lęki i niepokoje. Powinieneś zdać sobie z nich sprawę przed przystąpieniem do eksterioryzacji. Jeśli zrozumiesz powód każdego z nich na tym poziomie świadomości, na którym one istnieją, a potem odrzucisz towarzyszącą mu emocję, znikną owe fizyczne objawy.

Pytanie: Czy można przez pomyłkę wrócić nie do swojego ciała?

Słowo można już sugeruje taką ewentualność. Tak, zdarzają się takie przypadki, sam tego doświadczyłem na początku. Inna sprawa, że nie wiadomo jak są częste. Człowiekowi żyjącemu we współczesnym, cywilizowanym świecie trudno jest nawet przypuścić istnienie takiej możliwości. Zajęcie przez pomyłkę cudzego ciała nie zdarzyło się ani żadnemu z naszych eksperymentatorów, ani nikomu, kto brał udział w prowadzonych przez nas kursach. Aby zapewnić sobie powrót do właściwego ciała, używamy prostego sposobu. Otóż jeśli musisz nagle przerwać OOBE, wystarczy, że pomyślisz o jakiejś części swego fizycznego ciała – na przykład o dużym palcu prawej nogi – a następnie spróbujesz nim poruszyć. Rezultat będzie natychmiastowy. Ponieważ nie słyszałem o innych przypadkach zajęcia „cudzego" ciała poza tymi, które przytrafiły mi się osobiście na początku moich eksterioryzacji, podejrzewam, że coś takiego może spotkać osobę niemającą w tej dziedzinie żadnego doświadczenia. A więc jeśli jesteś nowicjuszem, zapamiętaj sobie hasło: „poruszyć palcem". Zaoszczędzi ci to wielu kłopotów i strachu.

Pytanie: Czy przebywając poza ciałem spotkał pan jakieś zwierzęta? Czy mógł się pan z nimi porozumieć?

Jedynymi zwierzętami, na które natknąłem się podczas moich eksterioryzacji, były nasze domowe koty. One również mają drugie ciało, które można zauważyć wówczas, gdy śpią. Niedawno spotkało mnie coś interesującego. Podczas odłączania się od ciała zauważyłem trzy siedzące i spokojnie obserwujące mnie koty. Kiedy się z nimi przywitałem, ze zdumieniem stwierdziłem, że są to nasze ulubione koty, zmarłe fizycznie na przestrzeni trzech ostatnich lat. Teraz, gdy patrzę na to wydarzenie z perspektywy czasu, nie mogę zrozumieć, dlaczego byłem wówczas zaskoczony.

Pytanie: Czy wasze kasety z odpowiednio zestawionymi układami częstotliwości dźwiękowych lub inne nagrania dźwiękowe mogą wywołać stany OOBE?

Bardzo rzadko zdarza się, by same dźwięki wywoływały stany OOBE. Przede wszystkim należy spełnić inne warunki, takie jak chociażby pokonanie bariery strachu czy przewartościowanie systemu wierzeń. Osiąganie synchronizacji półkul mózgowych, pozwalające na uzyskanie stanu OOBE wyłącznie dzięki układom dźwięków, należy do bardzo nielicznych wyjątków.

Pytanie: Czy sny o lataniu należą do zjawisk OOBE?

Uważamy, że sny, w których się lata, to przeważnie racjonalizacja stanów OOBE – zjawiska nie akceptowanego przez świadomy umysł człowieka. Późniejsze badania dostarczyły nam danych, na podstawie których można przypuszczać, iż do tej samej kategorii należą sny o wysiadaniu z samochodu bądź sny o spadaniu. Czy nigdy nie przyśniło ci się, że zapomniałeś, gdzie zaparkowałeś swój samochód? Natomiast jeśli śni ci się, że spadasz, może to również oznaczać, iż powoli wracasz do ciała fizycznego.

Pytanie: Na czym polega różnica między zdalnym widzeniem a stanem OOBE?

Zdalne widzenie, czy też inaczej mówiąc zdolność „widzenia" wydarzeń rozgrywających się w innym miejscu niż to, w którym się znajdujemy, można osiągnąć dzięki odpowiednim ćwiczeniom świadomości przy „widzeniu na odległość". Gdy pozostajemy w ciele fizycznym, wykorzystywany jest jeden rodzaj percepcji – postrzeganie wzrokowe. Natomiast OOBE uruchamia również inne formy percepcji. Przebywając poza ciałem, nie mamy świadomości ciała fizycznego, gdyż jesteśmy od niego uwolnieni. To są dwie najważniejsze, choć nie jedyne różnice między OOBE a zdalnym widzeniem.

Pytanie: Czy można wywołać OOBE za pomocą hipnozy?

Istnieje kilka doniesień o tego typu wypadkach, a więc jest to możliwe. My osobiście nie mamy takich doświadczeń. Słabe strony tej techniki polegają naszym zdaniem na tym, że uzyskanego tą drogą OOBE nie doświadcza się w sposób świadomy, co jest bardzo istotne dla tego procesu.

Pytanie: Co zrobić w przypadku, gdy wejdzie się w stan OOBE podczas wykonywania jakiejś codziennej czynności, powiedzmy podczas prowadzenia samochodu?

Wówczas trzeba jak najszybciej powrócić do ciała fizycznego, używając metody, którą opisałem wcześniej. Mnie osobiście nie przytrafiło się nic takiego, ale wiem, że niekiedy się to zdarza.

Pytanie: Czy podczas przebywania poza ciałem łatwiej jest podróżować do miejsca czy do osoby?

Zazwyczaj do osoby; szczególnie, gdy się jest z nią związanym emocjonalnie. Niektórzy ludzie mogą podróżować do miejsca, ale wymaga to wyraźnie określonego „adresu" czy też identu.

Pytanie: Jak rozpoznać, czy istota, którą spotykamy podczas OOBE, jest nam życzliwa czy nieprzychylna?

Na to pytanie trudno udzielić wyczerpującej odpowiedzi. Często zdarza się, że podczas podróży poza ciałem spotykamy jakąś istotę energetyczną, którą uważamy za przychylnie bądź wrogo do nas nastawioną. Tymczasem jest to projekcja naszej świadomości, gdyż naprawdę mamy do czynienia z czystą energią, nie kierującą uwagi pod niczyim adresem. Identyczny przypadek zachodzi wówczas, gdy uderzająca o brzeg fala sprawia na nas przerażające wrażenie. Natomiast owa wzburzona fala nic nie wie o naszym istnieniu i nie zwraca na nas najmniejszej uwagi. A więc to tylko nasz strach przed nieznaną potęgą czyni ją w naszych oczach groźną i niebezpieczną. Takich sytuacji, jak opisane powyżej, można uniknąć, jeśli świadomie ograniczy się swoją „energię wejściową" i wykorzysta wyłącznie te częstotliwości, które pozwolą nam nawiązać kontakt z innymi energiami. Gdyby pojawiły się jakieś kłopoty, najlepiej będzie odsunąć je od siebie, a w najgorszym wypadku wrócić do ciała fizycznego. Inaczej mówiąc: kiedy spotkasz jakieś istoty, pozdrów je i spróbuj się z nimi jakoś porozumieć.

Pytanie: Czy będąc w stanie OOBE można poruszać się w czasie?

Oczywiście. Prawdziwe OOBE jest stanem świadomości niezwiązanym z czasoprzestrzenią. Jednakże poruszanie się w czasie z wielu powodów nie jest takie proste, jak mogłoby się wydawać. Najważniejsze, aby użyć właściwego identu pozwalającego wrócić do miejsca, z którego się wyruszyło. Taki ident musi zawierać dokładne określenie zarówno miejsca, jak i czasu. Zanim zabierzesz się do dłuższych podróży w czasie, poćwicz te krótsze.

Pytanie: Jaką mam „postać" podczas OOBE?

Wyobraź sobie swoje niefizyczne ciało jako bezkształtną, galaretowatą substancję. Ciało energetyczne zachowując „pamięć" ciała fizycznego, przybiera niemal taką samą postać jak ono, ale im bardziej jest oddalone od ciała fizycznego, tym mniej o nim „pamięta". To samo dotyczy oddalenia w czasie. Jeśli pozostawi mu się zupełną swobodę działania, może stać się kulą, łzą, chmurką lub po prostu kropelką. Zmiana formy następuje zaraz po oddzieleniu się od drugiego ciała, wówczas gdy stajesz się rozrzedzoną energią. Jeśli zechcesz, może „wyrosnąć" ci ręka lub ramię.

Pytanie: Co może pan powiedzieć o reinkarnacji? Czy poszczególne wcielenia następują po sobie w czasie, czy też odbywają się równocześnie?

Przede wszystkim należy powiedzieć, że nie w następstwie czasowym. Nie jest wykluczone, że rzeczywiście odbywają się w tym samym czasie. Wszystko zależy od tego, kto jest „obserwatorem".

Pytanie: Dlaczego napisał pan, że wyższym istotom potrzebna jest technologia?

Nie jest im potrzebna, ale wydaje się, że ukazanie ich uzdolnień i działalności w tym właśnie kontekście to jedyny sposób na to, aby współczesny człowiek, zdominowany przez lewą półkulę mózgową, mógł zrozumieć, czym się te istoty zajmują. Owa „technologia" jest dla nich tak samo naturalna jak dla nas system autonomiczny. Nie myślimy przecież o przewodzie pokarmowym, układzie krążenia czy też naszych płucach jak o technologii. Po prostu posługujemy się nimi, nie uświadamiając sobie ich istnienia, choć w dzisiejszych czasach dużo wiemy o ich funkcjonowaniu. Analogicznie wygląda technologia wyższych istot, z tą różnicą, że posługują się nią w sposób świadomy i regulują jej działanie.

Pytanie: Czy nasza technologia jest rezultatem komunikowania się z wyższymi istotami?

Studia nad czołowymi postaciami i ważniejszymi wydarzeniami historycznymi prowadzone pod tym kątem i alternatywne w stosunku do naszego współczesnego systemu wierzeń potwierdzają to przypuszczenie.

Pytanie: Czy spożywanie pewnych pokarmów, picie kawy, palenie etc. przyśpieszają lub hamują powstawanie stanów OOBE?

Nie ma żadnej zależności między wymienionymi przez pana czynnikami a powstawaniem OOBE. Mówię to wyłącznie na podstawie doświadczeń naszych eksperymentatorów z laboratorium i osób uczestniczących w prowadzonych przez nas kursach. Natomiast nic mi nie wiadomo o innych poważniejszych badaniach nad eksterioryzacją. Jednak najlepiej zachować we wszystkim umiar.

Pytanie: Czy mógłby pan powiedzieć, czym jest dobro i zło?

Dobro i zło istnieją wyłącznie w umyśle obserwatora. Są wynikiem jego ignorancji i braku zrozumienia oraz widzenia rzeczy w niewłaściwym świetle.

Pytanie: Czy jedna osoba może prowadzić w tym samym czasie dwa życia?

Pytaliśmy o to naszych niefizycznych przyjaciół. Odpowiedzieli, że takie przypadki są nie tylko możliwe, ale zdarzają się często. Nie wiemy dlaczego tak się dzieje. Nie mamy na ten temat żadnych informacji, jedynie mnie podano miejsce mojego „drugiego życia" oraz imię, które tam noszę – ale nie miałem czasu, czy też raczej odwagi, by to sprawdzić.

Pytanie: Czy na skutek OOBE zmieniły się pańskie poglądy religijne?

Tak.